家族心理学

社会変動・発達・ジェンダーの視点

柏木惠子 ──［著］

東京大学出版会

Family Psychology
Keiko KASHIWAGI
University of Tokyo Press, 2003
ISBN 978-4-13-012040-1

家族心理学——社会変動・発達・ジェンダーの視点・目　次

第1部——家族とその起源・進化・発達

1章　家族とは？ — 3
1. 「家族」とは誰か — 3
2. 家族の定義——家族同一性 — 7
3. 家族の機能 — 11
4. 世帯の変化にみられる家族の動向 — 15

2章　家族の起源・進化・発達 — 21
1. 人間家族の起源 — 21
2. 「家族」成立の3つの契機 — 22
   - 2.1　人類の食行動と二足直立歩行　22
   - 2.2　脳の大型化と生理的早産——父親の登場　23
   - 2.3　ヒトの性の特殊化　24
3. 家族の発達・変化・進化 — 27
4. 歴史と異文化・社会にみる家族 — 33
   - 4.1　歴史にみる家族の姿——変化と多様性　33
   - 4.2　異なる社会・文化にみる多様な家族　37
5. 人間家族の進化——最適性を追求する — 40
   - 5.1　社会変動と家族の発達・進化　41
   - 5.2　日本の家族・個人の発達モデル　45
   - 5.3　社会の変化と個人の発達　48

第2部──家族の諸相

はじめに ────────────────────────────── 59

1章　結婚への態度と行動 ─────────────────── 61
1. 結婚についての意見 ─────────────────────── 61
2. 結婚の実態 ──────────────────────────── 62
3. 晩婚化の要因──何が晩婚化・非婚化をもたらしたか ───── 66
   - 3.1 「結婚の経済学」による分析──結婚の"経済"的メリット　66
   - 3.2 人口社会学の分析──人口動態的変数と結婚のメリット　69
   - 3.3 ライフコース研究が明らかにした家族経験の変化　74
   - 3.4 結婚の心理学的研究　76

2章　恋愛と配偶者選択 ──────────────────── 85
1. 結婚の形態 ──────────────────────────── 85
2. 恋愛のプロセス ────────────────────────── 89
3. 配偶者選択の過程 ───────────────────────── 93

3章　結婚生活と夫婦関係 ─────────────────── 103
1. 結婚・夫婦関係研究の理論と方法 ─────────────── 103
2. 結婚・夫婦関係の諸相 ─────────────────────── 106
   - 2.1 配偶者への愛情・結婚への満足──夫と妻のずれ　107
   - 2.2 子どもからみた親・家族関係　109
   - 2.3 結婚・夫婦関係への不満の内実──妻・母・主婦であること　111
   - 2.4 夫婦関係の対称性──夫と妻の衡平性　116
   - 2.5 夫婦間のコミュニケーション──会話の量と質　126
   - 2.6 日本の夫婦・結婚の現状と問題の所在──結婚・夫婦のゆくえ　138
   - 2.7 「非法律婚」というライフスタイル　145
   - 2.8 離婚──夫婦関係の一つの終結の仕方　149

4章　親子の関係 ────────────────────── 155
1. ヒトの発達の特殊性と親子関係 ─────────────── 155
   - 1.1 哺乳類であるヒトの特殊性　155

1.2　未熟無能にして有能，そして個性(気質)をもつ乳児　157
　　1.3　生涯にわたる親子関係
　　　　　──長期化した養育，成熟後も続く親子関係　163
　　1.4　親子関係の多様性と柔軟性──親子関係や子育ての文化　171
2. 親・おとなにとっての親子関係と子ども ───────── 185
　　2.1　親の発達──「親となる」「親をする」ことによる発達　185
　　2.2　育児・子どもをめぐる葛藤──母親にとっての育児　198
　　2.3　家族役割と職業役割──個人および家族発達上の課題　219
3. 父親と母親 ──────────────────────── 235
　　3.1　心理学における長い父親不在と父親発見　235
　　3.2　子どもの発達と父親の役割
　　　　　──子どもの発達への貢献者としての父親　236
　　3.3　父親は母親とどう違うか──父親ならではの機能は？　244
　　3.4　男性の発達としての育児　254
4. 親にとっての子ども──子どもの価値再考 ─────── 271
　　4.1　子どもという価値　271
　　4.2　少子化の意味──子どもの価値のプラスとマイナス　274
　　4.3　母親における子どもの価値/子育ての意味の変貌　282
　　4.4　子どもの価値にもジェンダーが　289
　　4.5　<つくる>子どもへの親の教育的営為
　　　　　──親の「よかれ」と「できるだけのことをしてやる」の問題　292
　　4.6　子育て支援の意味──誰が誰を/何を支援するのか？　294
　　4.7　養育不全状況の諸相　298
　　4.8　生殖医療技術と子どもの価値──新たな選択肢と生命倫理問題　302

あとがき ─────────────────────────── 311

　　引用文献　317
　　参考文献　337
　　索　　引　343

第1部
家族とその起源・進化・発達

1章　家族とは？

　人は誰もが一生のうちのいつかは家族をもち家族生活を経験する．子どもとして，親として，あるいは夫，妻として．そこで，家族といえば，誰も知らないものはなく，それが何であるかを了解しているかのように思っている．しかし，人々が考える家族は決して同一ではない．それぞれが家族を経験した時期，その構成員，そこでの立場などによって微妙に異なる．それぞれの体験に基づいて「家族」についてのあるイメージを抱き，それぞれが「家族」にある定義を与えているからである．

1.「家族」とは誰か

誰を家族メンバーとするか？

　まず，家族のメンバーとは何か，誰を家族と考えるかを調べた研究をみてみよう．

　血縁の有無，仲のよさ，居住形態，扶養関係，法律上の関係などの要因を組み合わせた具体的な人間関係の例を 92 通り挙げ，それらをどの程度「家族である」と思うかを 4 段階 (4「家族だと思う」から 1「家族だと思わない」まで) で評定してもらう．男女大学生約 300 名の結果から，親子，夫婦，非血縁別に高得点 (家族のイメージが高い) と低得点 (家族らしくないイメージ) の各項目を挙げると表 1-1-1 のようである (大野 2001)．

　まず親子については，血縁のある実の親子はなによりも家族の条件とされている．しかし「同居しているがけんかばかりしている親子」「子どもが未婚で同居しているがとても仲の悪い親子」「ほとんど接触がなく，お互いが何をしているのか知らない同居の親子」「仲がわるくまったく交流がない親子」の得点の低

表 1-1-1　どのような関係を「家族」だと思うか（大野 2001）

親子について「思う」高い順 5 例	親子について「思う」低い順 5 例
1. 仲良く一緒に暮らしている親子 2. 一緒に暮らしている親子 3. 単身赴任だが、頻繁に帰ってくる夫とその妻子 4. 親と同居している未婚の子どもとその親 5. 生まれてすぐ養子縁組をし、長い間育ててきた養父・養母と養子	1. 子どもが結婚して以来、行き来の途絶えた親子 2. ほとんど接触がなく、お互いが何をしているのか知らない同居の親子 3. 仲が悪く、まったく行き来のない別居の親子 4. 別々に暮らしている、養子縁組をした親子 5. 血がつながった親子だが、生まれてすぐ養子に出して、以後会っていない関係
夫婦について「思う」高い順 5 例	夫婦について「思う」低い順 5 例
1. 単身赴任だが、頻繁に帰ってくる夫とその妻子 2. 子どものいる夫婦 3. 一緒に暮らしている夫婦 4. 子どものいない夫婦 5. 最近結婚したばかりの夫婦	1. 愛情を感じなくなった、結婚してまもない夫婦 2. 愛情がないまま、何十年も離婚せずに暮らしている夫婦 3. 頻繁に訪ねてきて泊まっていくが、法律上の婚姻関係はないカップル 4. 別居して以来 10 年以上行き来のない夫婦 5. 婚姻届を出さないまま一緒に暮らしているが、愛情を感じなくなったカップル
非血縁、非姻戚について「思う」高い順 5 例	
1. 愛情こめて育てているペット 2. 血縁関係はないが、何十年も一緒に暮らしている者同士 3. フォスターペアレントとフォスターチャイルドの関係 4. 長年一緒に暮らしており、毎日一緒に食事や団欒をする同性の友人 5. 一緒に暮らしている、血のつながらない他人同士	

さから、仲のよさという情緒的な関係が同居や血縁の有無以上に重要で、「家族である」とされる傾向がうかがえる。親は切っても切れない関係だが、そこでも同居というかたちよりも仲がよいという情緒が家族の要件とされているといえよう。

　夫婦では「一緒に暮らしている」「行動を共にしている」ことがもっとも重要で、法的手続きがない事実婚のほうが、法的に結婚していてもずっと別々に暮らしているよりも家族らしいと判断される。これにつぐのは情緒的結びつきで、理解されている・味方だと思うというのも加えると、血縁や戸籍などよりも上回る。夫婦であっても「仲の悪い夫婦」「愛情がないまま、離婚せずに暮らしている夫婦」「仲が悪く食事も別々にしている夫婦」の得点は低く、愛情という、情緒的心情的な意味、つまり主観的なものが、夫婦の核として重視されている

表 1-1-2　犬や猫はどのような存在か (%)（濱野 2001，未公刊）

1.	家　族	67.0	6.	心の支え	7.1
2.	友　人	22.4	7.	パートナー	3.8
3.	兄弟姉妹	16.3	8.	恋　人	2.6
4.	子ども	11.9	9.	愛玩動物	1.9
5.	かけがえのない	8.0	10.	仲　間	1.9

犬および猫と同居の 20 代女性 312 人，複数回答．

といえよう．

　子どものいる夫婦といない夫婦は，婚姻関係がある場合はほぼ等しい得点で，子どもの有無は家族とされる条件としては小さい．しかし事実婚・同棲のカップルの場合は，子どもがいることで「家族」とみなされてくる．「婚姻届は出していない，子どものいないカップル」「婚姻届は出していないが，一緒に暮らしているカップル」などの評価はずっと低いのに，「法律上は婚姻届を出していないが子どものいるカップル」は最上位の「夫婦」につぐ高い順位である．これらから，子どもの有無が事実婚・同棲のカップルを家族とみなす重要な条件といえよう．子どもをもつほどそのカップルには愛情があるとみなされるのか，あるいは子どもを中心にカップルに愛情が深まっているのだろうなどと，法的な関係以上に子どもを媒介とした愛情を評価してのことであろうか．あるいは，生まれた子に対する法的な不利を避けるために籍を入れるという，日本によくある風潮を反映しているのかもしれない．

　以上のように，親子，夫婦いずれについても法的関係や同居といった形式的物理的関係以上に，愛情という心理的情緒的要因が「家族」たることの条件として最重要視されている．そこで血縁・婚姻・養子関係のないものの中でも，「愛情をこめて育てているペット」は「家族」として，仲のよい夫婦や親子に匹敵する高い評価が与えられている．

　ちなみに，現在，日本では 36.7％の家庭がなんらかの動物を飼育しているという（総理府 2000）．犬あるいは猫を家庭で飼育している 20 代の女性（約 300 人）に，その動物はどのような存在かをたずねたところ，大半が家族とみなしており，その他にも友人，きょうだい，子どもなど，心の通いあう人間と同様の存在とみなしている（表 1-1-2）．愛情によるつながりを家族と考える強い傾向が，人間の範囲を超えて動物に及び，コンパニオンアニマルといわれるように

表 1-1-3 「家族らしさ」の6次元とその得点（大野 2002）

「家族らしさ」の次元	平均値（SD）
〔生活・生計を共有する関係者〕 　成人した子が同居の親を養っている親子 　親と同居している未婚の子どもとその親	3.742（.33）
〔ニュートラルな事情で同居していない関係〕 　結婚して新居に移った子どもとその親 　結婚した子どもと，独立の生計で暮らす両親	3.249（.47）
〔血縁者の婚姻関係〕 　同居しているきょうだいの配偶者 　最近結婚した息子の妻と，同居している舅姑	3.081（.55）
〔仲の悪い関係者〕 　仲が悪く，食事も別々にしている夫婦	2.795（.58）
〔事実婚カップル〕 　法律上婚姻届を出していないが，一緒に暮らしているカップル	2.790（.63）
〔親しい他人〕 　仲良く一緒に暮らしている友達同士 　最近同居を始めた，とても仲のよい同性の友人	2.003（.68）

なったといえよう．動物は家族の一員だとする場合のほか，家族をつなぐかなめとなり，さらに動物が社会的交流を広げる（犬の散歩で知り合いになる，話が弾むなど）ものとみなしている場合も少なくない．ここには，家族メンバーがただ同居しているだけでは必ずしも一つにまとまり難くなってきた，また社会との交流が乏しくなった今日の家族事情がうかがえる．

　では，どのような関係でメンバーがつながっているのか，家族のイメージなのかを表 1-1-1 の項目群から抽出された6因子でみてみよう（表 1-1-3）．

　これによると，親子夫婦を通じて「生計を共にしていること」が「家族」であると認識するうえでもっとも重要とされている．ついで重要なのは，「生活の独立・不干渉」で，共に暮らしていてもそれぞれの独立が大事だとされ，従来の家族凝集性が高い方がよいという規範が薄れ，「個人化」が強まってきていることを示唆する．もっとも，不干渉がこうじた末の音信不通や不仲は「家族」とはされ難い．つまり「家族」とは，個を尊重しつつ，情緒的なつながりを感じる結びつきといえよう．「選択縁的関係」は6次元中でもっとも低く，「血縁者の婚姻関係」の方が得点が高い．最近，当事者同士の意志に基づく選択縁に

よる共同生活や共同の墓地などがぽつぽつみられるが，全体としてはこうした意志のみを根拠とする関係よりも舅・姑・嫁など血縁者の関係の方を「家族」と認めるのが今なお大勢といえよう．「家族である」ことの認識と実態とが今後，どのような方向に向かうかは，夫婦別姓や個人単位の社会保障制度，結婚し子どもをもつ働く女性の増加などのゆくえと関わって注目される．

2. 家族の定義——家族同一性 (family identity)

ところで，心理学，社会学，文化人類学など家族を研究する学問領域では，「家族」はどのようにとらえられ定義されているであろうか．それぞれの分野でも「家族とは何か」の定義に関する統一見解はでていない．生野 (1995) は，血縁とは関係なく自分の要求に合わせてその場その場で異なる人間関係を「家族」とよんで使い分けているケースを報告しているし，上野 (1994) は，自分を取り巻く人間関係のどこまでを自分の家族と考えるか，つまり家族の境界を家族同一性 (family identity) とよび，「あなたはどの範囲の人々(モノ, 生きもの, など)を〈家族〉とみなしますか」との質問から，家族の境界を検討している．それは，今日の家族変動のなかではいかなる既存の家族の定義も有用ではないとの認識に立っている．先の大野の研究も一種の家族同一性のありようをみたものだが，そこでもみられたように，血縁，居住など形式的要件が後退している今日，「家族」の紐帯は個々人の認識に依存するものとなり，しかも夫婦，親子といえどもその認識は同一ではなくずれている可能性も大きい．上野は1節で述べた質問によるインタヴューによって，実に多様な人間関係が「家族」と受け取られよばれていること，家族メンバーの間でもその「家族」にずれがある様相を明らかにしている．

心理学は家族をどのように扱ってきたか

日本における家族の心理学的研究は，津留宏と牛島義友によって1950年代に始められている．当時は家族心理学という学問領域は外国でも確立しておらず，社会学や文化人類学など隣接領域での家族研究との交流もほとんどない時代であった(それらの領域でもまだそれほどの成果が挙がっていなかった)．加えて日本の家族は今日ほど変動や問題があらわではない時期でもあった．そこ

で津留は『家族の心理』の冒頭で，家族を心理学の立場で定義することから書きはじめている．

津留（1953）は家族集団の特徴として，◦特別な愛情による結合，◦連帯的責任感，◦もっとも全面的な人間関係，◦子どもが最初に対人交渉をもつ社会・集団，◦誰もが普遍的に経験する社会・集団を挙げ，さらに◦基本的欲求の充足の場，◦開放的行動の場，◦社会での行動の補償的意味をもつ行動を特徴とする，を挙げている．ここでは血縁にふれていないが「誰もが普遍的に経験する」から，それは不問のこととしているといえよう．

これよりずっと後になるが，長田（1987）は家族を社会心理学的に定義している．すなわち，家族とは「夫婦を中心とし，親子，きょうだいなどの近親の血縁者を構成員とする，相互の愛情と信頼の絆で結ばれた小集団」であると．ここでは，津留がふれなかった血縁を明示しているが，それは集団の一つである家族が他の集団と一線を画する特徴として無視できなかったからであろう．

以上のように，家族は血縁や婚姻関係など家族の形式的基準と家族メンバー間の心理学的特性によって定義されている．この定義は一般的概括的で，個々人の認識上の違いにはまったくふれない．これは——上野（1994）に典型的にみられるように——，「家族」を客観的実体としてではなく個々人の認識上の主観的定義とみなす立場とは大きく異なる．この違いは社会および学問の時代的状況によるところが大きく，この定義は今日，疑問・反論が多く，このままでは通用しない．しかし，今から半世紀前には，津留の定義はほとんど衆目の一致する家族の機能であり特徴だったことは銘記すべきであり，それがその後，どのようにして，なぜ失われ，変化してきたかをみるには格好のテーマといえるかもしれない．

子どもの発達と家族という視点

ところで，津留は青年期，牛島は児童期をそれぞれ専門とするいずれも発達心理学者であった．彼らが家族に関心をもち家族心理学を著わしたのは，家族を子どもの発達との関係で重視し，研究する必要性を認識してのことであった．その視点は，今日も心理学が家族を研究する一つの顕著な特徴としてつながっている．後に詳しくみるが，家族とりわけ親子関係の研究は，「子どもの発達にどう影響するか」という問題意識によるものが圧倒的に多く，津留，牛島以降

も発達研究者によって家族心理学書は引き続き刊行されている（依田 1958，大西 1971，詫摩・依田 1972，高橋・小嶋・古澤 1975）．

子どもの発達と家族の研究から家族の臨床的アプローチへ

このように，心理学における家族への関心は，子どもの発達との関連で芽生え研究されることから始まった．それは，やがて子どもであれおとなであれ発達になんらかの問題をもつ場合の家族の状態に対する関心へと展開し，臨床心理学とのつながりを強めていった．そして家族を子どもの臨床的問題の背景として扱い，その改善をはかる家族臨床という家族への臨床的アプローチが登場する．

家族(臨床)心理学の代表の一人である岡堂は家族心理学の教科書『家族心理学講義』(1991) を著わしたが，そこでは家族の定義にはまったくふれず，ただちに家族をめぐる状況変化や臨床的問題の各論に入っていく．家族は自明であり，特別な説明や検討は不要だと考えているかにみえる．最近，家族臨床心理学関係の著書を著わしている亀口 (2000) ではどうであろうか．ここでも，家族の特質は心理学的に説明されることも検討されることもない．彼はもっぱら家族という語を形成している「家」と「族」の2語の漢字の語源を探ることで，そこに家族の特徴や発生の起源を求める．すなわち，「家」の本義は豚小屋を指し示し，豚が子を多く産むことから転じて「人の集まり居るところ」を意味するようになったという説，「産む」という生殖の類似関係が家族の〈血縁共同体〉という意味の軸をつくり，さらに「食べるものと一緒に住む」という隣接関係が〈食の共同体〉というもう一つの軸をつくりあげた，という韓国の研究者の説を援用して，家族の特徴を述べる．ここには語源的説明はあっても，家族を心理学の視点と研究から説明し検討することはしていない．

家族社会学における「家族」の定義をめぐって

心理学よりも早くから家族について理論的実証的研究を展開してきた家族社会学は，家族は多様で変化する現象のゆえに家族の定義は不可能，無意味としながらも，人々が「家族」と認知するさいの共通・普遍な特徴はなにかを検討し，それらの特徴をもって家族を定義する試みがさまざまになされてきている．

日本の家族社会学の泰斗，森岡清美は，家族を「夫婦・親子・きょうだいな

ど，少数の近親者を主要な成員とし，成員相互の深い感情的かかわりあいで結ばれた，第一次的な福祉志向の集団」と定義する(森岡・望月 1997)．この定義は当時の日本の家族現象とその研究を前提としたものであり，その後の家族に関する変化現象を考えれば再検討の余地があろう．実際，森岡自身，「福祉志向集団」を「幸福追求集団」とすべきだと最近，修正している(森岡 2000)．このように部分的に修正されるにしても，この定義は，少なくとも先進工業国における家族に共通・普遍な特徴をとらえていることは間違いないであろう．

家族の機能が福祉から幸福へと，主観的心理的面を強めていることを全面に出した定義を佐藤和夫が提起している(佐藤 1996)．彼は人々が一番大切なものとして「家族」を挙げ(文部省 1993)，家庭に求める役割として「心のやすらぎを得るという情緒面」への期待がもっとも強い事実に注目する．そして親しいものと愛情を共有し，自由時間をそのような親しみを感じる家族と過ごしたいという欲求をみたす場として家族をとらえる．彼は家族を「身体的コミュニケーションを前提にしながら，親密さの感情を共通の基盤にする共同的空間」つまり「親密圏」と定義する．

ここでは，身体的コミュニケーションすなわち寝食，性の共同の経験を前提としながら，制度，戸籍など形式的なものに替わって，親密さ，情緒的安定といった主観的なものに家族たることの条件が集約されている．このことは，最初にみた「家族メンバーは誰か」の回答において，籍とか同居という形式や物理的条件以上に，「仲良く」「信頼しあっている」「愛情をこめて」といった親密な感情的交流が重視されていたことに通じる．しかし，ここで重視されている親密さや情緒的安定，また森岡のいう幸福などがいずれも主観的なものだけに，どのような対象に親密さを感じるか，何をもって安定や幸福とするかは，人によって異なり一様ではないであろう．子か，母か，妻か夫かなど，誰にとっての安定か幸福かによって，また家族のなかの地位や役割によっても異なるであろう．先の家族とは誰かの調査(表1-1-1)において，少なくない項目において男性と女性が「家族」とみなす程度に差がみられるが，それは親密な関係や家族において幸福であるとの意味や現実が，ジェンダーによって差があることを予想させる．

目黒依子は家族のゆらぎとか崩壊とされる現象が，これまで家族の特徴であり安定した家族要件とされてきた特徴のゆらぎであり変化であることを強調す

る．すなわち，ゆらぎ変化しているのは，①「集団性」：集団というまとまりを守ること，②「両親性ジェンダー」：男性・女性である夫と妻，父親・母親が揃っていること，③「永続性」：家族集団のメンバーシップが交替しないこと，である(目黒 1999)．これまで家族とは夫婦の間に子どもがいる，それがまとまりをもって永続する集団，と暗黙に考えられてきたが，それらがまさにゆらぎ変化しているとの指摘である．構成員においてまた居住形態においてさらに物心両面でのまとまり方において，実に多様な家族が現出している事実，さらに離婚増などを，目黒は的確にとらえている．

アメリカの心理学者ホワイトは，家族を「血縁による紐帯であり世代間にわたる社会集団である」としながら，同時に「社会規範が家族の機能とりわけ子どもの養育機能を規定する」ことを特記し，家族の変化・発達を説明するキー概念として「社会規範」を導入している(ホワイト 1996)．これまでみてきた家族の諸定義の背後にある家族現象や，目黒の指摘する家族のゆらぎ現象に，どのような社会規範が作用しているか，その社会規範を人々がどう認知・受容しているかは，重要な視点であろう．これは最近，社会現象をとらえる枠組みとして優勢な社会構築主義的アプローチ(グブリアム＆ホルスタイン 1997)と結びついてくる．ここでは，家族の現実とは人々の間に流布する言説(ディスコース)を通じて社会的に構築されると考え，人々の相互作用を通じて家族がどのように解釈されどのように構築されていくか，その形成過程とディスコースとともに流動し変化する過程に家族研究を焦点づける．これは，家族の実態がとかく普遍的固定的現象であるかのように受け取られがちであることに対して，社会的産物とりわけ人々の家族についての認識と言説とによる社会的産物として構築される過程に注目することによって家族の変化・発達に迫ろうとする点で，後述する「家族の発達」の視点に通じる．

3. 家族の機能

対内的機能と対外的機能

家族の定義とその変遷をみてきたが，そこでみられる違いの多くは家族の機能——家族がどのような機能を担っているか，どのような機能を家族に期待するかについてである．家族は複数の成員から成る集団の一つであるが，他の集

団では果たしえない独自の機能をもつとされてきた．それは誰のための機能なのかによって次の2つに大別できよう．

① 家族メンバーの必要から生じた機能＝対内的機能

家族は，家族メンバーすべてにとって休息，食，性など生理的基本的要求が充足される場である．さらに夫婦の間に生まれた子どもは，家族のなかで親によって養育されるのが一般的である．その意味で家族は子の成長・発達にとって不可欠の場であり，それは家族固有の機能といえよう．

② 社会が求める(あるいは結果的に社会の目的にかなう)機能＝対外的機能

①の家族にとっての機能は，多くの場合，結果的に社会的機能を果たし社会に効用をもたらしている．家族生活における基本的欲求充足は，食や性をめぐる対立やいさかいを防ぎ社会の秩序保持に資する．さらにこのことによって，社会(企業)には良質な労働力の提供が保証される．子どもの誕生は社会が必要とする人材確保にほかならず，さらに親による教育投資は，良質な労働力の再生産を社会は家族に期待できていることになる．富国強兵政策時の多産奨励，近年の教育ママ現象，仕事を辞めて育児・家事に専念する女性の存在は，それぞれ社会が求める良質な労働力の再生産という役割を果たしているとみなしうる．

しかしこれらの機能は，はたして家族しか担えない固有の基礎的なものなのか，あるいは他でも果たしうるものであり家族機能としては副次的なものなのであろうか．

家族固有の機能とは何か？

家族生活が営まれる居住空間は，家族の生活・生存の物的拠点として必須のものであろう．その場において，① 生活資源を獲得するための稼働つまり生産活動，② 生活資源の処理，分配，利用つまり消費機能が営まれる．そのうち①は，産業構造の変化にともない，近年，家族生活の場から分離していった．農業・漁業そして自営業の衰退，これに替わる雇用労働者・サラリーマンの増加によって，かつて家族機能の一翼であった生産機能は消失した．

②の機能も，工業化の進展にともない家族固有の機能ではなくなりつつある．食をはじめ掃除洗濯など家事の商品化社会化は急速に進み，家族の基本的欲求の満足は家庭外でも十分可能となり，もはや家族固有の基礎機能としての位置は消失しつつある．

家族の機能として重視されてきた子どもの養育についても同様である．家族メンバーの縮小(核家族化)，共働きの増加，加えて親にとっての子どもの価値の変質，子どもに期待する教育の変化などによって，家族の教育力は相対的に小さくなり，外部機関への依存を高めている．さらにかつては家族間で行われ充たされていた娯楽や冠婚葬祭などの祭祀も外部化した(森岡 1989)．

　こうして，かつては家族によって家族固有の機能とされていたものの多くが，縮小・後退し，外部の機関や人にとって替わられることとなった．このような状況を受けて，家族の再定義や家族機能の見直しがさかんに行われている．森岡の以前の「福祉志向集団」という定義には，病人や高齢者のケアが家族に期待されかつてそうであった現実が反映されており，それが「幸福追求集団」と定義し直されたことには，ケアを家族機能と認め難くした現実の変化と，介護，養育といった道具的な行為ではなく，幸福という主観的情緒的なものを家族に期待するようになった家族観の変化がみてとれる．

　家族固有の機能であったものが次々と外部に移管されていくなかで，なおかつ残る家族ならではの機能があるのか？　あるとすればそれはいったい何なのか？　また家族は今後もはたして集団であるのか？　そうだとして，家族が他の集団以上にあるとされてきた凝集性，求心力，さらに永続性は，今後どうなっていくのだろうか？　このような問題を人々は今，実践的に模索しつつある．そこでどのような回答が出されるか，それは家族の研究者にとって興味深く，かつ家族とは何かにかかわる重要な問いへの資料である．これについては，第2部「家族の諸相」で取り上げる．

家族の分類

　家族の諸相の検討に入る前に，家族を記述するさいに通常用いられている分類を整理して挙げておく．

　構成員の関係からの分類　第一の分類は，家族の構成員の関係の観点からのもので，2つに区別される．

　① 定位家族あるいは原家族　子どもからみた「生まれた家」にあたる家族で，いわゆる「実家」である．親子関係を軸とした分類である．

　ところで，「実家」という語はかつては結婚した女性が「生まれた家」を指して用いられていたが，最近では男女とも未婚既婚を問わず用いられるように

なってきている．女性の結婚が法的にも感覚的にも「嫁にいく」というものではなくなったこと，結婚前に親元から離れて住むことが以前より多くなったこと，などと関係していよう．その意味で，この「実家」の語用法自体，家族や結婚の意味や機能に関係した家族心理学的に興味深い現象である．

② **生殖家族あるいは婚家族** 結婚し夫婦となった当事者の家族で，次世代をつくる機能に注目した分類である．長らく生殖が結婚の目的や必然であった状況は後退し，「生殖」は今や可能性であって不可欠のものではなくなった．さらに人は必ず定位家族をもつが，生殖家族をもつとは限らない．成長して親から独立後，独身生活，子どもをもたない同棲，同性愛の同棲生活など，多様な人生の過ごし方がある．これらの生活様式は過去にも存在し多様な人生はあった．しかしかつては結婚しない（できない）つまり婚家族をもたないのは，経済的社会的に低い階層や二，三男である場合が多く，また結婚しないことは偏見や差別で遇されていた．それが今日では，そうした生活様式が個人の選択として正当性を認められ，実際，選択は多様になってきている．こうした最近の状況下では，生殖家族，婚家族という名称も，①の原家族のような普遍性は失われつつある．

次に，構成員の単位と数，種類の観点からの分類として次の2つがある．

① **核家族** 親世代とその子ども世代から成る家族．換言すれば夫婦と子という2世代の家族形態である．これは単に形態上の特徴にとどまらない．日本における核家族化は，結婚後の居住の父方居住から選択的な新居制への移行，家族内人間関係における家父長的観念から個人主義的観念への移行など，家族理念の変化を含む価値的特徴をもつことに留意したい．

② **複合家族** 世代的広がりをもつメンバーを含む家族である．原家族のもとに複数の婚家族が結合したもの——親の家に長男，次男がそれぞれ嫁とともに同居している大家族である．つまり3世代家族である．多くは直系家族であり，ここには男子直系家族あるいは母系家族が区別される．

世帯という家族の単位からの分類 家族の研究でもう一つよく用いられるのが，世帯という分類である．世帯は，5年ごとに実施される国勢調査時に，住居と家計を共にしていることを条件とする統計上の単位として用いられる集団概念である．したがって，世帯は家族とは厳密には対応しない．家族は夫婦関係を中心としたその近親者を主な構成員としているのに対して，世帯はその時点で

共住・同一家計のものが血縁の有無にかかわらず世帯員に含まれるからである（使用人，食費や部屋代を払っていない単身の同居人など）．このような差はあるものの，国勢調査が家族についてのもっとも体系的な統計データであることから，多少の差を考慮しつつも世帯についての資料は，日本の家族の実態を知る中心的資料として利用されている．

世帯は，共住・同一家計を営む世帯のメンバーの数や種類などによって，次のような種類に分類される．

普通世帯 住居と家計をともにしている人の集まり．または一戸を構えて住んでいる単身者．この中に構成員の種類と数によって夫婦世帯，核家族世帯，拡大家族世帯，単独世帯，母子・父子世帯，などが区別される．このうち，単独世帯は家族ではないが，他は親族世帯である家族である．さらに夫婦世帯には，結婚または同棲した夫婦で子のない夫婦（避妊中の夫婦と生まれない夫婦）と子を生もうとしない夫婦があり，子が成長して離家した老夫婦世帯とがあり，育児という家族機能についての差に注目して区別することもある．

準世帯 普通世帯を構成する人以外で，普通世帯と住居を共にし，別に生計を維持している単身者，単身者用の寄宿舎・寮などの寄宿人，病院・施設などの入院患者，などを，住居ごとにまとめてそれぞれ一つの準世帯とする．これらは普通世帯と異なり，いずれも非親族世帯である．

4. 世帯の変化にみられる家族の動向

5年ごとの国勢調査による世帯の種類，人数についての逐年的推移データは，家族の実態と変容の様相を見せてくれる．その中から，最近の家族の事情を端的に映している数値として，世帯人員別の世帯数，世帯構造，単独世帯の年齢別割合，家族類型別割合について，1970年から1995年までの推移をみておこう．それらは後に詳しくみる家族の諸相と密接にかかわるものだからである．

まず，世帯人員別世帯数の推移（図1-1-1）であるが，ここで顕著なのは世帯の小規模化である．このデータに先立つ戦前から1955年までの平均世帯人員は5.0人前後でほとんど変化しなかったが，その後減少しつづけ，90年に3人を割り95年には2.88人となった．核家族化の進行，単独世帯増，出生率の低下などが世帯員数縮小をもたらしたのである．図にみられるように，5～6人世

16　　家族とその起源・進化・発達

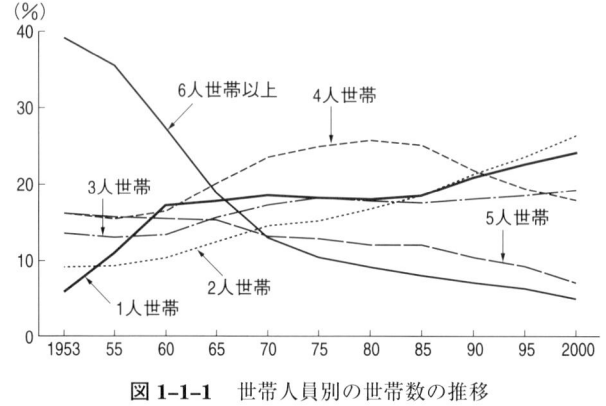

図 1-1-1　世帯人員別の世帯数の推移
（厚生労働省 2000『国民生活基礎調査』）

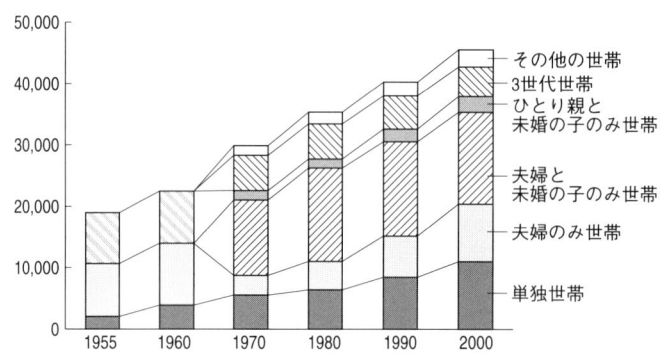

図 1-1-2　世帯構造別の世帯数の推移（厚生労働省 2000『国民生活基礎調査』）
　　注：1955, 60 年は「夫婦のみ世帯」と「夫婦と未婚の子のみ世帯」を，「ひとり親と未婚の子のみ世帯」と「3世代世帯」と「その他の世帯」とをそれぞれ一括している．

帯は急激に減少し，1979～80 年代には主流であった 4 人世帯も減少の一途をたどり，替わって 2 人世帯，1 人世帯が上位を占めている．世帯の小規模化は先進諸国に共通の現象であるが，欧米諸国ではすでに 2～3 人になっていた 60 年代には日本はまだ 4 人ほどであったのが，その後急速に小規模化し，1 人世帯も多くなった点に特徴がある．

　このような推移の内容は，世帯の構造（種類）別にみるといっそう明らかであ

家族とは？ 17

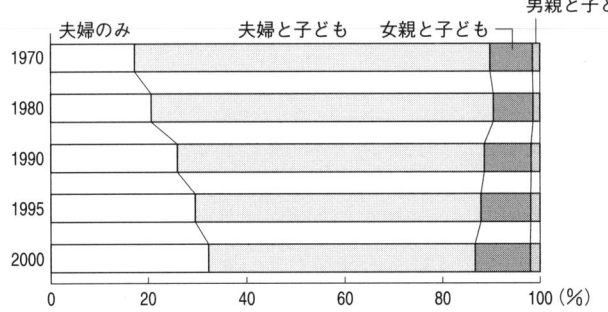

図 1-1-3 家族類型別割合（総務庁 2000『国勢調査報告』）

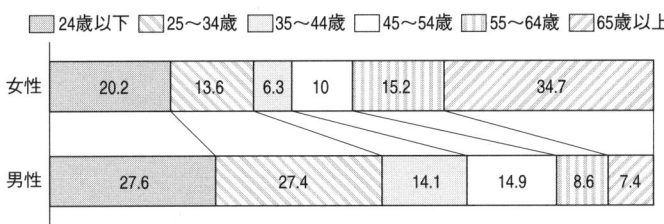

図 1-1-4 単独世帯の年齢別割合(%)（総務庁 1995『国勢調査報告』）

る（図 1-1-2）．

3世代世帯の減少は著しく，それに替わって核家族世帯，単独世帯の増加が顕著である．さらに近年になると，夫婦と未婚の子からなる核家族世帯は減少に転じ，「夫婦のみ」と「母親と子」「父親と子」の単親世帯の増加が注目される（図 1-1-3）．

夫婦と子どもからなる核家族世帯は，全体のなかで今や家族の典型とはいえなくなっている（図 1-1-3）うえ，核家族のなかでもそれは減少しつづけており，夫婦のみ世帯の増加，さらに父あるいは母と子の単親世帯もじりじりと増加してきていることがみてとれる．

こうした変化の背景には，子どもをもたない夫婦，高齢の夫婦が子世代と同居せずに暮らす傾向，単身赴任や離婚の増加などが推定される．そこには，家族というものについての人々の考えや期待など心理的な変化が反映されている．

とりわけ増加が顕著な単独世帯を性別年齢別にみると（図 1-1-4），変化の内

容はいっそう明らかである．

単独世帯増加の意味

そもそも単独世帯の激増は，平均寿命の伸びとりわけ女性の長寿命化，大学進学率の上昇，晩婚化の進行，単身赴任の増加，離婚増などが反映している．このうちの若年層にはとりあえず未婚のほか，生涯未婚つまり家族を形成しない層もかなり多く含まれていると推定される．また核家族が典型とはいえなくなりつつあり，単親世帯，子どもをもたないカップル，別居婚，同棲，単身者のコレクティブハウス(共同住宅)居住など，形態は多岐にわたっており，「家族」の概念そのものの問い直しが迫られている．これらに共通する底流は，個族化(阿藤 1996)，(核家族から)単家族(匠 1997)化ともいわれる「個人として生きる」志向である．

かつてない長い寿命をもつことになった日本人は，○○家の主人とか○○氏の妻あるいは○○会社の課長といった集団の一員としてではなく，一人の個人として生きることを迫られている．それは生活の様式のみならず，どのような自己のあり方を志向するかという心理的側面に及ぶ．日本人の自己観は，欧米人の独立的自己観と対比的な集団や他者との関係性に依拠することを特徴としてきた(Markus & Kitayama 1991)．しかし，「個人の生涯」にはじめて直面して，これまで慣れ親しんできた家や会社の一員としての生き方の限界と問題に出会い，それを変革して「個人として」生きる目的や方策を模索しつつある(山崎 1984)．単独世帯の増加は，そうした生き方や自己のあり方の変革を求めての模索の一つのあらわれとみることができよう．

この図1-1-4で特に注目されるのは性による差である．すなわち，若年層では男性の単独世帯が多い．男性は親元を離れての大学進学と就職とが多いのに対して，女性では結婚で離家することがより多い(未婚のうちはなるべく親元にとどまる)．このことが，若年層では男性の単身世帯がより多いことの背景であろう．こうした差はあるものの，男女ともに結婚前に単独世帯をもつ傾向は増加しつつあり，女性でも結婚以前に独立した単独世帯をもつものも増加傾向にある．これは，後にみる若い層での自立志向の生活意識や結婚観の変化を反映するものであろう．

「個人の生涯」を生きる

　単独世帯にみられるさらに著しい性差は，高齢期においてである．女性の平均寿命が男性より長いことが女性高齢者の単独世帯増の最大の理由ではあるが，さらに男性高齢者の場合は生活上の必要から子世帯と同居することになることも一因であろう．これに対して女性高齢者の場合には，子ども世帯と同居できないやむをえない一人暮らしのほかに，1人で暮らすことに積極的意味を認めての単独世帯も少なくないと想定される．若い世代とは違う自分の食事の嗜好や生活習慣を，同居して妥協するよりも1人で続けて暮らしたい，孫の面倒よりも趣味や社会的活動などしたいことがあるなど，個人として生きたいという女性高齢者の意欲や能力がここにはうかがえる．男性以上に長い人生が予測され，家族役割の負の実態を知る女性であるゆえに，「個人として」生きたいと強く希求するのであろう．さらに，彼女たちは遠くない将来予想される心身の衰えに誰からの支援を求めるか——家族による福祉ネットワークに依存するのか社会的福祉サービスを利用するのかについて，子世帯と同居している高齢者との違いも予想される．それは彼女たちが何をもって幸福とみるか，どのようなことに生きがいを見出すか——子や孫との和やかな生活か自分の意志や力を最大限発揮した生活にか——など女性の心理学的な問題と深くかかわる．

　寿命の伸長をはじめとする人口動態上の変化は，人々の生活を変えたばかりか，その心理——生きがいや幸福感をも変化させた．さらに家族のメンバーとしての生活や心理に多大の影響をもたらしているが，そこにはジェンダーの問題も深く絡んでいる．高齢期の単独世帯にみられる性差の一因は，男性の家事能力の乏しさ—生活上の自立不全のゆえであり，これは家族役割をめぐる男性と女性のギャップを反映している．このあたりのことは，のちに日本の夫婦・結婚，家族役割の実態で詳しくみることになる．

　ところで家族社会学においては，単独世帯は家族メンバーをもたず，構成員間の相互関係や集団としての構造をもたないことから，単独世帯者は家族的生活を営んでいないとして非家族的生活者とされている(森岡・青井 1987)．家族を福祉志向集団とみた場合，この非家族的生活者である単独世帯を家族の福祉ネットワークからはみだした存在として，社会保障の視点から注目する必要がある．それももちろん重要な視点であろうが，単独で暮らすこと自体に，その人の生き方や自己観が深くかかわっていることにも注目したい．

なお，家族と類似して使われるもう一つの用語，家庭は，情緒的交流のある生活の場を意味する．家族，家庭，世帯の3つは多くの場合一致するが，常にそうとは限らない．家族は必ずしも世帯，家庭をなすとは限らず，また世帯，家庭は必ずしも家族であるとは限らない．このことは，居住の共有や経済共有などが夫婦・親子間で多様化しつつある今日，いっそう顕著である．

2章　家族の起源・進化・発達

　これまで現今の家族を念頭におきながら，家族とは何か，家族はどう定義されるかをみてきた．そこでも家族の多様性と変動からその定義が困難であり，かつ無意味でさえあることが示唆されていた．本章では，人間の家族がどのように成立したのか，またそこにはどのような変化と多様性があるのかをみることによって，人間の家族とは何かをさらに考えることにしよう．

1. 人間家族の起源

　人間の家族とは何か，家族をどう定義するかを考えるうえで有効なアプローチの一つは，人類に「家族」がどのように発生したのか，また他の動物における「家族」との間にどのような共通性と特異性があるかを検討することである．それによって，現今の家族現象を広く俯瞰的視野からみることができる．

　人類にいつ，どのような「家族」が何を契機に発生したか，その答えは先史にまで遡らねばならない．近年，進歩著しい化石人類学や分子人類学，進化生物学，社会生物学は，DNAの配列から人類はアフリカの類人猿，なかでもチンパンジーがもっとも近縁であり，人との遺伝的距離は1～2％ときわめて小さいことを明らかにしている．この距離は500～700万年に相当し，その後，人類が類人猿から分岐したと推測されている．

　1974年，エチオピアで発見された約300万年前のヒト科の化石は，類人猿なみの大きさの脳と直立二足歩行できる脚とをもっていた．そのころ，地球の気温低下と乾燥化が生じて，熱帯林は縮小し砂漠や草原が出現した．この自然環境の変化が，人類に生き残る方策として類人猿にはない生活様式を身につけさせる契機となった．その一つが，草原生活で地上を移動するにふさわしい直

立二足歩行であり，また「家族」という集団による生活だと推定されている．先の化石の周囲には男女，おとな・子どもの化石13個分が発見されており，これが人類最初の「家族」とみなされている．他の類人猿の社会には，人類の家族のように長期的に続くペアや両親による養育，成熟した子と両親間の世代間連合は認められない．その意味で「家族」の出現はヒト化の一歩であるとみなされている．

2. 「家族」の成立の3つの契機

なぜ「家族」が人類に出現したのだろうか？　何が家族の成立の契機であろうか？　それは食と性だと考えられている．食と性はいかなる生物にとっても生存上必須のものであるが，ヒトではこれが独自の機能と特徴を帯びる．加えて脳の大型化がもたらした生理的早産(のちに詳述)は子の養育をめぐる特殊性をもたらした．これらがあいまって家族を成立させることとなった．

2.1　人類の食行動と二足直立歩行

生活が樹上から地上へ変化し，それにともなって移動パターンが変化してヒトが類人猿から分岐した．この二足直立歩行の成立——二足だけで体を支え移動できることは，空いた前肢を手として移動以外のことに使うことを可能にし，ヒトの行動範囲や種類，巧緻性を大幅に増やすこととなった．四つ足移動の動物ではものの採取は不自由な前肢や口によらざるをえないため採取能率は悪く，運搬も口によるため運べる距離も量も限られる．二足歩行によって空いた手は，道具の発明と使用，ものの細かな操作，さらにそれを遠距離へ運搬することを可能にした．

持ち帰り—分配—共食へ

このことは，採取した食べ物をその場で食べずに，もち帰り他者に分配することを促した．しかも分配はその時々で違う対象にではなく，一定の対象——性関係にある女やその子ども(自分の子ども)に分配され，一緒に食べる共食が頻繁に行われた．加えて火が発見され調理の道具が発明されて，加工・調理して食べるようになると，食料の持ち帰り—調理—分配—共食はいっそう必要で

あり，かつ楽しいものとなっていったと想像される．こうして一定の人々の間で安定して行われる分配と共食は，生命の保持という生理的満足にとどまらず，共食するものの間に心理的な絆ができる．食が単なる生理的行動から社会的交渉という行動へと変化した——ここに家族成立の契機をうかがうことができる．食にはその後，儀礼やマナーなども付随して，より社会的なできごとへと展開していった．これは，霊長類にはみられない人類独自のことである．

定住する動物には，ひなに餌を与える鳥類，夫婦で協力して肉を子に運ぶ狼，仲間と獲物を分け合って食べるライオンなどがある．しかし霊長類は，定住せず遊動菜食する生活であることと，それほど大量の食料資源を必要としないこともあって，食は基本的に個人単位である．チンパンジーでは共同で協力して狩猟することはなく，それぞれが勝手にやり，その場で食べる利己的狩猟である．自分が見つけた獲物が余ったとき，強者が乞う弱者に与えることはあるものの，自分から能動的にそれも一定の対象に分配するようなことはほとんどない．親も母乳以外は食物を子に積極的に与えることはしない（西田 1999）．

このように，一定の対象に持ち帰り—分配—調理—共食という人類独自の行動が，与えるもの・与えられるもの双方に快の感情の共有と連帯感を確認させ，さらに同じ調理食を共食する人々の間の親睦を深め親密な関係をつくっていった．こうして人類の家族は成立したと考えられている（山極 1994）．

2.2 脳の大型化と生理的早産——父親の登場

持ち帰り—分配—共食の成立には，もう一つの必然性がある．それは，ヒトの子どもが未熟で生まれ，長期にわたる保護が必要なことである．二足直立歩行の姿勢が成立した結果，骨盤の形が変化し産道は狭められた．狭隘な産道を出られるギリギリの大きさで出産せざるをえなくなり，子は未熟無能な状態で誕生してしまうことになる．他の高等哺乳類がほぼ一人前の能力を備えて誕生するのに比べて，ヒトの新生児の生理的早産はこうして生じた（ポルトマン 1961）．このことは，誕生後，長期にわたる保護・養育を必須のものとした．その期間，子の保護養育にかかり切りの母親は食料調達に出ることはできず，そのままでは母子ともに餓死してしまう．男による食料持ち帰り—分配は，安全な場で子どもがつつがなく育ち女は安心して子の養育をすることを可能とした．厳しい自然と道具も機械も乏しい太古の時代，子どもの養育も自身の生存も母

親だけでは困難であった状況下，子の生存率を高めるべく父親が登場した．家族が成立したのである．

　比較動物学によると，親が子育てをする種は全体の1％にすぎず，鳥類と哺乳類にほぼ限られている．子の養育をする哺乳類の種では，子育て役割をするのは圧倒的にメスで，オスはその間実質的に何もしないのが大半である．オスが子育てする種は，多目に見積もっても3％にすぎず，それは，なんらかの理由でメス単独で子育てするのは困難な種であるという．出産後のメスの体力が弱い，子の体重が重い，何匹も同時に生まれる，食料採取が難しい環境であるなど．つまり，子育て困難がメス以外の手を必要とし，オスによる子育てが促された．父親はこうした進化の結果だという（小原 1998）．

　ヒトにおける父親も，子育て困難な状況を克服して子孫を残す――種の保存繁殖の戦略として進化した．未熟で誕生する，成熟まで長期にわたる多様な養育を必要とすることが，1人の親ではなく複数の養育者を要し，それが父親の登場を促した．母子の生命を保障し子の成熟を達成すべく，父親が母子の関係に恒常的に加わり子育てに関与するかたちで，家族が成立したのである．

家族の原形は性別分業

　こうして成立した家族の原型は，女が子を育て，その女子に男が食料を持ち帰り分配するという性別分業である．もっとも，女も子育てだけに専従し食料は男から分配されるものだけに頼っていたわけではないらしい．遠くまで調達にはいかれないが，居住地の近くで果実採集や栽培などをして皆に分配し共食した．これは，男が持ち帰る食料への一種のお返しともみられるが，男女がそれぞれできることを精一杯し，互いに協力するゆるやかな性別分業であった．それは，当時の生態学的状況下で我が身を外敵と飢えから守り，かつ子の生命を保証する最適な方略であったゆえに成立したのである．

2.3　ヒトの性の特殊化

　食とともにヒトの家族成立のもう一つの重要な契機は性である．

　霊長類，哺乳類のメスには性周期，つまり性ホルモン分泌に周期性がある．しかし，この性周期と発情との結びつきは種によって異なる．ラットや真猿類などでは発情と性周期とが密接に関係しており，排卵前後に性皮が膨張して，

発情状態は外からはっきり判る．さらにメスが分泌するフェロモンの匂いがオスの嗅覚を刺激し，オスはメスに近づいて交尾が生じる．つまり，性行動はほぼ完全にホルモンの支配によっており，性交は繁殖のため妊娠可能な限られた時期に起こり，妊娠したメスはオスを受け入れなくなる．このように，発情—性交—妊娠は連鎖をなし，繁殖は確実なものとなっている．

これとは異なり，発情が性周期とは無関係，つまり性ホルモンの支配を受けない種がある．類人猿，オランウータン，ゴリラ，それにヒトである．とりわけヒトはその最たるものである．哺乳類の常として女性には性周期，月経があるが，女性自身，自分の排卵日を自覚できないし，外からもそれとわかる兆候はなんらあらわれない．そして発情は性周期とはまったく関係なく，常に高い受容性をもつ．妊娠中も授乳中も発情し，性交は可能である．これは，妊娠すると交尾をしなくなる他の動物とは際立った違いである．つまり，ヒトの女の性はホルモンの支配から離脱し，自分の意志に応じて異性を性的に受け入れることができるユニークな種である．

このようなヒトの女の性の特徴は類人猿から分岐した重要な契機であり，そのことがヒトの性行動を変化させ，家族を成立させることにつながった．人類の女の恒常的で高い性的受容性と，しかし性周期と排卵の隠蔽は，動物のように発情のサインによって性交すれば確実に子をもうけられることにはつながらない．人類の男は女のところに長期間とどまり，女に自分の存在や価値をアピールしてその性を誘発しなければならなくなった．その間，頻繁な接触を試みることで，自分の子を生ませることに成功する可能性が高くなる．ヒトの性には，前戯や生殖目的につながらない遊び的な要素があり，また多様な性交のかたちがある．それらは単なる生理的満足以上の性愛行動ともいえるもので，生殖と直結する動物の性交渉と際立った違いである．発情期をもたない日常的で高い受容性をもつ女に，いかに効果的に自分をかけがえのないパートナーであるかを印象づけ性の関係をもてるか，その試みが必要であることが，こうした独自な性行動や性愛を人類に発達させた．そうすることで特定の異性間に持続的な配偶関係が生じ，家族を成立させたと考えられる．今日も，性はもっとも親密なコミュニケーションとみなされ，生殖のためだけではなく特殊な感情と快楽がともなうのは，こうした人類の性の特殊性から進化した結果と考えられている．

さらに，その女と自分との間に生まれた子に食料を持ち帰り分配することによって，絆はいっそう強化される．一方，女にとっても母子双方の生命を保証すべく投資・協力をしてくれる男を選び引き留めておくことは，必須の課題となった．こうしてヒトの性の特殊性が子孫を残すために男と女の駆け引きと協力を必要とし，相手の行動に目を光らせるスリリングな緊張関係となった．この緊張を緩和したのが食料持ち帰り・分配という子育ての協力で，男はオスから父親へと誘導され，その男女間に強い絆と恒常的配偶関係が生み出されて，子を含む家族が成立した(山極 1994)．

近親相姦回避(インセストタブー)の仕組みと制度化
　この経過のさい，なぜある動物のように乱交にならず特定の男女との間に独占的配偶関係が成立したのだろうか．ヒトは，性交渉になんらかの社会的規制を設け，それに従った行動が定着したと考えられている．性交渉をもつ異性の組み合わせを規制する，近親相姦回避(インセストタブー)と外婚制がそれである．

　近親回避がなぜ生じたか，その起源については，幼少時に親密に接触したものには長じても性的な魅力を感じなくなるものだという仮説(ウエスターマーク)のほか，有名なフロイト(Freud, S.)の説がある．彼は，人は幼少期から広義の性的エネルギーをもつことを前提に，親子の間でも子どもは異性の親に性的魅力を感じ，そのため同性の親に対しては嫉妬すると考えられる．この異性の親への性的愛着は同性の親の存在が抑圧する，これが回避となるというのである．このほか，母親と子どもとの年齢に差があり性的成熟期がずれていることから，男の子は母親との性関係はできないし，女のきょうだいは性的成熟とともに結婚して別居するため性関係は起こりにくいという．つまり，人口学的に近親相姦が起こりにくい条件があり，これが習慣化し制度化されたという考えである．

　いずれにしろ，人類には近親回避機構が生得的にそなわっている．この近親回避の仕組みを積極的に利用し，個人的暗黙のものから社会的顕在的な規制として婚姻関係を規定していった．近親者同士で子どもをつくると，死産や身体障害者が生まれる確率が高く生存率も低いこと(今日の有害遺伝子ホモ結合説に該当する現象)が早くから経験されていたであろう．このことから，人類は生

存・繁殖上不利な近親相姦をしだいに忌避し，淘汰していった．暗黙のタブーは確認され「社会的禁止」へと拡張され，近親相姦忌避の制度化は自然のなりゆきと，人々に広く受け入れられていった．そうすることで，人類は安定した家族と子孫の繁栄を期待し，実際そうなっていったのである．

これには言語の力が大きいであろう．暗黙知を言語で明示的に表現することで，その内容は明確に裏打ちされ社会的制度として確実なものとなった．こうして近親相姦回避は，早くから人類すべての社会に普遍的に認められている．

3. 家族の発達・変化・進化

人間の「家族」の特質——変化と多様性

前の2つの節で，私たちの祖先であるヒトにどのような契機によって家族が誕生したかをみた．その「家族」の姿を今日の家族と比べてみると，両者の間に共通点と相違点とがあることに気づく．性と食は今も家族と関係深いものではあるが，いずれも今日，家族なしには不可能というわけではない．家族外で食は容易にありつけるし，性も大幅な自由度をもってきている．このことは，とりもなおさず人類の家族の特質——他の動物との決定的な違いと関係する．

それは人間における家族は多様であり，変化することである．動物界にも多様な「家族」はあるものの，そのかたちと機能は種によって一定である．動物は，種ごとにどのような群れをつくるか，子育ての担い手ややり方は決まっている，つまり，子育て・家族のかたちと機能は種ごとに一定かつ不変である．ところが，人間の家族は一様ではない．歴史のなかでまた異なる社会ごとに，多様な家族のかたちと機能がある．これが人間の家族の特質である．

家族に起こる2つの変化

人間の家族の変化と多様性は，2つの軸で生じる．

① **家族周期・家族サイクル——家族は家族メンバーの発達とともに変化・発達する**

第一は，家族メンバーの発達・変化とともに生じる家族の変化である．男女が結婚して新しい家族が成立し，やがて子どもが生まれることによって，夫と妻は親として養育機能を果たす．時が経ち，子どもが独立して再び夫と妻2人の生活となり，やがて夫婦の一方の死によって単身の生活となる．このような

家族メンバーに生じる変化・発達にともなう家族の形態・構造と機能の変化プロセスが，家族周期，家族サイクル，家族の発達段階といわれている．どのような段階を区分するかには諸説があるが，そのなかから，ローデス（Rhodes 1977）とカーターとマクゴルドリック（Carter & McGoldrick 1980）を対照させて示したのが表1-2-1（p. 30）である．

ローデス（Rhodes, S. L.）の説は，エリクソンのパーソナリティー発達とライフタスクの考え方を家族発達に応用したものである．各段階の発達課題にはエリクソンが提出した発達課題が色濃く反映されており，課題の達成の可否によって肯定的になる場合と否定的な場合とが対照的に示されている．一方，カーターとマクゴルドリックの説は，家族療法や家族教育という実際的目的にもかなうように構想されている．ローデスのものと大きく異なる点は，結婚に先立つ時期も家族発達の段階として取り上げていることである．これは，結婚後の家族発達の成否が，結婚以前の親との関係や自立と密接にかかわることを考慮すると妥当である．昨今，結婚が入籍や式といった明確なかたちをとらずに始まることの多い事情を考えれば，この必要性はいっそう大きいであろう．

このような家族の変化・発達は，家族心理学で従来から重視され（岡堂 1991，亀口 1992），各発達段階で求められている発達課題達成の失敗を家族の危機としてとらえ，家族臨床はその解決とその援助を図る技法として発展してきている（ヘイリー 1985，ミニューチン 1984）．発達心理学でも，各段階での親と子の関係や夫婦関係など家族関係が子どもの発達に対してもつ影響が，長らく検討されてきた．

本書では第2部において，各発達段階の特徴と様相とを，実証的研究とともに，詳しくみることにする．

② 家族の変化・発達——家族は社会変動と連動して変化・発達する

家族の変化の第二は，社会の変化によって家族に生じる変化・発達である．家族は，単に家族メンバーの変化によって変化するだけではない．家族は社会的歴史的状況の只中にあり，それら家族を取り囲む社会的状況によっても大きく規定される．社会的状況の変化は家族の変化を余儀なくし，家族は変化した社会的状況に応じた特徴をもつことになる．さらにその家族の特質が社会のさらなる変化を促す．

家族システム論

 ところで家族療法家たちは，家族の一成員に起こった問題は他の成員にも波及し，その解決も当該の人以外の変化なしにありえないこと，また問題現象が世代や時代によって異なる実践体験から，家族をシステムとしてとらえるべきことを早くから指摘してきた．最初は複数の並列的な提案であったが，ここ十数年それらが統合され，家族システム理論として日本でも紹介されている(遊佐 1984, 平木 1998, 亀口 2000, 中釜 2001)．

 家族システム論は，次の3点から家族をとらえる(平木 1998)．第一は，家族の問題を成員の発達や親子・夫婦関係など世代的歴史的視点から理解する視点である．家族に起こる問題が多世代にわたって受け継がれていく時間軸に注目し，その解決には過去の家族関係も視野にいれた歴史的視点が必要なことを強調する多世代理論である．第二は，家族の問題を家族が全体として影響を与えあっている相互交流過程とみ，悪循環に陥っている関係を適切な介入や援助によって変化させるのが心理療法の目的だとする．ここでは第一の歴史的視点とは対照的に「いま，ここ」が強調され，現今の問題状況を的確にとらえてそこに積極的に介入してシステムの変容を促す．第三の視点は，家族と家族をとりまく社会を考慮する視点――生態システム論である．上の二つが家族を過去であれ現在であれ家族内の問題としてとらえているのに対して，より広い視野から家族をとらえようとする．したがって，家族の問題解決は家族成員の変化では終わらず，社会，政治，文化，ジェンダー，言語，地域社会などを考慮しそれらを解決のための資源とした方策が立てられることになる．

 このような紹介もあって，家族はシステムであるとの認識は家族臨床家の間では概念的には共有されている．しかし，実際の家族臨床をみると，家族システム論の第一と第二の視点，つまり家族内のシステムは重視されているが，第三の視点，家族を外側に開かれた生態システムとしてとらえる視点は必ずしも十分に浸透していない．家族臨床では，家庭生活になんらかの不適応をもった人が，不適応を解消し家庭生活が円滑にできるよう臨床的援助を求めて来談する．そこで臨床家は，当該家族の過去を探り現在の家族の状況を把握して，問題を介入やリフレーミング(心理的枠組みの変換)によって解決しようとする．ここでは臨床家も来談者と同様，その不適応を解消して家庭生活が円滑にできるようにする，つまり家庭や社会の側に人を適応させることが治療の目的とな

表 1-2-1　ローデスとカーターと変化の理論モデルによる 6 段階説

1980 年　カーター（Carter, E. A.）とマクゴルドリック（McGoldrick, M.）

第 1 段階　親元を離れて独立して生活しているが，まだ結婚していない若い成人の時期
　① 　心理的な移行過程　親子の分離を受容すること
　② 　発達に必須の家族システムの第二次変化
　　　・自己を出生家族から分化させること
　　　・親密な仲間関係の発達
　　　・職業面での自己の確立

第 2 段階　結婚による両家族のジョイニング，新婚の夫婦の時期
　① 　心理的な移行過程　新しいシステムへのコミットメント
　② 　発達に必須の家族システムの第二次変化
　　　・夫婦システムの形成
　　　・親の家族と友人との関係を再構成すること

第 3 段階　幼児を育てる時期
　① 　心理的な移行過程　家族システムへの新しいメンバーの受容
　② 　発達に必須の家族システムの第二次変化
　　　・子どもを含めるように，夫婦システムを調整すること
　　　・親役割の取得
　　　・父母の役割，祖父母の役割を含めて，親の家族との関係を再構成

第 4 段階　青年期の子どもをもつ家族の時期
　① 　心理的な移行過程　子どもの独立をすすめ，家族の境界を柔軟にすること
　② 　発達に必須の家族システムの第二次変化
　　　・青年が家族システムを出入りできるように，親子関係を変えること
　　　・中年の夫婦関係，職業上の達成に再び焦点を合わせること
　　　・老後への関心をもち始めること

第 5 段階　子どもの出立ちと移行が起こる時期
　① 　心理的な移行過程　家族システムからの出入りが増大するのを受容すること
　② 　発達に必須の家族システムの第二次変化
　　　・2 者関係としての夫婦関係の再調整
　　　・親子関係を成人同士の関係に発達させること
　　　・配偶者の親・兄弟や孫を含めての関係の再構成
　　　・父母(祖父母)の老化や死に対応すること

第 6 段階　老年期の家族
　① 　心理的な移行過程　世代的な役割の変化を受容すること
　② 　発達に必須の家族システムの第二次変化
　　　・自分および夫婦の機能を維持し，生理的な老化に直面し，新しい家族的社会的な役割を選択すること
　　　・中年世代がいっそう中心的な役割を取り入れるように支援すること
　　　・経験者としての知恵で若い世代を支援するが，過剰介入はしないこと
　　　・配偶者や兄弟，友人の死に直面し，自分の死の準備をはじめること
　　　・ライフ・レビュー（life review）による人生の統合

マクゴルドリックによる家族発達段階

危機理論モデルによる7段階説
1977年　ローデス（Rhodes, S. L.）

第1段階　結婚から子どもの出生までの時期
　　　　　　　　　　　　［発達課題］　　親密性 vs. 幻滅感

第2段階　子どもの出生から末子の入学までの時期
　　　　　　　　　　　　［発達課題］　　養育性 vs. 閉鎖性
第3段階　子どもが小学校に通う時期
　　　　　　　　　　　　［発達課題］　　成員の個性化 vs. 疑似相互性
第4段階　子どもが10代になる時期
　　　　　　　　　　　　［発達課題］　　友愛感 vs. 切りはなし

第5段階　子どもが家を出る時期
　　　　　　　　　　　　［発達課題］　　再編成 vs. 束縛または追放

第6段階　親のつとめが終わる時期
　　　　　　　　　　　　［発達課題］　　夫婦関係の再発 vs. 落胆

第7段階　夫婦関係が終わる時期
　　　　　　　　　　　　［発達課題］　　相互扶助性 vs. 絶望感

る．そこには，(その人が適応できないでいる)家庭や社会の側にある問題への批判的視座や関心は稀薄で，家族自体が社会の変動に適合しなくなっていることの問題意識(現今の家庭や社会に不適応でいる人のほうがむしろマトモである可能性についての認識)は乏しい．このことが，家族現象の理解にあたって社会的文脈をほとんど考慮せず，離婚増を「蔓延する個人主義の幻影にとりつかれ……」(岡堂 1991)といった個人特性に原因を帰して解釈するということにつながる．そこには「家族」とはこういうものだとの固定した観念，それに適応すべきものとの暗黙の姿勢がある．臨床の実践でも，専門家があらかじめ見立てた「善」を家族に当てはめ，不調な家族がその「善」になることが解決だと治療の目標にされやすい．

　こうした家族臨床の現状を認めてか，生態システムとしての家族の視点を，理論というよりもセラピストの(臨床実践にあたって心すべき)あり方を示唆する倫理的視点だと平木が述べている(平木 1998)のは印象的である．

　このように家族の生態システム論は理論的には提起されていながら，実際にはあまり考慮されていない背景には，人間の認識，概念，行動などは社会的交流のなかで言語によって編み出される意味であり社会的な産物であるという，社会構築主義の発想，政治・経済・歴史など社会科学的な認識，さらにジェンダー視点などが，従来の家族心理学とりわけ家族臨床に欠落していたからである(柏木 2000)．そもそも心理臨床家は人間の心という内部への関心が強いため，家族が外側の世界に開かれたシステムとして社会的諸状況によって常に刺激を受け変革を迫られていることへの視座は二の次になり，家族内部のシステムに焦点が集まるのではなかろうか．

社会変動と連動する家族——社会に開かれたシステムとしての家族

　家族というものは，家族成員の変化や相互作用によって変化するだけではない．家族内の変化以上に，家族を取り巻いている歴史的社会的状況から常に刺激を受け，家族のかたちも機能も変化を余儀なくされている．家族に起こっている"問題"現象——少子化であれ離婚増であれ，いずれも社会の状況変化が家族の成員に変化を迫った結果とみなすことができ，"問題"だと憂慮すべきものではない．人間の家族は，古今東西一定不変ではない．むしろ変化し多様な家族のかたちと機能をもつことによって存在しつづけてきた．それは人間の家

族が外に向かって開かれたシステムであり，外側の状況に応じて家族のかたちも機能も柔軟に変化させることに，人間の家族ならではの特質がある．これが，種ごとに一定・不変である動物の家族と人間の家族との歴然たる違いであり，高い知能と学習能力を備えた人間ならではの特質である．

4. 歴史と異文化・社会にみる家族

このことは，歴史学，歴史人類学，文化人類学の知見に照らせば明らかである．歴史を遡り，他方，異なる文化・社会をみる広く長い視野に立つアプローチは，心理学者に欠けがちな家族を相対化する視点を与えてくれる．

4.1 歴史にみる家族の姿――変化と多様性

20世紀前半，歴史研究に起こった新しい潮流は，それまでの伝統的歴史学にはない知見をもたらした．1930年ごろに始まるアナール派のしごとである．それは，地理学，社会学，経済学，心理学など人文諸科学を統合した学際的研究で，文書を主史料とする実証主義史学に抗して文書以外の広範な資料を駆使して，それまで歴史の表舞台に登場することのなかった普通の人々の生活と心理とに光を当てた．

それまでの歴史研究は，社会の上層にいて文書を残しえた権力者，偉人，彼らが行った政治，戦争，外交が主たるテーマ，つまり政治史，外交史，経済史が中心であった．アナール学派の人々は戦争や外交など世界を揺さぶった事件の蔭に，歴史に登場することなくひっそりとしかし確実にその時代を生きた人々――庶民，女たち，子どもたちに眼を向け，これら人々がどのように生き何を感じながらその生涯を終えたかを，多様な資料を掘り起こし丹念な考証によって明らかにしている．性と生殖，男と女の生活と愛情，人の生死に対する感情や行動，また食をめぐる細々とした習慣や態度などについての知見は，家族心理学にとってきわめて興味深い．

家族史・心性史にみる家族の変化・感情の変化

西洋の教会に保存されている教区簿――そこには教区内の人々の洗礼，結婚，埋葬の記録があり，その分析から家族構成の推移や人口学的実態の再現が試み

図 1-2-1　王女マルガリータ
ベラスケス〈青衣の王女マルガリータ〉1659年　油彩　127×107 cm　ウィーン美術史美術館蔵．8歳の金髪のマルガリタ．母の実家のウィーン宮廷に写真代わりに送られたもの．

られている．日本でも，今日の国勢調査にあたる人別改とキリスト教取締りの目的の宗門改とが合体した宗門人別改帳(しゅうもんにんべつあらためちょう)(宗門改帳と略称される)が江戸時代からあり，そこから庶民の結婚，出産，離婚，死亡など人口動態上の家族の姿が推定されている(鬼頭 1983; 2002)．さらに遺書や葬儀についての記録，墓碑銘などから，人々が死に対して抱いていた感情，家族——親と子，夫婦がどのような愛情で結ばれていたかの考証も行われている．

　有名なのはアリエスの『子どもの誕生』で，これは発達心理学者にも近年，広く知られている(アリエス 1980)．彼は肖像画を主たる資料として用いて，家族生活とりわけ家族における子どもについての論考を行っている．女の子たちは，サイズこそ小さいものの，ウエストを絞り下半身を大きく膨らませたスカートと華麗な装飾という当時流行の服を着せられている(図 1-2-1)．これは男の子も同様であり，貴族に限らず一般の人々の間でも同様であった(図 1-2-2)．このことから，アリエスは当時の人々が子ども独自の価値は認めず，子どもはおとなの縮図，未熟で未完成の存在として遇していたと考える．

　18世紀末，子どもはようやくおとなの縮図から脱して，おとなと違う独自の価値が発見されて，正当に評価され処遇されることになった．この「子どもの

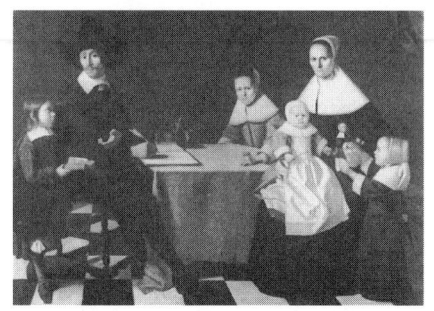

図 1-2-2　イギリスのピューリタンの一家
1645年のピューリタンの家族．こども(と人形)は大人のような服装をしているのに注意(ハリスン 1996)．

発見」が，子どもの研究や子どもの教育を推進させることになったことは周知のとおりである．

　アリエスの論考は，資料の用い方や解釈に難があるとの批判もあるが，家族や子どもに歴史学の光を当てたことは大きな業績であり，その後これを補充展開する研究によって，時代や社会の変化によって変化していく家族や親子の姿が明らかにされている(セガレーヌ 1983; 1987, ショルシュ 1992, ストーン 1991)．

　家族の歴史学は家族間の感情の表出ややりとりにも及び，心性史といわれる領域を形づくっている．アリエスは墓碑銘のほかわずかに残る手紙や日記などを手がかりに，死についての態度や感情についても考証を行っている(アリエス 1999)．当時，幼い子どもがあえなくその命を落としていったとき，親とりわけ母親がどのようにその死に対したか，周囲の人々はどう対応したかをみると，今日の子どもを喪った親とのあまりの違いに驚かされる．死産した母親に向かって，「またじき，次の子が生まれるよ」とか「あんなに手がかかる子どもたちがいるんだから……(いいじゃない)」などと慰めている．

　アナール派家族史研究の成果のひとつは，かつては夫婦間，親子間の感情がきわめて淡白なものであり，家族は必ずしも深い愛情で結ばれていたものではないことを明らかにしたことである．今日，家族といえば他の人間関係とは比類もない強い愛情で結ばれた集団だと思い，それはいつの世も変わらぬ家族固有の特質と考えられてさえいる．しかし，歴史に照らしてみれば，それは決し

て普遍的なものではないのである．

　13人の子どものうち半数の子どもを幼くして喪ったアンナ・マグダレーナ・バッハ(音楽家ヨハン・セバスチアン・バッハの2番目の夫人)は，度重なる子どもの死を悲しみながらも，それを恨んだりやたらに悲しんだりするのは「悪い気持ち」だからと抑えようとした，と記している(アンナ・マグダレーナ・バッハ 1985)．

　このような子どもの死に対する親の態度や感情は，今日の子どもを死なせた親のそれとは大きく異なる．今日では子どもは一人ひとりかけがえがない存在であり，いくらほかに子どもがいようと次が生まれようと，それで代えられるものではないと思う．子どもの死は，どんなに悲しんでもそれで十分ということはない．それはもう一生笑うことがないほどの悲痛の極みであり，それは誰もが理解し同情する．子どもを喪うという同じ体験に対して，人がどう感じどうふるまうかは，時代によってこのように変化しているのである．

女性史が明らかにした日本の家族の変化

　アナール派の流れを汲む歴史研究の結実である一連の日本女性史(女性史総合研究会 1982; 1990, 関口ほか 1989)は，多様な資料を駆使して女がどのように男と契りを結び，そこでもうけた子どもたちはどのように育てられたか，家族のなかで女性はどのような地位や権限をもっていたかについて明らかにしている．また，日本の「近代家族」が成立した経緯を家父長制と資本制に求め，それが社会変動にともなって機能不全を生じつつあり今や終焉に向かっている様相が，詳細かつ批判的に分析されている(上野 1994, 落合 1989)．

　これら歴史学や社会学の家族研究は，家族心理学の研究者にとって必読の資料である．第2部で詳しくみる日本の家族の特質とりわけ親子関係，母子関係の特徴が，長い家父長制を基本とする社会のなかで生じ，さらに富国強兵や経済的産業興隆のための政策や世論操作によって方向づけられ強化されていった，その産物であることが，これらの研究にはっきりとみてとれるからである．さらに，そうしてつくられた近代家族が，今日の激動する社会のなかでその機能が破綻していく過程についての分析をみれば，家族が変化する必然性をもっていることはいやでも了解されるであろう．

4.2 異なる社会・文化にみる多様な家族

　歴史にみられる家族の変化は，とりもなおさず同時代においても異なる社会には異なる多様な家族の様態があることに通じる．さまざまな地域の人々の生活を調査することによって人間とは何か，人はどのように生きるかを明らかにしようとする文化人類学は，「家族」について多くを教えてくれる．世界各地で一定期間，その地に住み込んでそこに生活する人々の社会と文化をつぶさに観察した研究者たちが，さまざまな社会の人々にとって「家族とはどのようなものか」を報告している．そのなかから3例挙げてみよう．

運命共同体ではない家族，個々人は独立自尊——イスラム教徒の場合
　まず，原忠彦の調査によるイスラムの家族をみよう（原忠彦 1986）．
　東ベンガル地方（1971年以前はパキスタン，以後はバングラデシュ）に居住するイスラム教徒社会では，家族（ポリパル）は男性とその妻，それらの子どものうち未婚のものからなる核家族が基本である．この社会では，人間の感情や欲望は神から与えられたものとして容認されており，結婚はそれを享受するつまり性欲の合法的発散として宗教的義務とされる．家族——ポリパルはこの結婚で始まるが，それが他の集団とは異なる法的基盤は扶養にある．男子は，夫への性的サービス・家事の見返りとしての妻の扶養および夫婦の性の結果生まれてくる子どもの扶養の義務を負う．しかし，子どもには親の恩に対する孝は問われない．
　結婚は，女子は初経後の13〜14歳だが，男子は扶養の義務が厳しく求められるためそれが可能な経済力をもってから結婚することになる．したがって夫婦の年齢差は概して大きく，加えて女子は近親者以外との接触は禁じられているから，夫婦の価値観のずれは大きくなり，ポリパルは不安定になりやすい．
　結婚した新夫婦は，親とは同居せず別居するのが原則である．稀に息子が村内に職を得られない場合や，村外の職につき家族を残して赴任する場合など親と同居することもあるが，それは女性が近親者以外の異性に姿形をみせてはならない制度（パルダ）のため，男がいないと日常生活の遂行に差し支えが生じるからである．このように大家族が形成される場合には，男同士が扶養について話し合い，扶養範囲を結合するかたちをとる．しかし核家族的ポリパルは混然

とせずに独自性を保つ．妻と子どもはその夫と父に従わねばならないが，夫の親の権威は彼らには及ばないのである．

　イスラム教徒にとって，結婚は扶養が宗教的義務という強固なものである反面，個々人はそれぞれ神から独特の運命を与えられており，その人生は神によって決められる一回的性格のものと考えるため，一つの家系が運命共同体的性格をもつとは考えない(そこで祖先崇拝などもない)．子どもも神によって与えられた運命によってその発達は左右されるものと考えられ，子どもの犯罪に親の責任が強く問われることはない．この社会では家の名＝姓は存在しないが，それはポリパルの一回的性格という特徴と個人の独立を重んずることの反映であろう．

共に血を分けあった大家族，アイガ(世帯)——西サモアの場合

　南大平洋西サモアの家族は，これまた独特である．そこでは，広い家に夫婦とその子どもたち，自分の姉妹や親，さらにその姉妹など，広範な親類縁者が一緒に住む．その大家族がアイガ(世帯)である．

　アイガは特定の村の中の宅地や耕地によって生活する集団として，共通の祖先をもつ親族集団から分かれて形成される．アイガは複数あり，それらアイガは親族であり「共に血を分けあった」という意識で結ばれている．アイガ間の人間関係には，結婚や性行為等一切の性的関係を禁じるインセストタブーがあるが，同時に，アイガの間には独特の親密さと信頼がある．そこで，互いにアイガと認めあう――共通の祖先をもつ人々の間では，子どもを預かる，泊まりにいきしばらくそこで暮らすなど，世帯間の流動性はけっこう高く，固定したメンバーが持続的に居住を共にするものとは限らない．

　アイガに属する人々は，リーダーである家長(マタイ)の監督の下に生活するが，どの子が家長(マタイ)の実子だということが分からないくらいどの子どもも分け隔てなく育てられている．子どもの養育は親だけの責任とはなっていず，気がついたもの，その場にいるものが誰であれ自然にし，子どもは多くの人々に守り育てられている．おとなはもちろん，子どもたちも相応の働きをしてアイガに貢献する．そうすることで，大家族の生業も生活も成り立っている．

　アイガでは長幼の序が厳しく，とりわけ家長の権限は強い．けれどもアイガ内では個人の「所有」という観念が薄く，ものをひとりじめすることはない．

服でも傘でも使い回されているし，特定の人が結婚祝いにもらったものも皆が使っている．ここでは物惜しみしないことが美徳，よいものを一人占めするのはもっとも悪徳で，みんなで分け合う，分け隔てなく育てられることで，そのモラルを身につけていく．

このようなサモアの人々には，「夫婦2人で住んでいる」とか，「きょうだいは妹1人」などという日本の家族構成は，驚きであり憐れみの対象のようであったという．サモアでは結婚しても若夫婦だけで住むことは少なく，2人だけなどという寂しい生活には耐えられないらしい．牧師夫婦が任地に移住することになった時に，自分の子ども以外に甥や姪など親類の子どもを連れていったり，任地先で気に入った子を養子にするなど，ごく自然に大人数の家庭を営もうとしている．ここでは，自分の子ども（だけ）を責任もって育てるとか，実の親でなければならないとか，親にも若夫婦にもそれぞれの生活があるから互いに邪魔しないようにする，などという，日本では当たり前のように考えられていることが，サモアの人々には理解しがたいことだと，山本は記している（山本 1986）．

「一緒に住むのが自然」とは考えない，「子どもは育てられるものが育てればよい」
——ヘアー・インディアンの「家族」の場合

最後に，原ひろ子（1989）によるカナダ，ヘアー・インディアンの「家族」をみよう．狩猟民族である彼らの家族は，一定の土地，家に半永続的に共に定住するものという，私たちが考える家族の条件をまず充たしていない．寝泊まりし食事する丸木小屋やテントはあるが，それは日によって変わり流動的である．「お宅は何人家族ですか？」という質問は成り立たないと原はいう．彼らには「同じ屋根の下に住むのが自然だ」という気持ちが弱く，「今，誰と誰が同じ小屋，テントにいる」ということで，夫婦，親子といえどもかりそめの宿を共にしている気持ちで共同生活を営む一時的居住集団なのである．獲物の分散状態やしごとの都合で適当な人たちが臨機応変に離合集散するのが，日常なのである．夫婦の絆についても，男女は気が合っている間だけ続ければいいと考えており，「死が二人を分かつまで」契りを結ぶのとは大違いなのである．

子どもは「産んだ母親が育てなければならない」という前提がない．子どもは育てられるものが育てればよいと考えており，ヘアー社会では養子や里子が

頻繁に行われている．このような子育て観は，子どもの養育は家族の中心的機能とする欧米，「母の手で」を絶対とみなす日本とは著しい対比をなす．欧米や日本の考えからすれば，ヘアーの育て方は子どもの精神的安定や発達に望ましくないとされようが，ヘアーの子どもたちはひがむことも問題を起こすこともなくつつがなく成長している．

このように流動的な人間関係のなかで，幼い時から独立自尊をモットーとして生きているヘアーの人にとっても，身うちとみなす一群の人々がいる．父，母，きょうだい，それにつれあい(これは一生同じということはないから複数いる)と子どもである．これらの人々とは，長く同じテントに住むとは限らないが，他の人々とは違って自分にとって格別大切な人とされている．しかしだからといって，その身うちの人々と閉鎖的な集団をつくるとか依存しあうというのではない．その点，私たちの家族とはだいぶ違う．身うちの間には近親相姦のほか妊娠や月経についてのタブーがあり，この超自然的に規定されるタブーによって身うちとは運命を共にする関係にあり，他の流動的個人主義的な人間関係とは異なり永続的で心理的な絆で結ばれている．これをヘアーの「家族」といえるかもしれない．

5. 人間家族の進化——最適性を追求する

多様な家族のかたちと機能——人間の特徴

これら3例をみただけでも，人間の「家族」がそのかたちにおいて機能や意味において実に多様であり，私たちが考える「家族」はその一つにすぎないことがわかる．これらの例は，地域，生活水準や宗教などすべてが私たちの慣れ親しんでいるものと懸け離れているので，特殊な例外的なケースと考えがちである．しかしそうではない．かたちや機能こそ異なれ，それぞれの置かれた生活状況——自然環境や文明，さらにそこに優勢な宗教などの特徴をふまえ，それらに適合した家族のかたちと機能とが編み出された結果である．つまり，所与の状況のなかで，自分も子孫も安全に生き延びる道を確保できるよう最適な「家族」のかたちと機能とが工夫された，その結果である点では等しい．ヘアーにもっとも端的にみられたように，厳しい自然や生業が人は1人で生きるもの，親に限らず誰であれ子どもに愛情と養護を与えうるとの信念を生み，独特の

「家族」をつくり，加えて守護神への信頼によって自分も子孫の生命もつつがなく維持され幸せな生活が営まれている．ここには，人間が「家族」をつくる高い可塑性と適応性とをみることができる．

このことは，種によって一定である他の動物と一線を画す大きな違いである．遠く歴史を遡り広くさまざまな社会の「家族」をみれば，多様性と変化，可塑性は人間家族の特徴であることは明らかである．人間は環境をつくり出し変化させる，さらにその環境に最適な家族のかたちと機能とを創出する．それは，所与の環境内で生きる最適性を求めての適応戦略としての変化であり，進化といえよう．それは人間の高い知能，大脳の発達が可能にした「家族の実験」であり，人に性があり子どもを産むことへの志向がある限り，「家族」は消滅することなく，時々の状況変動に即したさまざまな「家族」が将来も創出されていくであろう．

5.1 社会変動と家族の発達・進化

近年，世界的規模で生じている社会変動も，家族のかたちと機能を変化させている．そればかりか，家族を構成している人々の価値観・規範や生き方にも影響を及ぼし，それらは相互連関的に作用しあっている．この社会変動―家族―価値・規範がどのように相互規定関係にあるかを整理し概観してみよう．カジチバシイ（Kăgitçibaşi 1989）は，ここ100年来の社会変動が家族および価値・人間関係と相互にどのように規定しあっているかのモデルを提出している．このモデルを，社会経済的発展度の異なる対照的な2条件下の家族の諸特性——サイズ，親子関係，子どもの価値，社会化，さらに価値・規範，人間関係などの特徴，それら諸要素の相互規定関係を，日本の場合を考慮して修正補充を行ったものが図1-2-3である．

まず生業がなにか——農業それも専業か兼業か，商業の規模，雇用労働者それもホワイトカラーかブルーカラーか——で居住地と経済的地位つまり富の水準がほぼ決まる．これらは家族のサイズを決め，拡大家族か核家族かに分けることになる．これらの変化は，親にとっての子どもの価値とその性による差，親子間の資源の流れなど家族関係の特徴を決める．さらに親子のみならず広く人間関係の特徴や生活（行動）規範などをも規定することになる．しかもこれら諸面は一方向的規定にとどまらず，双方向的に規定しあう．

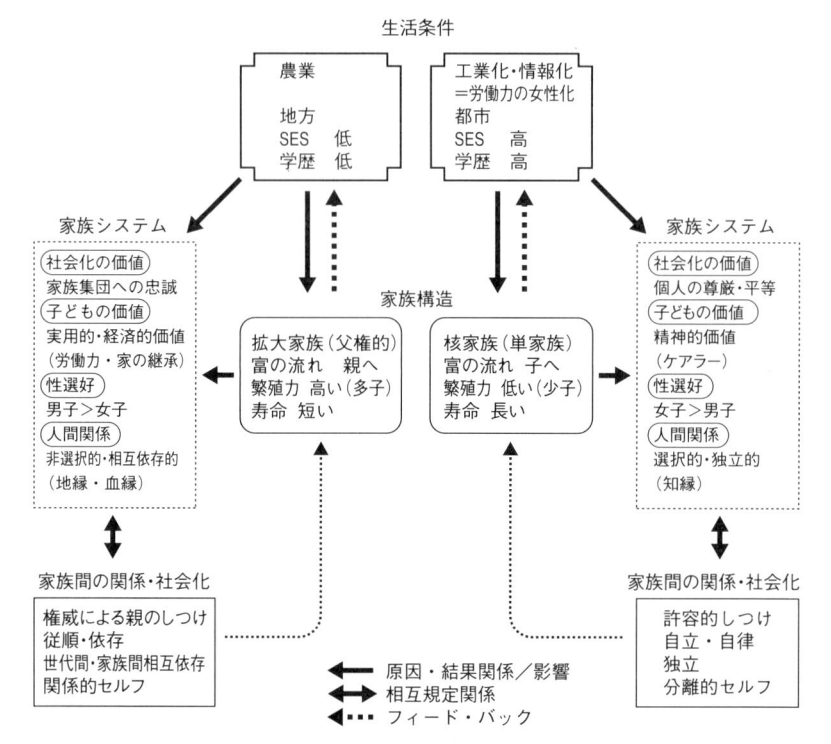

```
                            生活条件
         ┌───────────────┐   ┌───────────────┐
         │  農業         │   │ 工業化・情報化│
         │               │   │ ＝労働力の女性化│
         │  地方         │   │ 都市          │
         │  SES    低    │   │ SES    高     │
         │  学歴   低    │   │ 学歴   高     │
         └───────────────┘   └───────────────┘
```

家族システム   家族構造   家族システム

┌─────────────────┐   ┌─────────────────┐   ┌─────────────────┐   ┌─────────────────┐
│(社会化の価値)   │   │ 拡大家族(父権的) │   │ 核家族(単家族) │   │(社会化の価値)   │
│ 家族集団への忠誠 │   │ 富の流れ 親へ   │   │ 富の流れ 子へ   │   │ 個人の尊厳・平等 │
│(子どもの価値)   │ ←─── │ 繁殖力 高い(多子)│   │ 繁殖力 低い(少子)│ ───→ │(子どもの価値)   │
│ 実用的・経済的価値│   │ 寿命 短い   │   │ 寿命 長い   │   │ 精神的価値   │
│ (労働力・家の継承)│   └─────────────────┘   └─────────────────┘   │ (ケアラー)   │
│(性選好)   │   │(性選好)   │
│ 男子＞女子   │   │ 女子＞男子   │
│(人間関係)   │   │(人間関係)   │
│ 非選択的・相互依存的│   │ 選択的・独立的   │
│ (地縁・血縁)   │   │ (知縁)   │
└─────────────────┘   └─────────────────┘

家族間の関係・社会化   家族間の関係・社会化

┌─────────────────┐   ┌─────────────────┐
│ 権威による親のしつけ│   │ 許容的しつけ   │
│ 従順・依存   │   ←── 原因・結果関係／影響   │ 自立・自律   │
│ 世代間・家族間相互依存│   ←→ 相互規定関係   │ 独立   │
│ 関係的セルフ   │   ←┄┄ フィード・バック   │ 分離的セルフ   │
└─────────────────┘   └─────────────────┘

図 1-2-3　社会変動─家族─個人の発達モデル
SES (socioeconomic states); 社会経済的地位
(Kǎgitçibaşi 1989. 柏木による補正・補足)

　モデル図にそってさらに説明を加えよう．農業それも機械化以前は，多数の人手が必要でありまた多数を養うことも比較的容易であることから，必然的に大家族となる．換言すれば，大家族であることで機械のない膨大な仕事量をこなすことができたのである．子どももごく幼いうちだけ養えば，労働の一翼を担うから，子どもは実用的経済的価値があり，多産となる．ここでは，筋力の優る男児が女児よりも高い価値が期待され選好される．ごく幼少時を除けば，親は子どもから労働・経済を得ることができ，さらに老後も扶養されるなど，資源は子どもから親へと流れる．このような社会では，しごとと家庭とは不可分で，子どもは生まれた家のしごとに自然に組み込まれ，そこで協力することで，しごともつつがなく進み自身の生活も保障される．このような社会では，人間関係は選択の余地はない．生を受け出会った人々――家族や近隣の人々と

運命を共にし，相互に依存しあうことが必要であり重要となる．したがって協力や和が最重要の生活規範であり，それが家族や近隣との連帯をさらに強め，生業をより進展させることに寄与する．

　工業化の進展した社会では，これとほぼ反対の状況が生じる．会社や工場に雇用されたサラリーマンは都市に居住するが，その生活に大家族は不要であり，かつその給与で大家族を養うことは不可能（妻子を養うのがせいぜい）でもある．かくて核家族化が進む．高度工業化は労働の質を筋力労働から機械化情報化へ変化させ，親は子どもに高い教育を与える必要が生じた．他方，親の老後扶養は困難となり，資源が子から親に環流することは少なくなり，富の流れはほとんど親から子への一方向となる．このように子どもにはもはや実用的経済的価値は期待できず，子どもはもっぱら心理的価値をもつものへと変化した．親から継ぐべき家業も財産もなくなり，職業も人間関係もそれぞれ個人が選択するものとなった．このような状況では，個々人の能力や個性が重要となり，和や協力に代わって自立，独自性などが必要かつ有用な生活規範となる．

家族の機能の縮小——外部化

　先進工業国における家族の変化は，モデルで示した家族サイズの縮小——大家族から核家族へ——にとどまらない．縮小したのは機能そのものにもある．工業化以前では，家族はさまざまな機能を果たすいわば多角経営であった．食であれ衣であれ自家生産，子どもの養育・教育も病人や高齢者の介護も家族によって行われていたし，休息や娯楽なども家庭内で行われた．かくて，子どもの社会化とおとなの心身の保護・休息は，家族の中心的・固有の機能とされてきた．それだけの人力があったからでもあり，教育であれ介護，娯楽であれいずれも家族で可能な程度の水準で十分であったからでもある．

　しかし，工業化の進展はこれらの機能を家族から撤退させた．食も衣も製品の購入が手づくりにとって代わり，必要な高い教育は家庭教育の域を遥かに超え学校・大学など外部の専門機関に委譲せざるをえなくした．病人や高齢者の家庭介護も限界に達して施設化が進む，などである．こうした家族の機能の外部化による縮小は家族関係を希薄化させ，人々を家族外との関係へと志向させる．この間の事情は，娯楽や宗教的機能に端的にみることができる．

　今日，娯楽といえば，どこかに出かけ専門の催しや施設でするものと考える．

映画・演劇・音楽などの催し，スポーツ観戦，さらに旅行など，いずれも外部の専門施設や事業が娯楽の機能を果たしている．今から 200 年ほど前，音楽会や芝居はあってもそれは格別の人やとっておきのもの，娯楽はもっぱら家庭で家族同士でするものであった．ごく最近，公開されたクラーラ・シューマンの孫娘にあてた手紙には，親戚や親しい家を頻繁に訪問しあい食事やゲーム，ダンスや音楽などに興じる，それが最大でほとんど唯一の娯楽であった様子がみてとれる（ディーツ 2000）．

かつては家族の宗教機能として頻繁に行われていた祖先の祭祀は，近年，しだいに後退してきている（森岡 1989）．都市化・核家族化にともない，仏壇の保有率は低下しており，仏壇のない家では必然的に朝礼や月や年ごとの祭祀の消失につながる．葬後の儀礼も省略化する傾向にある．しかし，他方で，伝統的な家の行事や設備としての仏壇や位牌とは異なったしかた――写真や遺品を中心に簡素な壇や棚を設置して親しい死者を祀るケースがみられている．宗教や祭祀が，家の行事から個人的なものへと私事化してきているといえよう．

葬後の行事の簡略化にもかかわらず，7 回忌，33 回忌など年を経ての行事はそれほど減少していないという．森岡は，こうした祭祀が社会移動が激しく核家族化した現代人にとって，先祖による自己確認の機会となっているのではないかと推定している．偶然のことから先祖の位牌を整理した安藤は，そのことから歴史的流れのなかに自分の存在をとらえ，時間軸に沿った家族の広がりと深まり，不可視の人々との連帯と交流など，得難い体験であったと記している（安藤 1989）．このような意味をもつ祖先祭祀が今後どのようになっていくかは，日本人にとっての家族や血縁観などのゆくえを示唆するものとして興味深い．

日本の家族も変化する・進化する
――「崩壊」でも「危機」でもない最近の家族現象

近年，晩婚化，非婚化，少子化，離婚など家族にかかわる人口動態上の現象が一般の注目を集めている．育児不安，からの巣症候，燃え尽き症候，粗大ごみなど家族のなかで起こっている心理・行動上の問題もしきりにとり沙汰されている．そして「家族の崩壊」だと憂慮され，価値観や生活態度が問題だと非難するむきも少なくない．いずれの現象も，「結婚好きな民族」といわれ，それ

なりの安定を保ってきた日本の家族のゆらぎを示唆するものであり，あまり明るい話題ではないゆえに，悲観的になるのも無理ないかもしれない．

しかし，はたして悲観すべきこと，当事者を非難すべきことであろうか．それは当たらない．しばらくの間，日本社会で見慣れてきた「家族」が，激しい社会の変化の必然として変わろうとしているのであり，過渡期につきものの混乱が起こっているのである．

激動する日本の社会のなかの家族の発達＝男性・女性の発達

日本の社会は，今，歴史上かつてない激動のなかにある．そのなかで家族が変化しないわけはない，変化なくして激動する社会を生きぬくことはできない．激しい社会の変動は，ここしばらく最適で安定していた家族の最適性を揺るがせ，新たな最適性をそなえた家族のかたちと機能とを求めて模索し変化しつつある．これは変化という以上に，より積極的な意味で発達，進化というべきであろう．「生きぬく」とは，単に生物学上の生命の問題ではない．人々が幸福に充実した人生をまっとうするという心理学的な意味においてである．

家族の変化は，即家族のメンバーである夫・父親・男性，妻・母親・女性の生活と行動，心の変化・発達の問題である．家族を構成する男性と女性の生き方の変化なくして家族の変化・発達はありえず，翻って男性と女性の生き方と発達の変化は家族のかたちと機能の変化にほかならない．それゆえ，家族の心理学と個人の発達の心理学とは不可分の関係にある．

5.2　日本の家族・個人の発達モデル

最近の日本の社会変動がどのように家族および家族メンバーの生活を変化させたか，その心理を揺るがせ変化を促しているかをモデル化し，図示したのが図1-2-4である．

図の中心に，家族および家族メンバーに多大の影響をもたらし変化を迫った源，社会的要因を示してある．その究極の源は端的にいって科学技術の進歩である．すでに図1-2-3でみたように，科学技術は労働の質を変化させ，家族のかたちも機能も変化させる．日本では，このことがここ30～40年の間に急速に生じた．科学技術の進歩は，①家事の機械化・省力化および，②労働力の女性化，というかたちで家族の生活に及んだ．

46　　家族とその起源・進化・発達

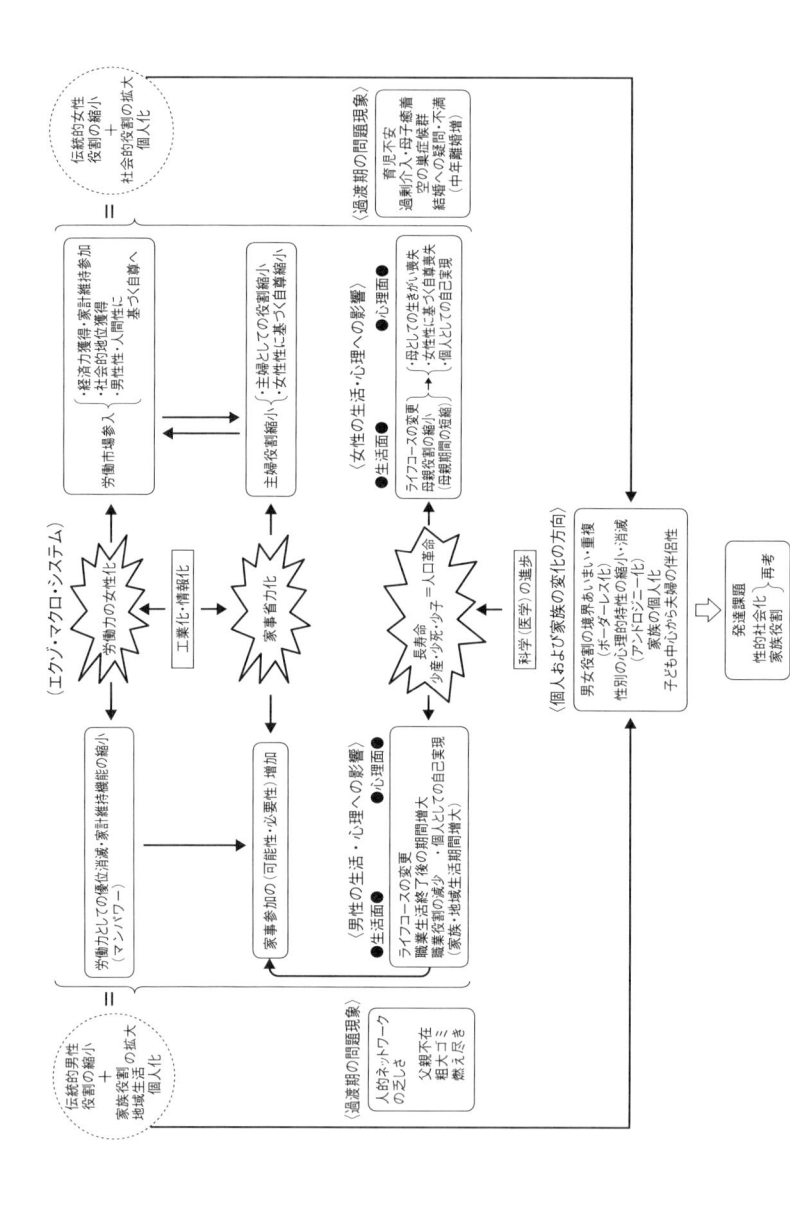

図1-2-4 社会変動と家族・個人（男女）の生活・心理発達——移行期の問題現象と発達課題（柏木 1999）

家事の機械化・省力化・外部化——家族の機能の減少

　農業，漁業などを除く大半の家族において，生産活動は外部化された．さらに家族固有の機能とされ主婦の熟練した手を要した家事も機械が代替し，省力化さらに外部化した．

　この変化は，2つの意味で重要である．調理し共食することは人類の家族成立の契機であり，以来，家族の絆を強める中心的な場であった．それが簡便な外食や調理食品購入の広がりによって，食欲の充足という限りにおいて家族での共食の必要性は減少したことである．子どもにもみられる「孤食」は，こうした家族機能の変化の結果の一つであり，さらに子どもの社会化という家族機能にかかわる問題をも提起している．もう一つは主婦役割についてである．かつて，技能・訓練を要した調理や裁縫は不要となり，同時にそこに生きがいや充実感を見出すことを不可能とし，従来この役割を担ってきた家族メンバーの心理を揺さぶりつつあることである．

労働力の女性化——家族と男女関係を変化させる

　工業化の進展は，かつて手しごとや筋力に依存していた労働を機械化・情報化させた．労働力の中心は機械・情報の操作と知識となり，体力・筋力の優る男性の優位は消滅した．工業化進展と連動して男女ともに急速に高学歴化が進み，そこで得られた技術・知識の活用の可能性と欲求は女性を労働市場へと向かわせた．折しも家事の省力化・外部化は，女性に社会での多様な人的知的な刺激，社会的評価，経済力，達成感，充実感への動機づけを強めた．

　かくて，近年の著しい女性労働の増加が招来した．女性労働，特に既婚・有子女性の有職が急増し，夫だけが働く世帯は今や少数派となった．女性労働の増加は家族と男女関係に決定的な変化をもたらす．とりわけ夫だけでなく妻も家計に貢献することは，結婚の意味を変化させ家族・夫婦関係を変化させる．これについてはのちに詳しく扱う．

科学・医学の進歩がもたらした人口動態の変化——少子・高齢の社会の家族

　戦後，医学の進歩，衛生・栄養の改善によって余命は急激に延長し，今や日本は男女とも世界一の長寿，高齢化がもっとも進んだ国である．他方，乳幼児死亡率も戦後，急激に低下した．1950年の1000人中60.1人から，現在（2000

年)は 3.2 人と，これも世界最低となった．子どもは生まれればほぼ確実に育つことが保障され，他方，工業化社会は子どもに高い教育を与える必要を生じさせた．この 2 つがあいまって，「少なく生んでよく育てる」家族戦略が定着した．明治政府以来戦前まで富国強兵のため「生めよ殖やせよ」が国策であり，産児制限は処罰されたことを思うと，一大変化である．

　こうして招来した少子・高齢を特徴とする人口動態上の変化は，家族と家族メンバーに多大の影響を与えた．これは先進工業国に共通する特徴であるが，日本はそれをきわめて短期間に達成し，もっとも極端なかたちで体験しつつあるだけに，その影響は深刻である．

5.3　社会の変化と個人の発達

人口動態上の変化―女性のライフコースの変化―心の変化

　長命と少子という人口動態上の変化は，連動して人々の生活を変化させ，さらに心の変化を迫るきわめて心理的な問題をもたらした．人口革命とよばれるゆえんである．

　かつてない長い人生，しかるに 1 人か 2 人の子ども．このことは，女性の母親としての生活時間と心理的充足感を極度に縮小させた．かつて 4～5 人の子どもを産むのが普通だった時代，その子どもたちを全員育て上げた時，母親自らの寿命も尽きた．女性の一生＝母親の一生であった．それが今日，子どもはせいぜい 2 人，その養育が終わったあとに 20～30 年の年月が残され，母親としてだけでは時間的にも心理的にも充足したものにはならない状況が現出した．かくして女性＝母親の人生の時代は終焉し，母でもなく妻でもない私個人の人生を女性に直視させた．子どもはかわいく育児は有意義だと思いつつも，育児や子どもに焦燥感や不安を抱く今日の母親の心理は，こうした状況，長寿と少子という人口革命の必然的産物である．

　母親とその母つまり祖母の生涯を自分の生活と対比的に描いた広田の自伝は，ここ 100 年間の日本社会の変化がいかに女性の一生を生活，心理ともどもに変化させたかを具体的に記してきわめて印象的である(広田 1996)．

社会変動と人口革命下の男性の発達

　工業化・情報化の進展と人口革命は，男性にも無縁ではなくその生活と心理

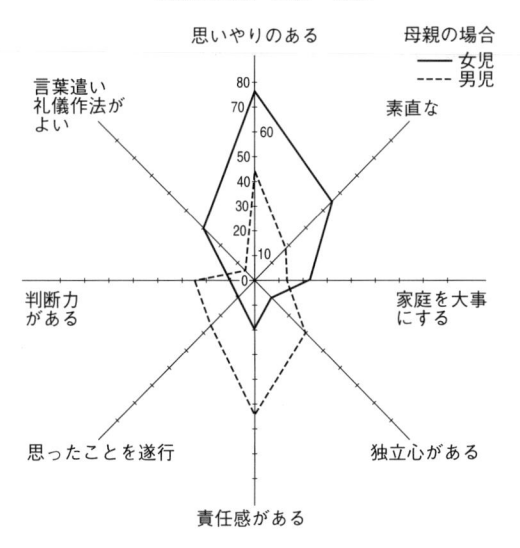

図 1-2-5　日本の親の子どもに対する性別期待
　　　　――女の子と男の子とではかなり違う
　　　　（東京都生活文化局 1993 より作図）

に多大の影響を及ぼす．職業上の昇進・成功をもって人生を幸せに終えられた時代は終わり，職業引退後さらに 20 年余の生活が残され，「○○会社の○○課長」「○○大学の○○先生」といった肩書きなしの個人として，充実した人生となしうるかが問われる．そしてこれまで男性が職業生活で必要とされかつ養成された資質とは異なる資質や技能が，引退後の家族や地域と共生するうえで必要とされ重要となった．

　日本では未だに，親が子どもの性によって異なった期待やしつけをする傾向が強い（図 1-2-5）．

　学歴は男子は 4 年制大学，女子は短大でいいというのが，今なおもっとも典型的な親の考えで，これは子どもの性格や能力によって差をつけても性で差をつけることはしない他国とは大きく異なる（図 1-2-6）．

　こうした性別期待やしつけによって，男子は社会的職業的成功を期待され，家族生活は二の次として育てられ，結婚後も，男はしごと・女は家庭という性別分業の生活が大勢である．このような男性の育ちと生活経験は職業に必要な能力を育てても，家族生活で必要な資質や能力は乏しいものとし，職業引退後，

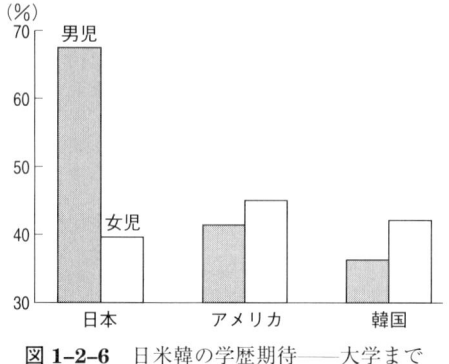

図 1-2-6　日米韓の学歴期待――大学まで
（総務庁青少年対策本部　1995）

男性が「粗大ゴミ」化する可能性は高い．性別しつけも性別分業の家族のかたちも，人口革命のなかで破綻していることは明らかであろう．

「男性性」対「女性性」からボーダーレスへ

こうして，長らく男性・女性それぞれに期待されてきた伝統的性役割は縮小し，男女ともに家庭，社会・職業両方の役割を担うことが必須となる．その生活にはどのような資質が最適か――どのような資質をもつことで社会的にも個人的にも満足した生活ができるかが問われる．

性別分業から協働家族へ移行すると，従来の性別分業には最適であったいわゆる男らしさ・女らしさは最適性を喪失する．家族役割にふさわしい資質として女性に期待されてきた女性性――従順，素直，繊細，温和，優しさなどだけでは，社会的・職業的生活は難しい．積極性，決断力，理性など従来，男性に望ましいとされてきた資質(男性性)が必要で，女性にとっても男性性の重要性がクローズアップする．他方，男性も職業生活に必要とされてきた資質に加えて，家族と地域社会との生活に必要な力と心――家事・育児能力，共感性，繊細さ，優しさなどが求められる．これらの変化は，ジェンダー差の少ない方向への変化で，ボーダーレス化，アンドロジニー化とみなせよう(図 1-2-4)．

実際，最近の青年では，自分の性格を評価させると男女とも男性性，女性性いずれについてもほぼ同程度もっているとしており，青年たちは男女間の差をほとんど認めていない(飯野　1997)．これは，男女ともに伝統的な性役割から

離脱しアンドロジニー化している傾向を示唆している．青年以外の人々も，その傾向をかなり認めている．1995年読売新聞社が行った世論調査で，「最近，男性から〈男らしさ〉が薄れてきた」「女性から〈女らしさ〉が薄れてきた」との意見に対して「そう思う」との回答は，それぞれ62.4%，62.8%で，男女間の性格や行動上の差が縮小してきた変化を認めている．

社会変動が促した生活・生き方の変化——性別分業からの離脱は，個人の性格・能力にも変化をもたらしつつある，その証左の一端といえよう．

なにが自尊の根か

生活の変化は人の性格や能力をボーダーレスな方向へ変化させるばかりではない．同時に，何がその人の自尊の根となるかをも変化させる．

かつて良妻賢母が女性の鑑であった時代，女性性(従順，穏和，献身，こまやかさなど)をそなえていることは女性にとって必要かつ有用であり，そのことは女性の自尊の根であったであろう．それは当時の社会状況への一つの適応であった．

しかし今日，女性の自尊は女性的であること(女性性の高さ)とはまったく関係していない．むしろ男性性の高さ(男性的とされてきた積極性，合理性，決断力，実行力などをそなえている)と正相関していることが明らかにされている(岡崎・柏木 1993，渡邊 1998)．このことは，女性にとって男性的資質は，社会的有用性の点でも自身の自尊の根となる点でも，有意味であることを示している．先の青年女子の変化は，その方向に沿った変化であり，社会変動のなかで社会的にも自分自身の自尊のためにも「適応」的な変化といえよう．

男性の自尊についてはまだ組織的データはない．しかし，のちにみるが子どもの世話や家事など家族役割を多くしている父親が，子どもから能力・人格面で高く評価されている事実(深谷 1996)は，男性における女性性の意味を示唆している．すでに20年前，アメリカでは男女ともに男性性・女性性ともに高くそなえている人(アンドロジニー)の自尊がもっとも高いことが見出されている(図1-2-7．Spence et al. 1975)．

アメリカでは，当時すでに男性もかなり家事・育児にかかわり，女性の職業進出も進んでいた．男女とも職業と家族の両役割を担うことが必然的になってきた社会において，人間の発達がかつての明確な性別化から脱して両性間の

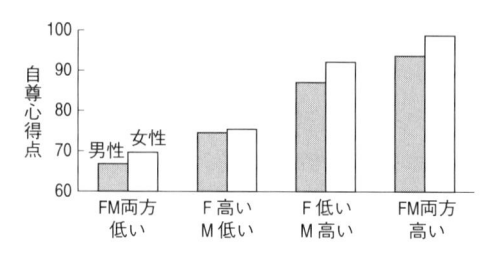

図 1-2-7　男性性（M）・女性性（F）と自尊心
（Spence et al. 1975）

ボーダーをしだいに低くさせていく方向をとることは必須であることをこのデータは示唆している．それは，図 1-2-4 で社会変動が家族の変化を促しそれは即，個人(男女)の生活と心理を変化させるメカニズムを示したとおりである．

日本政府は 1999 年，男女共同参画社会基本法を制定し，男女双方が家庭も職業もともどもに担う社会の実現を目指している．その方向は，これまで述べてきた社会変動―家族の変化―個人の発達モデルに照らせば，必然的であることは自明であろう．しかし，日本社会にとってその実現は容易ではない．先に挙げた今なお強い親の性別しつけをはじめとして，学校，企業など日本社会の諸所にジェンダーの隠れたカリキュラムが潜在している．それらの撤廃なしには不可能だからである．

移行期，過渡期の不適応現象

産業構造の変化と人口革命は，男女を問わず日本人にとってはじめて「個人（として）の生涯」を生きねばならない状況をもたらした(山崎 1984)．女性(母親・妻)たちは「個人の生涯」を充実させたいと懸命に模索している．これに比べて男性がおくれをとっているのはなぜであろうか？　多忙な職業生活が，自分の将来の生き方を考える時間的心理的余裕さえ失わせているのであろうか？　燃え尽き，はては過労死……他方，家庭での父親不在などの問題は後をたたないが，いずれも社会変動に応じて適切に軌道修正ができないための現象である（図 1-2-4 の左部分）．

私たちは身近な家族体験と狭い見聞から，これぞ「家族」と思い込みがちである．そこで，しばらく慣れ親しんできた「家族」から逸脱した現象には，つ

い「崩壊だ」「危機だ」と警戒してしまう．しかし，そうではない．今，新しいものへ移行する過渡期にあり，過渡期につきものの混乱や逸脱が生じているのである．当初，崩壊かと映じた変化や逸脱はいずれあるところで収束するであろう．家族は変化を促した環境に最適なかたちと機能とに定着し，男性も女性も社会にも自分にとっても有用な方向へ変化していくであろう．その予想は，有史以来，そのようにしてさまざまな家族のかたちと機能とを創出してきた，またそれを可能にした人間の知恵と力とに信頼しているからである．

残されている家族の発達課題——社会化をめぐって

しかし，過渡期の問題は図1-2-4に記したものばかりではない．先の図1-2-3の家族変動モデルも考え合わせてみると，社会変動に応じて日本の家族が変化すべくして未だそうなっていない課題は他にもある．

社会化の担い手

その一つは，子どもの社会化についてである．子どもの養育を，誰が，いつ（まで），どのように，行うかは，社会・文化によって異なることはすでにみたとおりである．日本の社会は，戦後の産業復興期，まだ労働が筋力に依存するところ大であったなかで，「男はしごと，女はいえ」の性別分業が当時の最適戦略として成立し，子どもの養育は女性の役割となった．以来，社会の変化にもかかわらずそれは続き，家庭，子どもの養育における父親不在は日本の特徴となって現在にいたっている．しかしのちにみるように，父親不在が子どもの発達，母親（妻）の精神衛生，さらに父親自身の発達に問題をもつことが明らかになってきた現在，男性が名目だけの父親から実質的に親役割をとる方向への変化は緊急の課題である．それは，男性も女性も家庭も職業も，協同参画が求められていることにほかならない．

社会化の目標——どのような発達を期待するか

社会化の担い手に加えて，社会化の目標・内容も再考すべき課題である．親の子どもに対する発達期待——子どもにどのような発達を期待するかを日米の母親について調査したところ，日本では「素直」「和」が，有意に高く期待されており，アメリカの母親の自己主張と積極的社会性の期待と際立った違いをみせている（東・柏木・ヘス 1981）．これはその後の調査でもほとんど変わっていない（柏木 1988，石島・伊藤 1990）．「素直で皆と仲良く協力する」つまり

調和的人間が，日本でのいい子像の核なのである．

　ところで，江戸時代の心学者，脇坂義堂が，町人層の親たちに対して子どもに厳格に教え守らせるべき価値として 13 の徳目を記している（小嶋 1989）．そのうち 9 項目までもが，今日重視されている調和的人間関係についてのものである．

- 嘘いつわりを云い，父母にものをかくす事
- 父母の仰せある時に，不返事いたし事を返し悖（もと）る事
- 祖父・祖母は申すに及ばず，年長けし人を軽しめ侮る事
- 気随気儘をなし，かりそめにも短気かんしゃくを出だす事
- 召し使う者に情けなく，無理・わやくを云う事
- 虫けらを無益に殺し，喧嘩・口論を好む事
- 何によらず，おのれが我意を立てんとする事
- 人を侮り，我を賢しとし，物に自慢する事
- 男女の行儀を知らず，大口（卑猥なこと）を云う事

これらは，一貫して調和的人間関係つまり和，年長者への従順，控えめであることの重要性を強調したものであり，自己主張はよからぬこととする戒めである．その趣旨は，先にみた今日の母親の子どもへの期待とほぼ合致し重なる．従順，和は，日本に長く続いてきた伝統的価値なのである．

　鎖国により外界から閉ざされた狭い国土，機械化以前の農業を生業とする大家族の時代，人間関係は選択の余地なく，相互に依存しあうことでつつがなく生活することができた．そのような状況では，（自己主張などせずに）年長者の言うことを素直に聞き，（選択の余地なく）運命的につながった人々と協調し節度ある行動をすることが必要であり，それで万事うまくいく．こうして，当時の社会的状況のなかで必要かつ有用な人間関係上の資質——和，従順が望ましい人間像の核となり，尊ぶべき徳目として子どもへのしつけの目標となったのであろう．自己主張よりも他者や集団との関係を配慮し優先して自己を抑制することは，長らく日本の社会で最適性をもってきた．これは，先の図 1–2–3 の左側の社会の場合にあたる．

　こうした背景で生じた和や従順の美徳が，長く強い伝統のイナーシャとなって今なお人々に重視され子どもに高く期待されている．しかし，これらの美徳が必要・有用であった当時とは，社会も生活も大きく変化した．大家族で家業

をいとなむ家族はほとんどなく，各個人はそれぞれ職業を選択し家族とは独立に働くのが主流である．個人の能力や関心，技術，知識が職業の選択・昇進で問われる時代となった．人間関係もそれぞれ個人が選択するものとなった．人的物的交流さらに情報も，世界的規模に拡大ししかも日々速度を早めている．

このような社会変動を迎えた時代，かつての社会では必要・有用であった和，従順など相互依存的協調だけではもはや通用しない．その最適性はゆらぎ破綻しつつある．和，従順である以上に，自分の意見を明確にもちそれを明示的に表現・主張する力が必要とされる．それは，社会変動が人々に求めるところであり，今日の生活のなかで最適性をもつからである．

しかるに，今も子どもたちには，自己主張よりも他者や集団との関係を配慮し優先して自己を抑制する"いい子"像が求められている．幼少期から親や教師から"いい子"（従順で素直でよくできる手のかからない子ども）とされてきた子どもが，思春期になって登校拒否，家庭内暴力，心身症等の問題行動にいたるケースが少なくない．おとなの眼にかなうべく過剰な他者への配慮，周囲との調和につとめる結果，自分の意志・欲求・感情などの表出・主張が妨げられ抑圧されて極限状況に陥ってしまう，それが，上のような問題行動となって表れると考えられる．このような"よい子"が示す問題行動を，平井ら（1995）は「"よい子"からのSOS」と指摘し，"よい子"像の再考を促している．

成人発達の問題

社会化をめぐる課題は，子どもの問題にとどまらない．家族を構成し子どもの社会化の担い手であるおとなの問題でもある．子どもの社会化の目標が従来のものでは最適性が喪失したことをみたが，その変革は社会化の担い手であり子どものモデルであるおとな自身の変化・発達なしには不可能である．

しばらく続いてきた「男はしごと女は家庭」との性別分業は，規範としてはゆらぎつつあるものの，実態は依然として大きく変わっていない．働く女性の増加は，「男はしごと女はしごとも家庭も」となり，男性は不変で女性にのみしごとが追加されたかたちとなり，そのことが男性と女性間に生活にも心理にもずれを生じさせ，家族に新たな問題を生じさせている．家族役割を誰が担うか職業役割とどう調整するかは，社会変動と連動した家族の発達の課題であるが，同時にそれは成人発達上の課題である．ライフコースおよび産業構造の変化は家族の発達を促しているが，それは即家族の構成員である成人男女にも変化・

発達を迫っている．従来の性別によって分化した発達から脱して，社会的・経済的・心理的・身辺生活的に自立した個人として成長発達することが男女双方に求められている．それなしに長い人生を幸福にまっとうすることも，家族生活を円滑に過ごすことも不可能となったからである(前掲図 1-2-4 参照).

第2部
家族の諸相

はじめに

　家族は，成立の時点から終わりにいたるまでの間，構成メンバーの変化・発達，生・死・別によってそのかたちも機能も変化する．この変化に注目して段階を区分する家族発達段階説あるいは家族サイクル説については，第1部2章で述べた．それぞれの段階ごとに，家族メンバーは段階固有の課題に出会い，その対処を迫られる．異なる原家族出身者の出会いである結婚は2つの文化を調整する課題を，子どもの誕生は子どもとの関係や養育法，親役割という新役割と既存の役割との調整，夫と妻間の役割分担の調整を，さらに子どもの独立は親役割の縮小・喪失によって親個人の生きがいや夫と妻のパートナーシップの確立を，などである．こうした段階ごとに出会う課題の解決の成否は，家族全体にとっても当事者個人にとっても大問題であり，時には家族の存在をゆるがすことにもなる．

　第2部では，このような家族の発達段階のうち，男と女が出会い結婚して夫婦となり，さらに親となる過程を中心に，それぞれの時点で直面する課題に家族のメンバーがどのように対処するか，そこに生じるメンバー個人およびメンバー間の心理と行動についてみていく．

家族の発達と社会変動

　家族をとり囲む社会的状況は今，変化のさなかにあり，その波を受けて家族はそのかたちも機能も変化し多様化しつつある．このような状況は家族発達を，発達段階説が描くような一様なものではなくしている．そもそも，発達段階そのものが社会，歴史，文化により異なりまた変化するものである．かつては人の役割は年齢や身分，ライフサイクルによって固定されており，それによって服装も振るまい方も決まっていた．結婚したら女性は丸まげで短い袖の着物，

男性も一定の年齢で前髪をおとすなどである．こうした年齢・身分による規範は弛み，それは家族発達にも及ぶ．

　晩婚化・非婚化，親になるとは限らない夫婦，親だけによらない子の養育，別居の夫婦などの出現はその一端であり，これまでの標準的家族発達段階の妥当性をゆるがせている．ここには結婚することの意味・価値，子どもとの関係のつくり方，誰が子育てを担うかなど，家族についての理念の違いや変化が背景にあり，移行期の常としてジェンダー，世代，地域によって変化のテンポが異なるゆえに摩擦や逸脱，混乱が起こっている．

　従来，家族発達段階説は，こうした社会変動による家族の変化・発達を十分考慮してこなかった．家族はかくかくの段階をたどるもの，課題はこのように解決されるもの，という固定的な基準が暗黙裡にあり，それによって問題の同定やその解決(治療)の方向が決められてきた．それは，家族心理学とりわけ家族臨床の問題であり限界であった(柏木 2000，平木 2000)．

　家族の2つの発達——家族メンバーの発達にともなう家族の変化・発達と社会変動と連動して生じる家族の変化・発達は，別個の過程ではない．むしろ相互に深くかかわる．とりわけ家族のメンバーの発達にともなう家族発達は，社会変動による家族の変化によって大きく規定され，変化を余儀なくされている．それが今日の家族現象の特質である．

　今，この2つの発達の過程がもっとも活発に交叉し影響しあい，かつてはなかった家族発達上の問題を提起しているテーマがいくつかある．晩婚，非婚，離婚など結婚をめぐる問題，夫と妻の関係，子どもの誕生による親役割，親にとっての子どもの価値と子どもの養育・教育，親役割と夫・妻関係，それぞれの職業役割との関係などである．第2部では，これらをおよその時間的流れに沿って順次取り上げ，日本の家族にほぼ限定してみることとしたい．それは，家族は社会変動と連動して変化・発達するという視点から，実証的に家族をとらえたいという本書の意図，筆者の研究関心からである．

1章　結婚への態度と行動

　外部化による家族機能の縮小は，家族のもつ価値に変化をもたらす．機能の縮小した家族集団はその求心力を弱め，これは未婚者にとって結婚の価値・魅力の減退につながる．結婚した者，家族のメンバーにとっても，家族の求心力も凝集性も弱まる．求心力や凝集性の弱まった家族は，かつてほど安定したものではなくなり，結婚の永続性をゆるがす．このような家族機能の縮小がもたらす最近の変化は，集団性，永続性，ジェンダー性のゆらぎと要約されている（目黒 1999）．では，その実態はどうであろうか．

1. 結婚についての意見

結婚は当然から選択へ

　結婚についての考え方が，最近，変化してきている．とりわけ若年層，女性，都市部で顕著である．「現在，結婚しない人が増えているといわれていますが，あなたはそうした生き方についてどう思いますか」に対して賛成する比率を，男女・年齢別にみたのが図 2-1-1 である．

　また別な資料でも，「なんといっても女の幸福は結婚」「物心両面で安定するからしたほうがよい」「人間であるから当然」など，結婚への肯定的意見は減退し，逆に，「結婚する・しないは個人の自由」「無理にしなくてもよい」「一人立ちできればあえてしなくてもよい」などは年々増加してきている．

　いずれも，結婚を至上のものであり当然とする規範が弱まり，結婚は個人の自由意志による選択の問題となってきていることを示している．このような結婚への消極的態度は，皆婚社会といわれてきた日本を"非"皆婚社会へと向かわせている．

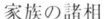

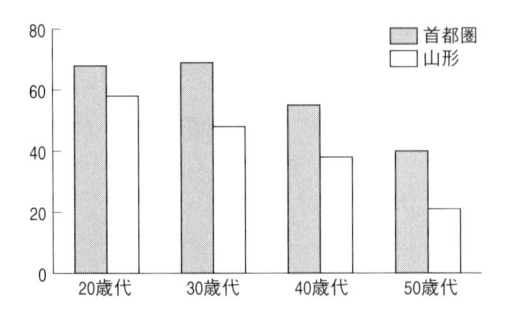

図 2-1-1 「結婚しない生き方についてどう思いますか?」賛成した比率 (%)
(経済企画庁 1994)

2. 結婚の実態

何歳でどのくらいの人が結婚しているか

結婚(初婚)の年齢分布の推移をみよう(図 2-1-2).

結婚するのは当然とする規範は,適齢期という年齢規範と結びつく.これは図中,男女と年代によって時期や山の高さは異なるものの,初婚年齢分布に山があることに反映されている.しかし,その位置は女子の場合,1970 年ではもっとも若い 22~23 歳に,しかもその山は突出していたのが,その後,年を追って時期は遅くなり同時に山も低くなってきている.男子ではもともと女子ほど山も高くないので変化はこれほど顕著ではないが,それでも山は明らかに低くなって一定の年齢に集中する傾向は小さくなり,より広範な年齢に分布する傾向を強めている.これらはいずれも年齢規範の緩みと結婚の高年齢化を示している.このことは,初婚年齢の変化により顕著にみられる(図 2-1-3).

かつて「クリスマスケーキ」(25 歳まで)といわれた強い年齢規範は,1970 年代で事実上消滅している.他方,初婚年齢の高年齢化つまり晩婚化が生じたが,これは欧米諸国に比べても顕著な特徴となっている.5 歳きざみの年代別の未婚率をみると(図 2-1-4),ここ 20 年間の晩婚化は一目瞭然である.

晩婚化は,女性の高学歴層で顕著である.ちなみに 1990 年のデータにおいて,25~29 歳の未婚率は中卒 25.0%,高卒 25.0%,短大卒 42.2%,大卒 54.4% であり,その後も未婚率はフルタイムの職業をもつ大卒層でもっとも高い傾向が認められている.

晩婚化はさらに非婚化にもつながる可能性をもつ.50~54 歳の未婚率平均を

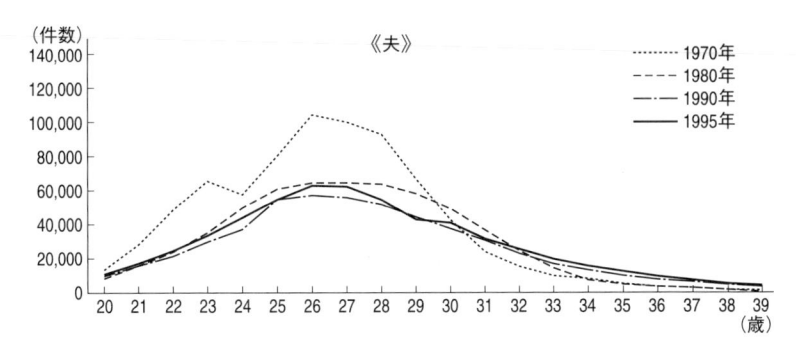

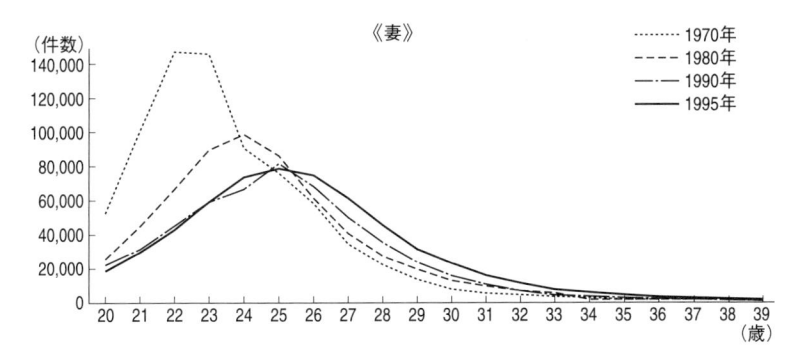

図 2-1-2　初婚の結婚年齢分布の推移（夫，妻）（厚生省 1997）

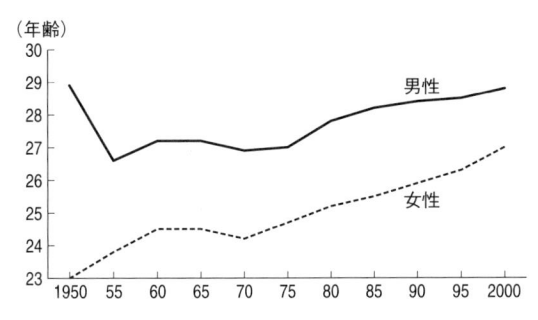

図 2-1-3　平均初婚年齢の推移（厚生労働省 2000）

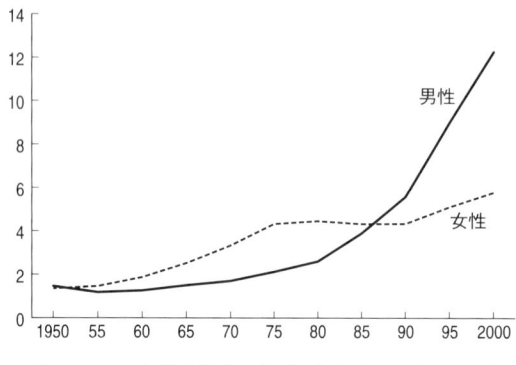

図 2-1-4　生涯未婚率の推移（％）（総務庁 2000）

　生涯未婚率としてみると，1950年では男女がそれぞれ1.46％，1.35％であったのが，2000年現在は12.25％，5.75％と男女ともに上昇している．コホートごとに生涯未婚率をみると，1930年生まれ以後しだいに上昇し，1945～50年生まれ以後の上昇は顕著である．最近の晩婚傾向から，1975～80年生まれのコホートでは男性で約23％，女性では約16％が生涯未婚となると推定されている（廣嶋 1999）．
　以上のような結婚をめぐる意識と実態は，結婚至上主義の規範が強く，実際，ほとんどの人が結婚し「結婚好きな国民」と揶揄された日本にとって大きな変化である．
　晩婚化は先進諸国に共通の現象である．そのペースは欧州諸国では日本以上に著しく，たとえばスウェーデンでは45～49歳代の女性では1割強が未婚であるほどである．それに比べれば日本の晩婚化のペースは遅く，日本の婚姻率も先進諸国のなかで決して低くない（図 2-1-5）．

"一人前"とは？——日本とアメリカ

　日本の生涯未婚率は，男性では低学歴層に，女性では高学歴層に多いことが特徴である（女性の高学歴化進展は，女性の生涯未婚者が今後さらに増えることを予想させる）．ここには，のちにみる結婚の価値についての認知および現実にジェンダーギャップが著しいことが深く関係している．最近，結婚は個人の選択の問題となった．とはいえ結婚しているか否かは，依然として一人前とみな

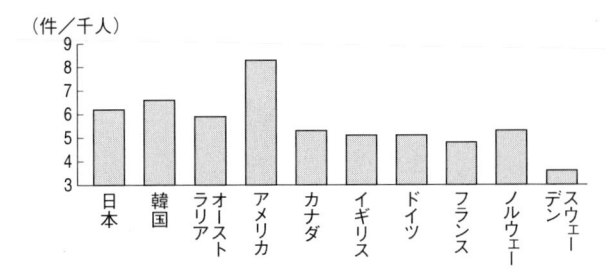

図 2-1-5 国別の婚姻率（国際連合 1999）

注：婚姻率とは，当該年次の年央人口1,000人に対する婚姻件数を示す．1998年の婚姻率，カナダのみ1996年の婚姻率．

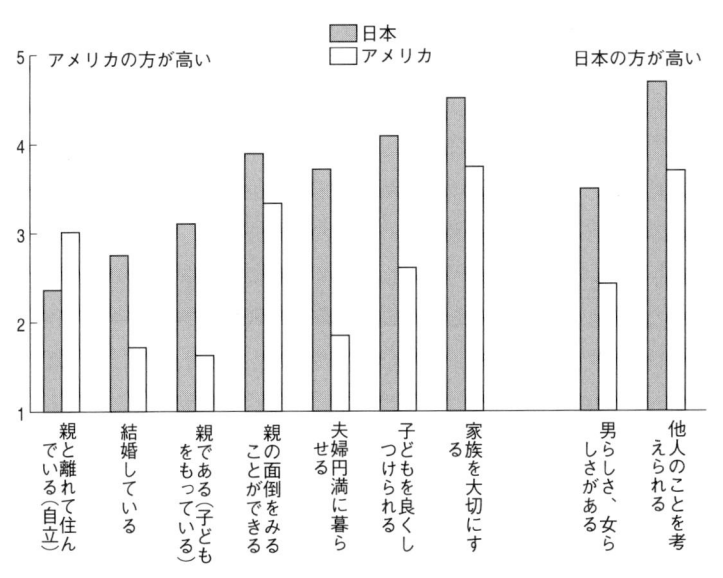

図 2-1-6 日本とアメリカでの"一人前"であるとする条件
（鈴木 (1995) の一部抜粋）

す条件とされている．どのようなことをもって"一人前"と認めるかの日米データはこのことを示唆している(図 2-1-6)．日本では，結婚していることのほか，親であるとか，親の面倒をみるなど家族関連のことが"一人前"として重要なのである．

3. 晩婚化の要因——何が晩婚化・非婚化をもたらしたか

適齢期の消失，晩婚化など結婚行動の変化は，なぜ生じたのだろうか．何が最近の女性・男性を結婚に対して消極的にさせているのであろうか．そこには結婚から得られる価値あるいはメリットの減退が考えられる．

結婚の価値・メリットは，さまざまな外的条件・内的要因によって左右されるが，その様相はさまざまな理論や視点から扱われている．

3.1 「結婚の経済学」による分析——結婚の"経済"的メリット

1960 年代，ベッカーが経済学の理論を人間行動一般にまで広げて以来，結婚の仕組みや効用を経済学の理論によって説明しようとする「結婚の経済学」がアメリカを中心に発展してきた（Becker 1976，八代 1993，大沢・駒村 1994）．そこでは，結婚した夫と妻が労働市場で働いて得た所得で財を購入し，その財と時間を使って生み出される家計内生産(家事・育児，余暇活動，精神的安定など)を行った結果が，2 人が個別に生産した場合の和を上回れば，結婚のメリットがあると考える．その観点から次の 3 つが結婚のメリットとして考えられる．

① 夫婦間での分業：市場労働での生産と家事労働での生産のうち，夫婦が得意な分野を分担する．
② 規模の経済性：1 人よりも 2 人で家計資本財(洗濯機・掃除機など)を共有できる経済性
③ 公共財としてのメリット：2 人で時間を共有することによって得られる満足．趣味，子どもの成長など．

結婚メリットの減少としての女性の晩婚化

近年の晩婚化・非婚化は，これら結婚がもたらしうるとされるメリットがい

まやメリットたりえなくなってきていることによると考えられる．まず，①の分業を可能とし有用とした状況が減退した．先に第1部に掲げた図1-2-4（46ページ）で示したように，筋肉労働の消滅つまり労働力の女性化と女性の高学歴化は，市場労働における男女格差を消滅させ，加えて家事の機械化・外部化も主婦のスキルを不要とした．こうした産業構造と労働の質の変化は，夫婦間に能力差，得意・不得意があることを前提とする分業のメリットを減退させた．

　結婚のメリットは，とりわけ女性にとって目減りが著しい．結婚や出産によって退職やパートへの転職が余儀なくされる結果，そこで失うもの（結婚によるペナルティー）は大きい．かつて女性にとって結婚は永久就職といわれ，高収入男性と結婚することが理想とされた．女性が市場労働で稼ぐ可能性が低い状況では，それは無理もないことであり，男性にとっても家事・育児を分担させることで結婚のメリットは十分あった．労働力の女性化＝女性が自力で稼ぎ食べていけることによって，こうした永久就職の必要度は低下した．晩婚化の要因を検討した研究を総覧した小島（1990）や阿藤（1994）は，女性の晩婚化には高学歴化と就業とが有意に作用し，高学歴で所得を得ていることが女性にとって結婚の魅力を減退させ，晩婚化さらに非婚傾向を招来していることをデータで確認している．男性でも高学歴ほど晩婚化の傾向はみられるが，女子ではいっそう顕著で，さらに専門・管理職で晩婚化が著しい．女性が経済力をもち専門的管理的職業をもつことは，従来女性にとって重要であった経済的メリットを大きく減退させるからであろう．このように，経済学的観点は結婚行動を説明する有効な視点である．

　女性における結婚のメリットの縮小は，経済的面だけではない．結婚後に予測される生活は，女性とりわけ高学歴で職業をもつ女性にとって魅力がないどころか負担が大きい．家計生産（家事）を分業しその担当者となると，育児のみならず介護の責任も女性だけに重くかかる．女性が親との同居・別居を結婚の決め手として重視するのはこのためである．このように分業のメリットが減少したばかりか，デメリットが浮上してきたことは，女性にとって結婚の魅力を低下させる方向を強めることとなった．

　多くの女性は結婚しないと決めているわけではない．むしろいつかするだろう，いつかしたいと考えている女性が大半であろう．ボーイフレンドや親しい男性の友人がいないわけではない．けれども結婚に踏みきれない事情は，「結婚

しないかもしれない症候群」として挙げられている次のような事例に端的にみられる(谷村 1990).——「だんな一人に望みを托す生活なんてできるはずがない．私は，子どもやだんなが主人公の人生などでなく，私自身が主人公の人生を送っていたい」．

女性たちは，結婚生活が子どもや夫のために自分を無にしなければならないものになることを予知している．高学歴で職業をもち自分の関心や能力を発揮している女性にとって，こうした予測は結婚を躊躇させるに十分であろう．

男性にとっての結婚のメリットは？

結婚のメリット減退は女性においてより顕著だが，男性においても少なくない．機械化——家電製品の導入によって，家事に訓練されたスキルをもつ手は不要となった．外食・中食(テイクアウトを自宅で食べること)によって調理も消滅あるいは簡略化された．かつては独り暮らし用の賄い付き下宿が沢山あったが，今や，その種の下宿は姿を消し，単身者用住居——1DK アパート，ワンルームマンションの普及・増加が著しい．これは，男性にとって他人の手による賄いの必要は減じたこと，つまり結婚による分業のメリットが減少したことを示している．

「結婚の経済学」は不問にしているが，性は結婚の重要な要素であり性的満足も結婚のメリットとして無視できない．このメリットは依然大きいのかそれとも他と同様これも減少したのか，これについてはさまざま考えられる．一つは性の自由化である．セックスは最高のコミュニケーションといわれ，愛があればセックスしてもよいとの意見は広く受け入れられ，とりわけ若い層，男性に強く支持されている．

そして，性体験は年々若年齢化してきており，最近では高校生の 40% 近くに達している(図 2-1-7)．こうした性の自由化は，結婚における性のメリットを相対的に小さくしているであろう．そもそも性の自由化・開放は，ひとえに生殖(受胎)を安全・確実にコントロールできる技術の普及を基盤にしている．妊娠のおそれなく性交渉が可能となった，つまり性と生殖の分離を可能とした科学(医学)の進歩が，性の自由化の大前提である．そしてこのことが結婚の意味を決定的に変化させた．婚前交渉に厳しい時代は，性交渉は意識的無意識的に結婚の動機の一つであり，結婚のメリットであった．結婚し性交渉によって子

結婚への態度と行動

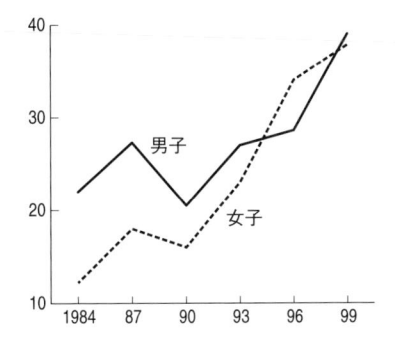

図 2-1-7 高校3年生の性交経験率（％）
（東京都幼・小・中・高性教育研究会（1999）朝日新聞掲載）

が生まれ，その家族で子を育てることが保障されねばならなかったからである．しかし性と生殖が技術的にも社会規範としても分離し，結婚に縛られず性を体験できるようになったことで，性は結婚のメリットとしての絶対性を失った．このことは，結婚および家族を形成する動機の一つが減退したことであり，結婚や家族のゆらぎの一因として無視できない．このように性の自由化が結婚のメリット低下に貢献しているとすれば，医学の進歩という科学技術は，家電製品以上に深刻な意味で結婚の価値メリットを左右し，ひいては家族を変化させているといえよう．

「結婚の経済学」から結婚のメリットと考えられてきたものの多くが，近年の社会変動——直接的には科学技術と産業構造の変化によって，消滅しないまでも大きく目減りしたことは確かである．とりわけ分業という結婚の道具的メリットの縮小，減退は著しい．残るメリットは道具的なものではなく，安らぎとか温かさといった心理的メリットとなるのは必然であろう．

第1部の冒頭で，安らぎ，愛情，心許せるなど情緒的つながりが家族であることの中心におかれていることをみた．かつてもっていた機能を次々と外部に譲り渡し，機能を縮小してしまった家族に，人であれ動物であれ情緒的絆，心の通いあいが，今，最後の砦のように求められているのである．

3.2 人口社会学の分析——人口動態的変数と結婚のメリット

人口社会学は人口動態上の変数と社会学的枠組みおよび実証的データに基づ

いて，最近の晩婚化を説明する理論を展開している．国立社会保障・人口問題研究所は全国規模のデータと研究陣容を武器に，貴重な研究を蓄積してきている．

阿藤は，結婚の需要と供給両条件に生じた近年の人口動態的社会・経済的変化によって結婚事情，とりわけ晩婚化を説明する(阿藤 1991)．供給条件には，① 女性の高学歴化によって 20 歳前半の結婚候補者が増加したこと，② 1970 年代を境に男子人口が女子人口を上回った，つまり男女の人口比の偏りによって需給バランスが崩れ，男性の結婚難の状況が生じたこと，③ 女性の高学歴化と就業機会の増大が結婚の魅力を低下させたと同時に，学歴・職業・年齢などが自分より上の男性と結婚する傾向(上昇婚)のために結婚市場でのマッチがうまくいかなくなったこと，などがある．

他方，需要条件については，① 女性の就業機会の増大によって独身の魅力が増し逆に結婚の魅力が低下したこと，② 子ども数の減少により親とのつながりが強く，結婚による分業メリット以上に未婚でいることで快適で豊かな生活ができること，などである．

これら需要・供給両条件にみられる変化は，総じて結婚への消極的態度を強める方向に働く．とりわけ，"永久就職"によらずに物心安定した生活が可能となった女性に，この傾向は顕著になる．

結婚の利点と不利点と独身の利点——どちらが大きいか

以上のような説明は，最近の人口学的社会経済的状況が若者にとっての結婚の魅力を減少させた事情を納得させてくれる．国立社会保障・人口問題研究所は，1987 年以来 5 年ごとに青年層の結婚に対する態度を結婚のメリット／デメリットおよび独身のメリットについて調査し，晩婚化の背景を明らかにしている(図 2-1-8)．

年齢が上がるにつれ，結婚は利点がないとするものは概して減少する．しかし男女いずれでも最近になるほど減少は鈍化している．結婚の利点としては経済的利点や生活上の便宜はごく小さく，〈精神的安らぎが得られる〉〈子どもや家族を持てる〉〈愛情を感じている人と一緒に暮らせる〉など，心理的なものが男女いずれでも中心である．他方，〈親や周囲の期待〉は男女ともにみられ年々低下してきているものの，〈社会的信用〉は依然として男性で高い．つまり，結

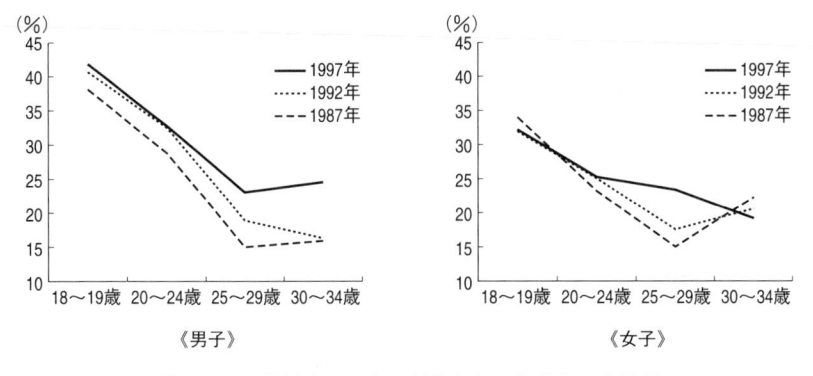

図 2-1-8　結婚することは利点がないと考える未婚者
（国立社会保障・人口問題研究所 1999）

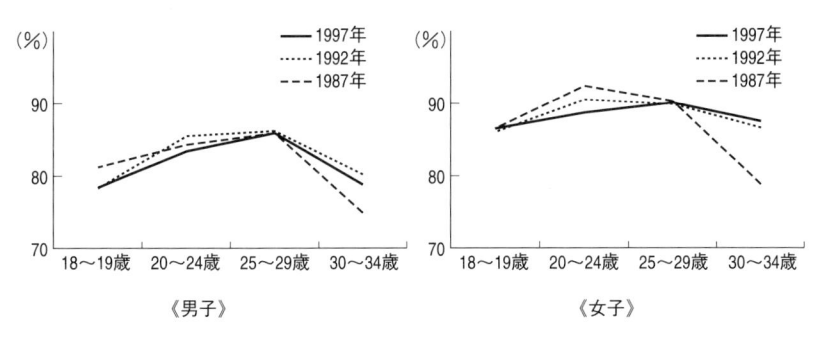

図 2-1-9　「独身生活は利点がある」と考える未婚者
（国立社会保障・人口問題研究所 1999）

婚の道具的利点は減少し，利点はもっぱら心理的な面に求めるようになってきている．

　結婚の利点と表裏をなす独身の利点は，どうであろうか(図 2-1-9)．

　先の〈結婚の利点なし〉の回答に比べて，独身に利点を認めるものは男女とも 80〜90％ときわめて高い．高年齢で低下傾向があるものの，それも近年，鈍化しており，未婚者にとって独身の利点は無視できないほど大きい．それはどの年齢でも一貫して女性のほうが高く，結婚した場合以上に独身のほうが利点が多いと女性たちは判断している．独身の利点として多く挙げられているもの

表 2-1-1 独身生活の利点（国立社会保障・人口問題研究所 1999）

	男性	女性
行動や生き方が自由	66%	70%
広い友人関係を保ちやすい	19%	32%
金銭的に裕福	26%	19%
家族扶養の責任がなく気楽	24%	18%

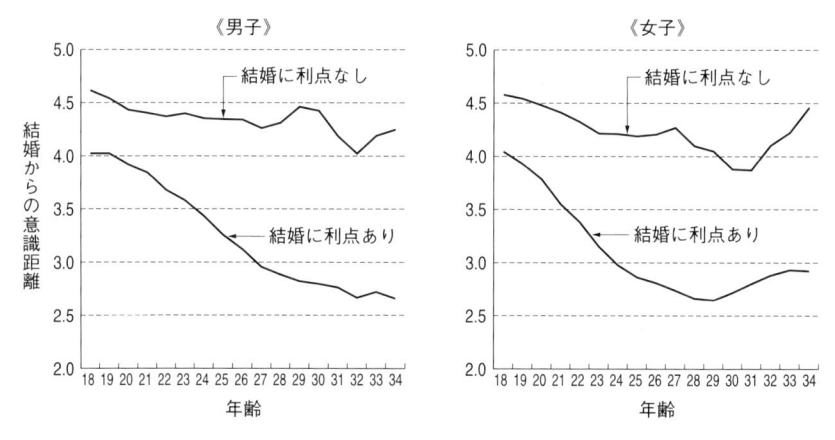

図 2-1-10 結婚の利点の有無別にみた結婚からの距離（積極的／消極的）
（国立社会保障・人口問題研究所 1999）

（表 2-1-1）から，女性たちは結婚が行動や対人関係，経済などの自由を失わせ，自分に多くの拘束をもたらすことを予測しているからであることがわかる．

このような結婚の利点・不利点と独身の利点とを勘案しトレードオフの結果，結婚が決められる．結婚に対する距離——どのくらい積極的か消極的かを「すぐ結婚したい」「〇〇歳までに結婚したい」「いい人に出会ったら結婚したい」によって結婚からの意識距離とし，結婚・独身の利点の認識との関係が検討されている（図 2-1-10）．

結婚の利点をどのくらい認めるかによって，結婚への意識距離が決まっていることがわかる．特に高年齢ほどこの傾向は顕著で，利点あり群となし群間の差は男女いずれでも大きくなる．

しかし女性では，高年齢になると利点ありとしているものでも結婚への距離

結婚への態度と行動　　　　　　　　　73

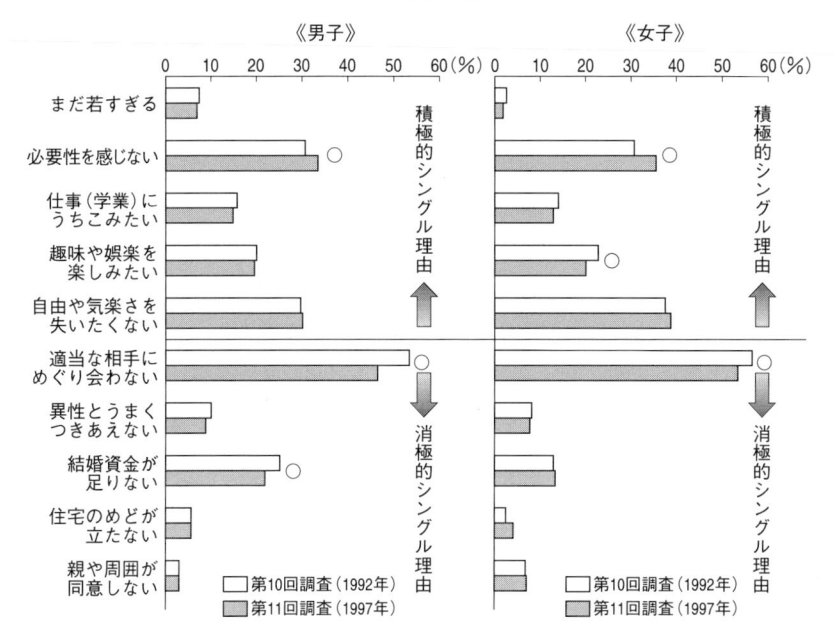

図 2-1-11　独身でとどまっている理由（22〜34歳の男女）
（国立社会保障・人口問題研究所 1999）

注：未婚者のうち何％の者が，各項目を主要な独身にとどまっている理由（3つまで）として考えているかを示す．なお，第10回調査から 2.5 ポイント以上変化があった項目に○印をつけた．

が大きい．ここには，利点を認めていても容易には結婚しない女性の慎重な態度がうかがえる．女性のほうが独身の利点を高く認めていること（図 2-1-9）を考えあわせると，消極的ないしは慎重な態度は理解できよう．高学歴化と就業によって「結婚の経済学」のいうメリットが，女性ではかなり小さくなった事情のあらわれである．

独身にとどまっている理由を 1992 年と 97 年とでみた調査結果（図 2-1-11）は，「適当な相手にめぐり会わない」が男女ともトップで，結婚が個人の選択となったものの，それは容易ではない事情を示唆している．

どのような人を「適当」とするかはここでは不明だが，結婚相手として「適当」とする内容が男女で異なっていることが想像される．多くの調査が，男性は女性より保守的伝統的ジェンダー観をもっていることを明らかにしているが，その差は，結婚相手に求めるものや，「適当」と判断する基準にも反映している

であろう．のちにみるように夫と妻間には結婚の理想にずれがあるが，同様のことが独身層にもあって，男性と女性とで結婚に求めるもの，相手として「適当」とするものにずれがあり，それがミスマッチの大きな要因であろうと推定される．

一方，「必要性を感じない」が男女とも5年前よりもさらに高くなっており，「結婚の経済学」が結婚のメリットとしてきたものが，社会変動のなかで急速に失われてきている事情を反映している．必要からではなく個人の選択となった，それだけに個人の「適当」とする人との出会いが重要となったのである．

「自由や気楽さを失いたくない」が女性できわめて多い事実は，結婚が自由を失わせ気楽ではいられない可能性を女性が強く予測している様相がここでもうかがえる．のちにみるが女性・妻・母にとって結婚や家族は必ずしも安らぎやくつろぎの場とはならず，むしろ拘束と実感されている．このことを独身女性は親の結婚生活にみている，その結果の姿勢でもあろう．

3.3　ライフコース研究が明らかにした家族経験の変化

ところで少子・高齢という人口動態的状況は，個人が一生の間に経験するできごとがいつどのようなかたちで起こるかを大きく変化させた．複数の出生コホートについて，家族に関する主要なできごとの経験の時期と経験プロセスを比較するライフコース研究は，人の発達が生を受け育った時代に規定されて独自の展開をする様相，俗に時代が人をつくるといわれる事情をみせてくれる．

正岡らは生年を異にする5コホートにおいて，学業修了，離家，経済的独立，結婚などのできごとが生じた時期，できごとの前後・重複関係を明らかにしている（図2-1-12）．

5のコホートは，戦中戦後のそれぞれ異なった社会経済的状況下で生まれ育ち教育を受け家族を形成していったのだが，それはそれぞれが直面した歴史的時間に拘束されている．もちろん個人差はあり個人ごとの選択の余地はあるものの，その時代の状況──教育の普及，労働の質，貧富の度合いなどによって規定される部分がきわめて大きいことを，このデータは示している．結婚というできごとの時期は，教育と密接にかかわり高学歴化が結婚を遅らせる．

さらに親の死を経験する時期，最後の子どもが結婚する時期についても，コホート間に差があり，寿命の伸長，子ども数の減少という人口学的変化によっ

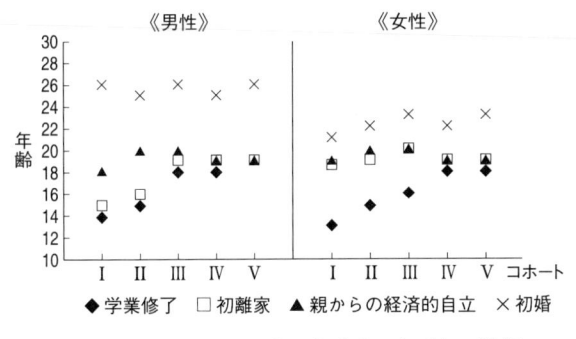

図 2-1-12　5 コホートにおけるできごとの時期
（正岡ほか 1999）

コホート　Ⅰ：1914–18 年生まれ
　　　　　Ⅱ：1924–28 年生まれ
　　　　　Ⅲ：1934–38 年生まれ
　　　　　Ⅳ：1944–48 年生まれ
　　　　　Ⅴ：1954–58 年生まれ

て違いがもたらされている．人口学的変数と歴史的時間に拘束されたできごとのタイミングは，それだけのことに終わらない．いつまでも親がいる世代と早くに親を失った世代とでは，経済はもちろんのこと精神的自立の発達にも影響するであろう．子どもの養育に全生涯かかった時代の母親と，末子の独立後長い時間が残される今日の母親とでは，同じ女性でもその生活はもちろんのこと，幸福感や生きがいなどの心理にも違いをもたらす．

さらに後のコホート（1959～63 年出生）について研究した佐藤（1994）は，以前のコホートでは男性では晩婚化が低学歴層にみられる特徴があったのが，若いコホートでは高学歴層にもみられることを見出し，高学歴層の男性に結婚のデメリットが単身生活のメリットを凌駕する状況が出てきた可能性を指摘している．熟練した家事能力ももつ高学歴男性，高収入で外部のサービス利用が可能な男性があらわれ，結婚によるメリットよりもデメリットがより大きくなり，未婚でいることへの社会的圧力低下も加わって，やむなく未婚でいるのではなくあえて結婚しない層が出現した可能性である．このような男性の出現は，夫婦間に能力差，得意・不得意があることを前提とする分業のメリットをさらに減退させ，結婚や家族の意味を変化させることになる．今後の男性の変化は，結婚事情のゆくえを左右するうえで注目される．

3.4 結婚の心理学的研究

晩婚化・非婚傾向など結婚行動の変化を，結婚についての認識，感情などについての各種の世論調査や社会心理学，発達心理学などの研究によってさらにみることにしよう．

結婚規範・年齢規範の緩み——世論調査にみる結婚をめぐる規範の変化

結婚は当事者自身の結婚への態度——メリットの認知や評価に基づいていることはいうまでもないが，それは個人を取り囲む社会の価値観，世論に大きく影響を受けている．個々人はそれを必ずしも意識せず，自分の意志であり個人の考えだと思っているが，実際は社会的状況や世論と無縁どころか程度の差はあれ規定されている．若い世代ほど結婚しない生き方を肯定していることはすでにみたが，年輩世代でも結婚規範はここ 10 年余の間にかなり変化している（図 2-1-13）．

「結婚は当然だからしたほうがよい」との意見は，ここ 10 年余，21〜22% が支持とほとんど変化していない．しかし「女の幸せは結婚次第」や「精神的にも経済的にも安定するから結婚したほうがよい」は急激に減少し，結婚絶対から条件次第と考える変化が認められる．さらに「一人立ちできればあえて結婚

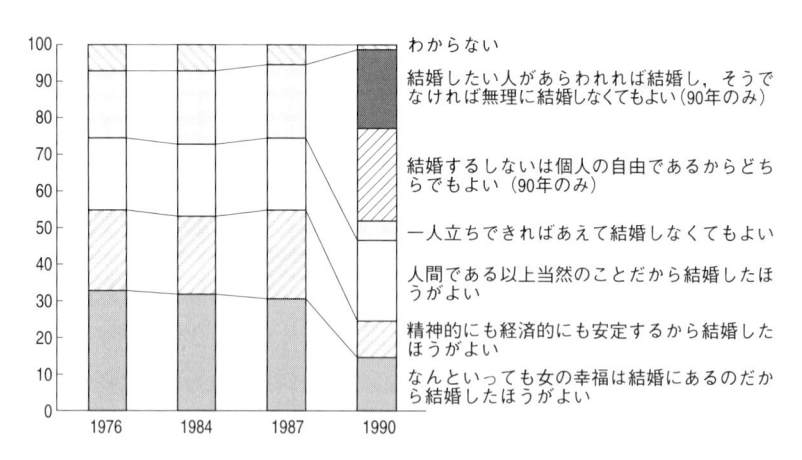

図 2-1-13 「女性にとって結婚とは」（％）（経済企画庁 1994）
調査対象は男女．

しなくてもよい」の5%と，さらに1990年度からはじめて入った項目「個人の自由だからどちらでもよい」が他のどの選択肢よりも多く選ばれていることは，結婚は個人の選択とする見方が優勢となったことのあらわれとみなせよう．

このような世論の変化は，結婚期の青年に対する結婚への社会的圧力を弱める．1987年には「社会的信用が得られる」「親や周囲の期待に応えられる」が独身青年の結婚の利点としてかなり高いが，その後，これらは男女いずれでも大きく減退している(国立社会保障・人口問題研究所 1999)．結婚するのは当然という社会の結婚規範の弱まりを背景に，独身の青年に対する親や会社や身近な周囲から結婚せよという圧力が小さくなったことを示唆する．「何も結婚して苦労しなくても1人でちゃんとやっていれば……」と娘にいう親さえ，昨今珍しくない．そうした親の非婚への寛容・許容性は社会の結婚規範の弱まりを背景にしており，未婚青年への圧力やサンクションを無視できるほど小さくし，これらが晩婚化さらに非婚にとどまる可能性にいっそう拍車をかけている．

性別分業観をめぐって

結婚が個人の自由・選択の問題となったことは，結婚・独身の利点・不利点の認識というきわめて心理的問題となったことを意味し，それはどのような生き方が女性に可能か，よしと認められるかが深くかかわる．「一人立ちできれば……」つまり女性が職業をもち経済的に自立することが可能であり，かつそれをよしとする世論の変化は，結婚のメリットとされてきた男女間の分業をゆるがす．実際，女性労働とりわけ有配偶女性の就業は急速に増加し，夫婦とも有職の家族が夫だけ職業をもつ家族を上回り，分業の実態は崩れている．「男はしごと，女は家庭」の性別分業観を支持するものは，ここ十数年の間に減少し，最近は全体で26%どまり，これに反対する者が半数を占め，それが大勢となった(図2-1-14)．

しかし，性別分業観には男女差が著しく，男性では反対が多いものの賛成との差はそれほど大きくない．このように，性別分業に対して男性が保守的であるのはなぜであろうか．男性は，女性も市場労働で働き所得をもちうることを観念的にはわかってはいても，それを直接，経験的に認識しえない．さらに，従来の分業メリットが男性側により大きく，女性の就労が男性側にデメリットをもたらす可能性が予想される．これらが男性を性別分業に固執させ，変化に

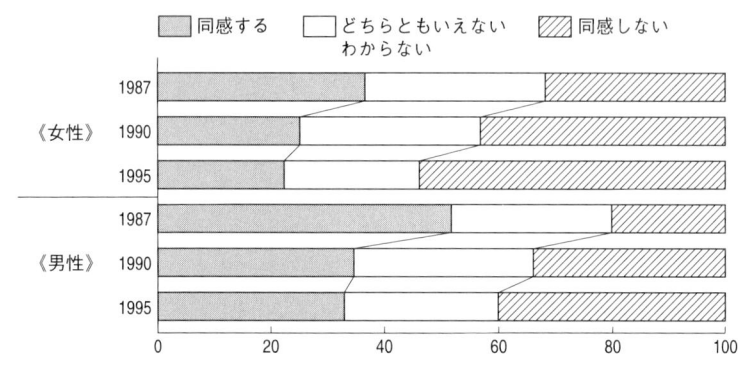

図 2-1-14　「男はしごと，女は家庭」という考え方をめぐって（%）
(総理府 1995)

消極的にさせるのではなかろうか．

　理由はともあれ，性別分業観に男女間ギャップがあり男性が保守的であることは，さまざまな形で女性に圧力がかかり軋轢を生じさせる可能性を予想させる．実際，女性は結婚の不利な点として自由が失われることを挙げており，晩婚化はそれを避けたいとの態度でもある．それは，のちにみる結婚した夫婦間の非衡平性と結婚満足度にも通じる．しごとと家庭の両立は「男女共同参画社会」の男女双方の課題であるとされながら(男女共同参画社会基本法，1999年)，実際はそれが女性の側のみの深刻な課題であり負担になっているのが現状である．先に社会変動が家族の変化を促し，家族メンバーの心理にもそれが及ぶ事情をモデルで示し，分業家族のメンバー——妻・母親，夫・父親にさまざまな心理発達上の問題が生じている過渡期の現象を指摘したが，この問題解決は男性の変化に負うところが大きい．

夫婦別姓の是非——結婚は一心一体か

　結婚や男女の役割に関する意見には，男女差のほか世代差も著しい．その端的なあらわれが夫婦別姓についてである．

　結婚すれば同姓，多くは夫の姓になることは，長いこと疑問視されてこなかった．その法制化が求められるようになった背景には，職業をもつ女性の増加が密接に関係している．結婚によって姓が変わることによって女性は，少な

結婚への態度と行動

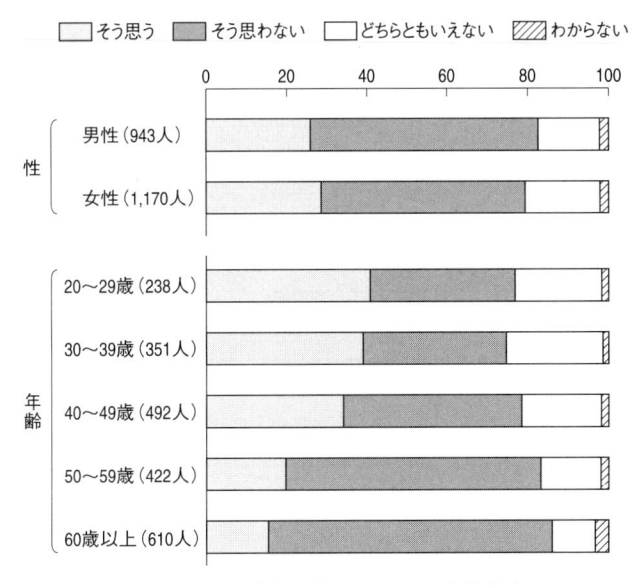

図 2-1-15　夫婦別姓についての意見（%）
（総理府内閣総理大臣官房広報室　1994）
質問：「わが国の法律（民法）では，婚姻のさい，夫婦が同じ姓を名乗ることが義務づけられているが，当人たちが希望する場合には，夫婦が別べつの姓を名乗ることができるように，法律を変えるほうがよいと思う」

からぬ不利益を蒙る．結婚前の姓での業績との一貫性が認め難い，誕生以来，自己同一性と抜き難く結びついてきた姓が失われる，結婚・離婚という私的事件が公表される，などである．しかし，夫婦別姓への意見には男女差以上に著しい世代差がある（図 2-1-15）．

若い20歳世代では賛成のほうが多いが，50歳代以上の世代では大勢が反対である．ここでは別姓反対の理由は問うていないが，この案が国会に提出されたとき，別姓では夫婦の一体感が損なわれるとの反対理由があった．国会議員の大半は50歳以上の男性であるから，この調査の反対世代にも同意見が多いであろう．

しかし，別姓への意見は確実に変化してきている（図 2-1-16）．

2001年の最新のデータでは，別姓支持が非支持を上回っている．この変化の背景には，「夫婦は一心同体」との考えそのものの変化がある．"夫婦といえども「私は私」"，"家族からでも，邪魔されたくない時間がある"といった，家族

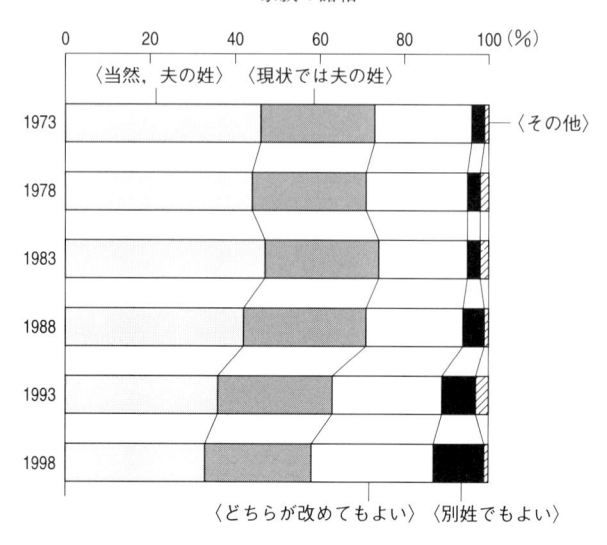

図 2-1-16　結婚後の姓について（国民全体）
（NHK 放送文化研究所　2000）

のなかに個人の領域を認める傾向は，女性を中心に着実に増えてきており（目黒 1991，磯田・清水 1991），一心同体が結婚の理想とはいえない夫・妻それぞれが"一心一体"という状況になりつつある（図 2-1-17）．

価値観の変化——自由・個人尊重への動き

結婚は個人の選択とする方向への変化は，結婚に限らずものの見方や生き方全般に広くみられる変化に通じる．

内閣広報室による継続的世論調査から，「日本人が国民としてまとまることを大切にすべきだ」「個人の利益を犠牲にしても国民全体の利益を大切にすべきだ」「国から何かしてもらいたい気持ちと，国のために何かしたい気持ちのどちらが強いか」「国や社会のことにもっと眼を向けるべきだ」などの質問への回答をみると，総じて「国や社会のため」から「個人重視」に変化している．ちなみに「自分の国のために役立つことをしたい」に対して韓国，アメリカ，イギリスが，それぞれ 88%，82%，54% が肯定しているのに対して，日本は 16% ときわめて低い．この個人重視傾向は若い層ほど顕著である（図 2-1-18．西平 1987）．

結婚への態度と行動　　　　　　　　　　　　81

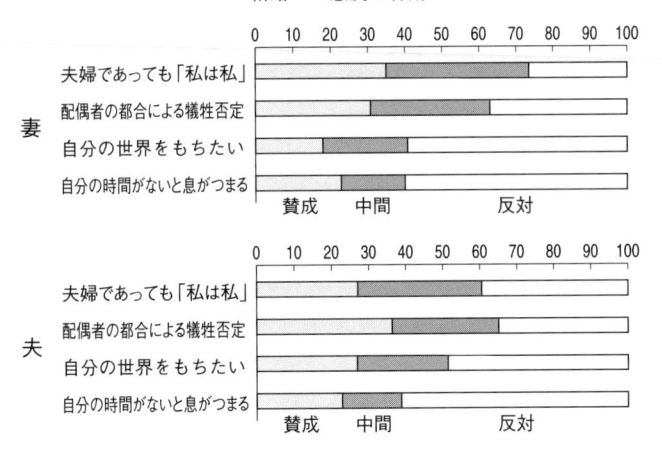

図 2-1-17　夫と妻の個人化（%）（磯田・清水 1991）

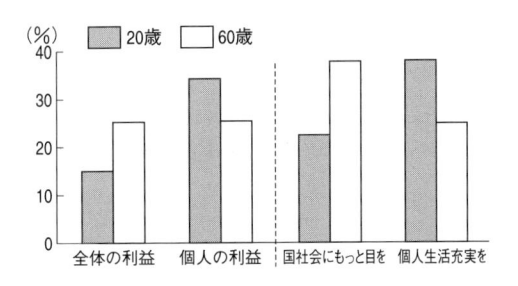

図 2-1-18　国に対する感情——個人重視か社会重視か
　　　　　　　　　　　　　　　　　　（西平 1987）

　最近の青年の考え方や行動の特徴として，自分への関心の集中，他者に関する無関心，長期的展望を欠く刹那主義，広い社会的な視野をもたない自己中心性が指摘されている（落合・伊藤・齋藤 1993）．青年の価値を1972年と20年後について比較した研究でも，他者や社会のためを重視する考え方は後退し，個人主義（ミーイズム）傾向の進行が見出されている（秋葉 1995）．
　このような自由・個人重視の強まりは，社会変動の一つの必然でもある．工業化以前の社会は即，血縁や地縁のなかで生活する社会であり，そこでは所属する集団への忠誠や他者への同調や協力が必須である．工業化社会では個人の意志・能力に基づく主体性が求められ，個人主義的な考え方や行動が重要となっていく趨勢にある．青年の個人主義的傾向の強まりはそのような観点から

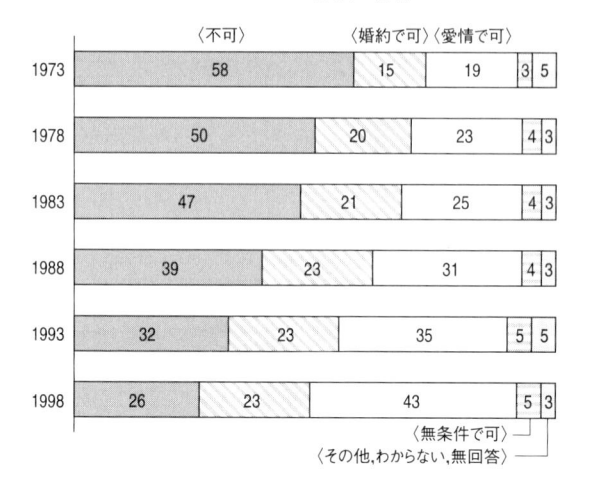

```
           〈不可〉            〈婚約で可〉〈愛情で可〉
1973      58           15      19    3  5
1978    50         20         23      4 3
1983    47          21         25     4 3
1988   39          23          31     4 3
1993  32          23           35     5 5
1998  26         23            43     5 3
                                 〈無条件で可〉
                      〈その他,わからない,無回答〉
```

〈不可〉　　　結婚式がすむまでは，性的まじわりをすべきでない
〈婚約で可〉　結婚の約束をした間柄なら，性的まじわりがあってもよい
〈愛情で可〉　深く愛し合っている男女なら，性的まじわりがあってもよい
〈無条件で可〉性的まじわりをもつのに，結婚とか，愛とかは関係ない

図 2-1-19　婚前交渉について（国民全体，％）
（NHK 放送文化研究所　2000）

理解しうる．

性の自由化

このような若い世代に特徴的な個人重視・自己中心性は，性についての価値観や性行動にもつながる．婚前の性交渉の是非についての意見は，1978年を境に「不可」（結婚式がすむまではすべきでない）が過半数を割り，その後「愛情あれば可」が増加の一途をたどり，今や多数派となった（図2-1-19．NHK放送文化研究所 2000）．「愛あれば」という性の自由化傾向は，若い世代ほどいっそう顕著で，1938年生まれを境に「厳格」から「解放」を支持する方向へ変化が生じている（図2-1-20．NHK放送文化研究所 2000）．

注目すべきことは，若い世代では解放の意見が男女でほぼ同じくらい支持されていることである．実際，10歳代後半の女性の性体験率は1990年は14％だったのが，98年は27％と上昇しており，20歳代ではさらに上昇は顕著で60％に近くなっている（毎日新聞社人口問題調査会 2000）．家父長制社会では，

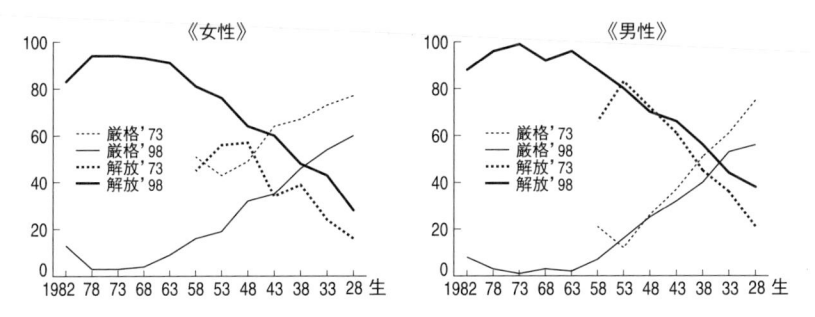

図 2-1-20　婚前交渉について（性・生年別 %）（NHK 放送文化研究所 2000）

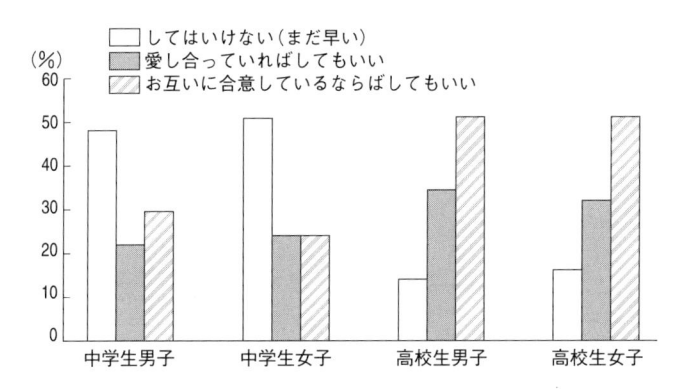

図 2-1-21　「あなたと同じ年くらいの男の子(女の子)がセックスすること」
（総務庁青少年対策本部 1996）

　性についての規範は女性により厳しい二重規範(男はいいが女はだめ)があったことを思えば，これは大きな変化であり，純潔は死語に近くなったといえよう．
　"解放" 方向への変化は，若年層ではさらに進んでいる．中高校生対象の性に関する調査では，「愛(愛しあっていればセックスしてもよい)」よりも「合意(互いに合意していればよい)」が上回っている(図 2-1-21)．
　同じ調査で「同じ年くらいの女の子が見知らぬ男性とセックスすること」に対して「してはいけない」とするものは半数にすぎず，残りの多数が「問題はあるが本人の自由」としている．これらを考えあわせると，セックスはもはや社会の倫理規範でコントロールされるものではなくなり，本人次第，それも愛

なくても合意という当事者の判断すべき事柄へと移行してきているといえよう．このことは，若い世代ではセックスは愛とか結婚に関係なく，合意が成立するところで処理されるようになっていく可能性を示唆している．

　女子高校生の援助交際経験者は 5% であるが，援助交際経験者からその話を聞いたものは援助交際について「理解」し許容的になるという(桜庭ほか 2001)．ここにも性は社会的規範の及ぶものではなく個人の問題だとする態度がみられ，それが援助交際に許容的になる土壌として働いている．中高生の性に関する国際比較調査は，日本の青年が他国の青年に比べて，ポルノの類への許容性が高く，「異性の友人と 2 人で泊まる」ことに対してももっとも高い許容性を示している(中里・松井 1997)．

　このように性をめぐる意見も行動も急速に「解放」され，性は「愛」から「合意」へと個人の意志の問題となり，性の決定権は社会規範から解放され個人にゆだねられつつある．

2章　恋愛と配偶者選択

これまでみてきたような結婚や性についての認識をもった青年たちは，どのようにして配偶者と出会い，選択して結婚にいたるのであろうか．

1. 結婚の形態

見合いから恋愛へ

1944年から最近まで，結婚している女性が現在の夫とどのように出会い結婚にいたったかを，時系列的にみたのが図2-2-1である．

1944年ごろ，見合いが65%，恋愛は22%であったのが，その後見合いは急速に減少し，1965～69年に見合いと恋愛が半々となり，その後恋愛が主流を占

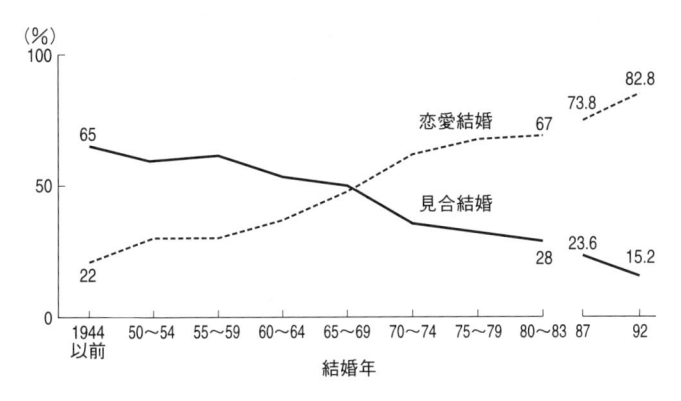

図 2-2-1 結婚形態の変化

資料：1983年以前は人口問題研究所「結婚に関する人口学的調査」，1987年と1992年は「第10回結婚と出産に関する全国調査」による．

めるにいたっている．もっとも最近の見合いは，かつてのように，あらかじめ家同士の釣合いで決められ，見合いしたら決まったも同然であるようなものはなく，見合い後交際して"恋愛的"状態になることで決定するのが通例である．その意味では「お互いが愛しあっているもの同士が結婚する」ことが，日本社会に共通する一種の規範となったといえよう．

今日の恋愛結婚全盛以前にも，男女が相互に選択しあっての結婚——明治以前，村に若者組・娘組があり若い男女はかなり自由に交際し相手を選びあう習俗——ヨバイがあった．それが明治政府によって風俗攪乱だとして禁止令が出されて急速に減少し，代わって家の釣合いや格式を重んずる上流階級のものであった見合いが庶民にも普及した(恋愛は野合としてさげすまれることとなった)．明治から大正生まれの「おばあちゃんのライフヒストリー」を面接調査した50サンプル中，48人が見合いであり恋愛はわずか2ケース，いずれも親のいない貧乏人に限られていたという(上野 1995)．それが欧米の小説の輸入により，従来の家同士の選択による結婚や性愛中心の男女関係とは異なるプラトニックラブへの憧憬が生じ，文学者によって恋愛至上主義が喧伝され，やがて，変容はしだいに一般にも支持を得ていった(佐伯 2000)．

ともあれ，結婚は個人の選択の問題となり当人の愛情が結婚の基本となったことは，結婚市場にさまざまな変化をもたらした．

まず，出会いの場や機会の変化である(図2–2–2．小川 1998)．1980年ごろまでは多かった「親や親戚などの紹介」は急速に減り，代わって「友人，同僚，上司など」の紹介が増加している．この媒介者のシフトは，結婚が家の問題から当人の個人的問題となったことと対応しており，見合い結婚から恋愛結婚への移行と連動している．最近増えてきているのが「学校」で，ここ20年ほどの間に2倍に増えている．女性の高学歴化により，大学は男女の出会いの場としての役割をも果たすようになってきたのである．このように結婚相手選択が親や親戚など他人任せではなく，自分の生活圏と人的ネットワークが重要となってきたことは，結婚への親や家からの拘束力が弱くなったことを意味している．

夫と妻の年齢差

見合いから恋愛へのシフトにともなうもう一つの変化は，夫と妻の年齢差についてである．見合いでは夫が年長の場合が多く，同年や妻が年上は少ないが，

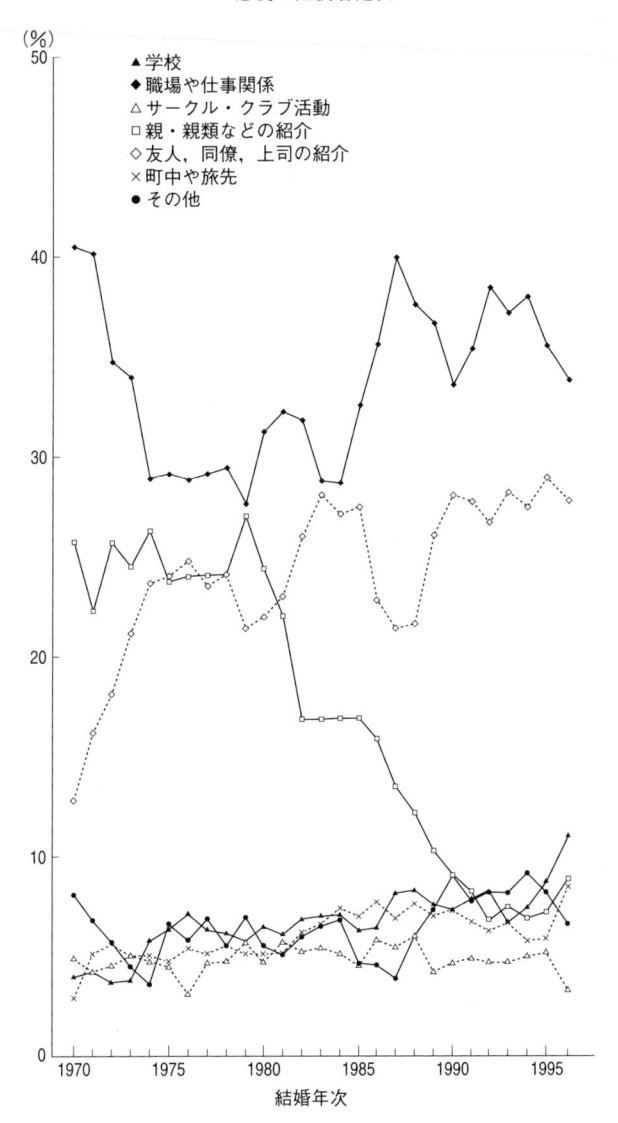

(%)
▲ 学校
◆ 職場や仕事関係
△ サークル・クラブ活動
□ 親・親類などの紹介
◇ 友人，同僚，上司の紹介
× 町中や旅先
● その他

結婚年次

図 2-2-2　夫婦の出会いの場の変化（小川 1998）

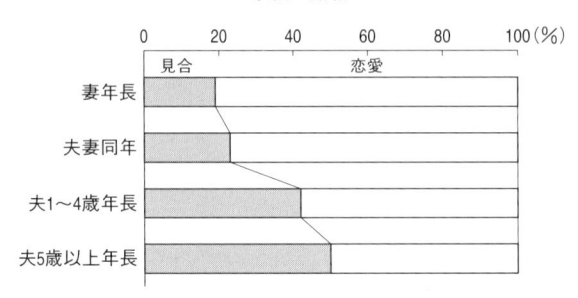

図 2-2-3 結婚形態(見合いか恋愛か)別の夫と妻の年齢差
(厚生省 1982)

恋愛の場合は同年が多くなり，夫よりも妻の方が年長という組み合わせも多い(図 2-2-3)．

結婚形態のシフトのほか，女性側により顕著に進んだ晩婚化も夫と妻の年齢差を縮めることになった．1950 年，夫婦の年齢差平均は 2.9 歳であったが，50 年後の 2000 年では 1.8 歳である．また夫婦同年齢が 1970 年では 10.1% であったのが 2000 年には 19.2% に，妻年上が 10.3% から 21.9% へとそれぞれ増加していることにも，年齢差の縮小がみられる(厚生労働省 2000)．

年齢差の縮小は，夫と妻の関係をより平等にする可能性が高い．実際，年齢差の小さい夫婦では妻の就業率が高く，夫の家事参加度も高いというデータもある(広原ほか 1995)．

年齢差縮小は，恋愛結婚では「愛さえあれば年なんかどうでも……」と恋は盲目の末かにみえる．しかし，必ずしもそうではない．見合いの場合にはあらかじめ家や本人の学歴等が十分考慮されて相手が決まるから，当人たちの学歴や親の職業や社会的地位はかなり類似しているのが常であるが，恋愛の場合でもかなり類似しており，依然として同類婚である．本人自身の人的ネットワーク内の出会いの場や媒介者によって知り得る同類の間での恋愛だからであろう．

しかし，これは不思議なことではない．結婚が当然のことではなくなった今，自分にとってメリットが大きくデメリットは少ない相手を慎重に考えると，落ち着く先は学歴や生育歴が類似しているのがよい，ということになるのであろう．

恋愛優勢の今日，他方でコンピュータを駆使しての紹介・見合いもさかんである．新聞雑誌にその類いの広告がしきりに出ているが，結婚相手紹介の専門

企業から，大企業の一部門としてのものなど，その数も多く利用者も増えているという．広く網羅的なサンプルについて，自分一人がする以上にメリット／デメリットを冷静に効率的に検討してくれる手段としてかわれるのであろう．

2. 恋愛のプロセス

恋愛中の典型的行動とその進展

恋愛の実体験をもつ未婚の男女大学生から，恋愛のプロセスと心理を詳細に聴取して検討して，松井（1990，1993a）は恋愛の成立・進展の様式を図 2-2-4 のようにまとめている．

恋愛の過程でみられる 4 種の典型的行動――「開示行動」「共同行動」「性行動」「葛藤行動」がどのように出現し進展するかによって，5 つの段階が区分さ

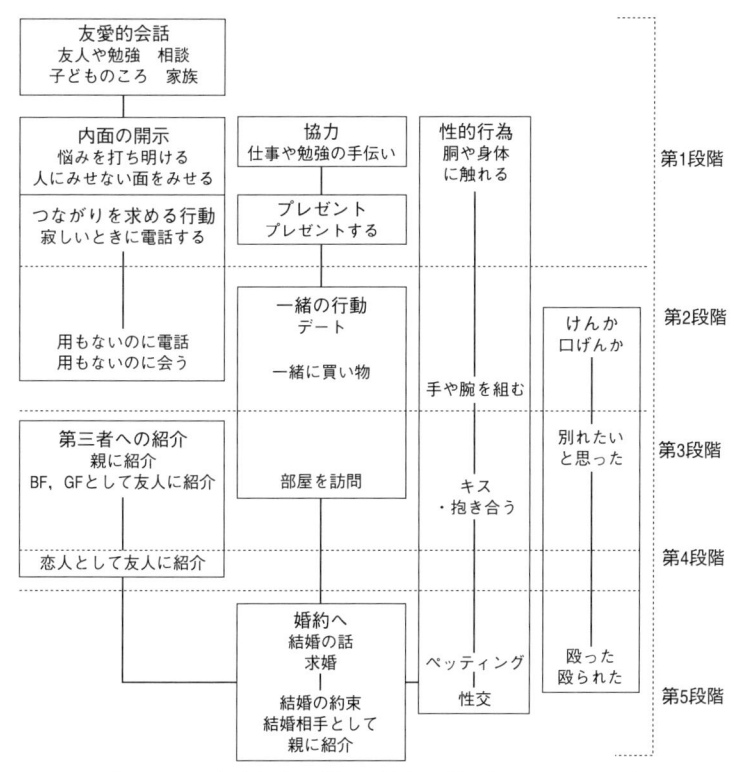

図 2-2-4　恋愛行動の進展　様式図（松井 1990, 1993a）

れるという．これは，当人たちの恋愛観がどうであれ，一気に燃え上がる恋も長い時間をかけて熟成される類いのものも，ほぼ共通にたどるプロセスであることを多くの体験データで確かめている．またこの図をみた人は，男性も女性も自分の体験はこれと同様なプロセスだと認めるという．

恋愛感情の進展——男女の違い

これは行動面からの段階区分だが，感情的な面ではカップルの間でたどるプロセスが異なる．進展にともなって恋愛感情が強まっていくのは男女共通だが，その強さは男女で異なり，最初は男性のほうが強いが半ばごろから女性の感情が高まり，最終的にほぼ同じ強さになって恋愛が成就する（図 2-2-5）．

恋愛感情の深まるペースは，女性は男性より慎重で，ある程度交際が深まらないうちは相手への気持ちを高めない傾向がある（図 2-2-5）．このことは，男性と女性では恋愛感情と友情とを区別するかどうかに違いがあることと関係している．男性では恋人と親しい異性の友人との境界が曖昧であるのに対して，女性は恋人を他の異性とは一線を画す別格の存在と見る傾向がある（山本 1986）．男性は，恋人でなくても一定以上親しい異性の対象に恋愛感情を抱く，それが恋愛関係への入りやすさとなり，初期から強い感情を抱くことになるのであろう．実際，最初に熱をあげ恋愛中もより熱中していたのは男性のほうだと，男性自身も女性も認めている（大坊 1988）．男性は関係の浅い片思いの段階から相手への情熱が高まり，さまざまな働きかけをすることも確かめられている（堀毛 1994，堀毛・今川 1994）．

このほかにも恋愛行動には性差がある．付き合いの期間の長短によって相手を選ぶ基準を変えるのは女性である（竹村 1987）．嫉妬心をもった時，男性は恋人にいっそうサービスし自分の魅力を高めようとするのに対して，女性は恋人の気をひくようなことはせずに静観するか欠点を探そうとする，という違いもある（深沢ほか 1991）．さらに，恋愛が終わり別れた場合にも，男性は別れた異性にロマンチックな感情をもっているが，女性のほうが切り替えが早い（大坊 1988，飛田 1997）．

このような恋愛過程にみられる性差——男性の積極性と女性の慎重さについては，さまざまな解釈・説明がなされている．恋愛や結婚は男性がリードすべきだとの社会規範があるため，女性は主導権が握れず社会的に受動的な立場に

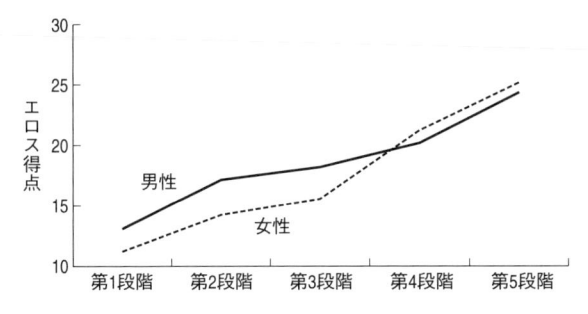

図 2-2-5 恋愛行動の進展度別にみた恋愛感情得点の推移
(松井 1993b)

いるからだという説明(主導権説),恋愛は女性にとって将来の生活を大きく左右する結婚に結びつくため慎重になるという説明(重要説)などである.さらに,こうした女性の立場が,恋愛に最初から深くコミットメントせずにいることで相手をコントロールする戦略をとらせることになる(戦略説)との解釈もある(松井 1990).つまり恋愛関係にみられる性差は,女性の社会的な立場に由来し,その立場上生じた戦略的なものだというのである.どの仮説も単独では十分でなく,実証的にも確証されていない.近年,伝統的な性役割観は後退してきたとはいえ,まだ残存しており,多くの社会的領域で男性の立場はより強い.そのような状況下で,女性が恋愛関係のなかで相手をコントロールしようと編み出した戦略だとみなせよう.男女をめぐる価値観や社会的状況がさらに変化した場合には,こうした性差は変化する可能性はある.それは,先の諸仮説を実証的に確かめるうえでも,注目されるところである.

段階別の感情の変化

ところで,それぞれの段階で相手に抱く感情は,質的にも量的にも変化していく.松井は愛情を6種に分離し,その強さを男女別に5段階ごとにみたのが図 2-2-6 である.恋愛関係を重視しロマンチックな行動をとる傾向 (Eros) は段階が進むにともなって高まる.しかし,段階ごとの感情の強さと推移は,男性と女性とは微妙に異なることがみてとれる.

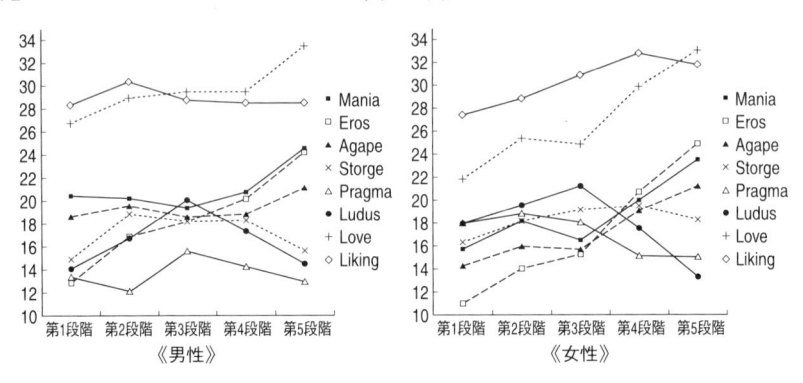

Mania	（狂気的な愛）	独占欲が強い，嫉妬，憑執，悲哀などの激しい感情をともなう．
Eros	（美への愛）	恋愛を至上のものと考えており，ロマンチックな考えや行動をとる．相手の外見を重視し，強烈な一目ぼれを起こす．
Agape	（愛他的な愛）	相手の利益だけを考え，相手のために自分自身を犠牲にすることも，いとわない愛．
Storge	（友愛的な愛）	穏やかな，友情的な恋愛．長い時間をかけて，愛が育まれる．
Pragma	（実利的な愛）	恋愛を地位の上昇などの手段と考えている．相手の選択においては，社会的な地位の釣合いなど，いろいろな規準を立てている．
Ludus	（遊びの愛）	恋愛をゲームととらえ，楽しむことを大切に考える．相手に執着せず，相手との距離をとっておこうとする．複数の相手と恋愛できる．

図 2-2-6　恋愛段階別にみた感情
Lee（1974; 1977）の恋愛類型論における各類型の特徴（松井 1993b）

恋愛とアイデンティティ

　恋愛は結婚にいたる過程であるばかりではない．恋愛体験は，相手からの評価や相手への自分の感情や行動を通じて，自分とは何かを改めて問い直す機会でもある．女子青年による自分の恋愛についてのリポート 600 余を自己同一性形成の視点から分析した大野（大野 1995，大野ほか 2001）は，恋愛相手を鏡として用いることで自己の同一性が明確に定義づけられていくプロセスを明らかにしている．

　最初のうちは，『オレのこと好き？』とか『どこが好き？』などといった〈相手から賛美や賞賛を求めたい〉，〈相手からの評価が気になる〉，などが頻繁にみられ，自分とは何か，自分の特徴は何かを相手からの言動によって確認しようとしている．相手を鏡として自己を知り自己を補強する典型的な過程が恋愛中に起こるのである．しばらくすると，『（好きだと）あまり何度もいわれると怖

い，不安になる』『一緒にいても，私が私でないような，仮面をかぶっているような状態』といった，『相手にふみ台にされているような焦燥感』『自分がだんだん減っていくような』といった〈呑み込まれる不安を感じる〉が生じて，相手からの評価だけに圧倒されることのなく落ち着いて自己を見つめたいという自省的態度が顕著となる．やがて『嫌いになったんじゃなくて，重たくなったんだ』という風に〈相手からの要求を束縛・重荷と感じる〉ことにもなる（『　』は大野（1995）に挙げられているプロトコール）．

　こうした場合，恋愛は結婚というかたちでは成就せず，結局別れることになることも多い．しかし，自己同一性の形成という視点からみると，結婚にいたらなかった結果は，恋愛相手とのやりとりがきっかけとなって自分とは何かを再確認しどう生きるべきかを真摯に考察した点では，むしろ実りある体験となっている．このような自己洞察なしに〈相手に呑み込まれる〉かたちで恋愛から結婚に進んだとすれば，結婚後に課題を残すことになるからである．その意味で，失恋は"得恋"以上の意味をもっているといえよう．

3. 配偶者選択の過程

　さて，男性・女性の恋愛感情が高まって第5段階に達したからといって，すべてが配偶者として選択し結婚にいたるわけではない．上のように自己同一性の洞察から別れることになることも少なくない．恋愛から配偶者として選択し結婚にいたるには，愛情という感情的な面以外に結婚という現実の生活上必要な役割の認知や取得が重要な課題となる．結婚した際どのような役割を自分と相手がそれぞれ担うのか，相手にどのような役割を期待するかなどについて，男性と女性それぞれがどう考えているか，相手の期待に対する認知や感情，役割を適切に遂行する能力などが問題となる．

　恋愛の段階の延長線上に展開する役割をめぐる段階をルウィスはモデルとして提出している（図2-2-7．Lewis 1973）．役割をめぐる課題が結婚に先立ってどのように解決され達成されていたかは，新婚期の家族生活と夫婦の心理に多大の影響をもつ．

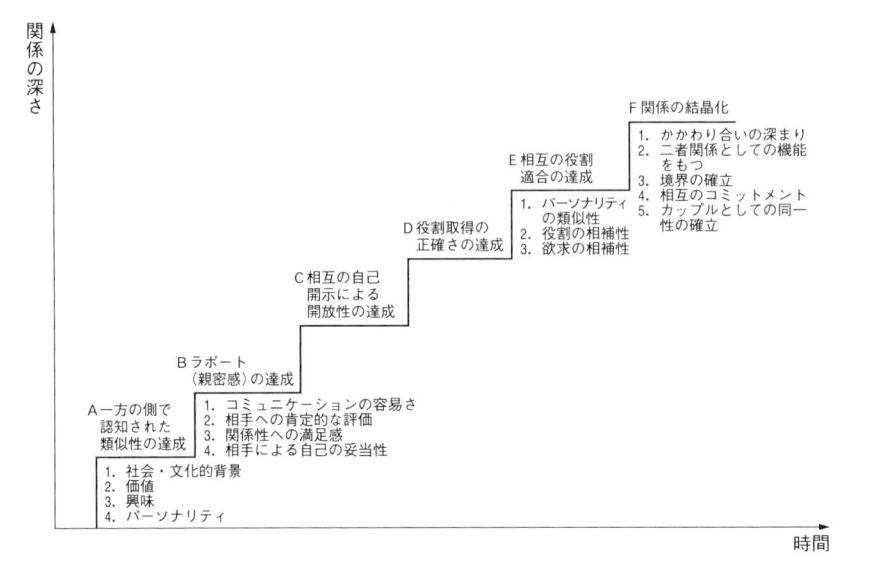

図 2-2-7 配偶者選択のモデル（Lewis 1973 より藤原が作成．藤原ほか 1983）

(図の内容)

- A 一方の側で認知された類似性の達成
  1. 社会・文化的背景
  2. 価値
  3. 興味
  4. パーソナリティ
- B ラポート（親密感）の達成
  1. コミュニケーションの容易さ
  2. 相手への肯定的な評価
  3. 関係性への満足感
  4. 相手による自己の妥当性
- C 相互の自己開示による開放性の達成
- D 役割取得の正確さの達成
- E 相互の役割適合の達成
  1. パーソナリティの類似性
  2. 役割の相補性
  3. 欲求の相補性
- F 関係の結晶化
  1. かかわり合いの深まり
  2. 二者関係としての機能をもつ
  3. 境界の確立
  4. 相互のコミットメント
  5. カップルとしての同一性の確立

縦軸：関係の深さ　横軸：時間

婚前の発達課題達成と結婚満足度

　大恋愛の末，結婚した新婚まもない女性が筆者に向かってもらした「結婚は生活ですね!!」との驚きとも嘆きともいえる言葉は，意味深長である．結婚前，家事はほとんど母親まかせで快適な生活を送ってきた彼女が，結婚して愛する夫のためにそうした快適な生活をと，不馴れな家事を懸命にするだけで1日が終わってしまうことから出た感慨だった．結婚前，2人の間に愛情の確認はあっても，現実生活でどのような煩瑣なしごとが多々あるか，それらを誰がどうこなすのかについては考えることも話すこともほとんどなかった．つまり結婚生活にともなう役割についての検討がまったくされていなかったのである．その後，彼女はしだいに新役割にも熟練して新婚期ほどにはそれで日が暮れてしまうということはなくなったようだが，しかし家事だけが自分の役割という生活での心の虚しさに苦しんでいる．

　のちにみる夫と妻間にみられる葛藤やずれ，妻・母親の不安や不満の多くが，結婚後の生活での役割についての十分な検討や了解が2人の間に欠けていたことに起因している．仕事を辞め子育てに専念している母親たちとの悩みや不安

を聞いてみると，性別分業で家族役割（家事・育児）を担うことがどのような生活と心理になるかについて長期的な展望に立って考えていなかった場合がほとんどで，実際に家事育児の役割を自分が担ってみてはじめてその生活の実態とそれに適合できない自分の心理に直面している．

　恋愛中，女性は相手のためにつくしたいという愛他的感情が強くなることが認められている（松井 1990）．このことも，冷静に将来の生活を展望し，役割の選択や分担を現実的に考え検討し決定することを妨げることになりやすいのであろう．恋愛から配偶者選択の過程で，結婚後の役割分担について2人で十分な検討を合意したか否かは，のちの家族生活への満足や幸福感などにつながる．

配偶者選択過程のパターン――出会いから結婚まで
　このような家族発達的観点からみると，結婚への移行に必須の発達課題である結婚後の役割をめぐる検討と合意に注目した配偶者選択過程についての研究は，重要であるにもかかわらず，恋愛研究に比して大変少ない．そのなかで，望月は結婚前のカップル101組について，デートから婚約までの過程がどのように進行し，その間どのように発達課題が解決されたかについて貴重なデータを提供している（望月 1987）．

　デートから結婚にいたる配偶者選択の過程には，デート，私的了解（正式な婚約前に2人が相互に結婚相手と了解する）段階，婚約，結婚（式）という段階が区別されたが，それらがどのくらいの時期に生じたかを見合いと恋愛別に最頻値によってみたのが図2-2-8である．

　見合いと恋愛とではいくつかの差がみられるが，なによりも目立つのは出会いから結婚にいたる期間の長さの差で，見合いは恋愛の3分の1である．見合いの場合は，最初から結婚相手候補であることを想定していることから，これは当然かもしれない．他方，見合い，恋愛を問わず私的了解と婚約との間がきわめて短く，私的了解―婚約がすみやかに行われるのに比べて，婚約から結婚式までの期間は相対的に長いことが共通した特徴である．

　さらに，恋愛の場合は，出会いから結婚までの時間が長いが，男性と女性とで発展段階が異なる．図2-2-8の私的了解や婚約の時期は，男性，女性別々に「どのくらいから結婚してもいいとお互いに了解しあうようになりましたか」と

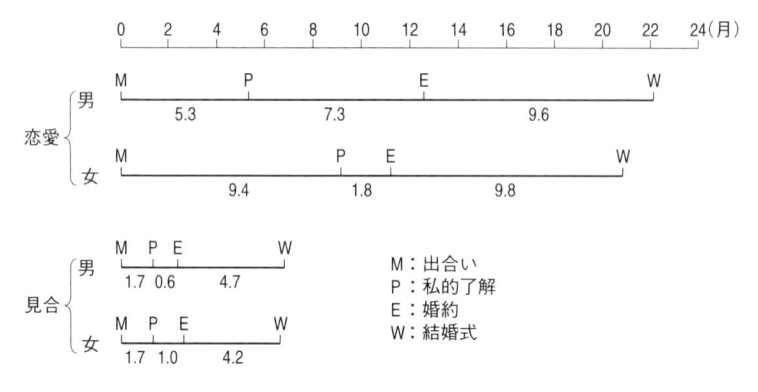

```
           0    2    4    6    8   10   12   14   16   18   20   22   24(月)
           |----|----|----|----|----|----|----|----|----|----|----|----|
           M         P              E                             W
    ┌ 男   |-------------|----------------|-----------------------|
恋愛│           5.3             7.3                9.6
    │      M                   P    E                         W
    └ 女   |-------------------------|--|-------------------------|
                   9.4              1.8           9.8

           M  P E         W
    ┌ 男   |--|-|---------|           M：出合い
見合│      1.7 0.6   4.7              P：私的了解
    │      M  P E         W           E：婚約
    └ 女   |--|-|---------|           W：結婚式
           1.7 1.0   4.2
```

図 2-2-8　配偶者選択過程のパターン（望月 1987）

の質問に回答してもらった結果だが，「私的に了解した」「婚約した」との認識が男女でずれており，男性のほうが早くそう考え，女性はそれより遅い．ちなみに，私的了解について男女が一致していたカップルは全体の 51% にすぎず，婚約についても 60% と，一致率は高くない．

　このように恋愛の発展段階の認識に男女間でギャップがあることには，さまざまな要因が関与している．男性が早い段階から感情の高まりをみせる感情面での男女差も関係しているであろう．女性がはじめのうちは相手への感情がより低いのは，結婚を前提とした交際では女性は主導権を握りにくいために慎重になると考えられたが，同様な心理的メカニズムが私的了解，婚約という微妙な段階にはさらに大きく働く可能性があろう．プロポーズは男性のほうからするものだとの暗黙の慣習も，女性をいっそう慎重にさせるであろう．

　男性も女性も，恋愛関係とか結婚など1対1の個人的な関係になると，男性は"男性的"に女性は"女性的"にふるまう傾向が強くなる（土肥 1995）．平生の他者関係や集団場面では，男性的特徴（積極的，理性的，知性・実行力など）をそなえた女性も，女性的特徴（やさしさ，控え目，繊細など）をそなえた男性も，恋愛中の相手には平生の特徴いかんにかかわらず女性は"女性的"行動をし，男性は"男性的"行動（表 2-2-1．土肥 1995）をとる．この傾向は，結婚を意識するようになるといっそう顕著になることも確かめられている（表 2-2-2．赤沢 1998）．

　概して，男性は女性よりも保守的でジェンダーステレオタイプを容認する傾

表 2-2-1　異性への行動（土肥 1995）

男性的行動	女性的行動	中性的行動
相手を家に送る	食事や弁当を作る	食事のメニューを決める
重い荷物を持つ	相手の部屋の掃除をする	別れを切り出す
プロポーズをする	こまやかな世話をする	けんかをした時, 先に折れる
相手をエスコートする	手紙を書く	相手の話を聞く
並んで歩く時, 車道側を歩く	ノートをとったり, テストの資料をまわす	相手のことを思いやる
車の運転をする	相手のために買い物に行く	相手を励ます

表 2-2-2　恋人・結婚意識の有無別にみた実行度得点（赤沢 1998）

	恋人あり／結婚意識あり		恋人あり／結婚意識なし		恋人なし／結婚意識なし	
	女性	男性	女性	男性	女性	男性
女性的行為 　食事や弁当を作る 　相手の部屋の掃除をする 　こまやかな世話をする	23.6	21.0	19.8	19.5	23.0	18.9
男性的行為 　相手を家に送る 　重い荷物を持つ 　プロポーズをする	18.6	28.6	15.4	25.8	17.6	25.9
中性的行為 　相手を励ます 　相手のことを思いやる 　相手の話を聞く	26.9	27.6	24.7	26.5	25.9	25.9

向が強いが, このことを女性は察知している. 大勢の男女がいる集団場面では, 女性への役割期待は分散されるが, 1対1の親密な関係では女性役割期待が自分一身に寄せられ, それを引き受けるよう圧力を感じるためと考えられる. このように恋愛や結婚という男女の1対1関係において性によるステレオタイプが顕在化し強化される事実,「恋愛中の男女はジェンダーする」（青野ほか 1999）事実は, 恋愛の段階からすでに結婚後の性別分業の方向が潜在しているといえよう.

結婚前の発達課題の達成は？

さて, 配偶者選択過程において, 2人は結婚に先立つ発達課題にどう対処し

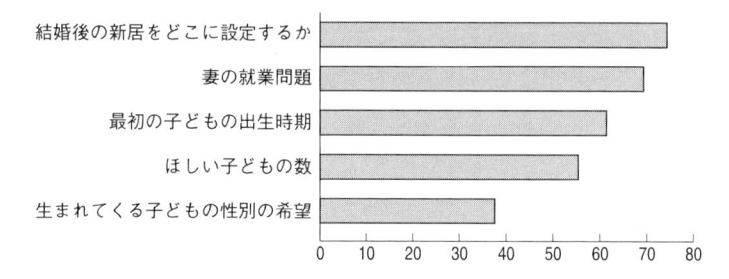

項目	一致率(%)
結婚後の新居をどこに設定するか	約75
妻の就業問題	約70
最初の子どもの出生時期	約62
ほしい子どもの数	約55
生まれてくる子どもの性別の希望	約38

図 2-2-9 婚約中のカップルの意見の一致率(%)(望月 1987 より作成)

ているであろうか．結婚後の居住形態(新居)，妻の就業，子どもの数，出産時期，性の5項目について，婚約中のカップル間にどの程度，意見の一致があるかを，望月が検討している(図 2-2-9)．

全5項目通じて一致したカップルは，101組中わずかに8組，7.9%にすぎず，ほとんどのカップルで2人の意見は一致していない．5項目中4項目一致しているカップルは24組，23.7%で，残り7割は結婚の約1ヵ月前，結婚後の生活や役割について意見調整すべき課題を多く残している．

先に見合いでも恋愛でも，私的了解から婚約までの期間が短く，婚約から結婚までが相対的に長いことをみた．このことを，望月は婚前の発達課題達成の重要性の観点から問題視している．結婚への発達課題の検討・達成，とりわけ2人の間に役割についての相互理解をもつことは，のちの結婚生活での幸福につながるうえで重要であり，それは婚約という公的関係を決定する前に果たされるべきである．ところが，その期間が欧米の場合と比べて短く，そのため十分な発達課題の検討なしに婚約—結婚にいたってしまう可能性があるからである．

婚約したカップルに見出されたきわめて低い意見の一致率は，そのことを示唆している．恋愛し結婚を意識すると「ジェンダーする」傾向が，発達課題の慎重な検討を妨げ回避させる可能性も高い．「ジェンダーする」つまり性別分業的行動は，結婚後の2人の役割関係もその方向で暗黙のうちに認めることになりやすいからである．家族発達モデルでみたように，性別分業は社会変動のなかで最適性を喪失しつつある．どのような家族を築き役割をどう担い合うかについて，性別分業がはらむ問題を直視して十分な意見交換と調整を行い合意に

達することは，社会と家族の変動期にある今日，結婚の成否をわけるきわめて重要な発達課題である．

結婚は個人の選択の問題となり，結婚のメリット／デメリットの検討がさかんに行われるようになった．そこには女性が従来の性別分業的家族を忌避する動きがうかがえる．しかし一方，恋愛結婚が一般的となった今，恋愛中は「ジェンダーする」つまり性別分業的行動が助長される事実は，「恋は盲目」となって発達課題の冷静な取り組みがないがしろにされてしまうことになりやすい．

恋愛を青年の自己形成の問題として研究している大野ら（2001）は，失恋を経験したケースでは恋愛が実って結婚にいたったケース以上に，自己の再発見，将来の生き方の検討・確認を積極的に行っていることに注目している．ここでは，「ジェンダーする」ことでとかく見失いがちな発達課題の検討が冷静に着実に行われ，一時的には失恋の悲痛となっても長期的にみれば積極的な自己形成と人生設計がなされている．

近年，欧米では，正式の結婚に先立って同棲する場合が多い．さらに法律婚せず同棲で終始するケースも増加の一途である．生活を共にすることによって相手の性格や価値観，さらに役割行動を具体的に知り，役割能力や分担の調整や確認が行われる．そこで理解と合意に達してはじめて結婚することは，欧米では半ば常識化している．新しい服の購入にあたって試着は当然である．服以上に重要な結婚には，生活を共にした実体験によって結婚生活の課題を具体的に検討して十分納得した契約を交わしたうえで，結婚する．つまり，同棲は結婚を成功させるための当然の事前チェック期間とされており，結婚はスタートではなくゴールなのである（浅野 1995，倉部 2001）．

日本で同棲は増加しているとはいえ，歓迎すべき形態とは考えられていない．しかし先にみたように，結婚後の生活の仕方について結婚前に十分な話し合いをして合意に達していることが少ないことを考えると，欧米で結婚の事前検討期間として同棲を位置づけている意味は一考に値しよう．

婚前カウンセリング——予防的教育的機能

結婚の目的や理想が男女間で異なること，社会的状況の変化が結婚の意味を変化させていること，結婚生活における男女平等に必要な態度や能力が欠けて

いること，などの理由から，近藤は婚前カウンセリングの必要性・重要性を指摘している(近藤 1988)．婚前カウンセリングは通常，結婚を決意したカップルが結婚生活の適応度を高めたいと自発的に来談することが多い．そこでは，結婚の目的や理想を言語化することで相互の認識を確認する機会となるよう，2人一緒や個人ごとのセッションを重ねていく．結婚を決めた2人でありながら，意外にオープンに話し合っていないことが多く，この機会に個人的な問題を発見したり相互のずれに気づいてその解決や調整がはかられる．なかには問題の解決・調整ができずに結婚を断念することもあるという．婚前カウンセリングは，結婚してから問題が噴出し破局にいたるようなケースを，事前に食い止めうるといえよう．

　婚前カウンセリングはもともとアメリカで教会で挙式しようとする者に，牧師から結婚，特にキリスト教における結婚の意味や心得についての事前教育として行われてきたもので，日本の教会でも通例となっている．これを宗教的な問題に限らず，結婚に必要な知識や態度などについての事前教育として発展した婚前カウンセリングは，一般のカウンセリングのように臨床的問題解決ではなく，予防的教育的解決といえよう．

　結婚まもない期間の離婚は，近年，増加の一途をたどっている．恋愛結婚全盛の今日，"愛あれば……"とばかりに結婚の意味や現実を十分に検討することなしに結婚してしまうケースが少なくないことも一因であろう．杉溪は，伝統的な結婚観の衰退にもかかわらずそれに代わる確固とした結婚への態度や役割確認などが欠けがちな昨今，婚前カウンセリングの重要性を指摘し，その方法を提案している(杉溪 1988)．結婚を本人および相手の人間的成長に資するものと位置づけ，自己を知る，相手を知る，コミュニケーションのスキルを身につける，問題解決能力をつけるなどを，結婚への準備性を高めるための婚前カウンセリングの課題とする．そのために，2人が出会ってから婚約までどのようなプロセスをたどってきたか，その力動的関係史(Dynamic Relationship History)を2人に作成させる．DRHに対するカウンセラーのコメントや質問に答えることによって，自分たちの歩みを振り返り現実認識をもち将来についての展望をもつことを目指す．

　もう一つ，杉溪が婚前カウンセリングの課題として重視するのは，原家族からの精神的自立である．新しい家族を形成するうえで，それぞれが原家族から

自立し，結婚を機に親と新しい関係に入ることを重要な課題と考える．子ども数が少なくなったこともあり，親子は長く緊密な関係をもつようになってきており，マザコンとか一卵性双生児といわれる母子癒着の病的なケースも稀ではない昨今，新しい親と子の関係をつくることは子どもにとってのみならず親の側にとっても重要だと考えられる．

将来展望に立った(生涯)発達課題の検討

　婚前カウンセリングは，原家族，特に親からの心理的自立，自己および相手の理解，結婚の目的・理想と関連した結婚後の役割など，結婚前に解決すべき多岐の課題にわたる．それらは幸福で円滑な結婚生活の準備として重要であるのはもちろんであるが，自尊をもって充実した幸福な人生をすごすうえでも必要な検討課題である．かつてとは大きく変化した社会的状況は，若い世代にとって親の結婚生活はモデルとはなりえなくした．とりわけ寿命の延長と子ども数の減少という人口革命的変化は，高学歴化と連動して生きがいや達成感・充実感など女性の心理を否応なく変化させた．このことは，女性が母・妻という家族役割以外に個人として社会的役割をもつ必然性をもたらした．男性も，職業的役割だけでは人口革命下の一生を幸福に終えることを不可能とした．今後もさらに変化が予想される社会的状況を見据えたうえで，自分の人生を設計する——どのような人生が自分にとって充実した幸福なものとなるかを長期的視野から検討し答えをだすことは，誰にとっても必須の発達課題である．

　恋愛中は，感情的高揚のためにこうした冷静な検討がなされ難いであろうこと，結婚の目的や理想についての言語化が婚前カウンセリングまでにされていないケースが多いとの知見(近藤 1988)，私的了解から婚約にいたったカップルの間でも将来の生活について意見の齟齬が少なくなかった事実(望月 1987)，結婚生活での不満や不安が役割をめぐって生じている事実(後述)，などを考え合わせると，こうした生涯発達課題の検討・解決を促す教育プログラムはきわめて重要であり必要である．それは進学や就職のガイダンス以上に一生にかかわる問題であり，しかも誰にも必要な発達課題であるだけに，キャリアガイダンスや学生相談などの一環に位置づけるべきではなかろうか．

　近年，医学では病気の治療よりも，疾病罹患以前に食事や運動など日常の生活習慣の点検・改善などの予防や教育が重視されている．人間の心の問題につ

いても，問題が生じてからの治療的カウンセリング以上に，結婚の満足や人生の幸福を左右する問題についての予防的教育的方策を積極的に考える必要性を強調したい．すでに述べた社会変動のなかの家族，男性・女性の発達，のちにみる結婚の不満や不安をもたらす要因，離婚の要因などについて，家族に関する研究がすでに明らかにしていることを教育に反映させることは，家族心理学の使命であり研究と臨床とを結ぶ接点としても重要だと考えるからである．

3章　結婚生活と夫婦関係

　結婚や夫婦関係，夫・妻の心理はきわめて私的で微妙な問題であることから，実証的研究はアメリカでも手つかずの状況が長く続いてきたが，ようやくここ十数年来，社会，発達，臨床など心理学の諸領域で研究が着実に進み実を結びつつある．

　日本では，家族社会学が心理学に先駆けて理論的実証的研究に取り組み，家族法の改正をはじめ社会(家族)政策や社会経済的状況など家族にかかわる外的条件に対して敏感な視点をもちながら，研究を推進してきた．これに比べて心理学における家族研究は，長らく発達心理学において主に親子関係が，他方，臨床心理学において主に夫婦関係がそれぞれ別個に研究される状況にとどまってきた．そのほかの研究では，未婚か既婚か，子どもの有無，職業などの家族属性を研究対象の心理的特性の背景要因としてとらえるにとどまり，家族そのもののダイナミックス，特に結婚・夫婦関係のメカニズムや心理を正面から研究したものはほとんどなく，最近ようやく緒についたばかりといってよい．

　本章は，それらの成果に基づいて日本の結婚や夫婦関係についてみるが，それに先立ち心理学における結婚・夫婦関係研究がどのような理論と方法論で行われているかの整理・展望を行っておこう．

1. 結婚・夫婦関係研究の理論と方法

　アメリカを中心に(それを受けて日本でも)行われてきた研究を展望して，数井は結婚・夫婦関係研究を次の6アプローチに要約している(数井 1998)．ここには臨床的アプローチはあえて含めていない．臨床的な症例研究から得られる知見の重要性は認めつつも，結婚や夫婦関係について，臨床的サンプルから

の一般化は限度や問題があると考え，一般夫婦の発達プロセスをみるアプローチに限った．

① 社会学的アプローチ

大規模調査によって，人口動態的変数(収入，年齢，学歴など)と個人・心理的変数(幼少期の体験，パーソナリティ，価値観など)を測定し，結婚の質的状態との関連を検討するもので，長いこと家族研究の主流であった．この方法は変数間の関連をとらえることができるが，なぜ関連してくるかの説明は難しい．このことが夫婦や家族の直接観察研究へ向かわせた．

② 人口動態的アプローチ

社会学的アプローチの延長にある．配偶者それぞれの人口動態的変数(年齢，学歴，収入など)，その婚姻に関する人口動態的変数(離婚経験の有無，出会いから結婚までの年月など)，子どもに関する人口動態的変数(結婚前の妊娠，連れ子など)の3領域の変数について，結婚状態の安定・不安定との関連を検討する．ここでも社会学的アプローチと同様，変数間の関連はとらえうるが，その因果関係を推測するにとどまる．

③ 社会的交換理論

社会心理学のJ. W. ティボーとH. H. ケリーの相互依存理論(Thibaut & Kelly 1959)を家族の問題に適用したもので，結婚関係が成功するか否かは，(1)夫婦関係から得られる報酬(情緒的安定，性的満足，社会的地位など)，(2)夫婦関係を解消することへの障害(社会的な制裁，経済的理由など)，(3)その夫婦関係以外に選択可能な関係・状態の存在(より好ましいパートナーや，現在の夫婦関係からの逃避を受け入れる実家の存在など)，の3領域の要因のバランスがカギと考える．つまり結婚の継続や幸福などは結婚したことのメリットとデメリット，それに現在の夫婦と比較される他の関係によって規定されるとし，それら変数間の関係が検討される．

この理論は，日本の結婚や夫婦関係の特徴を記述したり，結婚解消の原因を整理して理解するうえでも有用である．先に未婚者の結婚への態度(積極的か消極的か)を結婚のメリット／デメリットの認識との関連でみたが，そこでもこの理論的枠組みが適用されている．この理論を恋愛中の男女について，相手への投資・コストの量と，得られている報酬が，2人の関係によって変化する様相を検討した研究もある(中村 1998)．このように，ある時点での状態を分析し

説明する枠組みとしては有効だが，関係が変化・発達する様相については説明できない．

　④ **行動観察的アプローチ**

　夫婦関係に行動療法を適用した臨床的研究から導き出された考え方がベースになっている．配偶者間の言動には特定のパターンがあり，特に不和を訴える夫婦には否定的なやりとりを反復する傾向があることに注目し，夫婦間のコミュニケーションや感情のやりとりを観察の焦点とする．これを行動観察とコーディングによって評定するとともに，相手の言動をどう認知・評価しているかを質問紙によってもとらえる．さらに心拍，発汗などの生理的指標も用いられてきている．

　不和状態の夫婦に特徴的なコミュニケーションである，「否定的反復」「相互作用からの撤退」「息苦しい雰囲気が優勢」などの示唆から，夫婦の調和・不調和を判定できるほどになっている．さらに，オペラント条件づけの手法でコミュニケーションの仕方を変容させる試みもあり，研究と実践とが結合していることもこのアプローチの特徴である．

　⑤ **認知・帰属理論からのアプローチ**

　社会心理学で活発に研究されてきた帰属理論を，夫婦の不和という感情面に適用したものである．行動観察では未解決の不満や不和がなぜ生じるかに，認知面からアプローチする．夫婦の不和を左右する要因として，結婚状態に関する信念──男と女はもともと違うものだ，性的に完全に一致すべきだ，配偶者は変わってくれないなどの信念や不和の責任の所在を夫婦がどこに帰属するか，に焦点づけた研究が行われてきている．

　⑥ **成人の愛着関係モデルからのアプローチ**

　発達初期に養育者との間で形成される愛着が安定したものか否かによって，対人関係に関する内的作業モデルが形成され，それがおとなの時期の同様な関係を規定しているという愛着理論をもとに，成人の恋愛，配偶者選択，夫婦関係などの状態を理解しようとする．

　親への愛着関係は存続しつづけるが，愛着の対象は生活環境の変化にともなって他にも広がり，いずれの時期にも誰かを対象とした愛着は存続し，情緒的安定や適切な課題解決のベースとなっている．

　発達初期の親との関係性が，その後に続くおとなの時期の他者との関係性の

性質を規定するという仮説については，今のところ支持する研究も一部出始めている(遠藤 1992, Brennan & Shaver 1995, 数井 2001)．配偶者への要求・依存・世話などの特徴によって愛着の型を分類し，発達初期に形成された親との愛着——親密な関係性との関係を検討した結果，安定的な関係性の対人関係モデルをもつ個人は，配偶者に対して受容的で思い遣りがあり相互理解が高いなど，夫婦関係も良好な傾向があるとの報告がある（Mayseless 1995，大西 1996)．恋愛行動を成人の愛着としてみた研究では，恋愛のスタイルは親や家族との愛着関係と関係している(戸田・松井 1985)，失恋からの回復には親や友人などからのサポートが重要な役割を果たす(飛田 1997)という報告もある．しかし，初期に形成された内的ワーキングモデルの継続的機能についての，縦断研究に基づく実証的データはまだ十分ではない．

　この理論は，社会的交換理論や行動観察アプローチでは同定しえない夫婦関係の規定因に踏み込んだ点に特徴と利点がある．しかし，発達初期の養育者との間に形成される愛着を重視するあまり，これによって後の対人関係の性質までもが決定されるという初期経験決定論に陥りやすい問題をはらむ．恋人や配偶者の選択にあたって，原家族での生育史や親との愛着関係が関係することはもちろんあろうが，それのみが決定的な影響をもつものではなかろう．自己の生き方や将来について理想や展望をもつ青年・成人は，幼少期とは異なり，過去の経験に規定されるだけではなく，主体的能動的に対人関係を選択し展開していくからである．また恋愛や結婚を契機に，恋人や配偶者との関係によって価値観や行動様式が変化することもあろう．さらに，愛着理論が重視する親(母親)との愛着だけがまず最初に成立するのか，単一の対象との愛着が必要・重要なのかという問い自体，養育環境が変化し多様化しているなかで検討に値する今日的問題である(数井 2001)．

2. 結婚・夫婦関係の諸相

　本節では日本の結婚・夫婦に(現在起こっていることに)焦点をあわせ，実証的に明らかにされていることを中心に展望する．結婚や夫婦関係は臨床の場で治療の対象となったり，子どもの発達にかかわる親の要因として取り上げられることはあったが，日本で結婚・夫婦関係を心理学が正面から研究の対象とし

てからはまだ日が浅い．問題をはらんだ夫婦や親子の研究から結婚や夫婦についての一般的特徴を引き出すことには限界があるばかりか，逸脱したケースからの一般化は問題でさえあるとの反省もあって，ここ十数年来，結婚・夫婦関係を正面から取り上げた研究が活発になってきた．晩婚化，少子化，離婚の増加などの現象が一部の層に限った特徴的現象ではなく，一般の人々に通じる心の問題であるとの認識から，その実態を実証的に明らかにしようとしてのことである．

2.1 配偶者への愛情・結婚への満足——夫と妻のずれ

前章で，妻の結婚満足度は夫よりも低いことにふれたが，それは一つの研究に限ったことではない．かなりの数の調査対象について，異なる方法で測定した調査研究は，ほぼ一致して結婚満足度について夫と妻との間に差があることを見出している．

そのひとつ，20歳代から60歳代の夫婦を対象とした大規模な質問紙調査(菅原ほか 1997)では，夫と妻それぞれの相手に対する愛情・満足の度合いを検討し，結婚後の3つの時期についてみたのが図2-3-1である．横断的データではあるが全国規模の大量のデータであるので，結婚した夫婦の間で相手への愛情と結婚への満足が歳月にともなってどのように推移していくか，その全般的な傾向とみてよいであろう．

一見して，夫と妻とでその消長が異なることがわかる．結婚まもない時期(結

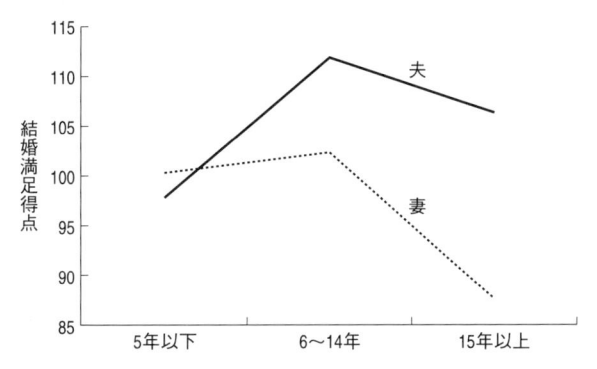

図 2-3-1 配偶者に対する愛情・満足度の結婚年数による変化
(菅原ほか 1997)

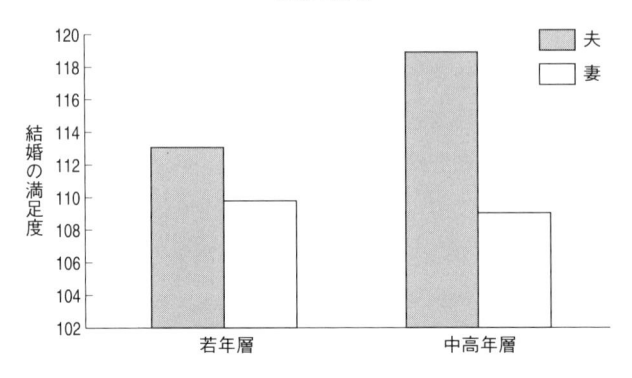

図 2-3-2　若年層と中高年層の夫と妻の結婚満足度
（柏木ほか 1996）

婚後 5 年以下）では，2 人の得点は差がなく同程度の愛情をもっている．この世代はおおむね恋愛結婚であろうから，これは当然のことであろう．しかしその後，夫の得点は急激に上昇し後には少し下がるものの，結婚当初より高い水準を保つのに対して，妻は結婚後 14 年ごろまでは最初とほぼ同じ水準を保っているが，その後急激に低下し結婚当初の水準を大きく下回る．こうして，歳月とともに夫と妻の相手への満足・愛情はずれてゆき，結婚後 15 年では夫婦の間に顕著な差が生じる．さらに年長の 60 歳〜70 歳の夫婦対象の調査でも，夫の結婚満足度は一貫して妻より有意に高い水準を保っているのに対して，妻は急激に低下をみせている（ライフデザイン研究所 1999）．

夫と妻の相手に対する愛情や結婚への満足度についての差は，別なかたちでも確認されている．子育て中の若年世代と子育て終了後の中高年世代について結婚に関する意見・態度を検討した調査のなかで，結婚・配偶者に対する満足度は，どちらの世代でも夫は妻を上回り，もっとも満足しているのは中高年の夫，逆にもっとも低いのは中高年の妻であった（図 2-3-2．柏木ほか 1996）．

「もう一度結婚するとすれば」との質問に「今の相手と」「別な相手と」「もうしない」の 3 件法による回答結果は，夫と妻のずれをいっそう端的に反映している（図 2-3-3）．夫は過半数が「今の妻と」と考えているのに，妻のほうは「別な人と」「もうしない」と，現在の配偶者を忌避しているケースが少なくないことがここからうかがえる．夫は妻の心を知らない，また 2 人の間のコミュニケーションが絶たれていることを示唆している．近年，中高年の離婚が増加

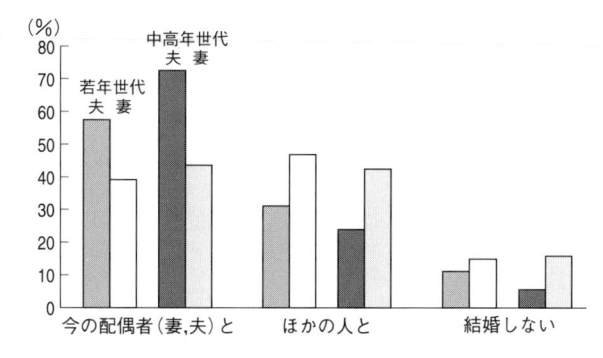

図 2-3-3 「もう一度結婚するとすれば……」（柏木ほか 1996）

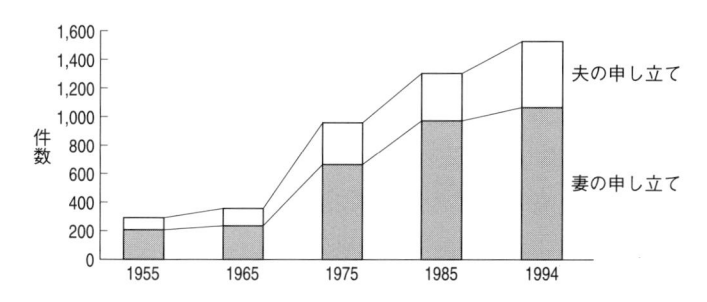

図 2-3-4 離婚申し立て──妻の申し立てが7割（最高裁判所 1994）

してきており（図 2-3-4），その大半は妻側からの申し出によるが，ここにみられる夫と妻との分裂した心理はそうした離婚の温床を示すものといえよう．

2.2 子どもからみた親・家族関係

このような夫婦関係・結婚生活は，子どもにどのように映じているであろうか．親の夫婦関係や子どもへの愛情やしつけが子どもに与える影響については膨大な研究があるが，それに比べて子どもが親をどうみているかについての研究は驚くほど少ない．夫婦関係にしろ親のしつけにしろ，それらが子どもに影響する場合，子どもが親の行動や関係をどう認知しているかがキーとなるだけに，子どもによる親や家族関係の認知研究は今後の検討課題であろう．

表 2-3-1 子ども(大学生)と親(父母)による家族についての評価(茂木 1996)

	大学生(子ども) Mean	父 親 Mean	母 親 Mean
肯定的家族観	108.0	117.2	116.6
役割・決まり	18.1	19.8	20.0
問題解決	19.8	21.0	21.0
家族変数全体	147.0	158.3	157.6

$*p < .05$, $**p < .01$, $***p < .001$ （平均値の差）

問題をもつ子どもについては，投影法や面接によって子どもに映じた親や家族が取り上げられているが(西出 1993，草田 1995，中野・亀口 1992，大下・亀口 1999)，いずれも少数の臨床的データであったり，方法論的開発途上にあることなどから，そこから子どもの親認知の特徴を一般化することには難がある．一般の子ども・青年については，茂木(1996)が男女大学生を対象に親の夫婦関係，家族関係，さらに自身の精神的健康を，諸井(1997)は女子大学生による両親の役割構造と夫婦関係の認知をジェンダーとの関連で，それぞれ検討したものがある．

茂木は，大学生とその両親の家族観を次の3側面，①〈肯定的家族観〉：凝集性(家族は団結力がある，一緒に過ごす時間をもつようにしているなど)，相互・個別性(精神的支えになれる，互いの考えを認めあう，個性を尊重するなど)，コミュニケーション(はっきり口に出していいやすい，互いに率直であるなど)，雰囲気(仲がよい，笑いがある，雰囲気は明るいなど)，②〈役割・きまり〉：家庭内で役割やきまりが明確であること，③〈問題解決〉：問題が生じたとき適切な対処がされること，から大学生とその両親について比較している(表2-3-1)．

父親と母親の評定はいずれの面についても差がなく，両者は一致した見方をしているのに対して，子ども(大学生)の評価は，〈問題解決〉を除くすべての面で父母の評定よりも有意に低く，家族の状況を親たちよりからくみている．青年期は自分の将来の家族を考える時期であるだけに，家族の現状や夫婦関係に

ついて親を冷静に批判的に観察しているのであろう．野末（2002）は，学生相談の事例から親の不和や問題に悩む青年が少なくないことを「子の苦労」と述べているのも，この結果と呼応するものであろう．

諸井は家族内役割の衡平性が子ども（女子青年）の眼にどう映じているかに焦点をあて，女子青年は家事が母親に過重に負担されているとみており，自分の将来への手がかりにしていることを示唆している．さらに，父親と母親が子どもに対して同程度のかかわりをもち衡平的である時，娘は親の夫婦関係を良好と判断する傾向があり，それは平等的ジェンダー観をもつ娘において特に顕著であることを見出している．若い世代ほど平等的ジェンダー観が強まってきていることを考えると，親の衡平性を欠く役割構造は娘に結婚への消極的な態度をもたらす（促す）背景となっている可能性が考えられる．

2.3　結婚・夫婦関係への不満の内実――妻・母・主婦であること

今から20年あまり前，斎藤（1982）は一見何不自由なさそうにみえる妻たちがいいようのない不安，焦躁，不満にさいなまれている様相を綿密な面接によってえぐり出し『妻たちの思秋期』を著わした．描かれた妻たちの姿は妻たちの心の暗闇を垣間見せ，多くの妻たちの共感と世の関心／寒心を集めた．斉藤の造語「思秋期」はたちまち定着して今日にいたっているが，それは共感と関心の高さを如実に示している．

長らく，妻として母親としての家族への愛情や夫や子どもとの感情的融合は，麗わしく望ましい自明のものであり，女性の生きがいや幸福の源泉とも考えられてきた．そのことに疑問を呈した斉藤の問題提起と前後して，社会学，心理学は妻・母・主婦という存在が抱える心理とそれをもたらしている状況を分析する研究を精力的に進めてきている．

妻・主婦にみられる否定的生活感情

日常生活のなかでそれほど強くはないものの継続的に感じる気分や感情――生活感情について，それが，何に対する感情か，否定的なものか肯定的なものか，によって6種に分類し，その強さを有職主婦と専業主婦別にみたのが図2-3-5である（永久 1995）．

すべての否定的感情が専業主婦でより高いが，とりわけ顕著なのは〈自分の

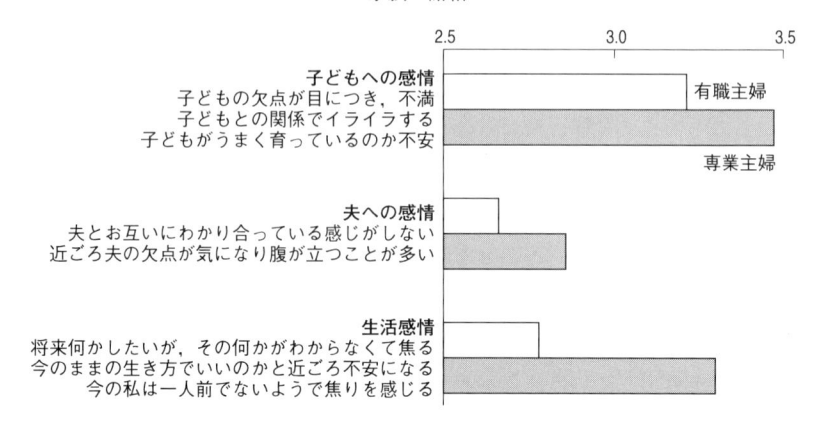

図 2-3-5 主婦の生活感情――有職主婦と専業主婦の比較(永久 1995)

生き方への否定感情〉〈日常生活への否定感情〉である．前者は〈将来自分のために何かしたいが，何かがわからなくて焦る〉〈今の私は一人前でないようで焦りを感じる〉〈今のままの生き方でいいのか不安になる〉といったもので，将来を見据えて自分を見つめると現在の生活に疑問が生じ，それが自分にとって障害や拘束となっているという否定的な認識に達している．

この2群は年齢，学歴，子ども数，末子の年齢についてまったく等しく，職業の有無だけが異なる．それゆえ専業主婦群の強い否定感情は，一人の人間として充実した生を，という願いが家事・育児だけの生活では充たし難い状況を示唆する．否定的感情は子どもや夫にも向けられ，それも専業主婦でより高い．〈お互いにわかりあっている感じで安心〉できない，〈夫の欠点が気になる〉〈夫といろいろなことを話し合えるのは楽しい〉とは思えない，など，心の支えとなる伴侶として選んで結婚した相手に対して信頼や満足できる関係がもてていない妻の寂しさがうかがえる．

近年，将来展望をもつことが動機づけや，生きがいなどを考えるうえで重視されている(都筑 1999, 白井 1995)が，この専業主婦の心理は，女性のライフコースと生きがいをもちうるかを変化させた社会経済的・人口動態的変化のなか，自分の将来を見据えることによって生じるきわめて今日的な現象といえよう．

主婦という違和感——主婦という制度

　中年期主婦との面接データについて丹念な分析を行った西村は，専業主婦といわれる立場にある女性たちが共通して抱く「主婦という違和感」の内実とそれを惹起している状況について論考している（西村 2001）．
　「稼ぎはないけれどゆとりがあるし，地域の町内会なんかの社会の下支えを担ってるんだっていう思いはすごくあります．でも私は主婦ですって胸張って言う雰囲気でもないですよね．ちょっと微妙なんですけどね」「自分のやりたいこともやらせてもらってるんだけど，やりがいっていうのが難しいですよね．仕事もってる人だったらそこで出てきますけど，なにもしてないと外に表れないっていうか，認めてもらえないような」——主婦たちの語りには，いずれも就業していないことから得られる時間的ゆとりや地域社会での活動は評価しながらも，「専業」主婦という立場の不安定性が吐露されている．そこには，達成感の乏しさ，評価されない不満もうかがえる．女性の職場進出が賞揚される雰囲気のなかで，子育てから得られる喜びは手放しで味わうことができず微妙な位置づけを与えられている，と西村は考察する．もちろん，子育ての意味や喜びゆえに就業しなかったものもいる．けれども，就業と子育てとが両立しえない（少なくともきわめて困難な）機会構造の制約性があり，その制約の下で子育ての喜びとしごとをすることとをトレードオフする関係にある今日の状況を，西村は問題視している．
　そうして専業の主婦となったが最後，（家族で）「分担したらいいなと思うことはよくあります．（中略）言うよりやっちゃうほうが早いかなっていう，なんかごちゃごちゃ言われながらやるよりは，自分がやれるんだったらやっちゃったほうがいいかしらと思っちゃうもんで」ということになる．ここには，平生家事を遂行している実践が，家族中でもっとも家事能力をもつものとし，そのことが家事を他の家族に分担させることなく自ら引き受けることにさせてしまう循環的な様相がみてとれる．この「身についた主婦性」（金井 1997）が，「……ついつい手をかけすぎるところがあって……まず頭になにがあるかっていったら，家のことをやって，子どもと旦那さんに支障がないようにやってって，まず考えてから行動してしまうんです」との語りにうかがえるように，他者（子どもや夫）への配慮という心理と分かち難く結びついて家事を引き受ける行動になっている．このようなメカニズムを「独特の心理的包絡をもたらし，

表 2-3-2 妻の生活感情と夫の推測とのずれ(永久 1995)

	自分の生き方への肯定感情	自分の生き方への否定感情	子どもへの否定感情	夫への否定感情	日常生活への否定感情	家族以外への否定感情
平均値	.33	−.38	−.29	.25	.31	.11

注：値は，ズレの平均値＝夫の推察スコア−妻の生活感情スコア

そこから解放されえるはずの時でさえ，女性をその役割に縛り付け自由にさせない」と論考し，このような「身体化された家事の拘束力」とそれへの違和感が主婦の抱く違和感の一つだと西村は指摘する．

夫は妻の生活感情を知っているか

このように否定的な感情に主婦たちがさいなまれている状況を，その夫たちはどの程度知っているのであろうか．妻がどの程度どのような感情を抱いていると思うかを夫に推測させ，妻自身の評定とのずれをみた結果が，表 2-3-2 である(永久 1995)．肯定感情でプラス，否定感情でマイナスであることは，夫は妻のことを楽観的にみていることを示す．とりわけ妻の〈生き方〉への感情については著しいずれがあり，妻が自分の将来について考え迷い悩んでいることに，夫たちはほとんど気づいていないかのようだ．

このように，夫が妻の生活感情を的確に理解していないことは，妻側に夫への否定的な感情——わかりあっているとは思えない，話し合えていない，という思いをいっそう強める．妻の生活感情と夫の推測とのずれが大きい場合，妻の夫に対する否定的感情は強いということも確認されている．

家族のなかの孤独感

夫は妻の生活感情に気づかず，妻を楽観的にみていることは，妻を家族のなかにいても孤独だという思いにさせるであろう．

これまで孤独感は青年や高齢者のものとされ(落合 1989，長田・工藤 1989)，その種の研究はかなりの数にのぼる．家族は孤独を癒し心のよりどころ・支えを与えるものと考えられ，孤独は家族とはもっとも無縁なものとされてきたふしがある．しかし，自分の悩みや感情を理解されていない日々の生活のなかで，妻は夫に支えられているとは思えない，もっともわかって欲しい人にわかって

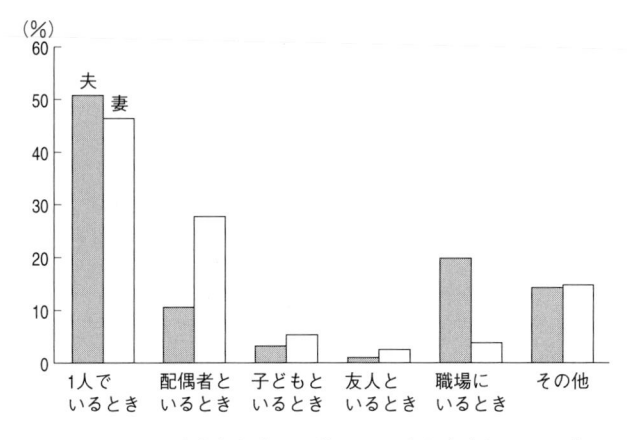

図 2-3-6 孤独感を感じる状況——夫と妻(井上 2001)

　もらえていないゆえの孤独を，感じているのではなかろうか．家族は常に情愛に満ち夫婦は密接な心の通いあうものとはいえず，家族のなかにあっても孤独である現実が，近年指摘されてきた(斎藤 1995)．

　井上 (2001) はこれまで孤独感が(青年や高齢者，アルコール患者など)個人の特性として扱われてきたのに対して，夫婦間の関係性の問題としてとらえ，40～50歳代夫婦189ペアについて検討している．夫も妻も孤独感を感じると答えているが，妻が得点は高く，妻がより強い孤独を感じている．さらに夫と妻間の顕著な差は，「孤独感を感じるのはどのようなときですか」に対する回答である(図 2-3-6)．

　「1人でいる」時が断然多いのは当然であり，これには夫と妻で大差ない．しかしその他の状況別にみると，夫は〈職場にいるとき〉が最高で妻と大差があるのに対して，妻がもっとも強く孤独を感じているのは〈配偶者といるとき〉で，それは夫より断然高い．情緒的なよりどころや支えを求めて結婚したその人といる時に，妻はもっとも強く孤独を感じているのである．妻は，配偶者と一緒にいながら孤独を感じるのは，「理解してくれるはずの夫が自分のことを理解してくれない」からである．これに対して，夫が孤独を感じるのは「妻がいないとき」であり，夫と妻の間の大きな溝がここにある．このような妻の孤独に，斎藤のいう「家族という孤独」の一端をみることができる．

表 2-3-3　男性と女性の生活時間(総務庁統計局　2000)

		仕事	家事	介護・看護	育児	休養	社会的活動	受診・診療
男性	(妻も有業の世帯)	8.13	0.05	0.01	0.01	0.61	0.05	0.04
	(妻は無業の世帯)	8.06	0.05	0.01	0.03	0.55	0.03	0.05
女性	有職:35時間以上	7.23	1.36	0.02	0.06	0.52	0.01	0.04
	有職:35時間未満	3.58	3.12	0.04	0.14	1.04	0.03	0.06
	無職(専業主婦)	0.06	4.46	0.1	0.56	1.19	0.05	0.13

妻の孤独感は，配偶者に対する不満足度と結びついている．現今の結婚は恋愛によって成立し，結婚には心の安らぎや支えなど情緒的な面への高い期待が寄せられている．それだけに，それと裏腹な孤独感を抱かせる相手には不満が高じるのは当然であろう．

2.4　夫婦関係の対称性——夫と妻間の衡平性

日本の夫婦では結婚満足度に性差があり，妻が夫よりも満足度が低い背景には，生活全般にわたる夫と妻の関係の非対称性がある．結婚にともなって生じる家族役割——家事や育児を誰が担うかについては，〈男はしごと・女は家庭〉との根強い性別役割分業観にそった実態が日本の大勢である．

24時間をどのような活動にどのくらい使っているかの時間配分調査は，その実態を明らかにしている．表2-3-3は，総務庁が5年ごとに行っている社会生活基本調査による15歳から65歳の男性と女性(有職，パート，無職別)の生活時間である．

家事役割に関して注目すべき点をあげれば，女性の家事時間は有職者では，専業主婦よりは短いもののそれでも結構時間をとっている．同じフルタイム職の女性と男性を比べると，女性の家事時間は断然長く，有職の妻をもつ男性でも家事時間はほとんど無視できるほど短い．女性は職業をもとうが家事は女性の担当〈男はしごと・女はしごとも家事も〉で，男女共同参画法が唱える職業と家事との両立は依然として女性のみの課題なのである．日本の女性労働力の年齢分布は育児期に低下するM字型が特徴であるが，夫に家事・育児をほとんど期待できないことが職業継続を困難とし退職へと向かわせる要因であることを，この時間配分調査も示唆している．

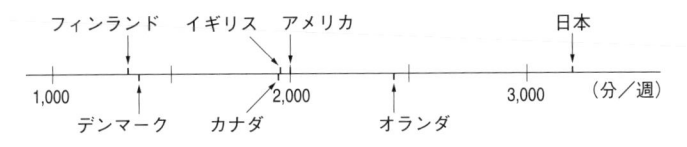

```
フィンランド  イギリス  アメリカ                  日本
     ↓        ↓      ↓                       ↓
├────┼────┼────┼────┼────┼────┼────┤
  1,000    ↑  2,000  ↑       3,000    (分／週)
       ↑              ↑
    デンマーク カナダ    オランダ
```

図 2-3-7　労働に関する不平等指数による7ヵ国の布置（田中 2001）

生活時間の国際比較にみられる男と女

　1990年代前半，日本，カナダ，アメリカ，イギリス，オランダ，デンマーク，フィンランドの7ヵ国の生活時間データが整備され，各国の男性・女性のライフスタイルを男女平等達成度の視点から比較分析する作業が行われている（矢野 1995，田中 2001）．いずれの国でもしごと時間は男性が長く家事時間は女性で長く，その点では共通している．しかしその差は国によって異なり，日本ほど著しい男女差は他国ではみられない．

　生活時間データにおけるしごとと家事の男女の偏りに基づいて，労働に関する男女間の不平等度を算出した不平等指数は，図2-3-7のように布置される（田中 2001）．日本人の生活時間がいかに性別分業のライフスタイルであり，家事役割が女性に偏しているかを，この分析は改めて示してくれる．

役割分担の実態——3種のケア行動

　生活時間調査で家事時間とされている内容について，夫と妻間の家族内ケア役割の分担という視点から検討されている（平山 1999）．家族内ケアは，育児という子どもへのケア，家族成員全体へのケアとしての家事，さらに成人（夫と妻）同士が心身諸面にわたって行うケア，の3つに分類される．このうち，夫と妻間のケアはこれまで家族内役割として取り上げられてこなかった．しかし家族は心身の慰安・休息の場とされ，それを求めて結婚する事情を考えると，夫婦間のケアは無視できない家族役割行動であろう．これら3種のケアの具体的な行動について，夫と妻の遂行度を調べたところ，いずれのケアについても著しい差があり，すべてが妻に大きく偏している．図2-3-8は，3種のケアごとに夫得点と妻得点の差の大きさを線分の太さで示したものである．

　ここで特に注目すべきは，夫と妻間のケアを測定する際，他のケアの場合とは異なり，夫・妻に共通項目を用いて測定することは不可能であったことであ

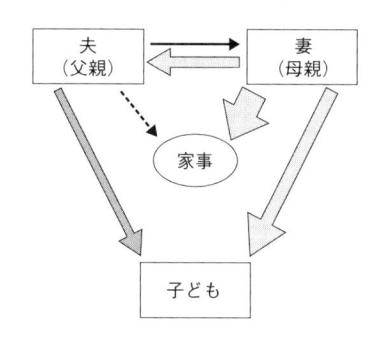

図 2-3-8　家族メンバー間のケア関係(平山 1999)

る．「帰宅したとき玄関に出迎える」「コートを受け取ってハンガーにかける」「入浴の準備をする(着替えを揃える)」「夕食を温める」「仕事上の愚痴を聞く」「お茶をいれる」などは，妻の夫へのケア測定項目として妥当であるが，夫が妻に対するものとしてはこれらは理屈としてはありえても，実際にはほとんどないから，夫への質問項目としては成り立たない(あえてすればギャグのようになってしまう)．このことは，妻は夫に多様な心身のケアを行っているが，夫が妻に対してしていることはきわめて限られていることにより，"相互に"ケアしてはいないのである．つまり夫と妻間のケア関係は，単に量的差がある以上に，質の差がある．

ほとんど妻だけがする世話(衣服の用意，食事の世話など)を除いて共通の情緒的ケアだけに限って比較してみても，依然として妻からのケアが多く，夫と妻とが対等にケアしあっているカップルは4分の1にすぎず，多くのカップルは非対称的な状況にある．この結果は性別分業の自然な結果——夫の経済的貢献に妻は夫の心身のケアで報いるという——と当然視する向きもあろう．しかし心理的安らぎや親密なコミュニケーションを期待して結婚した妻にとって，自然・当然ではすまないのではなかろうか．

家族役割分担と妻の経済力

夫婦間の家族役割分担が，夫婦の学歴，年齢差，家族構成，妻の職業形態とどう関連しているかをみたところ，これらの要因に全く関係なく家族役割は圧倒的に妻の分担であることが確認された．しかし別な調査において，妻が結婚

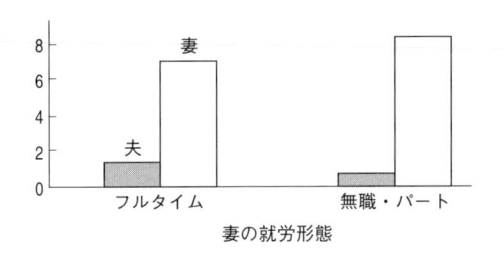

図 2-3-9　夫と妻の家事分担——妻の就労形態別(大野ほか 2002)

後ずっとフルタイムで働いてきているカップルにおいては，夫の家事分担は無職の妻の夫よりも有意に高い(図 2-3-9．大野ほか 2002)．

この群での家計分担比率は夫 6:3，妻 3:7 で，妻が無職の夫に比べれば増えたものの，妻が長年職業を継続しかなりの経済的貢献をしていることを考えると，その割には夫の家事分担率は増加したとはいえない．夫の家事協力はあっても夫婦共同とは程遠く，家事は妻中心であり，(男はしごと)女性は「しごとも家事も」との新性別分業の現実は根強い．

夫と妻間の衡平性と結婚満足——衡平理論による検討

生活時間の男女差と家族役割の非対称的構造は日本の家庭に広くみられる現象であるが，このことは夫と妻間の結婚満足度のずれと関係している可能性が予想される．この問題を説明する理論として，公平価値論(夫婦間で家事分担は公平であるべきと考えているか否かが不公平感の決め手とする)，勢力論(夫婦間交渉上の妻の勢力によって不公平を感じるか否かが規定される)，衡平理論(対人関係での満足・不満足は衡平性の認知および利得によって規定される)があり，アメリカを中心に実証研究が行われてきている(岩間 1997)．

このうち，衡平理論はもともと社会心理学で展開されてきた理論で，二者関係がどのような条件で成立し満足した関係として継続するかを二者間のインプットとアウトプットの比から説明する．この考え方を恋愛や夫婦など親密な私的関係について適用し，その妥当性と満足度の規定因とを検証する試みが日本で展開されている(諸井 1989; 1990; 1996)．夫婦関係は二者間で家事・育児，賃労働などインプットとアウトプットの交換が行われる関係にあり，衡平

理論が一定の説明力をもつことが期待される．

　夫婦関係を維持するうえで，自分と配偶者それぞれの行っている貢献分(インプット)とそれぞれが夫婦関係から得ているもの(アウトカム)を測定し，両得点の差から衡平性値，利得の多少を測定したところ，妻側の衡平性認知は過小利得(51人)，衡平利得(47人)，過大利得(46人)とほぼ均等に分布していた(諸井1990)．さらに衡平性の度合いと妻の結婚満足感と怒り・罪責感との関係を検討したところ，非衡平は満足度の低下と結びついており，利得が小さい側に怒りが，利得が大きい側に罪責感が生じるというものであった．

　ところで，夫婦間の利得や衡平性は，役割の分担をめぐって認知されることが多いが，そのさい，2人の性役割観(伝統的・平等的)が影響する可能性がある．そこで性役割観と家事・育児の分担の衡平性の関係を，① 夫と妻間の比較，② 他の妻と自分との比較，からとらえて，夫婦満足度との関係をみたところ，夫の育児分担が多いことは妻の満足に結びついており(諸井1996, 岩間1997)，それはアメリカでも確認されていて日米共通である．

性役割観で左右される衡平性と満足感

　ところで興味深いのは，妻は家事・育児の分担が夫に比べると非衡平だと認知しても，他の妻(友人)と比較させると夫との比較の場合よりも衡平的だとみる傾向がある(諸井1996)．つまり自分の夫婦関係を対外的比較ではより肯定的にとらえる――「自分はましな方だ」「もっとひどいのがある」と思う，そう思うことで衡平ではない夫と自分との関係を半ば諦めて納得しようとするのであろうか．

　このように家事・育児の妻過重負担は職業の有無にかかわらず日本に広く認められ，非衡平性は他国に比して日本の夫婦により顕著な特徴である．しかし，そのことがただちに夫婦満足度の低下につながるとは限らない．それは妻および夫の性役割観いかんによる．妻自身が伝統的性役割観をもっている場合は，過重負担つまり過小利得は当然視されるが，平等的性役割観をもつ妻では不満となり，その場合，夫の性役割観が伝統的であれば不満やストレスはさらに助長される．

　このことは高齢の夫婦でも同様である．夫婦ともに性別分業的家族観つまり家事は妻がするものと考えている場合には，家事分担が衡平でなくても満足度

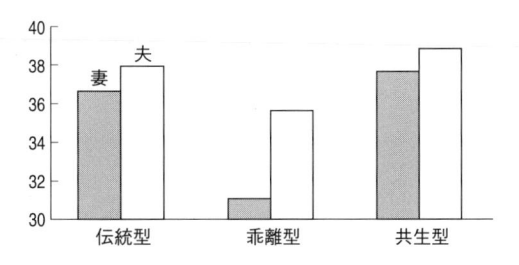

図 2-3-10　家事分担パターン別夫婦関係満足度（得点）
（ライフデザイン研究所 1999）

が高い．高齢夫婦つまり年輩コホートではこのタイプが多い．しかし，夫は妻がすべきだと考え，他方，妻は平等に分担すべきだと，夫婦間に乖離がある場合には，結婚満足度は低下し，とりわけ妻の満足度は最低となる（図 2-3-10. ライフデザイン研究所 1999）．

　衡平性と結婚満足度との相関関係は，他にも少なからず実証されている．20 歳代から 50 歳代の妻を対象に家事分担不公平感を検討したところ，夫の家事参加度が最大の規定要因であること，家事分担について平等意識が高い時，不公平感は高まることが確認されている．ここで興味深いのは，夫と妻間の社会的交換上の変数が効いていることである．妻の収入の貢献度が高く夫の世帯収入への寄与が低い，すなわち夫の職業的成功が低いと妻に認知されている時，家事不平等感が強まる．家事分担と夫・妻の経済的貢献とは微妙に関係しており，既婚女性が性別分業を暗黙の前提として家事の「公平—不公平」の評価をしていることを推測させる．このように夫婦という親密な私的関係においても，一般の対人関係と同様，当事者間の利得いかんによって結婚満足は左右されている．

　これまで夫婦関係というものは，他の人間関係と異なり計算抜きの行動がある特別なもので，無償・無私の献身は当然の美徳とされてきた．しかし，夫婦といえども 1 対 1 の対人関係であり，それも昼夜をとわぬもっとも緊密な関係であるだけに，そこで得られるものと費やすものとのバランスが問われるのは当然であろう．とりわけ，結婚が家単位のものではなくなり結婚規範も弛んで個人の選択となった今日，自分にとってのプラス／マイナスが冷静に評価されることになるのは自然である．衡平理論が結婚や夫婦関係にも該当するのは，

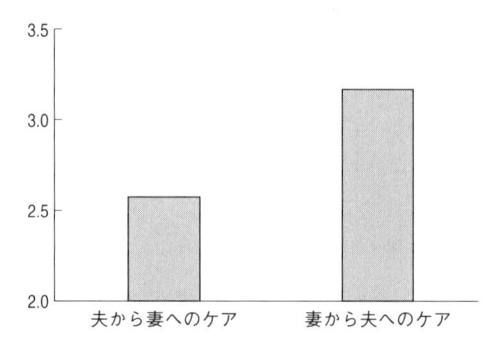

図 2-3-11　情緒的ケア遂行度の夫婦間比較(平山 1997)

そうした今日的事情の反映でもあろう．

感情ワークの重要性——夫の情緒的サポート

　妻の結婚満足度が家族役割分担上の夫と妻の衡平性と関係していることをみてきたが，夫から妻への情緒的サポートも妻の結婚満足度を規定する重要な要因であることが最近注目されてきている．このことは，夫婦関係について先駆的研究が行われてきたアメリカで，夫と妻の間で交わされる感情・情緒のやりとりは感情ワーク（emotional work）として注目されたことに端を発する（Hochschild 1979）．感情ワークは通常妻が担っているが，夫の妻への情緒的サポートが妻の夫婦関係満足度を高めるというのである．

　日本でも同様に，夫が妻を情緒的にサポートすることが，（家事遂行以上に）妻の結婚満足度に大きな影響をもつ（末盛 1999）．とりわけ興味深いのは，伝統的な性別役割意識をもつ専業主婦においてこの影響が顕著なことである．職業や家族以外の役割によって評価を得ることが難しい専業主婦にとっては，生活の大半を占める自分の家族役割が夫から評価され理解されることがサポートとして重要なことを示すものであろう．

　夫婦間の情緒的ケアは妻から夫へが多い．配偶者のしごとや人間関係の不満，悩みに親身に耳を傾ける，配偶者が落ち込んでいる時，慰め元気づける，配偶者の性格・能力などをほめる，しごとの大変さをねぎらうなどである．他方，妻は，夫から情緒的ケアを受けることはより少ない（図 2-3-11．平山 1997）．夫と妻双方が対等にケアしているケースは全体の4分の1にすぎず，妻がもっ

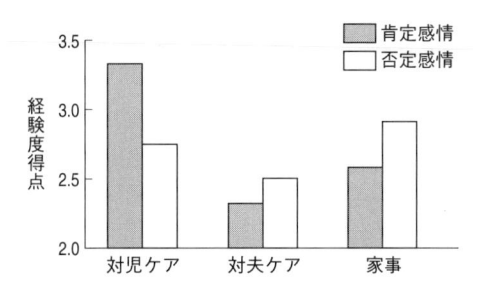

図 2-3-12　3種のケアにおける肯定・否定感情（平山 1997）

ぱらケアしているといえるケースが大半なのである．

ケア遂行時の感情——肯定・否定こもごも

　家事は自己裁量権が大きく，家事役割は達成感や有能さを味わえるなどその積極的意味を評価する向きもあるが，これを1人，専業で担うことは，補助や趣味でする場合とは異なり，反復，単調，手ごたえのなさなどがクローズアップされる．家事や育児など家族内のケア行動をしている時，どのような感情を経験しているかをみると，妻たちは常に楽しみや積極的な意味を見出してはいない．もちろん，やりがいや喜びも感じているが，同時につまらないとか繰り返しに飽きたり空しさなど，否定的な感情も強く抱いている（図 2-3-12．平山 1997）．その強さは，ケアの種類によって微妙に異なる．

　育児では肯定的感情が上回るが，そこでも否定的感情は決して弱くはない．さらに家事や夫の世話の場合は，肯定的感情よりも否定的な感情を強く抱いている．妻は自分が担っている役割に対するこのような否定的感情の強さゆえに，その役割だけに専念している場合，夫からの評価が重要になるのであろう．

　この否定的感情の強さは，夫と妻の役割分担の衡平性と密接に関係している．夫婦間の衡平性が低い，つまり家族役割が妻側に偏している場合，妻の否定的感情はより強い（図 2-3-13．平山 1999）．

　衡平性は家事・育児についてのみならず，情緒的やりとり，感情ワークについてもいっそう重要だといえよう．情緒的ケアにおいて夫と妻間の衡平性を欠き，情緒的サポートなしに1人家族役割だけに閉じ込められたとき，専業の妻は否定的感情に苦しみ，それは学習性無力感（いくら努力しても達成できない，

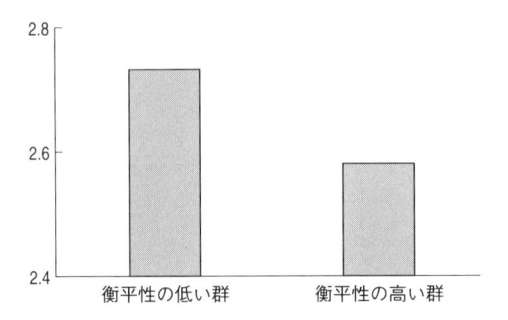

図 2-3-13 衡平性の高い，低い群での否定感情(平山 1999)

自分はダメだ無能だという絶望的感情)につながる可能性も十分考えられる．

夫と妻間の資源交換——妻の収入の影響

　主婦がおかれたこのような状況を，小倉（2001）は，「夫も子どもも心のガソリンが空っぽになると，ガソリンスタンドに給油に来て，母親に優しくしてもらったり，励ましてもらったり構ってもらったりして元気になると，またそれぞれの世界に戻って行く．しかし，母親の孤独，母親の傷つきを誰も癒してはくれない．母親のガソリンが空っぽになってもそれに給油してくれるガソリンスタンドはない，というのが母親の置かれた状況だ」と巧妙に述べている(小倉 2001)．

　感情ワーク・情緒的ケアは，具体的な身辺の世話以上に夫婦の人間的交流の中核をなすと考えられるが，これが妻に偏っている事実は資源の交換説から次のように説明される．女性がより多く感情ワークをするのは「一般に女性が社会で金銭，力，権威，地位などに自力で接近することが難しいために，自分の感情からつくり出した資源を男性に贈り物として提供し，見返りに自分に不足している物質的資源を獲得する」ことだという（Hochschild 1983）．日本でも妻がより多く情緒的ケアを行うのも，夫婦間の社会的・経済的格差との関連で解釈できよう．

　加えて，夫(男)は主導性をもち妻はそれに従い夫を受容し慰めるものだとの伝統的性役割観が，夫は情緒的ケアの受け手に終始し妻はもっぱら情緒的ケアを与える側におくことをいっそう助長する．「人間関係のシーソーの下にいる役は女性」（レーナー 1993）という性役割規範が，妻は夫婦間の親密さを「追い

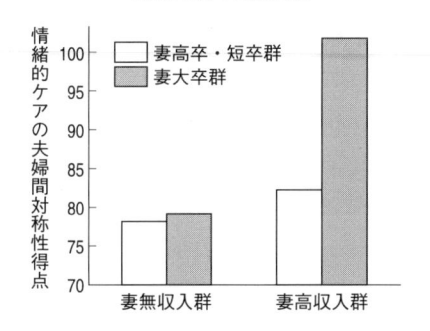

図 2-3-14 情緒的ケアの対称性（平山 1999）
夫の学歴はすべて大卒．

求める人」，夫は「回避する人」という関係を生む底辺にあるといえよう．

ところで情緒的ケアの対称性はどのようなカップルで高いのだろうか．妻を学歴と収入によって4群にわけ，そのカップル間の情緒的ケアを比較したところ，妻が大卒・高収入（100万円以上の年収）の共働きカップルで他の3群よりきわだって高い（図 2-3-14）．

妻が社会的地位・経済力をもつことによって，社会経済的資源の夫婦間格差は縮小し，妻側がケアのために自己資源を提供する必要性は低下し，他方，夫側ではケアのために自己資源を提供する必要性が増すと説明できる．これが大卒群で認められるのは，社会的地位・経済力が高学歴とリンクしているからであろう．このように妻が夫とほぼ同等の社会経済的資源にアクセスすることによってはじめて，夫婦の情緒的ケア関係の対等性・互恵性を高めうるといえよう．

共同的関係としての夫婦関係

相手に対して行う行為に見返りを期待するか否か，つまり交換的関係か共同的関係かによって，集団の特徴は区別できる．一般に，親密な私的集団は共同的関係であり，その最たる集団である家族や夫婦にはその特徴が強く，夫と妻は相手の期待に応じて利益を与えたり受けたりするが，そこに特定の見返りは期待しない．交換的要素は家族間にも皆無ではないが，家族ならではの行為や関係はいわば愛他性を特徴とする．

このような共同的関係では，相手が何を期待し欲しているかを的確に認知し

かつ敏感に応答する，また相手に自分の気持ちや意図をうまく伝達することが重要となる．言語的であれ非言語的であれ，相互の意思疎通のためのコミュニケーションが円滑に行われることは，家族・夫婦という共同的関係の維持に，必須のこととなる．コミュニケーションが問われるのはそれゆえである．

1920年代から夫婦関係に関する理論的実証的研究が始まったアメリカでは，1980年代以降，夫婦間コミュニケーションの重要性が認識され，質問紙，行動観察とコーディング，臨床的事例分析などによる実証研究が蓄積されてきている．その結果，コミュニケーションにおける満足が，他の要因以上に結婚満足度や夫婦関係の良好さなどの重要な予測因であることが明らかにされている（Jacobson & Moore 1981, Haynes et al. 1984, Levenson & Gottman 1983）．

この種の研究は日本ではまだ緒についたばかりだが，夫婦療法に長らく携わってきた佐藤は夫婦間のコミュニケーションのずれがいかに結婚の成否をわけるかを具体的事例から指摘している（佐藤 1999）．一般の夫婦でも，妻の孤独感や結婚への不満が夫とのコミュニケーション不全によることが示唆されたことが契機となって，夫婦間のコミュニケーションの問題は，最近，クローズアップされ研究がすすめられている．

2.5　夫婦間のコミュニケーション——会話の量と質

既婚者の精神的健康を規定している要因を検討した研究（伊藤ほか 1999）は，夫婦間の会話の豊かさが空虚感や圧迫拘束感を低減し，相手から情緒的サポートを受けていると感じさせることを見出し，夫婦間の会話の重要性を指摘している．会話の重要性はとりわけ妻において著しいが，それは家庭と家族が生活の中心であるだけに当然なことであろう．

では，夫と妻間の会話はどのようなものであろうか．夫婦間のコミュニケーションの実態はどのようであろうか．20代から50代の夫婦に，自分の考えや気持ちを気兼ねなく配偶者と話しているかどうかを夫と妻別々に尋ねた結果が，図2-3-15である（藤原ほか 1986）．

20代つまり結婚後しばらくの間は，夫婦での話し合いをもっともよくしているとみており，男女差はほとんどない．それが，年代があがる，つまり結婚年数を経るほどに低下し，特に夫は妻よりずっと少なくしか話し合いをしていな

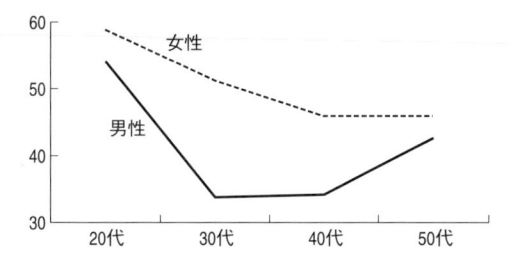

図 2-3-15　年代別にみた夫婦間の話し合いの程度（%）（藤原ほか 1986）

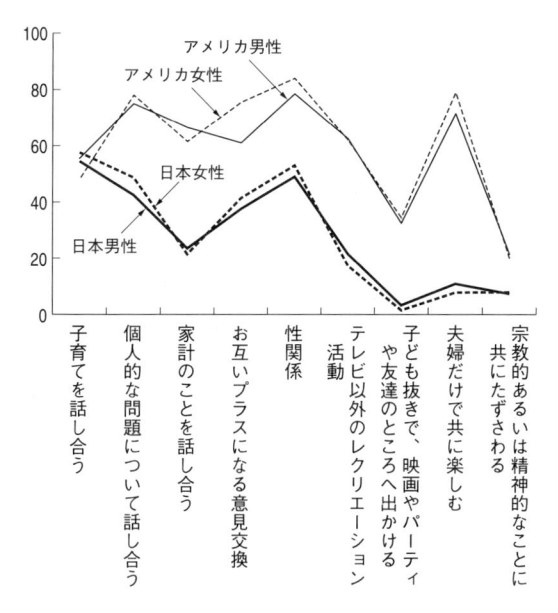

図 2-3-16　日本とアメリカの夫婦の共行動（%）（日本性教育教会 1986）

いと答えている．30〜40代男性で最低で，その後50代でやや回復するものの，そのレベルは結婚当初には及ばない．

このように結婚当初はよく話しているが，時を経るほどに会話が大幅に乏しくなるのは，日本の夫婦一般の傾向のようだ．日米の夫婦の共同行動を比較したものによると（図2-3-16），〈子育てを話し合う〉が日米ほぼ同程度であるほかは，日本の夫婦はアメリカの夫婦より共行動が少なく，コミュニケーション

も，個人的なことについての会話は少なく，さらに家計についてはきわめて少ない．もっとも頻繁だという〈子育てを話し合う〉においても，別な調査によればこの話題が夫から出されることは皆無で，常に妻が切り出してのことなのである(高橋 1995)．注目すべきは，〈お互いにプラスになる意見の交換〉がアメリカの夫婦では特に多いのに，日本ではこれも少ないことである．子どものこと以外，夫婦間の活発な会話や意見のやりとりは日本ではきわめて少ない様相がここからうかがえる．

　都市部に住む 20～60 代夫婦のコミュニケーションの特徴を 4 タイプに分類してみると，夫婦間にほとんど会話のない「沈黙型」が 36.4%，「妻だけ会話」は 32.4%，「夫だけ会話」は 8.5%，そして夫婦が話し合う「対話型」は 22.7% だという(ニッセイ基礎研究所 1994)．年代別にみると，若い世代つまり新婚期には「対話型」の比率が高いが，育児期になると「妻だけ」が急増し，末子が中高生になる中年期夫婦では「沈黙型」が多数派，「対話型」は最低となる．

　長らく生活を共にすれば，いちいち話すまでもなくわかる，それが夫婦だともいわれる．家族とは「言葉に出さなくてもわかりあえる関係」だとし，それが他の集団とは異なる特徴だと家族を定義しているものさえある(長田 1987)．そうだとすれば，年を重ねるほどに話し合いが減っていくのは自然だともとれよう．しかし，先にみたように，妻は夫に理解されていないと感じ，また配偶者といる時に孤独を感じ，事実，夫は妻の気持ちを的確にとらえていない．夫とのコミュニケーションの不在やずれが妻の孤独感を生み，結婚や配偶者への妻の不満となっていることは重視すべきであろう．夫との実りある会話に期待できなくなったものにとって，「黙っていてもわかる，わかってもらえる」とは思えなくなるのではなかろうか．

　最近，夫婦観や結婚観は変化してきている．日本では長らく，夫と妻は一心同体という夫婦一体感や，黙っていてもわかりあえるという以心伝心が夫婦ならではの特徴とされ，それが理想とされてきた．こうした夫婦規範が，これまで夫と妻間のコミュニケーション研究を遅らせてきたことは否めない．しかし最近，特に女性たちの間で，夫婦といえども他人であり，常に一心同体ではない，また黙っていてもわかりあえるものとは，必ずしも考えなくなってきている(柏木・永久 1999，永久・姜 1997)．このような結婚・夫婦観の変化には，夫とのコミュニケーション不全も一つの背景となっているであろう．

夫婦間コミュニケーションのずれの実態――量より質の差

　さて，日本の夫婦間のコミュニケーションの特徴は量の少なさにとどまらない．妻と夫との間には，量以上にその質のうえで対照的ともいえる差がある．

　子どもの発達相談に来所するのはほぼ100％母親であるが，父親が子どもの療育に関心をもち参加することは必須である．そうした要請にもかかわらず，父親が来所するケースはきわめて少ない．そこで，相談員が母親に父親の意見や子どもとの関係を尋ねると，（母親のいうことを）父親は黙って聞いている，何度もいわないと通じない，しかし確たる返事は返ってこない，挙句は子どものことは（母親に）任せている，よしなにやれ，といった類いの反応が大半であるという（高橋 1995）．子どもに問題がある場合でさえこうであるが，何をいっても「ふんふん」と聞き流す，心ここにあらずの馬耳東風ともいえる夫の受け答えは，多くの妻たちが少なからず体験している．

　母親との面接と質問紙によって，夫とのコミュニケーション不全の要因分析を行った高橋は，夫婦間のコミュニケーションを左右するのは妻の伝達能力と夫の受容能力で，とりわけ夫の傾聴的・共感的な受容性が重要な決め手だと結論している（高橋 1995）．そして受容どころか，「疲れているから……」「あとで……」といった類いの会話回避・拒否を一度も経験しない妻はほとんどなく，さらにちょっと気にいらないと大声でどなったり不機嫌になる，聞いているふりをするなども頻繁で，妻との会話に消極的な夫の姿を報告している．

　難波（1999）は，中年期の夫婦に結婚以来の日ごろの生活を語ってもらった逐語記録から，自分の意見を率直にいうこと，妻と「つっこんだ話し合い」をすることを避ける，さらに妻のいうことが気にいらなければ黙る，怒る，席を立つ，無視するなど，コミュニケーションを一方的に中断させる，といった夫たちの特徴を指摘している．「話し合いというのがつっこんだ話し合い，それはしてきてないですよねえ（中略）『こうだ』っていったら，それ以上言わないんですよ．（中略）気にいらないと，怒ってすっと二階にあがっていなくなります．」「主人としゃべっていると大体途切れちゃうんですよ，主人が怒りだして．──相手の話にじっくり耳を傾けて，会話を続けていくってことがないんですよ．」──この構図は，ベストセラーになりつづけている『話を聞かない男，地図が読めない女』にも描かれており，国を問わず男の特徴のようではある．しかし，先の日米の夫婦の比較から推測するに，話を聞かない特徴は日本の男性

でもっとも顕著なのではなかろうか．それゆえに，この本が広く共鳴されてベストセラーになりつづけているのであろう．

夫と妻の非対称的なコミュニケーション関係

夫婦間のコミュニケーションの特徴は，中年期の夫・妻との半構造的面接から日常，夫・妻間のコミュニケーションの具体的様態を採集しそれに基づいて作成した質問紙による 277 夫婦ペアについてのデータ分析によって，定量的に明らかにされている(平山・柏木 2001)．

コミュニケーション態度を構成するものとして，4 次元が因子分析によって同定された．〈威圧〉：命令口調，すぐ怒る，小馬鹿にした対応など威圧的な態度，〈共感〉：親身になって一緒に考える，優しい言葉かけ，有益な意見をいうなど共感的に応じる態度，〈依存・接近〉：悩みや迷いを相談，相手の意見に従う，話題を提供，報告するなど従順・依存的で親和的接近，〈無視・回避〉：いい加減な相づち，上の空，黙り込むなどコミュニケーションそれ自体を回避・拒否する態度，である（表 2–3–4）．

夫と妻それぞれに，相手に対するコミュニケーションを自己評価させた結果は，夫と妻とで対照的ともいえる違いをみせている．すなわち，ポジティブな態度である〈共感〉と〈依存・接近〉では妻が有意に高く，逆にネガティブな態度〈威圧〉〈無視・回避〉は夫で有意に高いのである．それぞれの次元の夫スコアと妻スコアの差を求め，その差の大きさと方向を，矢印の太さと向きで示すと図 2–3–17 のようである．

ここにみられる夫婦の関係は，対等というより上下の関係にある．夫は妻の上位にあって時に威圧し時に無視もする，他方，妻は懸命に話題を提供し相手の意に沿うよう接近していくという構図であり，これは先の高橋や難波の観察とも符合する．ここで注目したいのは，この結果が相手からの評価ではなく本人自身の評定であることで，特にネガティブな特徴が強い夫本人が，そのことを自覚・認識してはいるのである．なのに，それがなぜ変化することなく，その特徴が続いているのであろうか？　そうした関係は疑うことのない当然のこととの暗黙の認識があるからであろうか．

この関係は日ごろ，夫婦が相手をどう呼ぶか，夫と妻間呼称にも端的にみられる．親たちがお互いをどう呼んでいるかを大学生に尋ねた結果には，夫婦間

表 2-3-4 夫婦のコミュニケーション態度の4次元（平山・柏木 2001）

〈第1因子：威圧〉
　日常生活に必要な用件を命令口調で言う．
　話の内容が気に入らないとすぐ怒る．
　あなた(相手)より一段上に立って小馬鹿にした受け答えをする．
　あなた(相手)が話しているのに「要するに」といって結論をせかす．
　あなた(相手)が真情を訴えても，まともに取り合わない．
　夫婦の意見が対立し口論になると，最後はあなた(相手)が折れる．
〈第2因子：共感〉
　あなた(相手)の悩みごとの相談に対して，親身になって一緒に考える．
　あなた(相手)に元気がないとき優しい言葉をかける．
　あなたが相談すると(相手に相談されると)，有益で参考になる意見をくれる(言える)．
　あなた(相手)の立場に共感しながら，誠実に耳を傾ける．
　あなた(相手)がおしゃれをしたとき，気づいてほめる．
〈第3因子：依存・接近〉
　相手(あなた)自身の悩み・迷いごとがあると，あなた(相手)に相談する．
　重要なことの決定は，あなた(相手)の意見に従う．
　会話が途切れると相手(あなた)のほうから話題を提供する．
　嬉しいことがあると，真っ先にあなた(相手)に報告する．
　あなた(相手)に心を開いて内面的な突っ込んだ話をする．
　会話がはずむように感情を豊かに表わす．
　1日のあなた(相手)の過ごし方などを相手(あなた)のほうから尋ねる．
〈第4因子：無視・回避〉
　あなた(相手)の話しにいい加減な相づちをうつ．
　他のことをしながら上の空で聞く．
　都合の悪い話になると，黙り込む．
　あなた(相手)の態度・行動で変えてほしいことがあっても黙っている．

態度次元	コミュニケーション態度の方向と程度	夫婦間得点差 (＝夫の得点－妻の得点)
威圧	夫 →→→ 妻	0.38
無視・回避	夫 →→→ 妻	0.33
依存的接近	夫 ←←← 妻	−0.33
共感	夫 ←← 妻	−0.11

図 2-3-17 夫婦間コミュニケーションの特徴——方向と強さ（平山・柏木 2001）
　　注：矢印部分は夫婦間得点差をもとに作図したイメージ図

表 2-3-5　夫と妻は相手をどう呼び合うか (%)

夫は妻を		妻は夫を	
お母さん	51	お父さん	81
名前(呼びすて!)	22	名前＋さん	7
おい	17	"おい"という呼び方	0
おまえ(おめえ，あんた)	6	あなた	6

(柏木　未発表)

会話同様の特徴がうかがえる(表 2-3-5．柏木　未発表)．

　親役割(お父さん，お母さんなど)が断然多いのは，子どもの誕生と同時に夫と妻というパートナーの関係をおりてしまう，親子関係重視の日本の家族の特徴の端的な反映である．注目すべきは，夫の妻に対する呼称で，名前であれ代名詞であれいずれも自分が上の立場にいる形のものであるが，妻が夫に対してはそのような呼び捨てや下位のものに使う代名詞をまったく使わないのとは対照的である．

　先に，男女2人が親密な関係になるほど，行動が伝統的な性役割に沿った特徴を帯びる傾向をみた．結婚することでこの傾向にいっそう拍車がかかる，その挙句が上下関係を帯びたコミュニケーションであり呼称なのであろう．こうして男性主導，女性従順という上下の関係がいつのまにか生じ定着するのであろう．

夫と妻のコミュニケーションの乖離

　夫婦の間の会話も呼称も，慣れ親しんだ結果の自然のことと思い，取り立てて夫婦関係の問題として意識しないかもしれない．しかし，今日，ほとんどの夫婦が恋愛結婚，——一緒にいて話が合う，対等に話し合える友人関係から出発し，孤独を癒す安らぎを求めて結婚したはずの2人が，夫婦となると，こうした上下関係的な呼称やコミュニケーションとなってしまう．会話は乏しく対等に扱われず，無視されることもままある妻にとっては，当初の期待は裏切られ結婚への不満につながるのは必定ではなかろうか．

　実際，妻は夫とのコミュニケーション不全を痛感し，孤独・孤立にさいなまれ，結婚満足度は下がっていることはすでにみたとおりである．親密な男女関係のなかでジェンダー化してしまった自縄自縛の結果であり，広義の性的社会

化の結果ともいえる．

「黙っていてもわかりあえる」が人間関係の理想とされ，とりわけ夫婦の間ではそれが当然とされてきた．しかし最近，「夫婦の間ではお互いの気持ちは相手の態度や雰囲気で察して，何も言わなくても伝わるのがよい」をよしとするのは男性で65.9％，女性では50.0％で，男性の高い支持に比して女性には変化の兆しがうかがえる（生命保険文化センター 1995）．これまで，妻に慎ましく従順であることを強要する性役割規範や，「以心伝心」と一心同体を理想とする夫婦規範は，妻に夫と意思疎通をはかるべく自己を主張することを抑えさせてきた．しかし，そうしてできあがった夫婦間のコミュニケーションが夫と妻とを乖離させ，その結果，孤独や結婚や相手への不満足など心理的な問題を惹起しているのである．

言葉とジェンダー

夫と妻のコミュニケーションの乖離は，なにも夫婦間に限ったことではない．いや夫婦になる以前に，そもそも男と女の間には言葉をめぐる深くて大きな溝がある．

社会言語学は，フェミニズムとも連動して言語活動が多くの社会でジェンダーと密接に関係していることを実証してきた（レイコフ 1975, 井出 1997, 中村 1996; 2001）．それは，語彙に始まり会話時の話し手・聞き手関係やその交替などに見られるが，日本語では語彙から表現形式にまでさまざまな女性語が，丁寧語や敬語と重なって存在する．さらに，温和で控え目，従順という女性役割期待と結びついて，「おなごは黙っとれ」ともなる（寿岳 1979）．男女間の会話を分析すると，自分の意見の主張，相手の主張の否定，話題の変更などは男性に優勢で，女性は相づちをうったり相手の主張を補充したりするなどが主で（江原ほか 1984; 1993, 内田 1997），『ことばは男性が支配する』（スペンダー，かつえ・あきば訳 1987）様相が明らかである．こうした女性語の特徴や男性の会話の主導権は，夫婦間のコミュニケーションにも反映されている．

女性は決して言語能力が劣っているわけではない．言語発達に関する研究は，ほぼ一致して初語や語彙の習得，さらに外国語習得など言語能力が女児で優れていることを明らかにしている．にもかかわらず，言語行動に男性優位の特徴がみられるのは，男性と女性の関係についての社会の価値観——ジェン

ダー——従順や協調を核とする社会の女性役割期待がかかわっている．

　夫と妻間のコミュニケーション不全，夫のコミュニケーション不在の実態を明らかにした難波は，その背景に夫の伝統的性役割観があることを指摘している（1999）．夫たちが描く男性像は「女より男は上で」「弱味をみせず」「どんなことがあっても一家の責任を負い」「家族のために働く」というものであり，「男の沽券を保つ」行動をとっているのであった．他方，女性のあるべき姿として夫たちが妻に期待しているのは，家庭のことはすべて任せられるしっかり者であり，同時に夫を優しく気遣い，尽くしてくれることである．気にいらなければ「席を立って出ていく」「怒る」「馬鹿にする」など，妻をしりぞける行動には，「女性蔑視」「男は女より上」「妻は夫に尽くすもの」というイデオロギーが意識的無意識的に反映されている．

　さらにもう一つ，男性と女性との生活領域の差，そこでの経験の差がある．長らく男性は社会的職業的世界に，女性は家事・育児を担って家庭にと，住む世界と経験とを異にしてきた．人は，住む世界での経験や役割に応じて能力や資質が養成され特徴づけられる．男性が主役である社会的活動では，論理や計画などが重視され努力による達成や業績が目標とされる．一方，子どもや家庭での生活では，論理や計画はままならず，情緒的やりとりや他者との協調を図る柔軟な対応が必要となる．こうした男女の生活と経験の差が，女性の言語を「おしゃべり・うわさ話・べちゃくちゃ」（中村 2001），アナログ（情緒）中心（佐藤 1999），ラポールトーク（伊藤 1996），男性（夫）をデジタル（情報）中心のリポートトーク，という対比を生む．夫婦療法にくる夫婦は，「分かってもらえない」「相手のことが判らない」とコミュニケーション不全の訴えに始まるのが常だという．夫にアナログコミュニケーションつまり情緒的にかかわることを求める妻が，デジタルコミュニケーション（説明的にかかわる）夫に愛想をつかし，他方，情報内容を重視するあまり情緒の抑制を身につけた夫たちは，「女・子どもは感情的で困る」とアナログ情報の重要性を無視する，という風に，相互にかみ合わないコミュニケーションの構図が夫婦臨床の最初の壁だという（佐藤 1999）．

夫と妻の関係の質を示すコミュニケーション

　言葉をめぐるジェンダーの問題は，社会のあらゆる領域に陰に陽に存在して

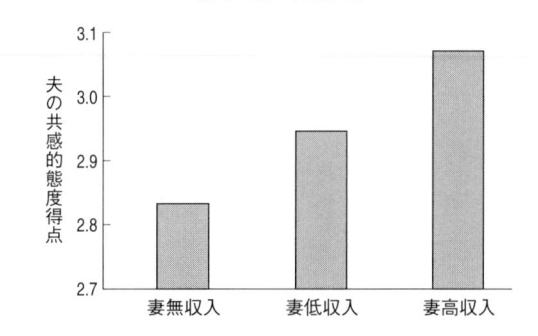

図 **2-3-18** 妻の収入別，夫の共感的態度（平山・柏木 2001）

いるジェンダーのしがらみ，女性への差別の反映であるが，しかしこの溝，乖離はいかんともし難いものなのであろうか．

　威圧と無視する夫と共感的依存的な妻という対等でないコミュニケーションは，学歴や職業上の地位に関係なく認められるが，唯一，夫の共感的態度を左右しているのは妻の収入であった（図 2-3-18）．

　専業主婦つまり収入のない妻に対して夫の共感的態度は最低で，よく耳にする「食わせてやっている」「誰のお陰でこうしていられると思うのか」などのせりふが連想される．これに対して，妻の収入が高い層ではその夫は共感的態度が強く，妻の経済力とそれを生む社会的地位や実績が夫を妻に対して共感的に対応する態度をもたせることを示唆している．経済的資源をもつ立場とそれを消費する立場間では対等なコミュニケーションは成立し難く，前者が後者を支配する関係に陥りやすい事情を示唆しており，先の資源交換説はここでもあてはまる．

　性は最高のコミュニケーションといわれ，夫と妻ならではの共行動である．しかしそれは対等なものではない．その主導権は概して夫にあるうえ，夫からのセックスの要求を拒否できるかどうかは妻の収入によって決まり，無収入の場合拒否できないとのデータもある（グループわいふ 1984）．夫婦間の性にはコミュニケーションの非対称性が端的にあらわれ，夫のパワーが象徴的にあらわれるといえよう．

表 2-3-6　男女別無償労働と市場賃金(1人当たり年間評価額)

(単位：万円，%)

	無償労働評価額（OC法）		性比 女性／男性	市場賃金		評価額の対市場賃金比	
	男性	女性		男性	女性	男性	女性
1981	11.6	103.8	9.0 倍	282.4	156.6	4.1	66.3
1986	17.4	128.7	7.4 倍	337.0	190.7	5.2	67.5
1991	29.2	160.7	5.5 倍	408.7	234.8	7.1	68.4
1996	34.9	179.8	5.2 倍	439.3	265.6	7.9	67.7

(経済企画庁経済研究所 1998)

無償労働の家事・育児・介護という家族役割の評価

家事や育児，介護は人間の生活に必須の労働でありながら，無償であるために経済活動として認められておらず，国内総生産の数値にも含まれていない．この種の労働は，妻として母として女性が愛情に基づいて自発的に行う行為であり，無償であることは半ば当然視されてきたからである．しかし，これらを担ってきた女性の貢献が正当に評価されていないこと，この種の労働を過小評価するものだとの認識から，家事・育児などの労働の価値を評価する動きがようやく出てきた．

無償労働を賃金に換算し，市場賃金とともに男女を比較すると，生活時間中の家事・育児時間における男女の著しいギャップに改めて気づかされる(表 2-3-6)．

経済力は，とかく職業から得られる賃金という眼にみえるものだけでとらえがちで，無職の妻に向かって「食わせてやっている」との夫のせりふにもこれがある．しかし，妻が無償で生活に必要不可欠な労働を支えていることを無視していることは銘記すべきであろう．

単身赴任家族のコミュニケーション

遠隔地への転勤命令が出された時，家族帯同せずに夫だけが転勤先に赴く単身赴任は，会社の指示ではなく夫本人と家族の選択による．欧米では，単身赴任は軍人や船員など特定の職種に限られるが，日本ではきわめて多く，その理由は子どもの教育を筆頭に持ち家，老親介護である(斉藤 1999，田中 1994)．妻が夫とは離れて子どもや親と残ることには，世話役割は女性のものとの大前提と，夫婦の関係よりも子どもとの関係を重視する日本の特徴とが反映されて

もいる.単身赴任が長期になるほど,また子どもが大きくなるほど,またいつまで続くか予想が不確定であるとき,妻の精神的健康は阻害される(田中ほか2000)が,この場合も夫婦間のコミュニケーション不全は重要な要因であろう.

単身赴任した夫と妻間のコミュニケーションはどのようであろうか.日ごろの夫と妻間の会話時間や内容によってコミュニケーションの度合いを比べてみると,夫婦間のコミュニケーションが乏しかった場合に単身赴任が多く,しかも夫が相談なしに単身赴任を決めたケースが少なくない.さらに,現在は,非単身赴任家庭の夫婦に「転勤命令がでたらどうするか」を問うたところ,単身赴任を選ぶ率はコミュニケーションの密な夫婦では27%と低いが,平生コミュニケーションの乏しい夫婦では53%もの高率で単身赴任を選んでいる(高橋1991).

以心伝心日本の夫婦——国際結婚夫婦との違い

日本では,夫婦や家族間では「いわなくてもわかる」とか「(夫婦は)一心同体」とみなす傾向がある.それを反映してか,妻の就労,家事分担,夫の生活方針(いわゆる「企業戦士」的生活か否か)など,夫婦の重要問題について夫と妻間の合意の有無,それがいつ(結婚前か後か)どのようにされているかをみると,話し合いによらず概して暗黙の了解が多い(門野 1995).とりわけ結婚満足度の重要な変数である家事分担について,話し合いによる合意に達していないカップルが大半である.これを話し合い意見調整して合意を確認したカップルでは,夫婦関係満足度が有意に高い.このことは,夫婦の関係において「いわなくてもわかる」との暗黙の了解の不確かさ,逆に言語による明確なコミュニケーションの重要性を示している.

日本人妻とアメリカ人夫の国際結婚夫婦と日本人同士の夫婦を比較すると,夫婦間に問題が生じた時,日本人夫婦はなんとなく態度で示唆・暗示する非言語的調整,つまり以心伝心のやり方が特徴的である.これに対して国際結婚夫婦では,日本人妻は当初は非言語的に解決しようとするが,やがて問題を言葉で説明し話し合いによって2人の間の意見の齟齬を確認しそれを埋めて解決するようになっていく(矢吹 1996).ここには,自分の意志や感情を明確に言語で表現する欧米のコミュニケーションの文化に接した日本人妻が,その方向に変容していく文化化の過程をみることができる.

2.6　日本の夫婦・結婚の現状と問題の所在——結婚・夫婦のゆくえ

　夫と妻間の家族役割の分担や共行動，コミュニケーションの様態から浮かびあがってくるのは，夫と妻の非対称的上下関係，夫婦関係より親子（母子）関係を重視する子ども中心家族という特徴である．しかし，この特徴を帯びた家族がゆらぎをみせ破綻をきたし，とりわけ妻側において意識されつつあることは，すでに諸所でみた結婚・夫婦満足度，コミュニケーションなどにおける夫と妻間のギャップなどから明らかである．

　結婚への満足度が夫で妻より高いのは，日本に限らず欧米でもほぼ同様である．その背景の一つは，性別役割分業の考え方と実態にある．高齢期夫婦の結婚満足度について要因分析を行った宇都宮（1996；1997）は，夫が妻に対して愛情をもち妻を肯定的に認知していることは夫自身の満足感にはつながるが，それだけでは妻の満足感には結びつかない．そして，夫が妻を一人の人間として尊重しているか否かが，妻の結婚満足度を左右することを明らかにしている．結婚や相手への満足を左右するものが，夫と妻とでは異なるのである．

　この点を詳しくみよう．中年期の夫婦277組を対象に，半構造化面接で得られた項目からなる質問紙調査を行った結果，結婚の理想に関する3つの次元が同定された（表2-3-7．平山・柏木 2001）．

　第1因子の〈相思相愛〉は恋愛結婚が優勢の今日，きわめて当然の結婚の特徴を示す次元であろう．第3因子〈妻の献身・夫の甲斐性〉は，夫はしごとで妻はうちでそれを支えるという性別分業の伝統的夫婦関係を示すものである．第2因子〈妻の生き方尊重〉は，夫が妻の個人としての生き方を理解し尊重し支持するという，対等な夫婦の関係性を志向する新しい結婚観といえよう．

　結婚の理想として夫と妻が回答した結果を3次元上でみたのが図2-3-19である．

　夫の理想は〈相思相愛〉〈妻の献身・夫の甲斐性〉の順に高く，〈妻尊重〉はそれらよりずっと低い．これに対して妻では〈相思相愛〉が第一，それに〈妻尊重〉が続き，〈妻の献身・夫の甲斐性〉はずっと低い．夫と妻の得点を比べると，〈相思相愛〉と〈妻尊重〉では妻得点が夫よりも有意に高く，〈妻の献身・夫の甲斐性〉は夫得点が有意に高い．このことは，結婚の理想に夫と妻の間にずれがあり，夫は性別分業的な伝統的夫婦関係を理想とする傾向が強いのに対

表 2-3-7　結婚の理想の 3 次元（平山・柏木 2001）

〈第 1 因子：相思相愛〉
　妻が，夫を心から尊敬する．
　妻が，夫の人柄を愛し，かけがえのない人として大切にする．
　夫が，妻を心から尊敬する．
　夫が，妻の人柄を愛し，かけがえのない人として大切にする．
　妻が，夫の仕事・活動を理解し，支える．
　妻が，夫の才能・能力を認め，それを伸ばすための手助けをする．
〈第 2 因子：妻の生き方尊重〉
　夫が，妻の才能・能力を認め，それを伸ばすための手助けをする．
　夫が，妻の仕事・活動を理解し，支える．
　夫が，妻の意向を尊重し，やりたいことを自由にやらせてあげる．
　夫が，妻と同等に家事をする．
〈第 3 因子：妻の献身・夫の甲斐性〉
　妻が，夫を心から尊敬する．
　妻が，夫を立てる．
　夫と妻が「一心同体」であることより，それぞれが自立的であることを目指す．
　夫が，妻に経済的に豊かな暮らしをさせる．
　妻が，夫と同等に生活費を稼ぐ．

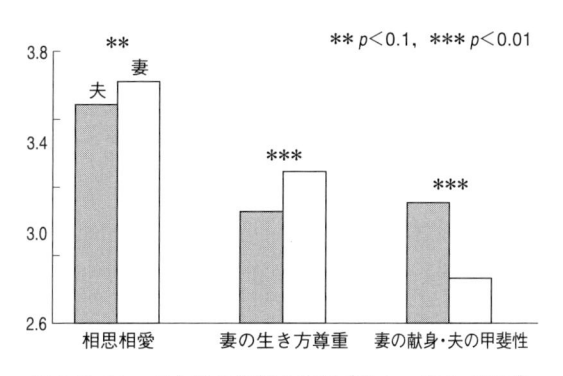

図 2-3-19　夫と妻の結婚の理想（平山・柏木 2001）

して，妻は夫から個人として認められ尊重される対等な関係を理想としている．つまり妻は伝統的な結婚から離脱し，対等な関係を求めているといえよう．

ではこのような理想は，現実にはどの程度実現されているとみているのであろうか．同じ次元について現実を評価した結果は，夫，妻いずれでも理想と現実には差がある（図 2-3-20）．ただし，夫はすべての次元が理想より低い，つまり理想には達していないとみているのに対して，妻は〈妻の献身・夫の甲斐性〉

140　　　　　　　　　　　　　　家族の諸相

```
                        □ 妻の献身・夫の甲斐性
                        ■ 妻の生き方尊重
                        □ 相思相愛
理想の差（夫−妻）

現実の差（夫−妻）

    −0.4  −0.3  −0.2  −0.1  0  0.1  0.2  0.3  0.4
    妻のほうが高い                          夫のほうが高い
```

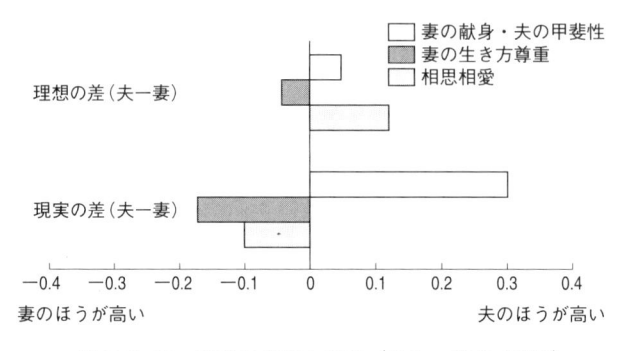

　　　図 **2-3-20**　結婚の理想と現実（平山・柏木 2001）

については理想よりも現実のほうが高いというものであった．これが，妻の献身，夫の甲斐性いずれについてなのかは不明だが，妻は性別分業的な夫婦のあり方を現実ほどすべきでないと願っているのに，夫の側は現実が理想に達しておらず不十分だとみている，拮抗した姿がここからうかがえる．

　結婚に関する価値観は，多くの調査が繰り返し男女差を見出し，男性がより伝統的価値に女性が革新的価値にそれぞれ傾いていることを確認している．ここでの夫と妻の結婚の理想の違い，また理想に照らしての現実認識の違いも，そうした男女差に対応している．

　ところでこうした結婚の理想と現実は，結婚満足度と関係している．3次元のうち，〈相思相愛〉が理想以上に現実で行われているとき，夫も妻も結婚満足度は高い点では共通している．これは，恋愛結婚優勢の今日，当然のことであろう．一方，妻の結婚満足にとってもう一つ重要なのは，〈妻尊重〉が現実に行われていることである．夫が妻を個人として認め尊重し支持することは，夫には理想となりにくいし，そうされていないのが現実である．しかし妻にとっては，それが結婚満足度のキーだという結果は，現在の結婚が大方の妻にとっては満足できないものである可能性を示唆している．実際，この調査対象の夫と妻でも，結婚満足度は夫のほうが有意に高いものであった．

　妻は(対等な)「パートナーとしての夫」を求め，夫は(情緒的にかかわらない)「役割としての妻」を求めるという食い違った構図(森川 1996)がある．これに夫が気づき，自分とは違う妻の結婚への期待を認識しているか否かが，妻の結婚満足を左右している．換言すれば，夫が夫唱婦随の関係からどれだけ脱

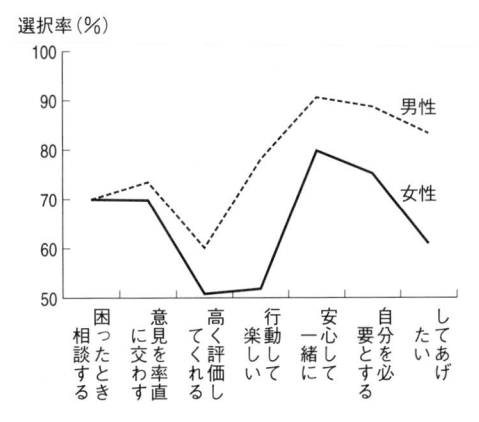

図 2-3-21　配偶者にどのようなサポートをどのくらい求めているか
（川浦ほか 1996）

しているかが，妻の満足度の決め手なのである．現状ではそうなっていない親の夫婦関係——夫に従属的な地位にある母親の日常をみている娘は（茂木 1996），結婚に消極的になるのは自然のなりゆきであろう．女性の晩婚化の一つの背景はここにあるといえよう．

女性の変化の要因とその方向

　女性・妻側に結婚や配偶者への不満や対等性への志向が強いのは，なぜであろうか．すでにみたように，社会経済的・人口学的状況の変化は家族の変化を余儀なくし家族メンバーの生活と心理にも変化を迫っている．膨大な家事量と多子の養育から解放された女性は，飛躍的に長寿となった人生を妻（主婦）・母であることで充足することは時間的にも心理的にも不可能とし，「自分」へ眼を向け「自分」を生きることを求めさせた．これは人類史上最初の，画期的なことである．私個人の生に気づいた女性には，個人としての物理的心理的時間・空間を求める気持ち——個人化志向は強まり（目黒 1987，磯田 1996，柏木・永久 1999），〈夫支配—妻従順〉の関係だけにとどまることは受け入れ難い．夫の世話や家事など家族役割への否定的な感情（平山 1997），結婚への不満（柏木ほか 1996），無職母親層における育児不安の強さ（後述），高学歴主婦における否定的な生活感情（永久 1995）などは，女性における家族の意味の変化，性別分業の家族への異議申し立てを示唆している．晩婚化・非婚化も女性

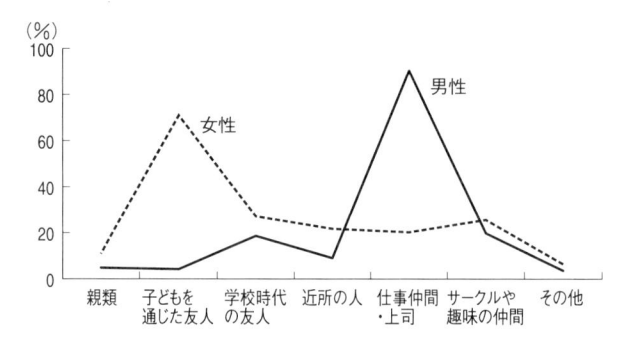

図 2-3-22　交際・活動の相手（伊藤ほか 1999）

が家族の世話役割を担い，社会的職業的活動が制限される現今の結婚への拒否反応といえよう．

　男性にとっても産業構造と人口革命の影響は必然であるが，生活や心理の変化は鈍い．社会変動の影響が女性より間接的であることから，また従来享受してきた既得権を失うことになることから消極的になるのであろうか．夫も妻も配偶者をサポート対象としているが，情緒的サポートとしての配偶者選択率は夫と妻とで3割の差があり夫のほうが高い（図2-3-21．川浦ほか 1996）．この差は，妻は日ごろ，配偶者以外の多様な人々と交流し情緒的サポートを受けているが，夫の交際相手は妻としごと仲間・上司に集中している（図2-3-22．伊藤ほか 1999）からであろう．

　では，どのような層で夫婦の結婚満足度・幸福感は高いのであろうか．子育て期および子育て終了期の夫婦の結婚満足度を学歴，地域，就業形態との関連で検討したところ，妻の職業継続が重要な変数であり，とりわけ中高年夫婦層でその効果は顕著であった（図2-3-23．柏木ほか 1996）．

　このデータは，育児期も妻が職業を継続しつづけてきたことが，家事分担，夫婦間の情緒的ケア，コミュニケーションなどに対等な関係をもたらし，それが妻の結婚満足度を高めた可能性を示唆する．松信（1995）は，① 夫婦とも大学卒で管理職，専門職のキャリアのカップル，② 夫婦とも職業をもつ（事務職，販売職，サービス職）カップル，③ 夫だけが職業をもち妻は無職の3群について家事分担の様相を分析し，夫婦ともキャリアカップル層では妻無職カップルより家事の夫・妻共同が多く，とりわけ子どもがいない層で顕著であるこ

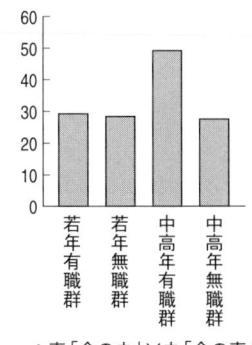

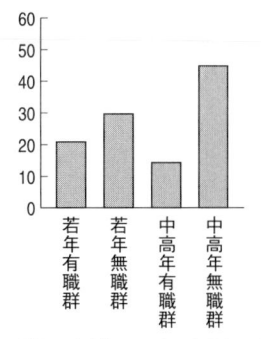

図 2-3-23 妻の職業形態別の結婚満足度 (%)（柏木ほか 1996）

妻を有職・無職(専業主婦)で分け,「もう一度結婚できるなら」という仮想設問で,再度「今の夫」を選ぶかそうでないか(「他の人」または「もうしない」)を比較したもの.

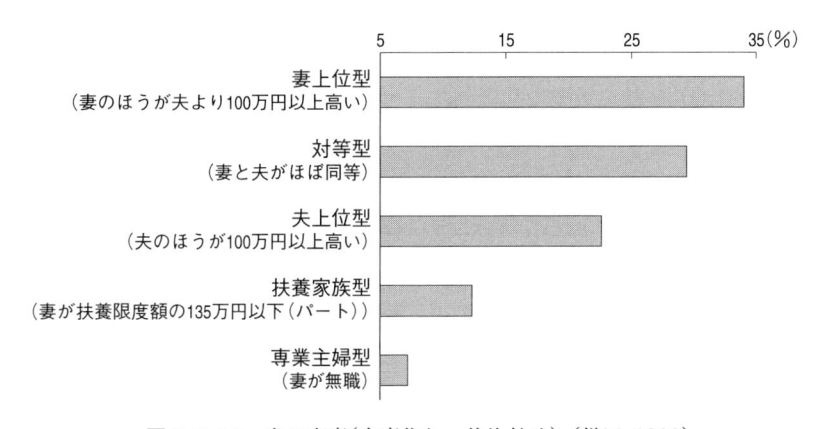

図 2-3-24 夫の家事(食事作り・後片付け)（鎌田 1999）

とを見出している．子どもをもたないキャリアカップルは今のところ少数派ではあるが，その共同参加家事は今後，「平等主義的家族」の一つのモデルになる可能性を松信は指摘している．

先に夫婦間コミュニケーションが妻の職業的経済的地位によって変化し，夫のコミュニケーションを対等なものに変化させることをみた(図 2-3-18)．夫・妻の経済力と夫の家事(食事作り・後片付け)への参加との関係をみた鎌田(1999)は，妻の経済力の大きさは確実に，夫との家事共同を促すことを実証

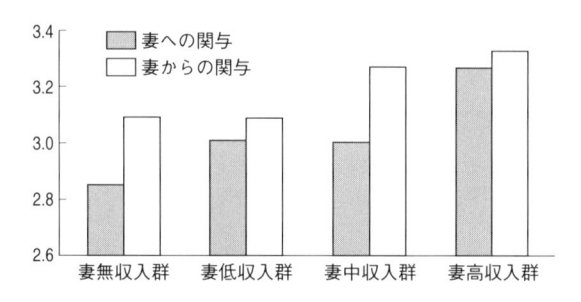

図 2-3-25 妻の収入別の夫婦間関与——夫の評定値（平山・柏木 2002）

している（図 2-3-24）．

さらに夫・妻間の相手に対する関心・配慮をみると，これも妻・夫と同程度の経済力をもつ場合，夫の妻への関心・配慮は高まり，妻の夫への配慮と対等になる（図 2-3-25．平山・柏木 2002）．

これらを考えあわせると，妻の経済的資源へのアクセスは夫と妻の関係を対等なものへ変化させる重要な契機であるといえよう．夫だけが経済的資源をもつ場合，妻は家事や情緒的ケアなど自分の心理的・身体的・時間的資源を提供することで，相手からの経済的資源供与に応じる以外ない．（女性は経済的資源に自身アクセスできず）家事や子どもや夫のケアだけで心理的時間的に充実しえた時代は，そうした夫婦間の資源交換はそれなりの効率性をもち問題を生じることはなかった．しかし，自分の資源を家事や他者だけでなく自分にも投入する必要や欲求が女性に生じて，この資源交換のバランスは崩れた．また女性も経済資源をもつにいたって，それはいっそうである．妻は夫に対して，経済的資源の供給以上に家事参加や情緒的ケア，対等なコミュニケーションを求めるが，夫はこの期待に十分応えていない．これは，男性の側に優位な経済的資源と男性優位の性役割観とが変化しない限り当然であるが，同時に女性（妻）側の変化，特に経済資源の増加なしにはありえない．

女性の高学歴化の進展にもかかわらず，女性の経済力が増大しないつまり職業継続が増えないのが日本の特徴である．しかし，これまでみてきた妻の有職・経済力が夫婦の結婚のかたちを変え平等化を進める事実にかんがみれば，今後の女性労働の進展とりわけ既婚・有子女性労働の増加は，注目すべき関心事である．

2.7 「非法律婚」というライフスタイル

これまで家族心理学の分野では，夫婦関係は当事者個人の要因や夫婦の関係的要因との関連でとらえられがちであった．「夫婦サブシステムは，本質的にクローズド・システムであり」（亀口 1992）という記述に，その立場は端的に示されている．しかし，これまでみてきたように，夫婦の関係，結婚のかたちは当事者の意志・特質で決まるものではない．夫婦，家族は開放システムであり，社会変動が家族の変化を促しそのメンバーの行動・心理にもそれが及ぶ．これは先に柏木モデル（図1-2-4）に示したとおりである．このことを，夫と妻のセラピーに携わる森川は，夫婦関係には男女の「支配―抑圧」の社会システムが侵入していることを指摘し，社会システムを自分の問題としてとらえ直す必要性を強調する（森川 1996）．

このことは，通常の結婚――婚姻届を出して公的に認知された夫婦となることは，好むと好まざるとにかかわらず従来の性役割規範や家族規範による束縛から自由になりえないことも意味する．夫婦同姓――多くは男性の姓への改姓と戸籍制度，男性が世帯主となる慣行などにそれが端的にあらわれ，夫婦の関係やそれぞれの実家との関係をも規定する．

このような現今の結婚に疑義をもち，婚姻届を出さずに共同生活をしている人々がいる．そうした人々を，善積（1997）は婚姻届による「法律婚」に対して「非法律婚」「非法律カップル」「非法律（家族）」と位置づけ，その生活と心理について詳細な調査結果を報告している．それをみると，彼らがなによりも男女間の対等性を尊重しかつ実践していることに強く印象づけられる．

欧米では，非法律婚や同棲は一つのライフスタイルとして定着し増加の途にあるが，日本では法律婚が正常であり，婚姻届を出さずに同棲しているのは"ふしだら""無責任"などとみなされやすい．しかし非法律婚のカップルは，結婚できないためにやむなく同棲しているのではない．非法律婚を選択した理由（図2-3-26）にみられるように，法律婚にともなう問題性を避け法律婚にない共同生活の利点を実現しようと，2人の関係や生活に真摯に向き合っている．

多くの理由が女性でより高いのは，別姓や戸籍など法律婚にともなう問題が女性（妻）側にもたらされるからであろう．そこで，おおむね女性が主導で男性は「相手の非婚の生き方を尊重」するかたちで非法律婚としている様相がうか

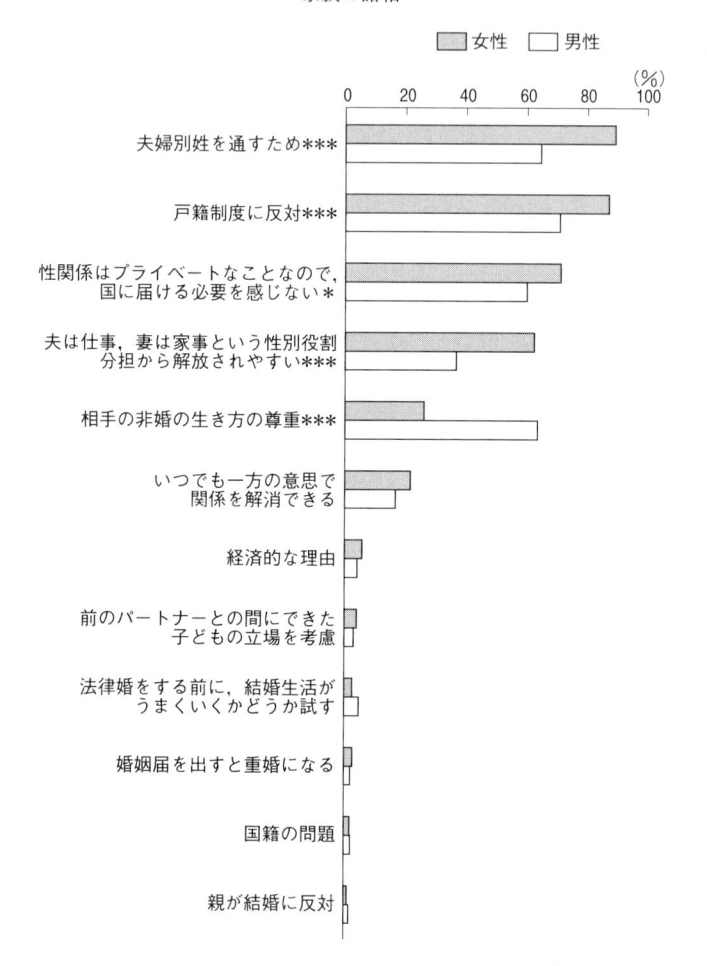

図 2-3-26 非法律婚の選択理由（善積 1997）
注：* は χ^2 検定の結果；***$p<.001$，**$p<.01$，*$p<.05$

がえる．女性たちは，親の結婚生活において父親が支配し母親は嫁として苦労する姿，さらに社会でさまざまな女性差別の実態を体験したり見聞し，結婚制度への疑問を抱き，男性と対等の立場をもち個人として自立的に生きることを強く志向するようになった経緯が，動機についての語りからうかがえる．

■ 男性　□ 同じくらい　■ 女性　□ しない・不明

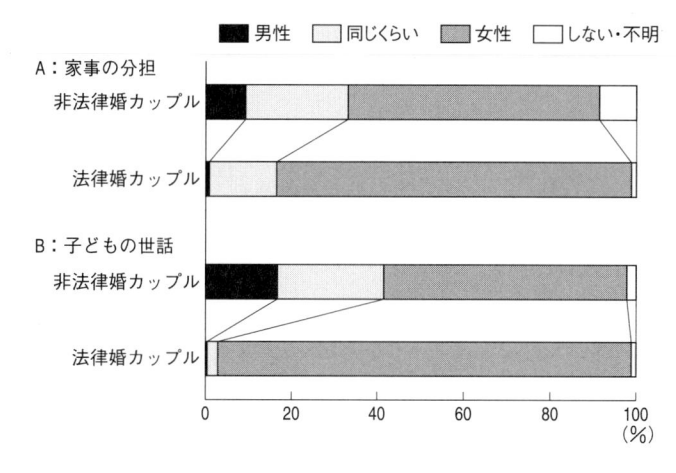

図 2-3-27　法律婚カップルと非法律婚カップルにおける性別役割分業（善積 1997）

非法律婚カップルの生活と心理

その生活は，法律婚カップルに比べて家事・育児，家計などすべてにおいて男性の分担が多い（図 2-3-27．家事・育児の分担）．

生活費の負担も，通常の法律婚カップルでは約 9 割と圧倒的に男性側で，男女同じ位は 1 割に充たないのに対して，非法律婚カップルでは 4 割が男女同じ位であり，女性のほうが主に生活費を負担しているカップルも 15% いる．非法律婚の女性は有職でかなりの経済力をもつものが多いことが，家事・育児での共同を多くしている一因であろうし，さらに日常の意志決定や 2 人の関係における対等性をもたらしていると考えられる（図 2-3-28）．

パートナーに何を期待するかをみると（図 2-3-29），ベスト 5 は〈生き方尊重〉〈信頼できる〉〈男女の平等の重視〉〈考え方を理解できる〉〈くつろげる〉で，よくいわれる「三高」（高収入，高学歴，背の高さ）とは大きく違う．そして，その期待は現実に充たされ，パートナーにほぼ満足している．

このような非法律婚カップルの実態をみると，先にみた通常の夫婦との違い——男女の対等性の高さ，現状への高い満足が印象的である．親たちの多くは息子・娘の非法律婚に初めは反対して親子は対立し，子どもたちはそれを押し切って非法律婚を実行している．しかし，親の反対はいつまでも続かず，2 人が仲良く満足して生活しているのを知って，しだいにパートナーを理解し信頼

〈非法律婚カップル〉

	どちらでもない	反対	不明
女性	13.5	85.6	0.6
男性	賛成 0.3 / 27.0	69.3	2.3 / 1.4

〈法律婚カップル〉

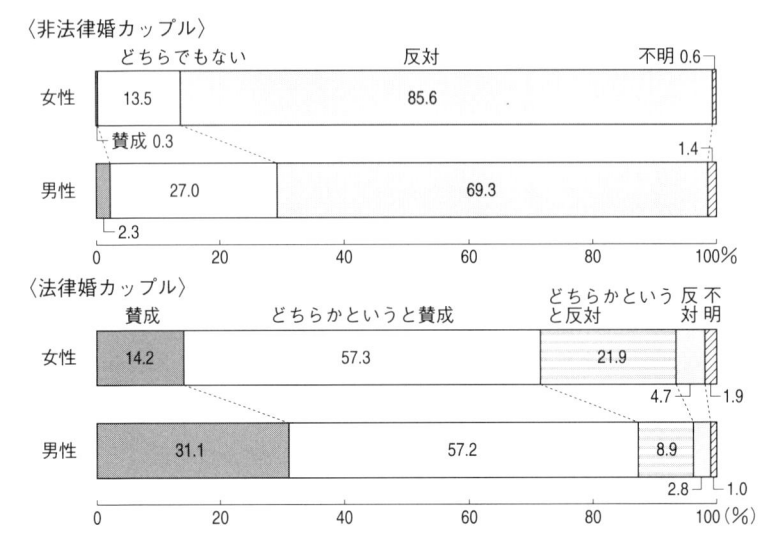

	賛成	どちらかというと賛成	どちらかというと反対	反対	不明
女性	14.2	57.3	21.9	4.7	1.9
男性	31.1	57.2	8.9	2.8	1.0

図 2-3-28 「夫婦で意見が違った場合，夫の意見を優先した方がよい」への賛否
（善積 1997）

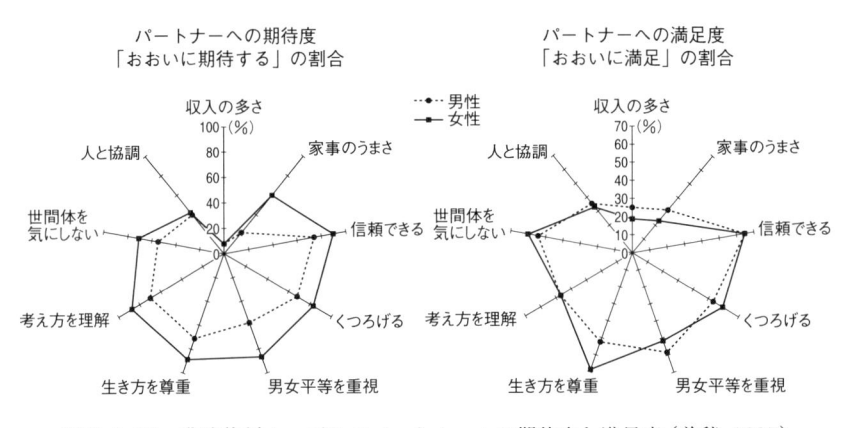

図 2-3-29 非法律婚カップルのパートナーへの期待度と満足度（善積 1997）

するようになり，孫の誕生などを契機に多くの親は非法律婚の生き方を受け入れている．そこには夫婦別姓や非法律婚カップルの増加，マスメディアの態度などの社会的状況の変化も作用していようし，さらに，従来の結婚や男女関係が内包してきた負の問題性への気づきがあるであろう．善積は，非法律婚を『〈近代家族〉を超える』としているが，その意味は，非法律婚カップルの生き

2.8 離婚——夫婦関係の一つの終結の仕方

離婚の消長

長いこと，結婚は「死が2人を分かつまで」と祈念され，離婚はあってはならぬこと，恥とされてきた．しかし，欧米諸国に比べればまだ少ないものの，離婚は漸増傾向にある(図 2-3-30)．

1999 年の離婚件数は年間 24 万 9000 件で離婚率は 1.98，これは同年の結婚数が 77 万 3000 件なので 3 組に 1 組の割合で離婚ということになる．1970 年代から約 10 年ごとの離婚総数と結婚(同居)期間別数とをみると(図 2-3-31)，5 年未満——夫婦とも 20 代の若年層が断然多いが，数はまだ少ないもののここ 20 年，増加が著しいのが 20 年同居してきた中高年夫婦層である．

未成年子がいる離婚は約 60％で，その場合，離婚後の親権者は 78％が妻で

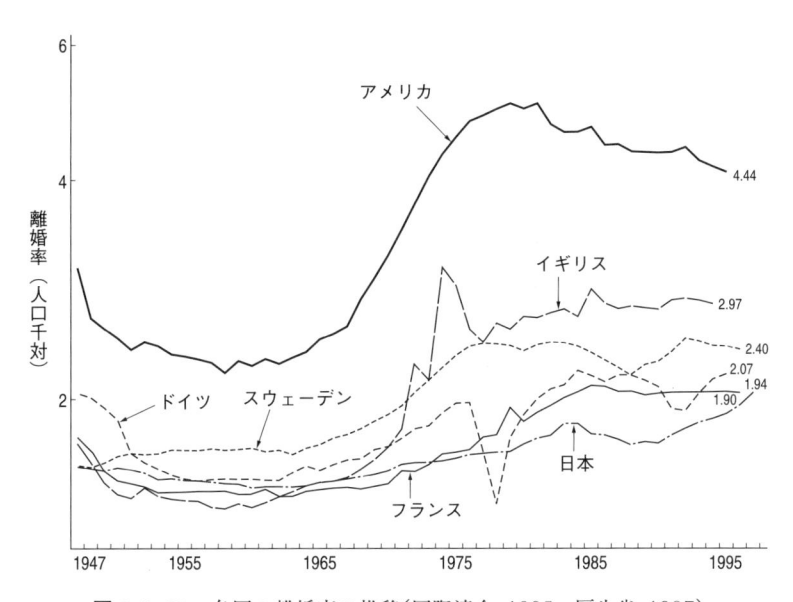

図 2-3-30 各国の離婚率の推移(国際連合 1995，厚生省 1997)

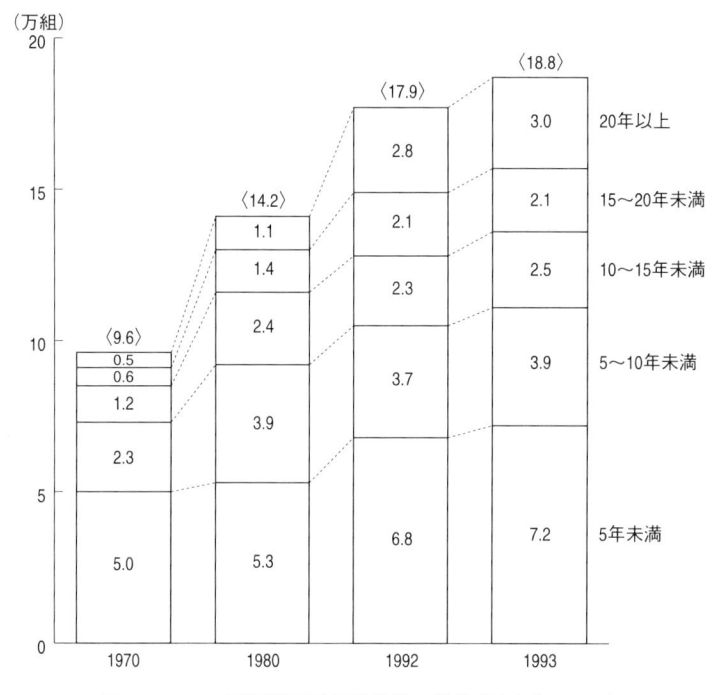

図 2-3-31 同居期間別離婚件数の推移(厚生省 1993)

注:〈 〉内は総数(同居期間不詳を含む).

あるが,養育料を支払いつづける夫は15%にすぎない.ここから,子育て期にある若い層では,おおむね女性から離婚を求めて母子家庭となり,夫からの養育料なしの苦しい暮らしをしている様相が浮かび上がってくる.それでも離婚申し立ては増えつづけており,経済的には苦しくとも自分の人生を生きようという女性の姿勢がうかがえる.なかには,実家に帰り子どもの世話や住居に親の援助が得られ,自分もしごとで再出発できるケースも少なくない.いずれにせよ,愛情のもてない夫婦関係を継続することへの忌避という点では共通している.

他方,中高年層の離婚増については,先にみた,結婚や配偶者への満足度が中高年期の妻側で著しく低く夫との間に大きなギャップがあり,潜在的離婚予備軍の多さを考えれば納得できる.結婚していることの経済的社会的安定より

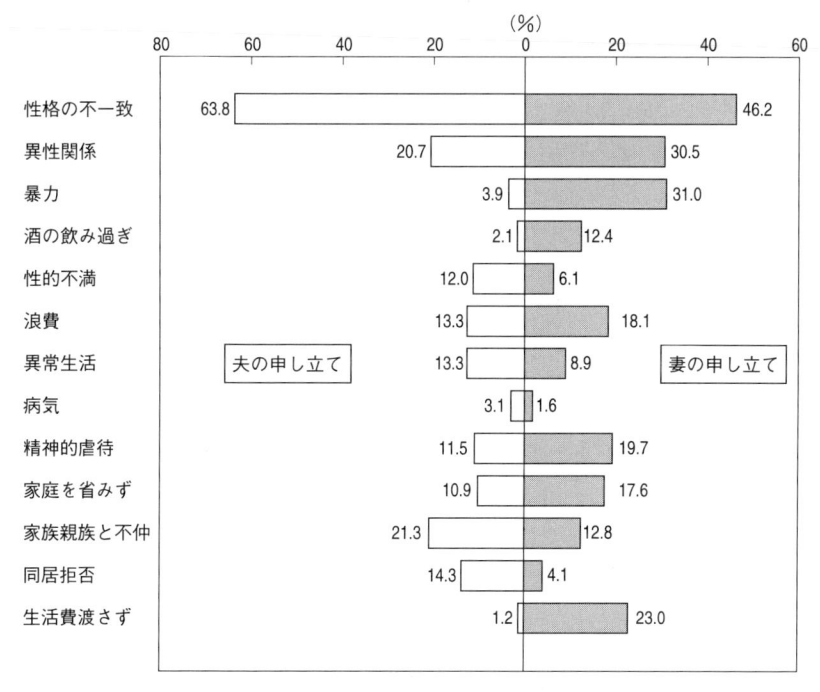

離婚申し立て理由	夫の申し立て (%)	妻の申し立て (%)
性格の不一致	63.8	46.2
異性関係	20.7	30.5
暴力	3.9	31.0
酒の飲み過ぎ	2.1	12.4
性的不満	12.0	6.1
浪費	13.3	18.1
異常生活	13.3	8.9
病気	3.1	1.6
精神的虐待	11.5	19.7
家庭を省みず	10.9	17.6
家族親族と不仲	21.3	12.8
同居拒否	14.3	4.1
生活費渡さず	1.2	23.0

図 2-3-32　離婚申し立て理由：1995年
（最高裁判所　1995）

も，結婚生活や配偶者への不満や問題をこれ以上がまんしない人生をと，子育て責任を果たした後，新しい生活を選択する女性の積極的姿勢がうかがえる．

離婚増の背景

　離婚の理由は「性格の不一致」がトップである（図2-3-32）が，複数選択のために雑多なものが含まれ，狭義の「性格」というよりも多分に価値観の違いに類するものが多いと考えられる．

　夫と妻間には家庭の運営—役割の分担をめぐって大きな意見の違いがあり，それは性役割観のずれに通じるものであった．このずれは，夫婦間の会話をはじめとして日常の些細な言動に反映されており，それが「性格の不一致」と概括されるのであろう．

　「性格の不一致」という当事者個人の理由が離婚理由の最多を占めるのには，

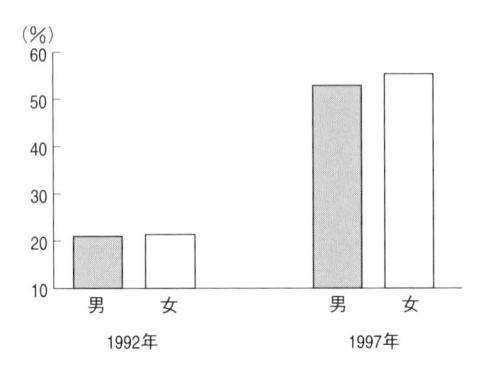

図 2-3-33 「結婚しても相手に満足できないときは離婚すればよい」（賛成の比率）
(総理府 1972; 1997)

社会全体の結婚・離婚観の変化がある．結婚は「死が 2 人を分かつまで」のものでも，女性は結婚したら実家には帰ってはならないものでもなくなった．一人の人間として個性的に自分らしく生きたいという願望が女性の間で強まり，女性の自立と自由の尊重は社会的にも認知されるようになって，離婚へのタブー視は弱まった．円がニコニコ離婚講座(円 1988)を始めた当初は，離婚という重大な問題を"ニコニコ"とは何ごとか，不謹慎だとの非難があったが，ここ 20 年の間に，愛情ない結婚は解消すべきだと離婚は肯定的に受け入れられるようになった(図 2-3-33)．

長らく離婚は，民法に定められている離婚原因による有責主義が取られてきたが，近年は，現実に夫婦関係がなく家庭が崩壊して一定期間が経過していれば，法律上の夫婦であっても意味がないとの破綻主義への転換が欧米諸国ではすでに取られている．日本でも最近，破綻主義に則った判決が出て，世論もそれを支持し，「5 年の別居離婚」という基準などが論議されている．婚姻において最重要なのは愛情だとの考えが定着したことを背景に，破綻主義化は早晩，必定であろう(寺戸 1996，榊原 2000)．

離婚タブーの消滅と，長くなった人生をよりよく生きたいとの願望は，再婚率の上昇にも反映されている．女性と中高年層での再婚率上昇が近年の特徴で，男性で 10 人中 7 人，女性で 10 人中 6 人が再婚している．

結婚・離婚観の変化や離婚増，再婚率上昇には，人口革命の余波が及んでい

る．晩婚になったとはいえ，人生80年の今日，結婚は「死が分かつまで」とすれば，結婚生活は優に50年に及び金婚式はもはや稀なことではなくなった．子育て期は結婚前半のごく短期間となり，長期にわたる夫婦2人だけの生活が予定されるようになった．このような状況は，夫と妻間の親密さ，パートナーシップの重要性をクローズアップさせる．しかし長らく親子中心の家族を運営してきた日本の夫婦の間には，パートナーシップは希薄でコミュニケーション不在・不全，妻側には配偶者への不満が蓄積されていることはすでにみたとおりである．このままの状況では，夫婦2人の生活を終生にわたって幸福に維持するのは困難なのは明らかである．それをどう克服し解決するかが日本の家族，男性と女性にとっての課題である．子ども中心家族から夫婦中心家族への転換，性別役割分業から男女共同参画への転換，家族成員間の衡平性と個人領域の保障などが，解決のキーであろう．非法律婚カップルの生き方は，この課題解決の一つの方向を示唆するものであろう．

夫婦の危機をどう克服できるか──結婚・離婚カウンセリングの臨床からの提言

同様な課題は，結婚・離婚のカウンセリングの現場からもこもごも提出されている．

日米の夫婦カウンセリングの経験豊かな佐藤（1999）は，夫に情緒の分かち合いを求める妻が，情報の分かち合いばかりの夫に愛想をつかす，という日本の夫婦の非対称な構図にたびたび接し，対等な関係と時間・空間を共有する伴侶性の欠如を指摘する．森川（1996）は，育児責任は「おまえ（妻）にまかせた」という父親が「おまえのやり方が悪い」と母親を責めるなど，対等でない父母・夫婦関係，親密性の欠けた夫婦関係を指摘する．妻は夫と親密な共同の関係を求めるが，夫はそれを回避するというパターン──分離性を保持しようとするという対照である．この非対称的関係を脱して平等で相互的親密なカップル関係を築くには，夫が子どもや妻との情緒的かかわりをもつことで妻との共同性を築く，他方，妻は妻・母という関係性・共同性だけでなく自分の世界をもち分離性を獲得すること，つまり分離性と共同性を男性と女性という性別に振り分けるのでなく，個人のなかに両者を統合する方向への変化が必須だと，森川は結論する．

平木（1988）も夫婦カウンセリングの経験から，結婚に求める親密さが結婚

の最大のジレンマであり，夫にかかわること——共同性を求める妻，他方，妻が親密さを相手との融合や夫婦の同一化——一心同体とみなしてしまうことの問題を指摘する．そして夫婦の親密性は何ごとも一緒，一心同体ではなく，夫婦といえども適切な距離をもち，それぞれが広い社会的ネットワークをもつことであり，カップルが親密な関係をもって共に生きる大前提は，それぞれが自立していることだと結論している．

不満や不一致への対処法——離婚予測指標

離婚の理由は千差万別であるが，夫婦間に意見の不一致があったとき，それにどう対処するかには，コミュニケーションの仕方がキーだと指摘されている（大熊 1996）．俗に夫婦喧嘩は犬も食わないといわれるが，ゴットマンは多くの結婚カウンセリング事例から，夫婦間に生じた意見の不一致や不満がどう扱われるかによって離婚や別離になるか否かを予測しうるとして，4種を区別している．相手への不満や意見不一致に対する「批判」「軽蔑」「防衛」「石の壁（無視・拒否）」で，この順で夫婦関係の破滅につながる可能性が高く，離婚予測指標になると臨床経験から結論している．

日本の夫婦間のコミュニケーションは，夫は威圧・無視，妻は依存的接近・共感であることをみたが，この夫の態度はゴットマンのいう離婚予測性が高い特徴を帯びており，不満や意見不一致など夫婦の危機に対処する際の大きな壁となるであろうことが予想される．

4章　親子の関係

1. ヒトの発達の特殊性と親子関係

親子関係は，家族心理学が成立するずっと以前から，発達心理学の領域で乳幼児期の親子関係を中心にきわめて活発に研究されてきたテーマである．

なぜ親子関係，とりわけ乳幼児期の親子が，早くから多く研究されてきたのであろうか．それは，ひとえにヒトの発達が他の動物にない特徴をもつことにある．ヒトの発達の特殊性は次の4点にあり，それぞれが親子関係研究の流れを形づくってきた．

1.1　哺乳類であるヒトの特殊性

第一は，ポルトマン（1961）が提唱したヒトの発達の特殊性である．すなわち，ヒトは哺乳類に属する動物としてメスの胎内で約9ヵ月育ち，誕生後も母乳によって育つ．つまり妊娠，出産，授乳という繁殖行動はメスに大きく依存する．さらに誕生時，子はきわめて未熟無能であり，親による養育は不可欠である．この特殊性のゆえに，子の成長・発達に対して親とりわけ母親の養育がきわめて大きな役割をもつことから，親の養育行動や母子関係に多大の関心が注がれ，膨大な親子関係研究が行われてきた．子どもに問題が生じた時，親（母）子関係や親に原因を求める臨床的関心もこの研究系譜につながる．

ホスピタリズムと母性的剥奪

この種の研究は枚挙にいとまがない．施設に生育した子どもが家庭で育つ子どもに比して心身発達に遅滞や歪みが多いのは，母親による養育の欠如がその原因だとされ，「ホスピタリズム」といわれて発達初期の親による養育の重要性

が強調された．これは，未熟で自分では何もなしえない無能な乳児にとって，養育者は決定的な影響力をもつという考えを前提としている．ここで断っておかなければならないのは，施設での生育が即母親による養育の欠如とはいえないことである．その後の研究は，施設は乳児の好奇心を活性化させ発達させる物理的・人的刺激の豊かさの点でも家庭環境に劣っており，これを補償することで発達上の問題を防ぎうることが明らかにされている．さらに，ホスピタリズム現象をもって，即母親による養育が絶対とは結論できない．誰であれ子どもを愛し育てることを楽しみ，子どももそれを受け入れる関係のなかで，子どもは健やかに育つ．ホスピタリズムの初期の結論は，この点を見逃がした乱暴な結論である．後に母性的剥奪（maternal deprivation）の概念が提起され，〈育てるものと育てられるもの双方が満足している状態〉の重要性が指摘された．母性的剥奪は母親による養育不在ではなく，子どもを愛し慈しむ養育者の不在であることに特に留意したい．

愛着研究の展開——乳幼児から成人まで

　もう一つ，母子関係に焦点づけた研究例として愛着研究を挙げよう．それは，子どもの母親への情愛的結びつき（愛着 attachment）の重要性を指摘したボウルビー（Bowlby 1969）の理論に源をもち，子どもの母親への愛着の客観的測定法（strange situation procedure（SSP））やQ分類法（AQS）が開発されて，愛着の発達研究は内外でさかんに行われてきた．

　注：SSPは，見慣れない実験室に母親と一緒に案内された乳幼児が，母親がいれば新規な場面や事物を自由に探索して遊ぶか，母親が不在になると泣き出し探索や遊びは停止してしまうか，再度母親が登場すると泣きが治まり探索が再度始まるか，など，子どもの行動を観察することによって，母親が子どもの愛着の対象となり安全の基地として機能しているかが推定される．つまりSSPは，危機場面における子どもの愛着の強さと機能を実験（室）的にとらえる方法である．

　日本でもSSPによる母親への愛着研究が行われている（三宅 1990）．しかし欧米文化圏で開発された方法への生態学的妥当性に疑義も提起され，実施に手間がかかることもあって，最近は，より日常場面での子どもの母親に対する行動観察評定が行われている（麻生 1992，鯨岡 1999）．

　1980年代後半からの愛着研究は，子どもに愛着対象に関する内的表象が形成され，それが成人期の愛着にもつながるとの内的ワーキングモデル説をめぐっ

て成人期の問題へと展開し，その検証へと展開しつつある．成人の愛着を測定する面接法（Adult Attachment Interview）(Main et al. 1985) による研究も日本で始まっている．しかし，幼少期の母親との愛着が，のちのちの対人関係の質を決定し発達の基底となるという，ボウルビーの愛着理論の妥当性に疑問を呈する研究も出始めている（近藤 2000）．幼少時から保育園で育つ子どもは，母親への愛着と平行して保育者にも安定した愛着を示す事実，複数の愛着をもった子どものほうが母親単一の愛着の場合よりも後の発達にプラスに作用する事実などを示した研究である（数井 2001）．

この系譜の研究はのちに一部取り上げるが，包括的な展望と詳細な研究例は小嶋（1988），三宅（1990; 1991）にゆずりたい．

1.2　未熟無能にして有能，そして個性（気質）をもつ乳児

ポルトマンの指摘する誕生時の未熟無能とは裏腹に，乳児は発達初期から外界の事物や人に積極的能動的にかかわる能力をもつ（Fantz 1961）．刺激に対する選択的注視，人的刺激への選好，さらに養育者を自分に引き寄せ必要な養護を引き出す，養育者の特性に応じて異なる反応をする，自分の要求に反する養育者の対応に強い拒否を示すなど，乳児は自身の無能力を補うに足る巧みな有能な力をもつ．

親から子への影響の検討から母子相互作用研究へ

このような"有能な乳児"（Bower 1966）の発見は，親から子どもへの影響に焦点づけた親子関係研究から，親と子が双方向で規定しあう親子相互作用の研究へと向かわせた．さらに乳児は，誕生当初から刺激への反応の強さやタイミング，慣れや気分などについて子どもごとに固有の特徴をもち（Thomas et al. 1963），この気質いかんが，事物や人とりわけ養育者との関係を左右する事実（スターン 1979，古澤 1979）が注目されて，親から子へという一方向的影響ではなく，母子相互作用過程の研究をいっそう進展させた．

愛着の形成も刺激への敏感さや抑制傾向など，子どもの気質と密接に結びついている（表 2-4-1．三宅 1990）．

日常の乳児と親との行動観察に基づく日誌記録から，乳児と親の行動は単に一方が他方に反応するという対話的なものにとどまらず，2人が同じ目的を共

表 2-4-1　7.5ヵ月時に測定された恐れの有無と
アタッチメント分類の関係（三宅 1990）

		7.5ヵ月の反応	
		恐れあり	恐れなし
アタッチメントのタイプ	B	8	15
	C	12	2

有し互いに補いあって行動する「共同する行為」であるとの指摘がある（麻生 1992）．また，ごく幼いころから頻繁に子どもと母親がふざけあったり偶発的出来事を楽しむ場面「一緒空間（the space of "we"）」（中野 1997），他者との相互性などは，子どもが受け身の存在ではなく，他者（母親）の意図や心を知り自分と他者の行為の相互性を創り出すなかで育つことを示している．

親の養育の子どもの発達への規定性

親の養育や親子関係に関する膨大な研究は，親の養育行動や親子関係それ自体への関心もあるが，究極的には子どもの発達への影響に関心がある．

子どもに何か問題が起こった時，真っ先に親の責任が問われる．母性剥奪理論はそうした素朴な親子関係モデルに呼応するものであり，教育論や政策的判断も同じ観点から家庭の責任が強調されることが多い．これらは，細部に多少の相違はあれ基本的には，親や家庭を子どもにとって最重要な環境要因とみる点では一致している．欧米では夫婦関係のよしあしに関心が強いので，子どもへの影響も夫婦関係について問題とされる傾向があるが，日本ではそれよりも親，特に母親を子どもの発達への影響として取り上げることが多く，日本の家族の子ども中心，つまり親（母親）子関係重視を反映している．

では，親の養育や親子関係ははたしてどれほど子の発達に影響しているのであろうか．この問題を扱った研究をみると，結果は一義的ではない．親の変数の影響が認められるもの，規定性が大きいものがあり，他方それらが見られないものなどさまざまである．このことは，「親の養育や親子関係が子どもの発達を規定する」という問題の立て方そのものが，はたしてどれほど意味があるか

を問わねばならないことを意味する.

母性剝奪理論については，すでにマイケル・ラター（1985）やヴァン・デ・ベルグ（1977）がそれぞれその実証や理論に基づいて徹底的な批判を行っている．最近，行動遺伝学者 J. R. ハリスは行動遺伝学の研究を総覧して，親が子どもの発達に及ぼす影響は一般に信じられているほど高くはない可能性を指摘している（Harris 1995）．双生児研究によれば，親やきょうだいとの間で共有された環境の説明力は高いものでもせいぜい 10% どまり，他方，双子間で共有された遺伝的情報の説明力ははるかに高く分散の 50% 近くに達するという．残りの 40% は家族が共有していない環境の影響で，これは子どもが成長の途中で出会うさまざまな人々との関係からの影響といえる．このことから，ハリスはこれまで家族とりわけ親の養育の影響をこれまで過大視してきたと批判している．

単独一方向モデルから複合的総合過程モデルへ

子どもの発達を長期的に追跡して親の養育や親子関係の影響を検討した研究も，発達初期の親の要因がのちのちまで決定的な規定性をもつことには懐疑的な結果を報告している（Werner & Smith 1982, Werner 1988, 菅原ほか 1999）．ウェルナーとスミスは，ハワイ諸島最西端のカウアイ島で 1955 年に誕生した 698 人の子どもたちの発達を 18 年間にわたって追跡するとともに，親やきょうだい，親戚，近隣の人々，教師など直接交流のあった人々からの話・情報，さらに保健機関や家庭裁判所などの記録など包括的な資料を収集し，それらを縦横に駆使して子どもの 18 歳までの発達がどのような要因とプラス／マイナスに結びついているかを検討した．それによると，妊娠中や周産期に母親がうけたストレスの影響で，子どもに学習障害や行動上の問題が起こることはある．しかしそれは長続きせず，成長とともに解消する．この場合，子どもの周囲に少なくとも 1 人親身になって世話してくれる人――親戚の人や親友などが，幼少期に親から蒙ったリスクを防御する役割を果たすことで危機は克服されている．ウェルナーらは，「さまざまなリスク因子があったとしても，生き抜く力を増進する防御因子とのバランスがとれている限り，自己が置かれている状況に人はうまく対応する」と結論している．

菅原らは追跡期間や取り上げた行動，サンプルなどの点でウェルナーらの研

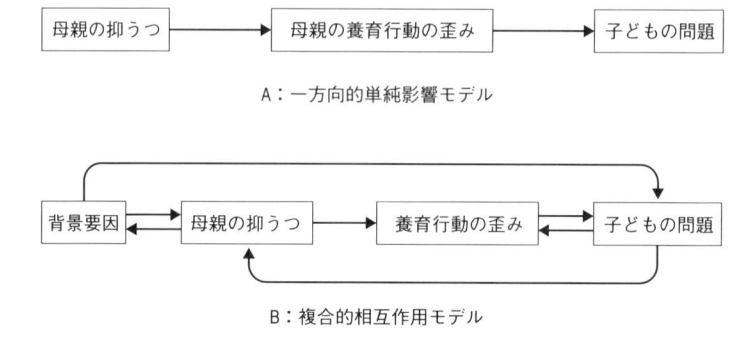

```
┌─────────┐    ┌──────────────┐    ┌──────────┐
│母親の抑うつ│ → │母親の養育行動の歪み│ → │子どもの問題│
└─────────┘    └──────────────┘    └──────────┘
              A：一方向的単純影響モデル
```

```
     ┌──────────────────────────────────────────┐
     ↓                                          │
┌──────┐   ┌─────────┐   ┌──────────┐   ┌──────────┐
│背景要因│ ⇄ │母親の抑うつ│ → │養育行動の歪み│ ⇄ │子どもの問題│
└──────┘   └─────────┘   └──────────┘   └──────────┘
     ↑                                          │
     └──────────────────────────────────────────┘
              B：複合的相互作用モデル
```

図 2-4-1　母親の抑うつと子どもの発達との関連モデル（菅原 1997）

究には及ばないものの，日本では困難な縦断研究を行い貴重な資料を提供している．そこでも，子どもの不適応は母親の不適切な養育に帰する単純な一方向的影響モデルでは説明できず，子ども自身の要因，家庭の経済的社会的条件，親要因，家族内の関係などが複合的相互的に働きあう様相が明らかにされている．また発達初期の影響はのちのちまで決定的に及ぶものではなく，防御因子として父親と母親との関係や父親の良好な養育態度などによって補完されることも見出している（菅原ほか 1999）．

うつ症状をもつ母親の子どもは，通常の母親の子どもに比べて精神疾患をはじめ広範な適応上の問題を引き起こしやすいことは，かねてから注目されてきた．この不適応生起のメカニズムを解明しようとする研究がここ十数年内外で蓄積されてきているが，ここでも母親要因の単独モデルは妥当でなく，複数の危険因子の相互作用モデルによって説明しうるとの結論に達している（図 2-4-1．菅原 1997）．

これらの研究結果は，親（母親）子関係研究がようやく一方向的な単純モデルから脱して，両親を含む家族システムおよび社会的状況との相互作用の研究へと展開すべきことを明示している．さらに，発達初期の親の養育や親子関係を過剰に問題視すべきでなく，生育過程で出会う教師や友人，近隣の人々など社会の多様な人間関係のなかで，子どもは能動的に自己を形成していく過程，さらに個人の理想の自己像への接近をはかる自己形成の過程など，発達後期における発達を重視すべきことを示している（Schaffer 2000）．

5歳ころまで親の養育を受けず野生そのもので育ち歩行も言語も未発達で発

見された子どもが，保母や教師たちの温かく適切な養育や指導によって正常な発達に追いついた事実(藤永ほか 1987)もあり，人間の発達は動物の刻印づけのように初期経験の絶対的非可逆的なものではない．人間の発達とは，生涯にわたって積極的に環境を求め，そこで学習し発達しつづけ，さらに先行の経験を変化・修正させる，社会化を超えた主体的で能動的な営みである．

養育者への親和性と反発性——分離・自立の発達

　愛着理論は，子どもの外界への探索と自立が子と母との緊密な関係——愛着を基盤として成立すると考え，母親との愛着・結合を重視してきた．しかし，子の積極的な外界の探索と自立の成立には，養育者が適切なタイミングと方法で子どもに分離を促すことが，必要かつ有効に機能することを無視できない．

　そもそも子育てとは，母親が自己資源を子に投資する「親性投資」であり，母親による子への反発・攻撃はその投資の断ち切りである．そのことが親と子の分離を促進し，子わかれの契機となり，親・子双方の自立を促すと社会生物学は考える．サルの母親はある時期から子に対して攻撃的行動を頻発し，それが子の自立を促す適応的機能をもっていることが注目されている．

　子育てが「親性投資」であることはヒトも例外ではない．それどころか，子育てが要求する親の時間，心身のエネルギー資源は，子育て以外のものにも投資しうる，また投資したいものであり，子育ては親性の投資対象として相対的なものである．それゆえ，母親には，子どもへの親和性と同時に子どもへの反発性も存在する．授乳や運搬という拘束・負担，子の幼体図式(可愛らしい容貌)の喪失など母子関係内の負の要因，しつけや就園・就学など正の要因，母親自身の就労や社会的活動，趣味などの母子関係外の諸要因が，子への反発性を構成し母子間の分離を促している(図 2-4-2．根ヶ山 1999)．

　これまで乳幼児期の親子関係研究は，養育者それも母親と子どもとの親和的関係に関心が集中し，その種の研究は膨大かつ増加の一途をたどっている．愛着研究はその典型だが，乳幼児期に限れば母子間の愛着研究が圧倒的多数を占め，離乳や自律，分離に類する研究はきわめて少ない(根ヶ山 1999)．このような研究の偏りは，母親と子(乳幼児)は共にいて親和的な関係にある現実，さらに母子関係は親和的なもの，そうあるのが望ましいという(一般の，研究者の)母子関係観や価値を反映していると，根ヶ山は指摘する．そして根ヶ山は養

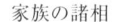

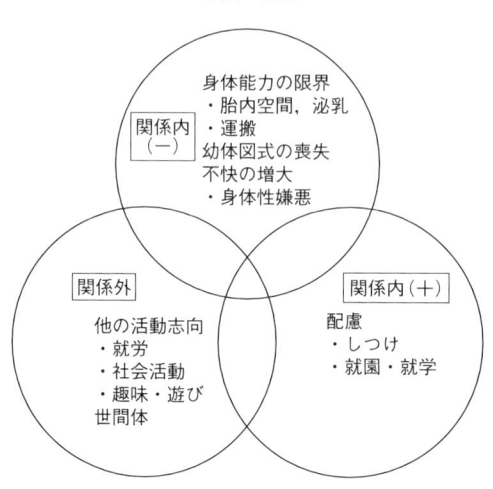

図 2-4-2 　母子間の反発性を構成する諸要素（根ヶ山 1999）

育行動における母子間の反発性に注目し，離乳や食の自立や移動行動の発達が母子間の反発や分離に積極的な役割を果たす事情，さらにヒトの養育行動に固有のモノ（離乳食やおんぶ紐など）が介在することの意味と機能について論考し実証研究を展開している（根ヶ山 1999）．

　しかし，親が子に示す反発的な働きかけやモノや場所，他者を介在させることによって子との距離を広げる営みが子の自立を促し，同時に親の主体性と自立を確保させる事実は，もっと注目されてよい．子どもが初期の母との融合的共生的状態から脱して母から分離し個体化するプロセス——母子間の分離は，精神分析がすでに注目している（マーラー 1981）．そこでは，親との対立を経て親から分離する過程を子どもの発達の重要な相と認めている点で，子と親の親和性を強調する愛着理論とは異なり，むしろ社会生物学の対立的親子観に通じる．ただし精神分析学では，最初は共生，のちに対立をへて分離・個体化へ，という時間的移行とみなす．しかし親と子はいずれの時期においても，主体性をもつゆえに親和し同時に反発する存在であることに注目したい．とりわけ今日の社会的状況のなかで親と子の関係を親・おとなの視点からみた時，子は親にとって愛情の対象であると同時に，自分と対立する他者として立ちあらわれる存在でもある．このことについては，のちに節を改めて述べよう．

1.3　生涯にわたる親子関係——長期化した養育，成熟後も続く親子関係

　未熟無能な状態で誕生する子のゆえに必須のこととして始まった親による養育と親子関係は，子が自食や自力歩行などが可能となっても終わらない．これは，他の動物では子の自食と自力移動の成立がすなわち親の養育の完了であり親子関係の終了であるのと，大きく異なる点である．

　自食や歩行など身体的自立は，ヒトの養育のゴールから見ればほんの一里塚，その後に多様な能力・資質の養成が求められる．そのためには，親によるしつけや家庭での教育・訓練だけでは不十分で，各種教育機関での長期にわたる学習・訓練が親の経済的資源によって果たされる．工業化，情報化の進展は，高度な知識と技術なしに一人前として独立することを困難とし，それにともなって教育期間は延長し高学歴化が進展した．このことはすなわち親による子の養育期間の延長にほかならず，養育するものとされるものという親子関係をかつてない長期にわたるものとした．この変化は，高度な教育を社会が必要としたことの結果であるが，同時に，長期にわたる養育(教育投資)が親にとって可能となったことの結果でもあり，ここにも社会と家族が相互に関連しあいながら双方とも変化していく様相がみてとれる．

親と子の関係の質的変化

　ところで親への依存は，かつては無力な乳幼児期のものとされていたが，親との関係は成長とともに変化して，依存も形や機能を変えながら存在する．その対象も母親とは限らず，また1人ではなく複数の対象に分化している．その機能も，道具的な援助を求めるもっとも原初的なものから，言葉や笑顔で承認されることで支えとなる，その人の存在だけで安心し支えられる，さらに，実在しなくともその人を思い浮かべるだけで心が休まり力を得るなど，である．幼少期ほど道具的な援助による支えが必要・重要だが，しだいに言葉や表情のやりとり，さらに心のなかでの表象へと進む．こうした他者との関係は自立と対立的な依存ではなく，むしろ相互に心理的な安定を分かちあう他者との関係である．それは，人の全生涯にわたって変化・発達する対人関係の枠組みである(Takahashi 1990)．

〔段階〕　　　〔親子関係のあり方〕
5　親が子を頼りにする関係
4　子が親から信頼・承認されている関係
3　子が困った時には親が支援する関係
2　親が子を危険から守る関係
1 ｛ 親が子を抱え込む関係
　　⇕
　　親が子と手を切る関係

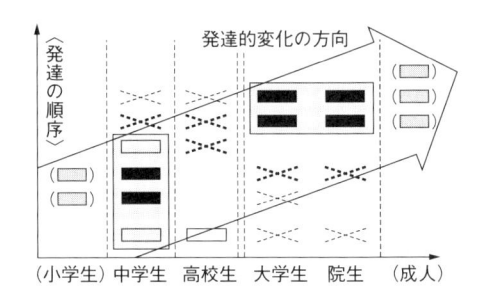

図 2-4-3　親子関係のあり方の変化からみた心理的離乳への過程（落合・佐藤 1996）
注：各学校段階に多くみられる親子関係は四角形で示している（因子得点 .30 以上は ■；.15 以上は □）．あまりみられない親子関係は×印（因子得点 -.30 以下 ---；-.15 以下 ---）．それ以外は空欄．網かけは，特徴的な親子関係を囲んでいる．

生涯にわたる親と子間の資源関係

　親とりわけ主たる養育者は幼少期には子どもの愛着の中心的対象であるが，子どもの生活圏の拡大にともない愛着対象は友達や保育者などへと広がり，対象ごとに異なった機能をもつ．他方，子どもにとっての親の機能や意味，親と子の関係は質的に変化し転換する．小学生から成人にかけて親と子との関係が質的に変化する様相は，図 2-4-3 のようにモデル化されている（落合・佐藤 1996）．

　子どもの親からの心理的離乳は，親にとっては長期にわたる子どもの養育・教育の完了である．しかしそれで親子関係は終了せず，子の成熟後も親との関係は継続しつづける．これは，動物では子は成熟後，親から分離独立し親子関係は消滅してしまうのと大きく異なり，ヒトに独自のことである．親も子も成熟したおとな同士として，他の人間関係とは違った親密な関係が結ばれる．この間，双方が自立可能な限り，一方が他方を世話し依存する必要はないため，養育する者とされる者という上下の関係ではなく，むしろ対等な関係となる．

　この関係は親が高齢化し身体的にも経済的にも子より衰えるまで続き，最後に衰えた親が子に依存し養護される関係となり，親の死によって長い親子関係は終わりを告げる．

　このような親と子の関係の変化を，心身のエネルギーや経済など資源の流れとしてみると，最初は親のもつ資源が子に投資され，子が成熟後しばらくの間親子間で資源の移動なしの対等な関係が続いた後，最後に資源の流れは逆転し，

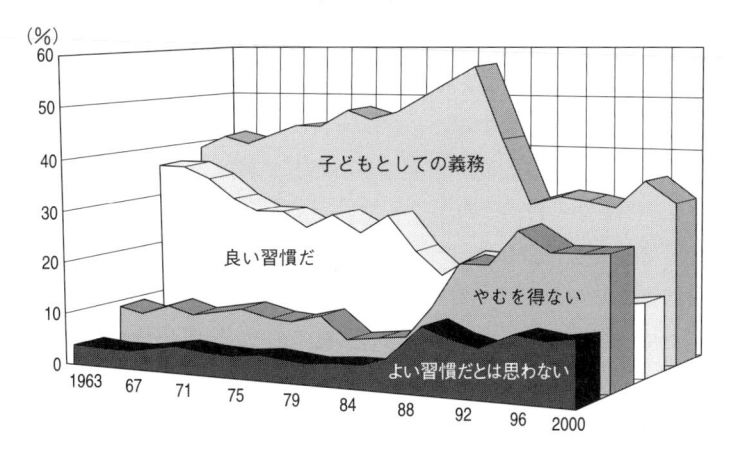

図 2-4-4　老親の扶養についての意見（毎日新聞社人口問題調査会 2000）

　今度は子のもつ資源が親に向けられることになる．親孝行とは，子から親への資源の還流にほかならない．これは，成熟後は親との縁が切れて独立し，親に対して子から資源が還流されることのない動物とは異なる人間に独自のことである．
　もっとも，資源の還流は常に生じるとは限らない．それを必要とし可能とする社会的状況，親孝行を徳とも美ともする価値観などによって，還流の量も質も変化する．老いた親の扶養についての見方は，日本では最近変化が著しい（図2-4-4．毎日新聞社人口問題調査会 2000）．
　日本では長らく，親の扶養は子どもとして当然のことでありよい習慣と考えられてきたが，最近は（施設や制度が不備だから）老親扶養は「やむをえない」という意見が強まり，よくない習慣だとする見方さえ出てきた．この変化を，日本人が冷たく親不孝になったと慨嘆するのはあたらない．高齢期の延長と少子化という人口動態上の状況変化が子による親の扶養を困難にし，社会的な解決に期待せざるをえなくさせたのである．生年を異にする5コホートについて主要な家族できごとを比較した正岡らの資料（正岡 1999）によると，最近のコホートほど親子関係が存続する期間が長期化し，親から子への資源の流れが顕在化する期間は伸びた（教育期間の延長）のに反して，子から親へ資源が還流する期間は短くなっている．

現代の日本において人々が遭遇する「生活できごと」を「自己の発達」との視点から，胎児期から死までを遡及的な順でまとめた飯島は，コンボイ(特定個人の人生を指針したり監視することを任務とする集団)の機能に注目し，発達段階ごとにコンボイの役割を担い重要な他者として機能している人を示している(表2-4-2．飯島 2001)．

コンボイの構造と機能は年齢・生活の変化にともなって変化するものの，肉親は生涯にわたって親密でサポートしあう関係にあることが明らかにされている（Antonucci & Akiyama 1991，大熊 2001)．人によって関係の質量は異なれ，子にとって親は死によって絶たれるまで生涯にわたる重要な他者である．欧米に比べて家族の絆が強く，自立よりも協調が重視される日本では，肉親とりわけ親との関係が親にとっても子にとってもコンボイとして機能していることは十分納得できる．

コンボイ理論に立って日米の成人がどのような社会的ネットワークを形成しているかを比較した研究(秋山 1997)は，日本人とりわけ女性が数のうえでも親密さの点でも身近な家族との関係が大きな比重を占めていることを報告している．しかし同時に，家族や身近な人間関係は女性にとってストレス源ともなっており，家族はプラス／マイナス両方の意味をもち，支えともしがらみともなっている状況が示唆されている．

中期親子関係——対等な親と子関係の出現

資源の流れは，親と子の関係の性質を規定する．子の生育期は，親のもつ資源の圧倒的優位の下に子は親に従属する立場にある．また親の高齢期には，子の資源が上回り親が子に従属する立場に立つことになる．こうして親と子の関係は資源の授受のゆえに対等にはなり難く，しかも前半と後半とでは資源の流れの方向によって関係は逆転する．しかしその中間に，親と子との間に対等な関係となる時期がある．その時期は近年次第に長期化し顕在化し，家族発達上注目すべき問題を提供している．

医学の進歩や栄養・衛生条件の改善などによって，近年，心身壮健な中年期が伸長した．同時に，子ども数の減少も手伝って経済的に豊かな中高年層の親の層が増加した．他方，健康保険や年金など社会保障制度が拡充されて，かつてほど高齢期を子に依存する必要性を弱めつつある．このような状況変化は，

表 2-4-2　生涯発達段階（飯島 2001）

発達段階とその特徴	生活できごと 生物学的要因	生活できごと 社会的要因	年齢に関する行事	道づれ（convoy）
老年期（65～） 成人後期（55～65）	人生の受容	死 配偶者の死 きょうだいの死 施設入居 再就職 定年 親の死	白寿 卒寿 米寿 喜寿 古稀 還暦	配偶者 子ども，きょうだい，孫，親戚 親しい友人，配偶者の対人関係 施設の職員，カウンセラー かかりつけの医師，近隣の人 配偶者 子ども，きょうだい，親戚 友人：先輩・同輩・後輩 上司
成人中期（30～55）	自己の再吟味	身体機能の老化 運動機能の老化 閉経	孫の誕生 子どもの独立	男性の厄年 女性の厄年	子どもの友人の親 配偶者の対人関係 カウンセラー かかりつけの医師，近隣の人
成人前期（22～30）	両性具有性の発達		祖父母の死 子どもの誕生 結婚		配偶者 親，きょうだい，親戚 友人：先輩・同輩・後輩 上司*，子どもの教師 配偶者の対人関係 子どもの友人の親 カウンセラー かかりつけの医師，近隣の人
青年後期（18～22）	生き方の選択		就職 大学・短大・専門学校への入学	成人式	親，祖父母，きょうだい，親戚 友人：先輩・同輩・後輩 上司，配偶者の対人関係 カウンセラー かかりつけの医師，近隣の人
青年前期（12～18）	計画的有能感	第二次性徴の出現	高校への入学 中学への入学		親，祖父母，きょうだい，親戚 特定の異性 友人：先輩・同輩・後輩 親の友人，友人の親 教師，塾教師 カウンセラー かかりつけの医師，近隣の人
児童期（6～12）	自己効力感		塾への参加 地域の活動への参加 小学校への入学		親，祖父母，きょうだい，親戚 友達 教師，塾教師 親の友人，友人の親 かかりつけの医師，近隣の人
幼児期（2～6）	自己主張・自己実現・自己抑制	身体・運動機能の発達	幼稚園への入園 保育園への入園 お稽古事への参加 公園デビュー	七五三 誕生日	親，祖父母，きょうだい，親戚 友達 保育者，塾教師 親の友人，友人の親 かかりつけの医師，近隣の人
乳児期（0～2） 胎児期	愛着の形成	誕生 受精			親，祖父母，きょうだい，親戚 親の友人 産科医，看護婦，近隣の人

注：*メンターからの自立．友人：学校・余暇活動・職場の友人．毎年の誕生日による自己認知は自己の発達を規定する．
　　個人別に非標準的な生活できごと（家族の死，病気，事故，再婚など）がある．
　　人生の選択には個人差があるのでコンボイ，生活できごとなどここに記入されていないものもある．
　　子どもの誕生，親の死などは役割の変化という視点から社会的できごとに入れた．誕生日：毎年ある生活できごと．

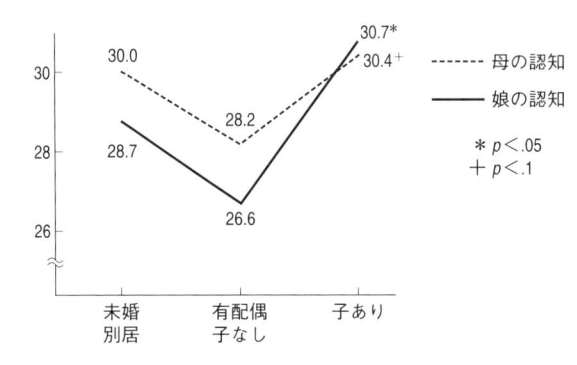

図 2-4-5　母から娘への援助：娘のできごと経験（春日井 1997）

　初期の親による子の養育期と最終の子による親の扶養期の中間に，親も子も成熟したおとな同士として資源の授受のない対等な関係を結びうる特異な時期を現出させた．

　これまでの発達研究において，「親は子の養育者」との見方が圧倒的に強く，そのことが乳幼児期の親子関係研究を隆盛させてきた．近年，高齢化社会の問題として，親の介護期の研究が少しずつあらわれはじめてはいる．しかし，この初期と後期（最終期）の中間に位置する中期親子関係に注目した研究は極めて乏しい．そのなかで春日井は，母と娘の関係を価値観の一致，情緒的親密性（信頼，愛情，尊敬，理解など），接触（行き来，手紙のやりとり），援助（家事，買い物，世話など）について丹念な検討を行っている（図 2-4-5．春日井 1997）．

　母娘間の接触や援助は，娘の結婚つまり別居によっていったん減少するが，娘の出産＝親役割取得によって接触自体はそう増加しないものの，援助はそれまでにない水準まで増加する．そして母と娘は，自分たちが相互に助け合う緊密な関係だと認知している．

　娘の結婚と出産というできごとは，母親にとっては過去の自分と現在の娘とが同僚的地位につくことを意味し，娘にとっても過去の母に感情移入することになり，同じ経験を共有するものとして母親と娘に強い共感を抱かせるのであろうか．春日井は，親子関係は全期間を通じて長期的な互酬性の原理に規定されているとみなす．子の養育期と親の扶養期はそれが顕在化する時期であるが，相互に養育や扶養の必要がない中期にも，図からみられるように，情緒や援助のやりとりが行われ，実際の互酬のインバランスにもかかわらず母と娘は「与

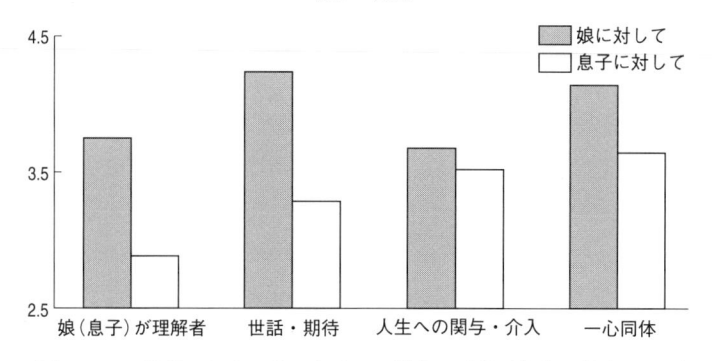

図 2-4-6　母親における娘・息子への期待・感情（高木・柏木 2000）

え手であると同時に受け手であるという意識」を抱いている．他の人間関係では，報酬の交換そのものが目的であり，それが終了あるいは不可能となれば関係を絶つことが可能であるのに対して，親と子は解消不可能な関係にあり選択できない運命的な重要な他者である．そのことが，親と子を相互に「結合の確認と強化」を究極的な報酬とした互酬的な関係を結ばせるのではないか，と春日井は論考している．

　母娘関係に加えて，母親と息子・娘双方との関係も検討されている．娘から母への依存はどの年代でも他の家族との関係以上に強く，母と娘の女性同士の密接な関係は青年期から成人期にかけて一貫して持続する(渡邊 1997)．息子・娘双方をもつ母親を対象に子どもとの関係を検討した研究(高木・柏木 2000)も，母―娘の関係は母―息子関係よりも強く，母親は娘を夫以上に自分の理解者であるとみ，娘からの世話や近居を息子以上に高く期待していることを明らかにしている(図 2-4-6)．

パラサイトという親と子の関係

　経済的に豊かで心身壮健な中高年の親層の出現は，成人後の子にも経済的資源投資を続ける現象を生んでいる．学卒後就職しても子の経済力は親の経済力には及ばず，親との生活で得てきた水準をひとりで維持することは難しい．他方，"少子" への投資は親にとっては容易となり，子は同居することで結合の確認と強化を求める親に応えることになり，親と子双方の互酬性は充たされもする．こうして，自立後も親と同居し，住居と家事などの援助まで供給されて快

表 2-4-3 親族と同居している若者未婚者数と増加率

	男女の別	平成 12 年 (万人)	平成 2 年 (万人)	増加数 2〜12 年 (万人)	増加率 2〜12 年 (%)
総　数	総　数 男 女	1,262 669 593	1,046 565 481	216 104 112	20.7 18.4 23.3
20〜29 歳	総　数 男 女	967 491 476	858 435 423	109 56 53	12.7 12.8 12.5
30〜39 歳	総　数 男 女	295 178 118	188 129 58	108 48 59	57.2 37.1 101.7

資料:『平成 2 年国勢調査第 1 次基本集計全国編報告書』第 17 表,『平成 12 年国勢調査第 1 次基本集計全国編報告書』第 16 表.

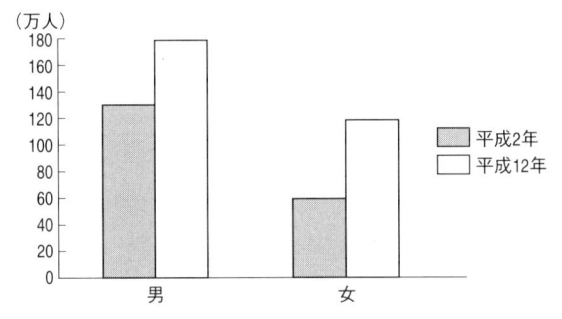

図 2-4-7 30 歳代の同居者数——平成 2 年と 12 年の比較
資料:『平成 2 年国勢調査第 1 次基本集計全国編報告書』第 17 表,『平成 12 年国勢調査第 1 次基本集計全国編報告書』第 16 表.

適な生活が保障されるパラサイト(山田 1999)族が出現した．互酬性の視点でみれば，経済的投資においてより豊かな親世代とそれが劣る子世代との間で，親側の子との結合・強化への指向と子側の豊かな生活志向という，異なる報酬が交換されての現象とみなせよう．これは，親子といえども自立を第一の原則とする欧米と異なり，相互協調をよしとする日本の文化規範(Markus & Kitayama 1991)が「できるだけのことをしてやる」親の愛情観とあいまって，親と子の関係においてもっとも先鋭にあらわれた現象であろう．

若年未婚者について親族(ほとんど親)との同居の推移をみると，この 10 年間

に20％以上の高い増加率を見せている（表2-4-3，図2-4-7）.

このように，かつては幼少期に養育を受けた子が老いた親を扶養するというかたちで行われていた親と子間の互酬性が崩れ，新しい親と子の関係が現出しつつある．これはきわめて現代的な現象であると同時に，日本に固有の問題でもあると考えられる.

家族発達段階説では，家族の発達を子どもの誕生，子どもの成長にともなう親役割の変化，さらに親役割の終了後は配偶者との関係中心にとらえられてきた．しかし子との関係は，養育者としての役割は完了した後も続き，親となり子となった以上，関係の質量は変化するにせよどちらかが死にいたるまで親と子の関係は生涯続く．これほど長期の親子関係はこれまでなかっただけに，全生涯を射程にいれた親子関係の研究は，きわめて今日的な研究課題である．今後，多くの実証データが蓄積されたうえで，親子関係の生涯発達の理論化が必要であろう.

1.4 親子関係の多様性と柔軟性——親子関係や子育ての文化

人間の長期養育は，未熟で誕生する種の必然として人類に共通する．しかし，歴史や異なる社会を広くみれば，子の養育の様式・時期・内容は一定不変ではなく，多様なものがある．先に異なる文化・社会におけるさまざまな家族のかたちと機能についてみたが，家族の多様性は子育てつまり親子関係においてもっとも明確にみることができる.

子どもは親が育てるものと決めずに，子ども好きな夫婦，子育てが上手で経済的にも余裕のある家，子どもが生まれず育てたがっている夫婦など，子どもの生育にもっともよいと判断したものに託され，その養い親に育てられるヘアー・インディアン（原 1980），親だけでなく親族・近隣のおとなが誰の子であれへだてなく育てる複数保育のミクロネシアの社会（青柳 1987），幼少期は祖父母に養育を託し両親は働きつづける中国の「寄養」の制度（陳 1999），子育てを，男性（父親）女性（母親）双方の権利であり責任であるとして制度的にも慣行としても定着させているスウェーデン（善積 1996）——ここに見られるのは，その担い手においても数においても多様な養育の姿である．この多様性を念頭に置くと，日本社会に長く根強い"3歳までは母の手で"は，むしろ特異でさえある.

適応戦略として進化する子育て

人間の子育て・親子関係には他の動物にはない幅広い多様性がある事実は，養育行動が本能によらず学習の産物であり，文化の一端であることを示している．養育行動は，繁殖という生物適応の目的を達成するために親が自分の資源を子に投資する行動——親性投資とみなしうるが，親は自分の生涯繁殖成功度を上げ適応度を最大にするために，個々の子への投資を調節している．社会・文化のちがいによる多様な子育ては，子への投資の量や期間さらに投資様式の多様性であり，社会により生業によりさらに子の性によって異なるのは，おかれた環境状況に応じて最適な行動選択を行うことによって最大の繁殖成功度を上げるための戦略的調節とみなしうる(正高 1997)．

人間の生息・生育環境は，その自然的生態学的条件においても社会経済的条件においてもさまざまである．所与の環境条件下で子の安全と成長を保障する養育の様式を編み出させ，同時に子育てに関する価値観を生む．厳しい寒冷地で獲物を追って生活する苛酷な生活のなかで，ヘアーの人々は子の養育に最適な条件を備えたものに託すことで子の成長を保障し，同時にそのやり方を支持する子育て観が醸成されていった．他の養育様式も，その社会の諸条件下で最適な子育て戦略として工夫され実践され，同時にその子育てをよしとする考え方が生まれ定着していった．こうして環境条件と子育ての実践，さらに子育てをめぐる価値観が相互に規定しあって，他の動物に類をみない子育ての多様性と可塑性とが人類に現出したのである．

第1部2章で，社会変動と連動する家族の変動についてのモデルを提示したが，そこで例示した家族の構造と機能，さらに家族成員である男女の関係，親と子の関係は，所与の環境下で子孫を残すという進化上の適応を達成すべく編み出した最適な戦略とみなせよう．おんぶ紐から乳母車，紙オムツ，人工乳や離乳食物など育児用具の開発・普及，さらに親以外の人による子育て，人類に顕著な父親の登場など人的面での多様性も，長期にわたる困難な養育を容易にすべく人類が高い知能と学習能力によって編み出した進化の産物とみなせよう．

親子関係についての文化比較研究——欧米と日本の比較

欧米で始まった心理学の研究は，長らく欧米の親子関係と育児行動を研究対象としてきた．第2次世界大戦後，日本の育児を実体験したアメリカの研究者

表 2-4-4 「子ども(3歳時)は誰と寝ているか」の分布
(東・柏木・ヘス 1981)

	日 本	アメリカ
1人で	4%	70%
同胞と	13%	25%
親 と	82%	4%

が，日米の親子関係や育児法の差に注目して実証的な研究を行い，一連の報告を行った（Caudill & Weinstein 1969）．

日米の中流階層の母親と生後3ヵ月の第1子を対象に，家庭での母子の行動が観察され，アメリカの母親は子どもへの話しかけ，顔をみて笑いかけるなどが多い，しかし子どもが眠ると離れて他のことをしている，他方，日本の母親は，言語的な働きかけは少なく抱きかかえたりゆすったりなど身体的な働きかけが多く，子どもの傍にいる時間が長い（眠っていても傍にいたりおぶっている）という差を見出した．そして，日本の母親は子どもに何が必要かを自分がよく知っていると思い，子どもは自分の体の延長・分身とみなしているとされ，これは，乳児といえども自分とは分離した自律的存在だとみなすアメリカの母親と異なることが指摘された．つまり，子どもと母親は日本では時間的空間的に近接している，この身体的近接が母子の心理的近接さ・緊密さに通じ，母親は子どもと一体感をもつというのである．この W. コーディルらの研究の結論的言説は，その後の母子関係研究に大きな影響力をもつことになる．

コーディルらとほぼ時を同じくして，社会学者 E. ヴォーゲルも都市の中流家庭に参加観察研究を行い，日本の子どもが母親と一緒にいる時間が長く，かなり大きくなるまで同室就寝することなど，強い母子関係と身体的接触の多さを報告している（Vogel 1967）．

就寝パターン，しつけ方略における日米差

母親が主たる養育者であることは日米にほぼ共通するものの，子どもとの関係のつくり方に違いがあることは，1970年代後半から80年代前半にかけて行われた日米の子どもと親についての縦断的比較研究においても確認されている（東・柏木・ヘス 1981）．ヴォーゲル，コーディルらが注目した子どもと親との同室就寝は，この調査対象児が3歳半時点の調査でも確認されている（表 2-

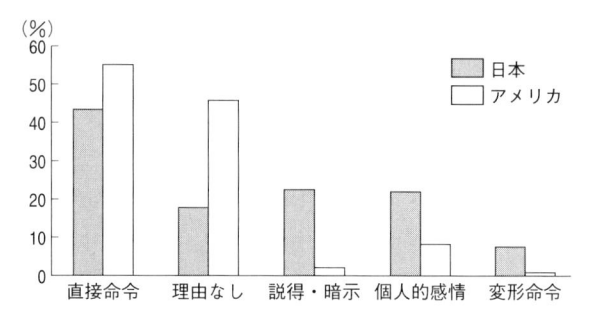

図 2-4-8 日米の母親のしつけ方略（東・柏木・ヘス 1981）

4-4).

　アメリカでは例外的な親との同室就寝が日本では大半であり，アメリカでは一般的な親との別室就寝は日本ではほとんどない．この調査対象の家の部屋数は日米で大差がなく，また日本のサンプルで部屋数が少ない時に同室就寝になるという関係もみられない．このことは，同室就寝が物理的制約でやむなくのことではなく，「小さいうちは親とりわけ母親と一緒がよい」との考え方によることを示している．

　日本での就寝パターンの詳細な研究（篠田・大久保 1995）は，幼少期の子どもと母親との同室就寝がきわめて一般的であり，夫（父親）が子どもと同室就寝する妻（母）と離れて別室に就寝するケースさえ少なくないことを報告している．ここには，夫婦関係より親子（母子）関係を重視する日本の家族の特徴が端的に示されている．欧米では子どもを親とは別室就寝させるさい，覚醒中の子どもを離れた寝室に独りおいて半ば強制的に入眠させる様式をとるが，日本では子に寄り添って子を寝かしつけ，子が寝入ってから母親は傍を離れるという，子本位の入眠法をとる（根ヶ山 1997）．ここには，寂しくとも1人で寝るものとして自立を促すか，寂しくないよう保護するかの違いがみられる．

しつけという文化——共感か明示的指示か

　子どもが逸脱行動をしたとき，どのように統制するか（しつけ方略）についても対照的差が日米間に見出されている．「子どもが野菜を嫌いだといって食べない」「壁にいたずら書きをした」といった場合，子どもにどのように言ってなすべき行動をさせるかを面接で尋ね，その回答を図のような方略に分類して比較

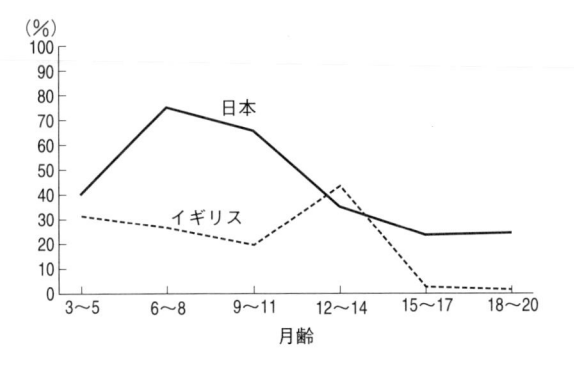

図 2-4-9　離乳食場面における母親の共感反応の生起率（中央値）
（根ヶ山 1998）

した結果が図 2-4-8 である．

　アメリカでは"出されたものは食べなさい""（壁の落書きを）消しなさい．紙に書くのよ" など，なすべきことを直接的明示的に述べて統制する方略が優勢である．時には，理由も述べずに親の権威に訴えて子どもに命令することもある．これに対して日本の母親は，"せっかく作ったのに○○ちゃん食べないの，残念だなー""壁さん泣いてるよ！""ポパイはもりもり食べるよ，だから元気だよ" など，（具体的な指示や命令はしないで）子どもにどうして欲しいかを情に訴えてわからせようとする．つまり暗示や示唆など間接的な方略で，母親は子と情感を共有することでいわんとすることを伝えようとする．このような方略は，アメリカの母親にはほとんどないものであった．

　日本の母親のしつけ方略の特徴を東は「滲み込みによるしつけ」とし，欧米の言語による教え込みと対比している（東 1994）．そして日本で言葉で明示せずとも効果があるのは，母親と子ども間にコーディルが指摘したような緊密な心理的一体感があることを示唆するものと解釈している．

　母子間の共感的関係は，イギリスと日本の日常食事場面観察でも別なかたちで見出されている．3ヵ月から20ヵ月の子どもに食べさせる時，スプーンを子どもの口元に差し出すのと同時に，「あーん」といいながら母親も口をあける共感反応や，子どもの食べ残しを母親が食べるという交差食が，日本の母親では多発するという（図 2-4-9．根ヶ山 1998）．

　ところで，子どもはまず母乳あるいは人工乳による授乳から，やがて各種の

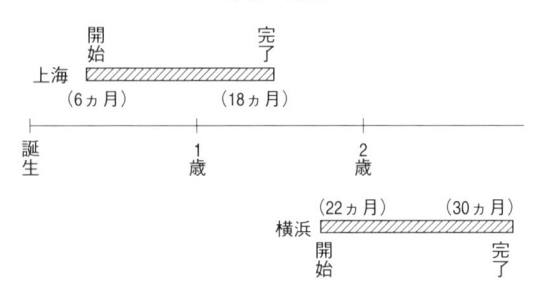

図 2-4-10　日本と中国の排泄の訓練と自立の時期（依田・清水 1994）

　離乳食を経て固形食へと移行していくが，この離乳の時期には幅広い分布がある．加えて離乳の方法も古今東西，さまざまある．離乳とは栄養資源の変化であるが，同時に母と子との関係の変化でもある．すなわち，授乳は母子双方の身体や行動を拘束しているが，この拘束を脱し行動の自由度を高める点で離乳は子にとって自立への契機，母親にとっても子との関係の軽減だからである．この視点からみると，何を与えるかよりも，離乳の時期，さらに「誰が」「どう」離乳を行うか，離乳の主導性が親・子のいずれにあるかが重要である．
　離乳とならぶ乳幼児期の発達課題として排泄の自立があるが，この時期が日本では近年遅くなってきていることは，日本と中国の比較データに一目瞭然である（図 2-4-10．依田・清水 1994）．

物理的環境による規定性と"文明の利器"の意味
　中国の子どもたちのきわめて早い排泄の自立，ずっと遅れての日本の子どもたちという対照は，排泄の自立に必要な括約筋の成熟に日中で差があるからではない．排泄訓練の時期の違いによるものであり，日本の遅れはひとえに「濡れてもサラサラ」の紙オムツの普及による．親も子も，オムツの洗濯やオムツによるむれや拘束などの不快から解放され，排泄訓練を早くからする必要をなくした．さらに，排泄の訓練よりも子どもにしつけたい・教育したいこと（赤ちゃん水泳や各種おけいこ）がクローズアップされて，排泄訓練は親が幼少期に行うべきしつけ項目から後退したのである．
　排泄訓練時期の変化は，"文明の利器"の導入が親の養育を変化させ，ひいては子どもの発達を変化させている好例であるが，家族構造などの物理的環境条

表 2-4-5　日米の母親の発達期待（東・柏木・ヘス 1981）

期待することがら	日　本	アメリカ
学校関係スキル 　30ページくらいの絵の多い童話を1人で読み通せる． 　時計が読める(15分単位くらいまで)．	1.24	1.36
従　順 　呼ばれたらすぐ返事をする，またすぐくる． 　悪いことをしていて注意されたら，すぐやめる． 　親からいけないといわれたら，なぜなのかはわからなくてもいうことを聞く．	2.16	1.97**
行　儀 　おとなに何か頼むとき，ていねいな言い方をする． 　朝，家族に"おはよう"と挨拶する．	2.49	2.3*
感情の制御 　やたらに泣かない． 　欲求不満になった時でも泣かずに我慢できる． 　いつまでも怒っていないで，自分で機嫌を直す．	2.49	2.08**
身のまわりのことの自立 　お小遣いを大事にちゃんと使える． 　自分の脱いだ服を始末できる． 　1人遊びができる．	2.02	1.86**
社会的能力 　自分のおもちゃを友達にも貸してあげて，一緒に遊べる． 　友達を説得して，自分の考え，したいことを通すことができる．	1.86	2.18**
言語的自己主張 　意見や希望を聞かれたら，はっきりと述べる． 　質問されたら，はきはき答える．	1.73	2.17**

＊ $p<.05$ で有意，＊＊ $p<.01$ で有意．

件の違いも親子関係，子どもの発達を規定する．各部屋の独立性が高い欧米とそうでない日本とでは，子どもと母親が近くにいる率をおのずから変える．日本の母子が近接していることの一因は，部屋ごとに機能分化度の高い欧米と異なり，同室で多くの行動をする日本の住宅の部屋機能の多重性にもある．日本では1歳すぎまで睡眠や授乳，オムツ換えなどの必要が生じると，その場所で処理する傾向が強いが，イギリスでは6ヵ月をすぎると行動ごとに場所を移動して行われ，目的に応じて部屋を変えるおとなの空間使用基準に子を導入している．日本が子ども中心であるのに対して，イギリスはおとな本位の様式に子どもを合わせる親中心といえよう．この違いには，日本における母子の心理的融合度の高さ，母親が子どもの存在を前提として自己規定する特徴とが反映さ

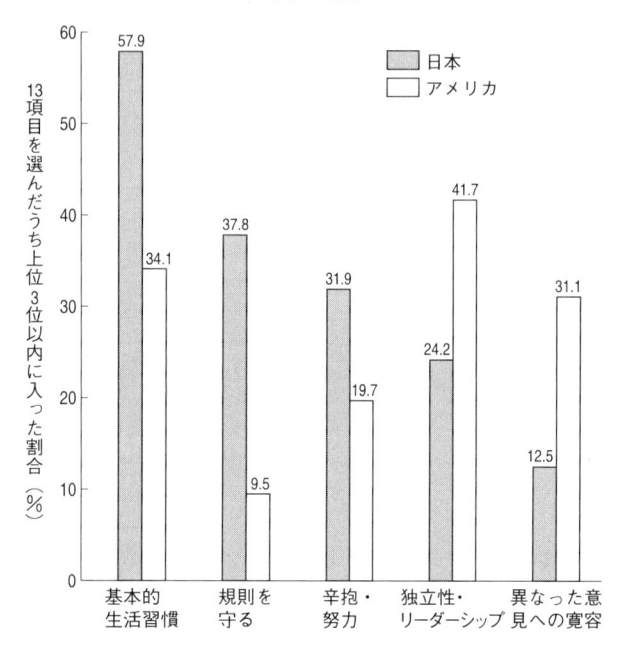

図 2-4-11　日米の母親における「いい子」の特性(総理府青少年対策本部 1981)

れている(根ヶ山 1997).

発達期待——いつごろ,どのような子どもになって欲しいか

　動物では道具の発明や使用はごく限られているのに対して,人は子育ての負担を軽減し効率的にするために,さまざまな物や場を開発し積極的に利用することに特徴がある.その開発と利用には,親の経済力,育児や生活のしかたについての価値観や好みが相互に密接に関連している.とりわけ,子どもと親との関係をいつまでどのようなものとするか,換言すれば子どもの自立についての考え方が,発達環境のつくり方を決める背景をなす.

　母親が子どもにどのような資質をいつごろまでに身につけることを期待しているか——母親の発達期待を調査した結果(表 2-4-5.東・柏木・ヘス 1981)は,日米のよい子像,ひいては望ましい人間像を示唆している.日本の母親が素直で抑制のきいた協調を強く期待するのに対して,アメリカでは自分の意志・意見の主張とリーダーシップをそなえた積極的な社会性が求められている.

このような対照は，他の調査でも確認されている(図 2–4–11．総理府青少年対策本部 1981，石島・伊藤 1990)．

　素直と協調を重視する日本の親たちは，その期待をしつけに反映させる．日本では，明示的指示なしに親のいわんとすることを察知して従わせるしつけ方略が多用されていたが，それは素直・従順と他への高い感受性・協調性を前提としているといえよう．いい子像は，親のみならず学校教育においても教師のフィードバックや評価，さらに教科書によっても伝達されている(今井 1990)．

　親や社会の子どもへの期待は，つまるところそれぞれの文化における自己認識を反映したものであり，さらに相手が誰か——同僚や友人か，目上か，1 人でいる時かによって自己をどのようなものとして示すかを微妙に変える状況依存性の高さも，アメリカ人の一貫性の高さと対照的である (Kanagawa et al. 2001)．このような特徴は，他者との相互依存的関係を重視する日本社会の反映であり，そうすることが適応的でもある．上述の親のしつけや期待，さらに学校でのきまりなどは，他者への配慮や自分と他者との関係の取り方を子どもに学ばせる手段となっている．日本の子どもが，幼少時から自分の意志や願望を主張し実現するよりも，それらを抑制して他者の意図や立場に配慮した行動をすることが特徴であるが，それは，他者の気持ちや立場に言及して行動を統制する日本の親のしつけ方略をはじめとする周囲からの働きかけによって育まれるものであろう．

愛着の発達の文化差——養育を誰が，何人でするか

　子どもへの期待の違いは，親と子の関係の持ち方，しつけの違いは，子どもの母親への愛着の形成にも違いをもたらす．一緒にいた母親が部屋から出ていったとき，泣き出す子どもの率を 5 ヵ国について調べたデータがある(図 2–4–12．Kagan 1976)．どの国でも 12 ヵ月ごろにピークがあるものの，泣く子の比率は国によって異なり，クンサン族やアメリカのようにほぼ全員が泣く国から，せいぜい 60% にとどまるところもある．さらに，20 ヵ月ごろには急激に泣く子がいなくなるマヤやキブツもある一方，35 ヵ月でもまだかなりの子が泣く国もある．母親不在への耐性，換言すれば母親からの自立の違いがその背景にあるが，もう一つ誰に養育されているかとも密接にかかわっている．母親だけで育てられているところ(クンサンやアメリカ労働者階層)では，母親不在

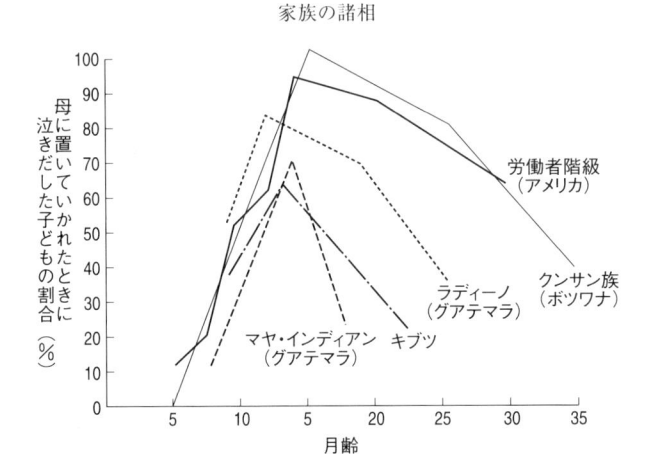

図 2-4-12　母親が出ていく状況で泣き出した子どもの比率
（Kagan 1976, Super & Harkness 1982）

表 2-4-6　愛着タイプの国際比較 (%)（三宅 1991）

	A タイプ	B タイプ	C タイプ
アメリカ	20	65	13
西ドイツ	49	33	12
スウェーデン	22	75	4
オランダ	24	56	4
日本	—	70	20

注：A, B, C 分類にあてはまらぬ子どもがある場合，A，B, C の合計が 100% に満たない．

は子どもに不安を与え追い泣きさせることになるが，母親だけでなく地域の人々や保育施設などで育てられている場合には，子どもの安全の基地は母親だけではなく，多様な人からも心理的に支えを得ていて，母親不在への耐性が高く母親から早期に自立的になることを，このデータは示唆している．

　幼児の母親への愛着を比較すると，国によって愛着のタイプ分布にかなり差がある(表 2-4-6．三宅 1991)．表中の B タイプは，母親がいれば遊んでいるが，いなくなると泣く，しかし母親が戻ってくるとまた遊びだすという〈安定型〉とされるが，これが多くの国で最多で，多くの子どもたちにとっては母親の存在が心理的な安全の基地となっている．しかし，母親がいなくなっても

戻って来ても変化なく遊ぶAタイプの〈回避型〉は，日本では皆無だが他国には結構あり，特にドイツではこれが最多である．また母親との分離で激しく泣いたり後追いし，戻って来た母親がなだめても泣き止まず機嫌がなおらないCタイプの〈不安定型〉は，他国に比べて日本に多い．

　ドイツで〈回避型〉が多く，日本では〈不安定型〉が多いのは，それぞれの国のしつけや母子関係の特徴と関連がある．〈回避型〉とは，見方を変えれば母親がいなくても安定して遊べる，つまり母親からの自立がすでにできているとみることができる．ドイツでは，1歳児のときから子どもを独りにして親がでかけることもままあり，意図的に子どもを早く自立させることを目指している．そのようなしつけや子どもの経験が子どもの早期自立をもたらし，はじめての場面でもそれがいかんなく発揮されたとみるべきであろう．逆に，母親がいつもそばにいて保護的に育てられる日本の子どもにとっては，strange situation場面のように1人になることは稀であり，母親の不在は大きな脅威となり母親からの自立が他国よりも遅くなるのであろう．

　この幼少期の母親との愛着が子どもの内的ワーキングモデルとなり，のちのちの恋愛や夫婦関係など対人関係を規定するとの仮説が提出され注目されている．しかしそれを確証するほどの長期的縦断研究は，今のところ十分蓄積されていない．アメリカでもせいぜい就学前後までの追跡データをもって，「乳幼児期の母との愛着は重要」としている．つまり乳幼児期の対人関係からのちの精神的健康の予測はまだ困難なのである．18歳まで追跡した稀な研究を行ったM. ルウィスら（Lewis et al. 2000）は，乳幼児期の愛着は18歳時点の対人関係とも不適応ともまったく関連していないことを報告している．専門書や教科書さらに一般でも，発達初期の母親との関係がのちの発達を決定するかのような言説が流布しているが，このように実証的な裏付けは不十分でまだ仮説の段階にとどまることは銘記すべきである．

　さらに留意すべきことは，愛着というと母親との一対一のものだと考えがちだが，子どもは母親だけでなく父親や祖母，保育者など複数の対象への愛着を形成することである．しかも複数の愛着対象をもつことが，のちのちの発達にプラスに作用することが実証的に示唆されてもいる（数井 2001）．これらのことは母親の絶対視を覆すと同時に，幼少時から複数の異なる機能をもった対象に愛着関係を結びうる子どもの有能さを示すものであろう．

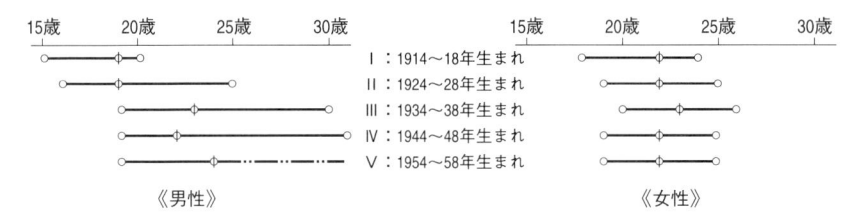

図 2–4–13　5コホート（I〜V）における離家の時期（正岡ほか 1999）
注：各線上の○印は左から順に経験年齢の第1・第2・第3四分位.

さらにこのことは，子どもが家庭で母親に養育されることを前提とする従来の研究が，単一モデルに終始し，かつ複数養育の積極的な意味を見逃してきたことの問題性を指摘している．今日，日本では乳幼児の養育が母親だけに偏り，そのことが多くの弊害を生んでいる事実があり，他方，保育園で育つ子どもが（幼稚園に通う子どもよりも）増加している現実がある．これらを考えても，子どもの愛着の形成を母親だけについて問題とする研究が多くなされているのは，複数保育で育つ子どもが増加している現実を無視しているばかりか，母親による養育絶対視を強調する風潮に加担する役割を研究者が果たしていることになることを銘記したい．

青年期の親子関係と自立にみられる文化差

文化差がさらに顕著なのが，青年期の親からの自立である．

教育期間の延長，他方，豊かな親世代の増加などが連動して，学卒後も経済的自立，離家，結婚，親になる，など成人への移行的できごとが引き延ばされている状況が近年，顕著である．青年でもない，だがおとなでもないこうした状態を宮本らは「脱青年期」と名付けている（宮本ほか 1997）．脱青年期のもっとも顕著な現象が親との同居である．戦後の5コホートについて家族のできごとを比較したデータでも，最近のコホートほど離家の時期が遅れてきていることがはっきり認められる（図2–4–13．正岡ほか 1999）．

宮本らの調査で，20歳代未婚者のうち54％が親と同居，また50歳代の親の97％が未婚の子どもと同居しており，学卒後の経済的力をもった時期も親と同居しつづけるのが広く一般化している．子どもたちはすべて個室をもち，身辺の世話や家事は母親に依存し，経済的にも自分の収入を親に入れるものが半数，

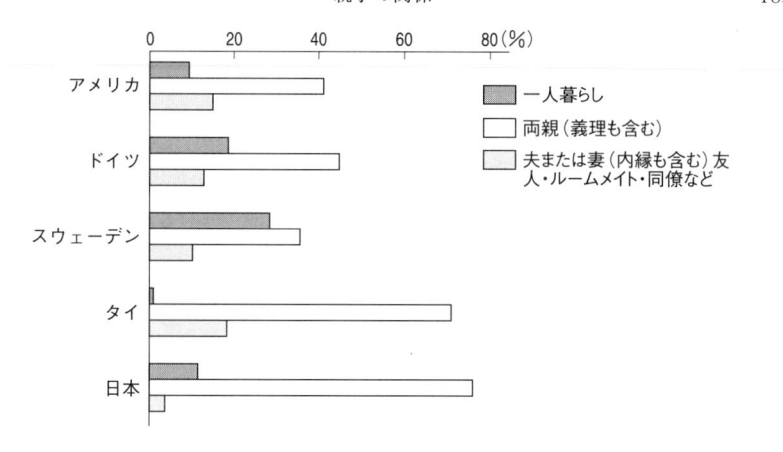

図 2-4-14 青年の同居形態（総務庁 1999）

しかしそれは実際の必要額に及ばないケースや親はそれを子ども名義の預貯金とするケースなどが少なくない．"独身貴族"は，こうした住居，生活，経済面すべてにわたる親への依存——パラサイトによって成立している．

このような状況は，他国と比べるときわめて特異である（図 2-4-14．総務庁 1999）．他の先進諸国に比して，日本の青年の親との同居率の高さ，それに対して独り暮らしや配偶者との同居（つまり既婚）の少なさが目立ち，離家年齢は日本で際立って遅い．そして親との同居に青年はもちろんのこと，親も満足している．とりわけ母親は娘の同居を歓迎している．青年となった子と親との対立・葛藤は，長らく青年心理学の一大のテーマであったが，今やそれは古典となった観さえある．こうした状況は，"ルームメートのような親子関係"（宮本 2000），親は子どもにとって住まいと生活を保障してくれるパトロン（宮本 2000），パラサイト・シングル（山田 1999），母と娘の緊密な関係は一卵性双生児，などととらえられている．

このような現象の背景には，経済的余裕をもった親世代の誕生，加えて成人後は親とは別居し自立すべきとの規範の希薄さがあり，（自立どころか）むしろ，（子どもには）「できるだけのことをしてやる」との親の愛情観などがある．

親との同居が多く，親も子もそれに満足しているものの，しかし親と子の間の交流や会話はそれほど活発ではない．総理府の国際比較調査でも日米の青年の社会的ネットワークを比較した研究（柏木ほか 1997）でも，アメリカの青年

は親を友人と同様に相談相手や共行動の相手としているのに対して，日本では親とりわけ父親は子どもから相談や共行動の相手としてあまり選ばれていない．しかし，かつては青年期の特徴とみなされた親への反抗や対立もみられず，青年と親は交渉もなく平穏無事でいる．青年は個室を保有し，家事のサービスはうけても自分が家事に参加することがない状況では，親と交流する必要も機会もないのであろうか．

2. 親・おとなにとっての親子関係と子ども
——〈親(おとなの発達)における子ども〉という視点

〈親から子〉の研究から〈子から親〉の研究へ——生涯発達のなかでの親

　子は誕生して養育なしには成長せず，多くの場合親が養育する．そこで，親子関係や親の養育が子どもの育ちにどう影響するかは，わが子のよりよい成長・発達を願う親をはじめとして広く関心がもたれ，親子関係や親の養育が子どもの発達への影響という視点から研究されてきたのは，きわめて自然なことであった．

　しかし，子どもとの関係や子どもを育てる営みは，子どもの発達にとって重要であるばかりではない．育てる親，おとなの側にとっても他の人間関係や活動とは異なった意味をもち，その発達に資する．しかし，これまでの研究はいわば〈親から子へ〉のメカニズムにもっぱら焦点をあて，子どもの存在や養育行動が親にとってもつ意味や影響はほとんど不問としてきた．その一因は，客観的実証的研究を目指す心理学のパラダイムが，子育てを体験しつつある者の主観を排してきたことにあろう．研究者の多くは親でありながら，自身子育てにそれほど多く関与することはない者が多いために，子育てや子どもとの関係についてリアルな体験をもたず，経験知を研究に取り込むことがなかった事情も無視できない．

　人間が生涯発達しつづけることは，今日，常識となり，成長・発達を扱う学問はしばらく前までは乳幼児・児童・青年心理学であったのが，今や(生涯)発達心理学が中心となっている．にもかかわらず，こと親子関係や子育ては子どもの発達に影響するものとされつづけてきたのであった．最近，ようやく，親子関係と養育を親の側の問題として親・おとなの発達との関連でみる，いわば〈子から親へ〉が注目され，研究が少しずつ進められている．

2.1　親の発達——「親となる」「親をする」ことによる発達

　子どもの誕生は夫婦にとって大きな出来事であり，さまざまな家族発達上の課題を提起する．その最大のものは，新たに生じた養育という役割の取得や分担，および夫婦がそれまでもっていた既存の役割と新たな役割間の調整である．

表 2-4-7　子どもの誕生後の変化をどうみているか（氏家　1999）

肯定的変化 23名	否定的変化 14名	変化なし 13名
肯定的評価の理由 ・親としての共行動の増加（10名） ・夫が父親としてふるまうようになった（6名） ・家庭の雰囲気がよくなった（5名） ・夫がいたわってくれるようになった（3名）	否定的評価の理由 ・夫婦としての共行動の減少（8名） ・夫が父親としてふるまってくれない（4名） ・その他（3名）	

夫婦役割と親役割の葛藤と調整

　それまでのおとな同士の生活は，おとなとはちがう子どもの生活リズムとまったなしの育児とによって一変し，親となった夫婦に混乱や葛藤，摩擦を引き起こす．子どもの養育は多大の経済，時間，心身のエネルギーを必要とし，他の活動に費やす量を圧迫するからである．

　『子供をもつと夫婦に何が起こるか』（ベルスキー＆ケリー　1995）の研究対象の約半数が子どもの誕生によって夫婦関係の悪化を経験しており，それは配偶者への愛情やコミュニケーションが子どもの世話で減少したことが原因となっている．アメリカでは，夫婦関係にとって特に重要なのは夫と妻の間で緊密に交わされる愛情やコミュニケーションで，これが相手や結婚への満足度を規定している．ところが子どもの誕生は，それまで愛情やコミュニケーションを密にしてきた夫婦の間に（かすがいというより）くさびのように割り込み，夫婦役割と新たな親役割とが拮抗し夫，妻，子は緊張をはらんだ三角関係となってしまうのであろう．

　日本ではどうであろうか．妊娠中から子どもの誕生後にかけて夫婦の心理や行動を追跡した研究は，アメリカとはやや異なった様相を明らかにしている．

　第1子誕生の3ヵ月後，母親50人が面接で語った夫婦関係や家族に起こった変化とその評価は，大多数の母親が子ども中心の生活になったとし，その変化を肯定的にとらえており，否定的にみるものよりも多い（表 2-4-7．氏家 1999）．

　以前より「共行動が減少する」もあるが，それ以上に親として一緒に行動する，夫が父親らしくふるまうなど親役割への移行をよしとし，家庭の雰囲気が

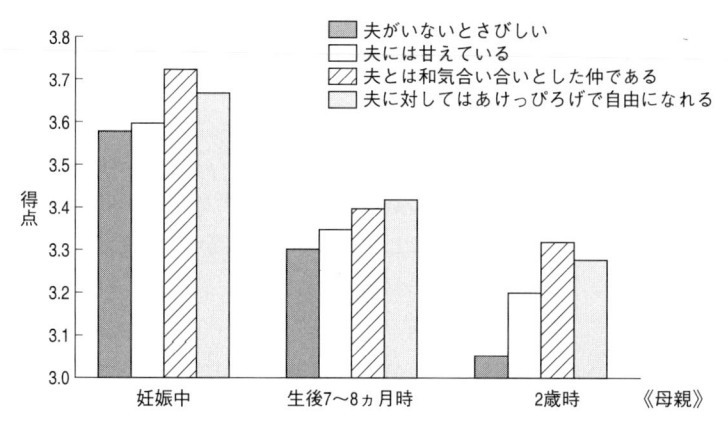

図 2-4-15 夫婦関係の変化——子どもの誕生前後で変化が著しいもの
（小野寺・柏木 1997）

よくなったとみており，夫婦の役割から新しい親役割のほうにすんなりと移行している．そこにはアメリカの夫婦のように子どもの誕生が夫婦のパートナーシップを弱める危惧感は薄く，夫婦関係よりも親子関係を重視する日本の家族の特徴がうかがえる．このことが，子どもが夫婦の寝室で一緒に寝る，母子が同室で夫は別室さえ稀ではない就寝パターン，夫婦間の呼称が「お父さん」「パパ」「お母さん」「ママ」になってしまう事実(柏木 未発表)，などにつながっていく．

　子どもの誕生前から誕生後の7〜8ヵ月，2歳の3時点に，父親母親双方の自己観，親意識，夫婦関係満足度などを追跡した研究は，夫は子どもの誕生後，社会的自己認識を強め，妻は親としての自己認識を強める，そして子どもの誕生後，減少する夫婦の共行動は必ずしも不満にはならず，夫への甘えや夫の不在への不満は低下する，といった変化を見出している(図2-4-15．小野寺・柏木 1997)．

　子どもの誕生を契機に，夫は一家の稼ぎ手として職業役割に，他方，妻は退職して親役割を担う，という風に性別分業が成立し，それでひとまず安定し，アメリカの夫婦のように夫婦関係が悪化することにはならない．以前より夫との和気あいあいの関係は少なくなったとしつつも，稼ぎを夫に一任した以上，夫の不在はやむないこととみ，夫に求めていたことを子どもとの関係に移行させることで満足しようとするのであろうか．このような性別分業体制が母子関

係を強化させ，他方，夫婦間のパートナーシップの希薄さという日本の家族の問題の温床となる．

　しかし先の氏家のデータで注目すべきは，夫に対して職業だけでなく子育てもしてほしい，せめて自分が親として子どもにしていることをいたわり評価してほしいとの妻の心理で，ここには完全な性別分業から離れつつある女性側の変化がうかがえる．そして夫が親として行動するか自分にいたわりをもつかが，妻・母親の心理を左右することになる（後述）．

子どもの養育をめぐる価値観や性格・気質の相違や対立の調整

　子どもの誕生が夫婦関係を悪化させるもう一つの要因に，夫と妻の気質や価値観の対立・葛藤がある．それは以前にも皆無ではなかったが，子育てというはじめての共同作業，しかも子どもの人間形成にかかわる事柄だけに，夫婦の気質や価値観のずれはいっそうあらわになる．

　国際結婚において，子どもの誕生は夫婦の危機となりやすい（矢吹 2002）．子どもの養育という新しい役割の実践にあたって，しつけから使用言語，学校の選定などで，それぞれ自国で養われてきた有形無形の価値と 2 人の力関係や性格がいやでもぶつかり合って互いに譲らず，調整が困難だからであろう．これは国際結婚の場合に限らない．日本人同士であっても，異なる原家族の中で育った 2 人の結婚は異文化接触と葛藤である．おとな同士のうちは，譲歩や忍耐，棲み分けなどでしのげても，子どもの養育という共同作業においてはそうはいかなくなる．

　この間の事情を，家族臨床家レーナー（2001）は自らの親体験をふまえて次のように記している．それまでは同じく家族臨床家である夫と，仕事でも家庭でも和気あいあいの関係であったのが，誕生した子どもの発達の遅れを巡って夫との間に対立や争いがしばしば生じ，夫婦関係はストレス状況に陥った．妊娠中は夫は妻の不安を共有できていたのが，眼の前にいる子どもの発達をどう見るか，どうすべきかの決断と行動に迫られた時，2 人の心配性とかせっかちといった気質や，楽観的か悲観的かなど考え方の違いがにわかに前面に出，しかも子育ては初体験で重要なだけにそれぞれ譲らず，2 人の対立や違いはいっそう助長されがちになったという．

　夫と妻は結婚したさい，それぞれの原家族で養われたものの考え方から日常

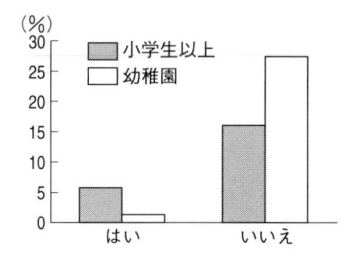

図 2-4-16　一人前の母親になったと思うか（山口 1997）

生活でのふるまい方までさまざまな面での違いを相互に発見し，ある時はそれが魅力となり，ある時は適切に調整できていた．第1子の誕生によって，それまで未経験の領域での意見や行動上のズレが露呈し，しかもまったなしの決断を要するだけにその調整はきわめて困難なのであろう．この調整・解決には，異なるものへの寛容，他者への高い共感性，思考・行動の柔軟性などが問われ試される．

「一人前の親になる」ということ

　最初は誰もがはじめて親となり，子どもの養育に携わる．出産した途端，女性は親となり親である，そしてただちに子どもの養育を迫られ親をする．子育てに追われ親をすることは十分してはいる，しかし自分は親として十全か，子どもにしていることはこれでいいのかを母親は問いつづけ，"よい"親でありたい，一人前の親になりたいと願う．女性は養育の主たる担当者となり，社会から完全な親役割の遂行を期待されているからである．

　「(妊娠・出産して)生物学的に親となるのではなく，心理学的に母親となること」を「一人前の母親になる」こととし，母親が自分を「一人前の母親」だと認知しているか，それがいつなにを契機としてかが検討されている(山口1997)．幼稚園児・小学校生の母親で，自分を「一人前」だと認識しているものは大変少なく，多くがまだ一人前にはなっていないと答えている(図 2-4-16)．母親たちは自分に対して厳しく批判的で，親としての自信に欠けているともいえよう．父親母親双方に，自分はよい親か，よい親になれると思うかなど，親としての自信を調べたところ(小野寺・柏木 1997)，母親の自己批判ともとれる厳しい自己評価に対して，実際に子育てをしていない父親のほうが自

分はよい親だと自信を表明しており，育児体験がないことはかえって楽観的にさせるようだ．

「一人前」とは思えないとする理由は，「まだ発達の途上だから」を筆頭に，親をすることで日々自分が発達している，子どもの成長にともなって出会う新しい親体験によって自分も新たに成長する，などをあげる．そして子どもが成人し自立した時，無事子どもを育てあげて親として一人前になるのだと考えている．このように，母親は子どもと共に自分自身も育つという共同発達の感覚を抱き，子どもや子育てが即親の発達であることを日々実感している．このような母親と子どもとの相互連関的な発達を，蘭もCo-発達（共同発達）として注目している（蘭 1989）．この共同発達の感覚は母親と子どもとの強い絆あってのものであり，また共同発達を通じて絆はいっそう強まるのであろう．

養子・里子を育てている親の場合

養子や里子を育てている親たちを対象に，子どもに対する感情や親としての実感の発生・変化をみた研究は，親となることについての示唆に富む．60ケースの養親たちのなかには，かなり早くから子どもの「親だとの実感」がもてた場合から，またかなり年月がかかった場合，年月が経っても容易にその実感がもてないでいる場合，さらに親子の実感にこだわらない場合，などがある．そこにはさまざまな要因が関係しているが，概して受け入れた時期が幼少期（3歳以前）の場合，子どもとしっくりした関係が早くでき，親となった実感も早く生じている．一方，子ども自身やその生育史になんらかの問題がある場合には，親となる実感をもち難い．通常の親子間でも，「育て難さ」という子どもの気質は母子関係形成に関係するから，里子の場合にはその影響はいっそうのことなのであろう．

ここで注目されるのは，里子とは本当の親子ではない事実を認め，あえて「親だとの実感」にこだわらないケースである．この親たちは，里子を受け入れた時点ですでに実子がいることが多く，「家庭に恵まれない子どものために」という動機で里子を受け入れている．これに対して，親としての実感をもっている／もとうとしている親たちは，子どもがいないことを理由に里子を受け入れて育てる場合が多い（図 2–4–17．御園生 2001）．

元来日本では，実子がいない場合に養子や里子を受け入れることが多い．つ

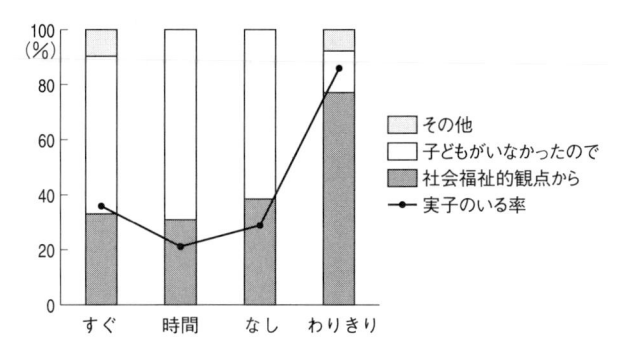

図 2-4-17 親としての実感の4タイプでの里子を受け入れる動機と実子のいる率
（御園生 2001）

まり，子どもは親のため家のために受け入れられ，実子に代わるものとして育てられる．さらに養子であることを子どもにも知らせず，実子だとして育てる場合も少なくない．実子である子どもへの愛情や養育が万全のものだ，という暗黙の前提が日本にはあるからである．したがって，実子ではない里子に対しても，何とか自分との間に親子の実感を求めることになる．しかも実子がいなくて里子を求めることが多いから，親としての実感をもつことにこだわりつづけるのであろう．これに対して実子がいながら養子・里子を育てる場合は，親のためではなく子どもの幸福のためという福祉的な視点があり，親としての実感とか実子同然の関係といった親側の思惑はない．すでにいる実子とは里子は違うという実体験もあって，親子だと考えようとするのはむしろ不自然と考え，こだわらずにわりきった関係をもとうとするのであろう．

　欧米では，実子がいながら家庭に恵まれない子どもを養子に迎えるのが一般的で，家の継承や親の老後のために養子・里子を迎える日本の慣行とは大きく異なる．そして，実子ではないことを子どもにも世間にもはっきり示したうえで，育て育てられる関係を結ぶが，そこには，親と子はそれぞれ独立した別個の存在だとみなす考え方が背景にある．日本人が子どもはあかの他人とは異なる格別の存在だとの実感を求めるのとは対照的で，親と子どもとの距離の取り方に違いがある．実子がいるのに恵まれない子どものためにとの考えから里子を迎えている「わりきり型」は，日本にも欧米的な親子観が芽生えてきたことを示唆するものであろう．

日本の母子は一体感が強いと指摘されてきたが，最近，高学歴の母親を中心に子どもといえども自分とは別個な存在とみる傾向が強まってきている．子どもは親のもの，子どもは自分の一部であり一心同体だという親子観からの脱皮，独立した個人同士としての親子関係への移行の兆しといえよう．「わりきり型」の里親もその一端とみることができよう．

子どもの福祉のための〈オープン養子制度〉による養親
　養子であることを秘して実子であるかのように育てる従来の日本の養子は，子どもにも親にも問題を残し，子どもの権利条約にも明記されている「知る権利」にももとる．このことがようやく認識されて，子どもの「知る権利」を保障するよう，子どもの出自開示を条件とした養子縁組が進められている．このオープン養子制度によって養子を育てている親たちが，子どもや子育てについてどのような感情を抱いているかが研究されている(古澤ほか 1997)．
　実子を育てている親と比べて，この養親たちは子どもに対しても育児についても概して肯定的な感情が強く，子どもを育て親であることを積極的に受容し肯定している(図2-4-18)．
　さらに，この親たちは，夫婦間の愛情が強く相手をかけがえのない存在として尊重し子育てに協力している．通常の日本の夫婦では，子どもの誕生を機に子育ては母親，父親は職業と役割を分担し，夫婦間の愛情も薄れていくのと対照的である．この養親たちの多くは実子がいない夫婦だが，子どもが生まれないことを知ったのを契機に，夫婦関係や生き方について2人は真剣な討議をし，そのうえで子どもの出自を知らせる条件で養子を選択している．彼らは一般の親よりも「自分の子どもでもやはり自分とは別個の存在」だと考える傾向が強いが，そのことが子どもとの関係を冷たいものにするどころか，かえって前向きで肯定的な感情を抱かせている．このことは，親における子ども観，親と子の距離の取り方として注目すべきであろう．

親としての成長・発達
——成人期発達の契機としての親となる／親をすること
　親となり子育てをすることは，親に否応なく新しい行動様式を身につけさせ，新たな感情を呼び覚まさせ，新しい問題の解決を迫る．それは親以前に体験し

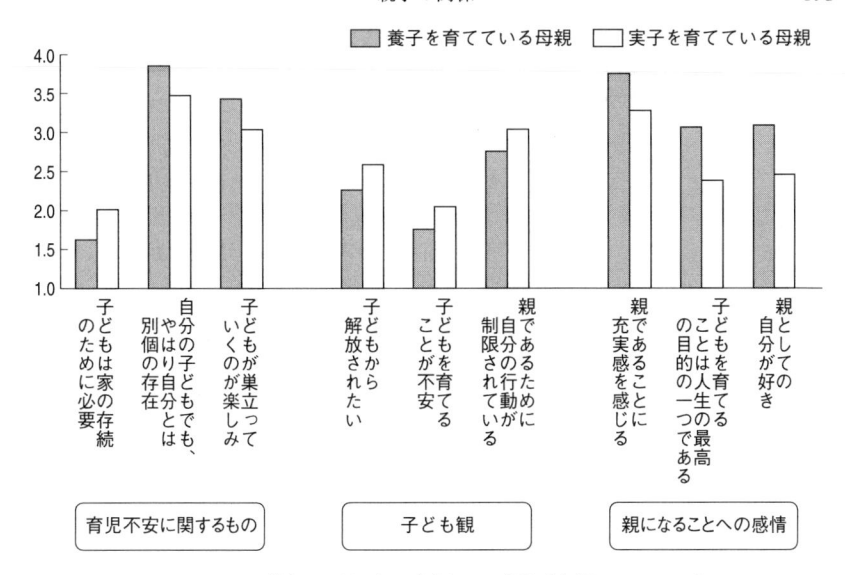

図 2–4–18 養親の子ども・育児への感情（古澤ほか 1997）

た学業や職業など他のいかなるものともまったく異質であるだけに，他では得られない多くのことを学び，人格的社会的発達が促される．

俗に「育児は育自」といわれ，親体験をもつものは等しくこれに同感する．しかしいったい，何が育つのか，それはなぜなのかについて発達心理学は，ほとんど検討してこなかった．それは当事者にとってあまりに自明だからであろうか．

育児経験をもつ親との面接から，子どもをもち育てることによる変化・成長についての語りに基づいて作成した質問紙によって，現在の自分が親になる前と比べてどの程度変化が生じたかが検討された（柏木・若松 1994）．親が認知する親としての発達は，次の6領域にわたっている（表2–4–8）．すなわち，小さなことにこだわらない柔軟さと度胸・タフさ，自分の欲求や立場を抑制し他と協調する態度，広い多角的な視野，運命や信仰などの重視や謙虚さ，生きがいと存在感，自分の考えや立場の明確さ強さなどである．この6領域について，就学前の子どもをもつ父親・母親が自分について評定した結果が図2–4–19である．

父親・母親いずれも，6領域すべてにおいて，親となる前よりも自分が成

表 2-4-8 「親になる」ことによる成長・発達の次元（柏木・若松 1994 より一部抜粋）

第 I 因子 柔軟さ	角がとれて丸くなった 考え方が柔軟になった 他人に対して寛大になった 精神的にタフになった
第 II 因子 自己制御	他人の迷惑にならないように心がけるようになった 自分のほしいものなどを我慢できるようになった 他人の立場や気持ちをくみとるようになった
第 III 因子 視野の広がり	日本や世界の将来について関心が増した 環境問題（大気汚染・食品公害）に関心が増した 児童福祉や教育問題に関心をもつようになった 一人ひとりがかけがえのない存在だと思うようになった
第 IV 因子 運命・信仰 伝統の受容	物ごとを運命だと受け入れるようになった 運の巡りあわせを考えるようになった 常識やしきたりを考えるようになった
第 V 因子 生きがい ・存在感	生きている張りが増した 長生きしなければと思うようになった 自分がなくてはならない存在だと思うようになった より計画的になった
第 VI 因子 自己の強さ	多少他の人と摩擦があっても，自分の主張は，と通すようになった 自分の立場や考えはちゃんと主張しなければと思うようになった 物ごとに積極的になった

長・発達したことを認めている．しかし，その得点はすべての領域で母親が有意に高く，母親は父親以上に自分の発達を強く認識している．とりわけ得点が高いのは，〈運命・信仰・伝統の受容〉，〈自己制御〉，〈生きがい〉である．このうちの前の2つは，自分の力の限界を知り運命や信仰を受容し自己を抑制するといった謙虚で自己抑制的態度で，通常の経験ではもち難い態度が子どもを育てる過程でもっとも強まることは注目すべきであろう．

乳幼児から中学生までの子どもの親対象の研究では，子育てを通して学んだこととして「子どもには個性がある」「子育ては忍耐」「自分中心でなくなる」をあげ，さらに「子は親の鏡」「親への感謝」と親であることの意味を確認している（表 2-4-9．牧野・中原 1990）．

子育てによる発達は育児参加の量と職業経験によって変化する

ところで，母親が父親以上に親となることでの自己成長・発達を大きく認め

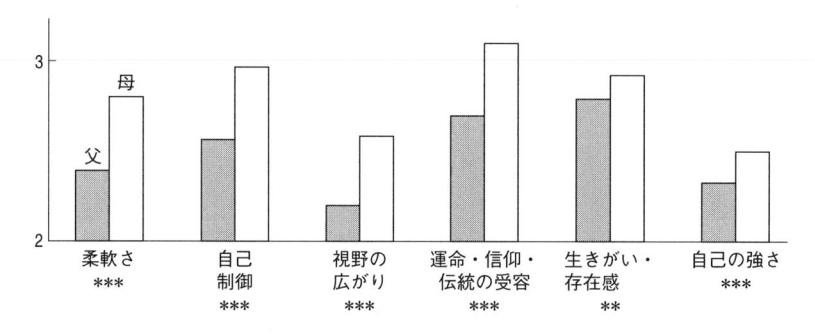

図 2-4-19　父親と母親の「親となる」ことによる成長・発達（柏木・若松 1994）
注：** $p<.01$，*** $p<.001$．

表 2-4-9　子育てを通して学んだこと (%)（牧野・中原 1990）

	子どもには個性がある	子は親の鏡	親への感謝	人間の成長	子育ては忍耐	自分中心でなくなる
父　親	28.2	23.3	12.3	3.7	2.5	15.3
母　親	30.7	25.8	9.8	3.1	7.4	20.2

ているのは，主たる担当者として子育てに多くかかわる体験の差によるであろう．父親でも子育てに積極的にかかわると，子育てによる変化はより大きくなる（新谷ほか 1993）．特に「子どもの手本になるように心掛けるようになった」「親としていい加減なことはできないと思うようになった」「精神的に強くなった」「子どもの視点からものを見るようになった」「弱いものをいたわるようになった」などに，育児した父親の変化は大きい．

　父親と母親は子育て体験の絶対量そのものが違うほか，父親は職業や社会的な諸活動でも成長・発達の機会があるが，職業をもたない母親では子育てが生活の中心である点でも異なり，このことが母親に子育ては自分の成長・発達と認識させる一因であろう．無職の母親は，有職の母親以上に子育てによる変化・発達を大きく認めている（柏木・若松 1994）のもこのためであろう．

　子育てによる親の発達は父親・母親いずれでも学歴による差があり，低い学歴の親のほうが親としての成長・発達をより強く認めている．学歴の差は，職種の違い，さらに職業から得られるものの差をもたらし，それが子どもから得

られる成長・発達の評価を左右している可能性があろう．

企業論理と異なる価値観と行動様式を学ぶ

　子どもを育てるという営みでは，企業社会や学校生活とはまったく異なる価値観と行動様式が要求される．職業や勉強では，目標が明確でそれを無駄や回り道はせずに効率的に達成することが求められる．しかし，育児ではそれは通用しない．親側の計画や予定はほとんどあえなく崩れ，懸命の努力が必ずしも実らない，一見無駄と思えることを子どもと一緒にする，弱点と思えるものを個性としてみ，大事にする，こうしたことなしに子どもは育たない．学校や職場の企業論理や行動様式に長年慣れ，それを身につけている親は子どものペースや脱線など思いがけない反応に翻弄され，子どもの個性や気持ちをくみとり子どもに寄り添って，と思いながら容易にできず，そのたびに親は苛立ち，怒り，恨み，また自分に対する許し難い気持ちや無力感に苛まれる．そうしたネガティブな感情の処理に苦しむ．しかしそれでも子育てからおりることはできず，まったなしの対応に迫られる．

　親の計画も最善の努力も水泡に帰してしまう虚しさ，自分の無力さ，しかし，思ってもみない形で子どもはつつがなく育つことを体験するなかで，親は無駄とか社会的効用のないとされるものにも意味を見出し，脱線や試行錯誤を楽しむ価値観や柔軟な行動様式を身につけていく．さらに人間の知恵や力の限界を認めざるをえなくなり，人知を超えたものの存在と力を認め，運命や神への畏敬や謙虚さが養われる．このように理不尽で混乱に満ちた子育ての体験は，それまでまったくなかっただけに，親にとって鍛練の機会であり，それゆえに「育児は育自」と実感されるのであろう．子育てとは，子どもと親双方の発達が展開する営みである．

　エリクソンは成人期の発達に「世代性」の達成を挙げ，「与えると同時に得る」という相互性のなかにその達成をみている．子どもを育てる営みは，育てる親にとって自分が育ち成長する，まさに世代性という発達課題達成の場である．子どもや老いたもの，病むものへの世話は，その役割を担うものに人格的社会的成長発達をもたらす「かかわりの中での成熟」（岡本 1999）であり，「世代性」達成と理解できよう．

子どもの障害や死に出会った親

　子どもが障害をもって誕生する，あるいは成長の途中で思いもよらぬ心身の障害が発生する，そのような境遇に出会う親は少なくない．誕生前，五体満足でさえあればと祈るのが親であることを思うと，その嘆きや苦しみは想像を超える．重度障害児の療育に長年携わり，子どもとその家族の歩みをつぶさにみてきた村上は，子どもたちの成長とともにその親たちが健常児の親の及ばぬ深く豊かな人間的成長を遂げていく様相を，感動的に記録している（村上 1994）．

　心身の遅滞や障害をもつ子どもの親たちは，健常児とは比べようもない苦難や困難に出会い自分の非力を痛感し，疎外感，怒り，絶望などを味わう．普通なら子はしだいに自立していく時期以降も，ずっと自分を絶対的に必要とする子どもに寄り添い，ゆっくりとした育ちをともにしなければならない．その長く苦難に満ちた子育ての過程で，同じ障害児をもつ親たちや療育の専門家と出会いその人々との交流と支援を得ながら，親自身が徐々にしかし確実に変化し成長していく．通常の親では当たり前と思ったり見落としてしまいがちな子どもの微妙で多彩なサインや，子ども一人ひとりの持ち味がゆっくりと育ちつつあることを喜びをもって発見し，自分の存在や行動に対する手応えなどを実感する．そして最初は強く抱いていた自分の非力への嘆きや絶望，しかし「自分だけが何としてでも」との自分に恃む気持ちはしだいに薄れていき，その子がいることを「幸福」と思い，自分はその子によって生かされ，多くの他者に支えられ生かされていると実感していく．障害児をもった多くの親たちが，自分の子どもだけでなく他の子どもたちにも広く深い愛情を抱き，真摯に生きる姿勢を身につけていく姿がそこに記されている．

　障害児をもつ母親が子どもの障害を知った当初は困惑と絶望に苦しみながら，しだいにそれから脱して子どもを受け入れていくケースも報告されている．その親たちは共通して，自己の強さと柔軟さ，視野の広がりなどの点での変化・発達が著しく，同時にものの考え方や人生の目的などについて180度ともいえる転換を遂げている．さらに以前は育児を妻に任せきりだった夫が子どもに積極的にかかわり，夫婦の仲がよくなる，他の家族メンバーも心が通いあうなど，1人の障害児の存在が家族全体の心理や関係を肯定的な方向に変化させる様相がうかがえる（目良・柏木 1998）．

　障害児の存在は，直接の世話にあたる母親ばかりか，きょうだいや父親など

家族全員に福音として受け止められ，健常児の家族の及ばない強い心理的絆と夫婦・親子間の協力が育まれている．村上は，日本に古くからある「福子」という考え方——障害をもった子こそが家族に「福」すなわち真の幸せをもたらし，そうした子を大切にするという考えを紹介し，療育の実践で出会った家族にその証を見出している．

　子どもの死に出会うことは，「逆縁」といわれるように決してあってはならない悲痛のきわみのできごとである．逆縁を経験した親たちは，もう一生笑うことはできないと心底思う．しかし，その苦しみに向き合いながら生きていかねばならない．その親たちが，子どもの死後どのような心の軌跡をたどり，生きる力をどう得ていくかを出雲は当事者の視点に立って考察している．子の死を経験した母親たちの語りには，子どもは現実にいなくなっても親の心の中に生きつづけている，神や超絶者，霊魂などの力を知り信仰を得る，社会のために自分を生かすなど，子どもの死以前には持ちえなかった心境と行動にいたる軌跡が吐露されている（出雲 2001）．その軌跡は長く苦しいものであるが，親は子どもの死によっても鍛えられ，子どもや子育てによって親は育てられる以上に亡き子によって親は支えられ育てられていることがよみとれる．

2.2　育児・子どもをめぐる葛藤——母親にとっての育児

　親となり子どもを育てることは，母親にとって他では得られない体験であり人格的社会的にも資する．それゆえに，親であることに総じて満足し子どもとの生活を楽しんでいる．しかし，子育ては母親にとってこうした肯定的積極的な面ばかりではない．むしろその役割をほとんど１人で担うゆえに，少なからぬストレスや葛藤をもたらす．

母親の厳しい自己評価——子ども優先か自分優先か

　多くの母親は主たる養育担当者として責任感一杯，懸命に育児に励む．母子手帳に記されているとおり順調に育っているか，保健所や育児書で指示されることをきちんとやっているかなど，自分の育児を省み母親としての自分を評価している．妊娠中から出産後の２年間，定期的に訪問し母子観察と母親面接によって母親の親となるプロセスが検討されている（氏家 1996）．母親たちは自分を母親として評価する際に，第一に「やるべきことができていない」，それに

「感情のコントロールができない」が続き，さらに「自分で世話していない」「自分の都合を優先してしまう」などを減点理由として挙げる(表2–4–10)．

たとえ職業をもっていても，子どもの世話は母親がしなければならない，手抜きや自分のことを優先するなどもってのほか，母たるものは子育てを全力で一心不乱に，といった母親像を評価基準として，それに達しない自分を母親としては減点としているのである．

先にみた親として「一人前」とは思えない理由で多くの母親があげていたのは，「感情的に子どもに接する」「母親としての自分に満足していない」「子どもより自分を優先してしまう」などであった．いずれも親であることや親役割に没頭できず，子ども以外のことや自分に関心が向いていることへの自責であり，この減点理由に通じる．これは，ごく少数の，「一人前の親」だという母親の「自分より子どもを優先できるようになった」からとの理由と対照的である．

いずれにしろ「一人前」か否かは，育児を最優先しているか否かにあり，母親にとって育児は子どものことと自分のこととの対立・葛藤に出会い，どちらを選ぶかの選択が迫られる状況であることを示唆している．そしてその葛藤に子どもを優先できない，換言すれば自分を優先してしまうことは，親としてだめなのだとの自責につながり自己評価を低めている．このことは，今日の日本の育児状況のはらむ問題を鋭くついており，母親の育児不安ともかかわるきわめて重要な問題を提起している．

母性神話の呪縛——「母性愛という制度」下の女性の心理
なぜ母親は子どもを優先できず自分を優先することを厳しく自責し，低い自己評価につなげているのであろうか．その背景には，母親が育児するのは自然・当然・最善であり，子育て中の母親は自己を犠牲にして子どもに尽くすべき，それはうるわしい女性の美徳だ，さらにそうする本能——母性本能が女性には備わっている，母性愛は至上である，といった言説が，母親の心に強く作用しているからである．この種の言説は，時に子育ての状況の必要に応じて，また時に政治的につくられて，国家の家族戦略の一環として良妻賢母教育の確固とした目標(深谷 1990, 小山 1991)とされて女性の心と行動とを規定し，女性たちも自らを国民を産み育てる母親と自己規定していった(牟田 1996, 田間 2001)．

表 2–4–10　母親としての得点を

やるべきことができていない ……………………………………………………… 16 名
　例）　全然わからなくて，いわれてからやる．頭でばかり考えて，動けない；甘くなっちゃう．もう 3 ヵ月なので，ミルクも 4 時間おきくらいにしなければならないのに，なかなかできない．のむときに十分のまないので，すぐにおなかがすき，要求すると与えてしまう．本を読んだら，離乳の準備として 4 時間と書いてある；みんなはどういう風にやっているのかな？　胎教もしなかったし，教育面も何もしていない．果汁もはじめなきゃいけないのに，いいかげんといえばいいかげんにやっているから；手を抜いてしまう．食事の面で大変だと思う．いろいろと感じたり考えたりしても，なかなか思うようにいかない；しごとをしていて，日中みてあげられないので．いきとどかないところもあるので．幼稚園の連絡帳も忘れることがある．

感情のコントロールができない …………………………………………………… 13 名
　例）　ときどきイライラすることもあるし，もう少し手をかけてあげたらよかったと思う．童謡を覚えていると思ったらもう忘れているし；気分屋で……．考えておこればいいのだろうけど，細かいところが目について，ついガミガミいってしまう．特に休日のつぎの日は大変．学校，保育園のバスにおくれそう．赤ん坊は泣く……，そうするとついガミガミ；自分がイライラしているときに子どもにあたってしまう；ちょっとストレスがたまると赤ちゃんに冷たい．だっこすれば寝るのに，下において寝かせようとするなど；自分のからだのことでイライラして，子どもの世話が思うようにならない．細かいところに目がいかない．顔ふきを忘れる．

自分で世話していない ……………………………………………………………… 7 名
　例）　祖母にまかせている；全部自分ではやっていない．みんなに手助けされている．日中は祖母にみてもらっている；よその人の話を聞くとみな 1 人でやっているのに，自分はすごく人に頼って育児をほうったらかしにすることがあるので；まだ母親としての自覚がないので．自分で育てるという自信がない．他人に頼ってしまう．お母さんに頼ってしまう．実家にいくとすぐにお母さん，お父さんに子どもをあずけてしまう．自分は楽しようと思う．

注：1 つの回答には複数のカテゴリーに分類される内容を含んでいることがあったため，各カテゴ

　女性たちは今もいたるところで，"3 歳までは母の手で"に代表されるこの種のメッセージに出会う．公の文書(旧厚生省の保育関連のもの)にもつい先ごろまで，子どもの養育は"母の手で"が最善だと記述されており，親，夫，職場，近隣社会などはこの考えを楯に女性に向かって陰に陽に"母の手で"の育児を迫る．このような母性神話に囲まれて，女性たちはこの考えを内在化し，それに沿って行動しようとするものもあらわれる．出産を機に退職する女性が多いのも，自分を優先していると自分を責め母親として厳しく減点する母親が多いのも，いずれも多分にこのような母性神話の呪縛に女性たち自身，知らず知らずとらわれているためである．

　伝統的母親観を強くもつ母親は，子どもとの分離――保育園や他人に子どもを預けることに対して強い懸念と罪悪感とを抱いている．その結果，1 人で育

つけるさいの減点理由（氏家 1996）

自分の都合を優先してしまう ……………………………………………………… 7名
　例）朝に関しては，少しくらい泣いても台所をかたづけたいので，自分のしごとを優先してしまう；そうじなどしていると，子どもがじゃまになるので，そんな風に感じる；赤ん坊はかわいいが，うんとかわいいわけではない．自分のやりたいことをしちゃってからと思って，もうすぐよ，と声をかけながら泣かせておくこともあるので，そうじなど，やることを終わらせないと頭のなかに残っていて気になるので，さきにやってしまうタイプ．

子どもの要求に応えていない ………………………………………………………… 6名
　例）おっぱいはやっているが，泣いても精神的な面で十分満たしてやっていないのではないかと思う．ぐずってもほうっておく，だっこしてやらない，など．この子にしたらさびしい思いをしているのではないか；いい母親ではない．子どもの気持ちを察してあげていないから；いそがしかったりすると自分のことが中心になり，子どものことが十分にできなかったり，大きな声をだしてしまうので．

不安が強く，自信がない ……………………………………………………………… 4名
　例）うまくあやせないときがある．自信がないところがある．不安がとれない；精神的に不安定．何で泣いているのかわからず，育て方がわるかったかと不安になったこともあるので；自信がないため，一つひとつビクビクしている．

そのほか ………………………………………………………………………………… 4名
　例）私は母親にむいていないのではないかと思う．自分では一生懸命やってるのに；自分では完璧と思うが，他人からみてそうじゃないと思うから；自分では一生懸命やっているが，結果がでないとわからない．とにかく一生懸命やっている．健康で病気なく育ってくれれば結果がわかるが……．

リーの頻度を合計すると56名を超える．

児を抱え込み，育児ストレスを高めている（水野 1998，柏木・蓮香 2000）．性別分業観には著しい男女差があり，男性がより支持していることは諸処で確認されているが，「子どもが産まれても女性が仕事をもちつづけること」に対して，女性では賛成が増加しつづけているのに比べて，男性の賛成は少なく出産後の職業継続に消極的である．しかも若い世代ほどこの傾向が顕著で，母親になったら職業はやめるべきと，男性は保守的である（図2-4-20）．このことは，妻は継続したいと思っても夫は"母の手で"を強く望むことから，結果的に出産退職に追い込まれるケースが少なくないことを推察させる．

　ところで，発達心理学は，子育ては母親が一番，母性愛は本能だという母性神話の正当性を保証する十分な根拠をもっていない．子どもへの愛情は子育てする経験のなかで育つものであり，女性——子を産んだ女の専売特許ではない．

(1)《男性》

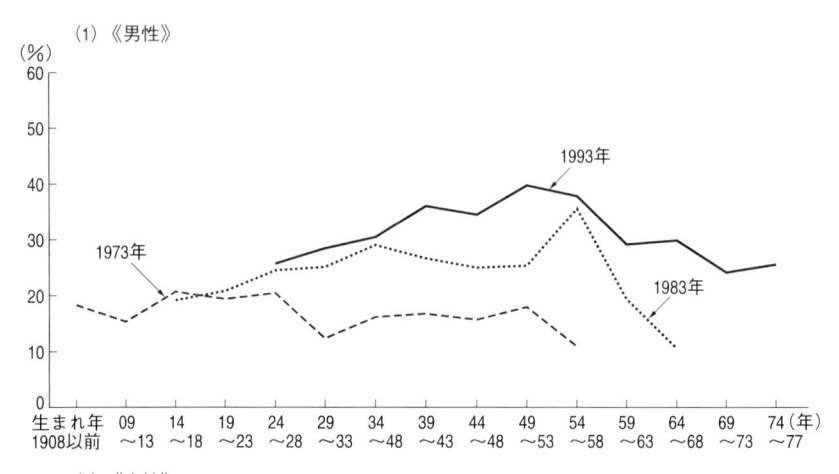

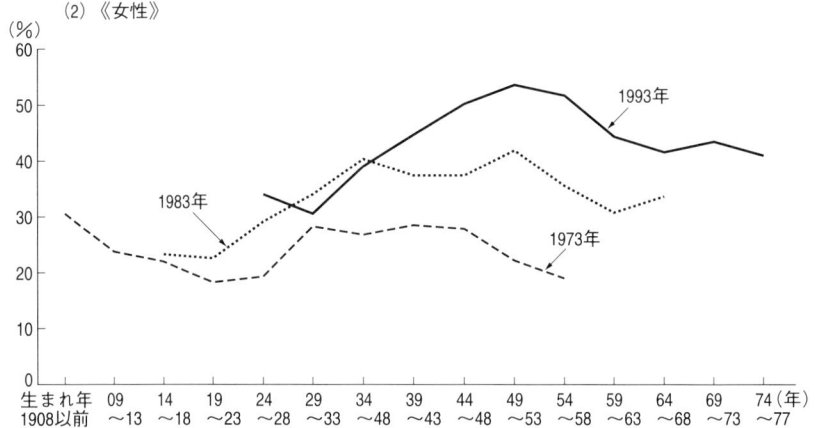

(2)《女性》

図 2–4–20 「結婚した女性が職業をもちつづけること」に賛成するもの（経済企画庁 1994）
注：対象は，各年とも全国の 16 歳以上の男女．

　子どもは，母親以外の人によっても心身つつがなく育つ．歴史や他の文化にみる多様な子育ては，心理学以上に母性神話の虚構性を証明している．

　しかし，母性神話が日本に長く根強く定着したことには，心理学は責任なしとはいえない．母子関係一辺倒の研究自体，母親の排他的絶対的重要性を示すとの印象を与え，そこで扱われる母親への愛着，母親のしつけの子どもの発達への影響などなどは"やっぱり母親でなければ……"と受容されることになってきたからである．こうして心理学が「女性を家に引き留める心理学」（Scarr

1984)として機能し，母性神話に加担し強化する役割を果たしたことは否めない．

　ある女子学生は次のような体験を回想している．幼い時，母親がため息まじりに「あなたさえいなければ，今も仕事をしていたのに」と何回か言われた．今も，たまに冗談とも本気ともつかない口調で言われることがあるという．物心がついたころ，その娘はそう言われるたび「自分は邪魔な子なのではないか」と感じ，「自分の誕生が母の人生の邪魔をしたのではないか」という罪悪感のような思いと，「でも産んだのは向こうの都合でもあるわけだし……」と反発の気持ちの間で心は揺れたという．その母親は娘(当の女子学生)を産んでから職場に復帰し，しばらくは仕事をしていたが，「私(娘)の面倒を見る人がいない」「"母親が育てるべき"という周囲のプレッシャー」などの諸事情から数年で退職し，以来ずっと専業主婦だという．その母親は，女性は"子どもを産むのが当たり前"さらに"母の手で"の風潮のなかで，仕事をやめて子育てをした結果，現在でも自分の生き方に肯定的になれないでいるのだと，娘は母親をみている．

　このエピソードは，女性が社会の強い母性神話に縛られ志を遂げられない人生を歩むことになったことが，のちのちまで自分の人生への後悔と否定的自己評価として残ったことを示している．そればかりか，その娘の心までも侵害してしまうことになった悲痛なケースである．

女性を家に引き留める心理学からの脱皮
──"される"母性から"する"母性の解明へ

　この種の体験をもつ女性は少なくないであろう．しかしそれはきわめて個人的なことであり，母性神話の風土のなかでは強い罪悪感をもつために，公に知らされることなく母親の胸に秘められているに違いない．母親にとって子どもはかわいく育児は大事との考えからは，このような葛藤はあるまじきこととされ，研究者もそれに眼を向けることはなかった．長らく母親は研究の対象であったが，子どもへの行動のみが客観的に外側から観察され解釈され，母親自身の心の内側は顧みられることはなかった．

　しかし発達心理学の研究は最近大きく転換し，当事者の視点と体験に基づいて母親の内側にある葛藤を正面から取り上げることとなった．その契機は少な

からぬ母親たちが訴える子どもや育児をめぐる不安や焦燥で，母親を従来の"される"側(子どもや男性の側)の視点から"する"側(女性)の視点から研究する動きとなった(柏木 1995)．それは同時に，従来の，子どもの発達のための母親の研究から，母親にとっての子どもという問題意識をもった研究への展開でもある．

　先に，育児は"母の手で"とし母親と子どもとの閉じた関係を強化し，他方，育児ストレスをもたらす背景に伝統的母親役割観があることをみたが，その責任の一端は心理学にもある．長く大量な母子関係研究の主要な関心は，母親と子どもとの緊密な結びつき，母子間の愛着にあり，母子が分離することは望ましくない状況だとみ，そこに積極的な意味を認めることはなかった．それどころか，母子分離を「分離不安」と否定的なものとして扱ってきた．最近ようやく母子分離を母親の視点からとらえ直し(Hock et al. 1989, 水野 1998)，分離が母親にも子どもにも積極的意味をもつことを扱った研究が出されている(柏木・蓮香 2000)．このような研究の視点の偏り，その結果としての母子間の緊密な関係や愛着研究の隆盛が，伝統的母親役割観を補強したことは否めないであろう．

母親の育児不安——親役割と個人役割との対立・葛藤

　大日向は，3世代の女性たちの乳幼児を育てている時の感情や考えを調査比較し，年輩世代の女性では子育ては生きがいであり成長の源であり，焦りや不安とは無縁であったのが，最近の女性では子育ての意味が変化し，育児への不安や焦りが強まってきていることを明らかにした(表 2-4-11．大日向 1998)．

　育児は生きがいではなくなった，子どもや育児に焦りや不安，はては不満を抱くという若い世代の心理を，母性愛の喪失だ，自己中心的だなどと非難する向きもある．はたしてそうであろうか．ここで見逃してはならないのは，子どもはかわいい，育児は大事なしごとだとの認識においては，若い世代の母親たちも年輩の世代となんら変わりがないことである．育児の意義を認め子どもに強い愛情を抱きつつも，他方，不安や焦りを感じている，その葛藤に苛まれているのである．

　このような母親の心理をどう理解するか，そこで母性神話を信奉するか，社会的歴史的視野をもつかによって大きく分かれる．母親も，どちらの立場に立

表 2-4-11　3 世代の女性における子どもや育児への感情 (%) (大日向 1998)

	A世代 67.2歳	B世代 54.0歳	C世代 31.5歳
育児は楽しい	44.0	37.1	42.9
何となくいらいらする	34.0	57.1	83.7
育児は有意義なすばらしいしごとである	74.0	60.0	40.8
自分にとって育児は生きがいであり，自分の成長にもプラスになった	78.0	65.7	34.7
自分の生きがいは育児とは別である	20.0	20.0	61.2
自分のやりたいことができなくて焦る	24.0	40.0	69.4
育児ノイローゼに共感できる	4.0	11.4	59.2

注：年齢は平均年齢．

つかによって不安や焦りをどう受け止めるかが違ってくる．

　先に，「子どもを優先できる／自分を優先してしまう」が，親として一人前か否かを判定する決め手であることをみた．このことは，とりもなおさず子どもを育てている状況には，自分と子どもとの対立の構図があることを意味している．母たるものは子どもを優先すべきとの社会規範を内在化させ，自己規制して「子ども優先」ができれば一人前と一応満足するが，それができず「自分を優先」してしまう母親は，自責の念にかられ低い自己評価になってしまう．

　しかし，なぜ母親は自分を抑圧し子どもを優先すべきなのであろうか？　はたして母親が子育てに専念することが，子どもの育ちに排他的重要性・絶対的必要性をもつものであろうか？　そうではないであろう．ヒトには多様な子育てがあり，いずれにおいても子はつつがなく成長してきた．生態的環境や歴史的社会的状況に応じて，育てる側／育てられる子ども双方にとって最適なかたちを人類は創出してきた．"母の手で"は，ある状況下では最適性をもっていたが，社会の変化によって今や最適性を喪失してしまっている．にもかかわらず，なお強い社会規範として残り，「子どもを優先する」が最重要と母親に強い圧力をかけつづけているのである．

　母親とて 100% 親ではなく，同時に妻でありまた読書やスポーツが好きな女性であり，教師であったりプログラマーであったりもする生身のおとなである．母親としての役割とは別に，自分の望みや意志，能力をもち，職業や社会的活動をしたいと願うのはごく自然のことである．現在，専業で子どもを育てい

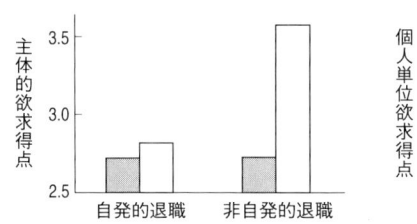

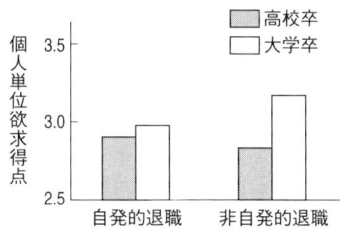

図 2-4-21　退職理由と学歴別〈主体的生き方への欲求〉と〈個人単位の生活への欲求〉
(平山 1999)

る女性たちを対象に,母親や妻としてだけではなく個人として生きたいとの〈主体的生き方への欲求〉と,夫や家族とは別個な心理的時間的空間をもちたいとの〈個人単位の生活への欲求〉をみたところ,2.95, 2.94 (4.00 が最高点) ときわめて高い値を示している (平山 1999). しかもそれは高学歴の母親ほど,また出産でやむなく退職した (非自発的退職) ものほど,きわめて高いのである (図 2-4-21).

女性の結婚前就業経験は,1955 年の 49% から急激に上昇しつづけ,ここ 20 年はほぼ 100% の上限に近い水準で推移しており,しかもそのほとんどがフルタイムの職業である (図 2-4-22).

結婚退職は年々減少しているものの,しかしかなりの女性が出産を機に退職して専業主婦として育児に携わっている. その女性たちは,子どものかわいさや育児の重要性は認めつつも,うけた教育によって養われた関心と能力が職業生活のなかで実現されさらに成長したかつての体験は忘れ難いであろう. 労働力率の底をなしている 25～35 歳ごろの無職の育児期の母親たちの多くが就業を希望している事実 (総務庁 1997) は,育児家事だけの生活のなかに達成感や充実感を見出せずにいる事情を示唆している.

このような母でも妻でもない個人としての生への希求が母親役割と対立し,母親を優先し "個" "私" は諦め抑圧しなければならない状況が,ずっと続いてきた. しかし今,抑圧しきれず噴出してきた,それが子どもや育児への不安であり,子育てだけの生活への焦りである. 育児不安は,育児や親であること自体への不安や不満なのではない. まして子どもへの愛情がないのでも育児を軽視しているのでもない. それは十分認識している. しかし,もはやそれだけで

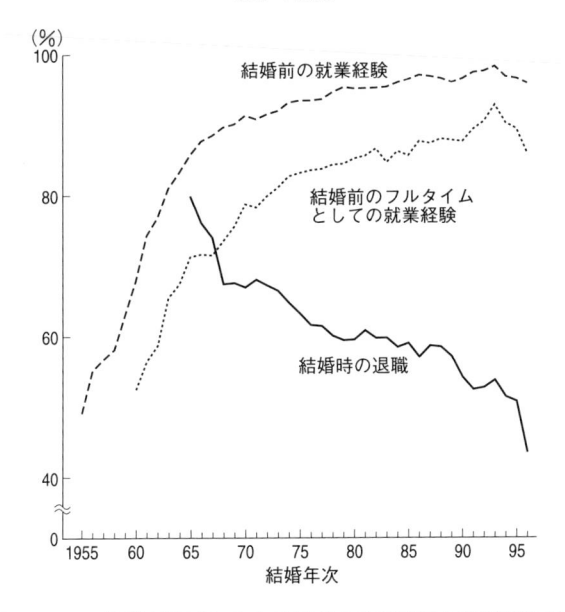

図 2-4-22　結婚年次別にみた結婚前の就業経験と結婚時の退職
（毎日新聞社人口問題調査会 1998）

心理的に充足することはできなくなったのである．子どもが生まれた途端，「○○ちゃんのママ」になった，そんなのイヤだ，自分の名前で呼ばれたい——という訴えに，母親となった女性の心理は端的に示されている．女性に母親役割だけを期待され個人としての役割は期待されないどころか抑圧を強いられる不本意さ，個人としてのアイデンティティのゆらぎともいえる問題が，そこにはある．

育児不安を増大させる要因
―― 母親の孤立，父親不在，つまり"母の手で"の破綻

　育児不安の規定因を分析した研究は，一致して職業をもつ母親よりも無職の専業母親に育児不安が強いことを明らかにしている（図 2-4-23．横浜市教育委員会・預かり保育推進委員会 2001）．無職の母親は，子どもや育児に対する否定的な感情が強いばかりではない．同時に，育児や子どもへの肯定的感情も低い（図 2-4-24．柏木ほか　準備中）．

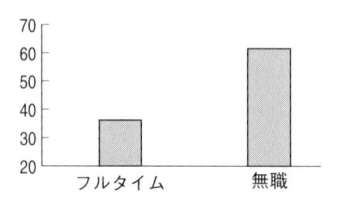

図 2-4-23　有職母親と無職母親における育児ストレス
（横浜市教育委員会・預かり保育推進委員会 2001）

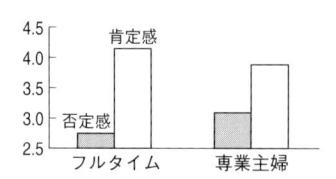

否定感　いらいらすることが多い 　　　　解放されたい 　　　　親として不適格ではないかと感じる 　　　　世の中から取り残される	肯定感　充実感を感じる 　　　　かけがえのない存在 　　　　親になって成長できた 　　　　子育ては楽しい 　　　　子どもといると心がなごむ

図 2-4-24　子ども・育児への感情の比較——フルタイム継続就業母親と無職母親
（柏木ほか　準備中）

　さらに，父親が育児に参加せず育児の責任を母親だけが負っている場合に母親の育児不安や否定的な感情は高い(牧野 1982，牧野・中西 1985，柏木・若松 1994)．これらのデータは，いずれも職業を諦めて子育てを母親が担う，つまり"母の手で"状況が育児不安の元凶であり，父親は職業，子育ては"母の手で"との性別分業がもはやうまく機能しなくなり，最適性を喪失したことを示す．

親と子間の反発性をはらむ子の養育——分離の積極的意味

　これまで発達心理学は，子どもを保護養育する母親と子との結合関係に焦点づけ，母親の子どもへの愛情や高い応答性，母子相互の緊密な愛着などを研究の中心的テーマとしてきた．そのことは心理学の教科書にハーローのサルの愛着研究が母子結合の重要性を示すものとして頻繁に登場することにも反映され

ている(青野 1990).母子一体をよしとし,母子関係を夫婦関係より優位にお
く日本の母親観・家族観が,このような研究や教科書の傾向を促進した.その
結果,母子分離や母親の子どもからの物理的心理的距離などは,暗黙に望まし
くないもの——子どもにとって不安でありよくないとの視点を優勢とし,その
積極的な役割や意味についてはほとんど検討されてこなかった.

　しかし,親資源の投資である子育ては,母と子の反発的関係をはらむもので
あり,子への資源投入は親にとって心身の負担であり拘束ともなる.子以外に
も自分の資源を投入したい対象がある母親にとって,親の資源を要求する子と
の間で利害が対立する場合もあるからである.動物の母親は子に反発・攻撃す
ることによって子の分離を促し,親は次の繁殖のための行動に移行する.この
ような母子分離の適応的な機能が人間の親(母)子においても重要な発達的課題
であるとの視点から,分離について実証的研究が展開されている(根ヶ山・鈴木
1995,Fairbanks 1996,根ヶ山 1997).根ヶ山は乳児期の食と寝という基本
的行動の形成にあたって,親が子の自立性をいつどのように促すかを,離乳と
入眠方法について文化比較的検討を行っている.比較した日本でもイギリスで
も,母親は子の安全を確保しながら物理的心理的分離をはかっており,分離は
母子双方にメリットがあることを確認している.こうしたデータに基づいて
根ヶ山は,これまでの結合・愛着に偏した母子関係研究や親子論に対して,結
合・分離双方の積極的意味を強調した「新しい親子関係像」を提唱している.

　子どもをもつ母親が働くことに対する非難の一つは,子どもを幼少時から保
育園に預けることにあり,それは母子分離に対する不安や罪悪感が背景にある.
しかし「子どもを保育園に預けること」についての母親の意見や感情は,不安
という否定的なものばかりではなく,子どもは友達や先生との生活を喜び成長
するであろうし,自分も子どもとは分離した物理的心理的空間で安定し成長で
きるというものであった(柏木・蓮香 2000).とりわけ現に保育園に子どもを
入れている母親たちは,その実体験から分離に不安や懸念はほとんど抱いてい
ない.他方,自分だけで育てている母親たちは,「預けること」に罪意識を抱き
ながらも,母子分離には子どもにも自分にも積極的意味があることを認めてい
る.

　働く母親の子どもの発達が,そうでない親の子どもとなんら差がないどころ
か,いくつかの点で好ましい発達を遂げている事実,さらに無職で子育て専業

の母親に育児不安が(職業をもつ母親よりも)強い事実(図2-4-23)は,母子分離が否定的なものではなく子ども母親双方の発達に積極的意味をもつことを示すものであろう.

子育て/子どもの発達と親の発達——対立から共存へ

日本に強い母子一体の思想,家族における子ども中心主義,さらに「できるだけのことをしてやる」のが親(母親)の愛情というイデオロギー,これらが相まって,結合としての親子関係像を確立させ,その種の研究に偏らせることに作用した.さらに育児体験の乏しい多くの(男性)研究者には,子どもの存在や子育てが,子育てする親にとって常に楽しく有意義なものではなく,時に自分に対する拘束であることは理解し難く,そのことが母子の結合関係に研究の焦点を集めさせ,親と子が適切な距離をとり分離することの積極的な意味,とりわけ育てる母親にとっての意味は認識されてこなかったのであろう.養育(世話)される側の視点に偏していた研究が,養育(世話)する側の視点に立って,分離の積極的意味がようやくクローズアップされた(柏木 1995).子どもの存在や子育ては,親自身の発達にとって拘束であり阻害要因にもなるとの認識は,こうした視点の転換によっており,育児不安の研究はその典型である.

子ども以外のことにも関心と能力を備えた1人のおとなである母親が,育児を一手に任され,子どもを優先すべきと孤軍奮闘する状態とは,即子どもだけに自分の全資源を投入することが求められていることを意味する.「世の中からとり残されていくように思う」「視野が狭くなる」「自分の行動がかなり制限されている」などの不安や焦燥感は,個人としての関心や行動が育児によって阻害されているという母親の認識を反映している.育児不安が専業母親に強いのはこのためで,自分の資源を子どもだけに投資することを余儀なくされることが,母親の個体維持を脅かし子どもや子育てへの反発を強めているのである.

赤ちゃん用品会社による乳幼児の母親へのアンケート「今,一番困っていることは何か」に対する第1位の答えは,「(子どもが)とにかく寝てくれない」であった(図2-4-25.リクルート 1995).

ここには,母親が子どもに煩わされない自由な時間空間をいかに望んでいるかがうかがえる.こうした声は,最近の母親がわがままのせいでもなければ,育児の重要性を認識していないからでもない.ライフコースの変化,社会的職

親子の関係　211

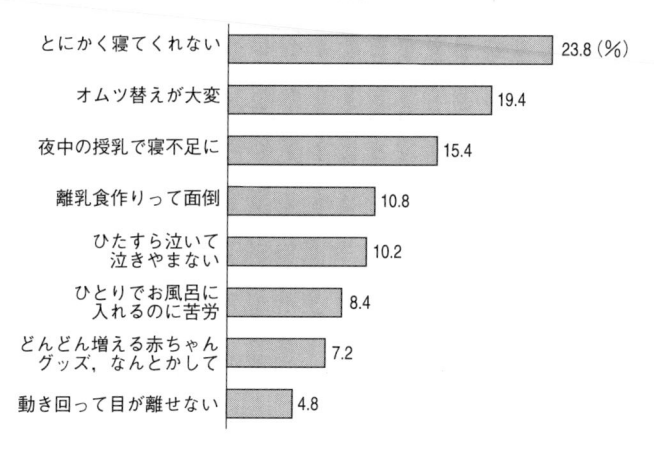

とにかく寝てくれない	23.8 (%)
オムツ替えが大変	19.4
夜中の授乳で寝不足に	15.4
離乳食作りって面倒	10.8
ひたすら泣いて泣きやまない	10.2
ひとりでお風呂に入れるのに苦労	8.4
どんどん増える赤ちゃんグッズ，なんとかして	7.2
動き回って目が離せない	4.8

図 2-4-25　今，一番困っていることは何か（リクルート 1995）

業的進出，高学歴化などと連動した必然的な女性の心理である．子どもの養育は，種の保存（繁殖）に必須のことである．しかし養育する個体の生存維持（成長）が，その前提である（長谷川・長谷川 2000）．母親の不安や焦燥は自己維持が脅かされているサインとみなせよう．自己資源を繁殖・養育と自己成長にどう配分するか，このバランスが問われているといえよう．

　子どもの問題行動の治療のために行う母子平行面接においても，母親自身の発達課題を無視すべきでないとの認識が強まってきている（無藤 1995，中釜 2002）．面接の当初の目的であった子どもの問題解決は，母親の自己探究（自分の生き方，夫婦関係の解決など）と葛藤する場合が少なくないが，そのさい，セラピストが「ケアリング」「母性の発揮」「母性の受容」など母性のみを強調すると，問題解決に有効な母親個人の問題解決は自己愛として看過されその発達は阻害されてしまう（亀口 1998）．そればかりか，家庭内の性別分業を推進することになり，母親以外の家族メンバーとりわけ父親が子どもの問題に関与する道を閉ざしてしまうことにもなる．心理臨床の実践においても，女性・母親の変化を直視することは必須のこととなってきている．

複数の手を必要とする人間の子育て

　文化人類学者は，誰であれ複数の人が子育てに携わっていることが通文化的に認められることを指摘している．比較動物学や進化動物学は，なんらかの養

育困難な条件がある種ではオスが子育てに登場し，複数が子育てをすることを報告している(小原 1998, 長谷川・長谷川 2000). 人間の乳児ほど無能未熟で万全の養護を必要とする哺乳類は少なく, さらに, 成熟までこれほど長期の年月を要する種はない. このように長期にわたって多くの資源投資を要する人類の子どもの養育は, 1人でするのは無理があり, 複数の手の関与が必要かつ有効であるゆえに, 複数養育が通文化的に認められるのであろう.

近年, 日本ではかつてない父親不在の現象が一般化し, "母の手で" つまり1人による子育てをもたらした. これは, 人類の子育ての必要条件を欠いた状況である. 育児不安が日本に強い, それも母親だけが育児責任を担っている場合, そして父親不在の場合に強い事実は, このことの負の証左である.

日本の女性・母親に浮上した「個」「自分」というテーマ
——母子融合から子どもといえども別な人格へ

母子関係についての文化比較研究は, コーディル以来, 欧米の母親に比べて日本の母子の高い心理的融合度と養育・しつけ方略を報告してきた. 根ヶ山はこの理由を,「母親という立場にある女性の『個』性の希薄, すなわち子どもの存在を前提として自己規定をする自己認識の特徴が反映されたものと解釈できる」としている(根ヶ山 1997).

この解釈は間違いではなかろう. しかし, なぜ「子どもの存在を前提として自己規定する」のだろうか. いったん子どもが生まれれば, 職業をもとうがいかに才能があろうが育児責任は女性・母親が負うべきだとの強い社会の規範があり, それを引き受けざるをえず, そうなったら自己は抛擲せざるをえなくなる. もう1人の親, 夫はまったく当てにできず, 核家族には手替わりはいない. しかも子どもへの献身, 無私の愛, 他者への配慮こそ女性の徳とする有形無形の教育は, 女性に子どもや家族の世話を否応なく引き受けさせてしまうことになる.

長らくそうした状況におかれてきた母親たちの間に,「個」「自分」というテーマが最近無視できないものとして浮上してきた.「自分の関心が……」「自分の視野が……」「自分の行動が……」などは, 母親役割一辺倒の生活のなかで母親としてではなく私個人としての関心や行動を求めての声である. 女性＝母親との規範の呪縛によって抑圧してきた「自分」を, もはや無視することも抑

えることもできなくなり，それが不安や焦燥感となっている．子どものために しごとを辞めた母親がずっとそのことを悔いつづけ低い自己評価をもっている ばかりか，その子どもにも負の影響をもたらしている先の事例は，決して特殊 なケースではない．

なぜ女性・母親に自分，私というテーマが浮上したか？
　母親となり母親として振る舞っていることは，それだけでは生きがいとは思えない，充実し安定した気持ちになれないとの調査結果は，母親である自分にアイデンティティをもてなくなっている女性，換言すれば「自分」「私」にこだわる今日の母親・女性の心理を端的に示している．
　こうした「自分」「私」へのこだわりは年輩世代ではみられず，母親であることに生きがいも充実感ももてていた（大日向 1998）．なぜ最近，こうした「私」「自分」へのこだわりが浮上してきたのであろうか．それは，何よりもまず近年の社会的人口動態的状況の変化による．"少子"それにかつてない"長い人生"というライフコースの劇的変化は，女性の人生のなかで子どもや育児の占める意味を時間的心理的に縮小させた．母親は，育児は早晩終わり子はいずれ離れていき，子ども・育児が自分の生きがいにはなりえないことを十分予見している．女性＝母親の時代の終焉を察知した母親は，子どもとは別な自分の人生をもつことの必要性を痛感する．将来展望をもつ人間の常として，現在いかに子はかわいく育児は大事と思おうと，それだけで安定した心理もアイデンティティももちえない，このままでは予想される空の巣症候を回避すべく「自分」の人生をつくろうとするのは，もっともなことであろう．
　加えて，近年の高学歴化は女性の心理――関心，動機づけ，能力を変化させた．日本の経済的繁栄と労働の知識・情報化は，女性の高学歴化を大きく推進させ，それは女性の生活と体験に変化をもたらした．若い世代の母親の結婚前の経験は，年輩世代とは著しく変化している（正岡ほか 1999）．かつては中等教育終了後，家庭で家事見習いをしたのち結婚したのが，今日では例外なく学卒後，社会で職業経験をもつ．このような高等教育と職業経験は，女性の心理に決定的な違いをもたらす．高等教育は新しい知的関心とそれを充たしうる能力とを身につけさせ，社会的職業的経験は教育で養われた関心や能力が活かされいっそう育てる機会となる．このような女性にとって，子どもの魅力と育児

の価値がいかに大きくとも，それだけで自分の関心や能力は充たしえず，いわば不完全燃焼の状態に陥ってしまう．

先に，日本の母親には子との融合的共感によるしつけ方略が多いことをみた．しかし，日本の母親について詳しく分析するとしつけ方略は学歴によって違いがあり，高学歴層では共感に訴える"日本的"しつけ方略は減少し，アメリカ的特徴を帯びていく（東・柏木・ヘス 1981）．つまり，日本のしつけの特徴だといわれていたものは，母親の高学歴化を媒介として変化しつつある．

このような高学歴化による変化は，育児への態度や日常の家庭生活での感情にも認められている．日本の母親の特徴といわれる子どもとの一体感も，学歴の高い層では弱い（図2-4-26．柏木・若松 1994）のである．

女性の心理的変化は，自分はどう生きたいか，自分にとって子どもの存在をどうみるかに端的にみられる．「自分」を大事にし自立志向の母親，（「自分」よりも）主婦であることに満足する主婦エンジョイ層，よい嫁志向の母親が，子どもをどうみるかには対照的な違いが見られる（図2-4-27．山本 1997）．ちなみに，自立志向の母親は，主婦・嫁といった家族役割に自己規定している他の2群に比べて概して高学歴である．

このようにライフコースの変化，高等教育，職業経験によってもたらされた女性たちの動機，知識，能力などは，育児・家事の重要性を認めつつもそれだけでは充たしえず，子ども・育児とは別な「自分」をクローズアップさせた．育児不安や「自分」へのこだわりは，単なるわがままでもミーイズムでもなく，生きがいや満足など人間の心は社会的状況のなかで変化することの一例であり，社会変動のなかで女性に生じた必然的な変化にほかならない．

児童虐待の温床としての育児不安——子どもと親との対立の果て

子どもに対する親からの身体的・性的・心理的虐待および養育放棄・拒否は，ここ十数年来増加の一途をたどっている．虐待の加害者の8割が実の親であり，母親が全体の5割を超える．虐待の要因として，加害者および被害者（子ども）個人の特性のほか，家族要因が指摘されて，加害者個人の病理だけに帰すことではすまず，多分に家族病理現象とみなすべき問題である（斎藤 1994，繁多 1999）．

多世代仮説は，虐待する親が子ども時代の被虐待体験をもつことが多いこと

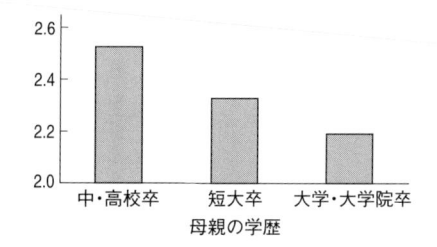

図 2-4-26 子どもとの一体感・分身感——学歴による差(柏木・若松 1994)

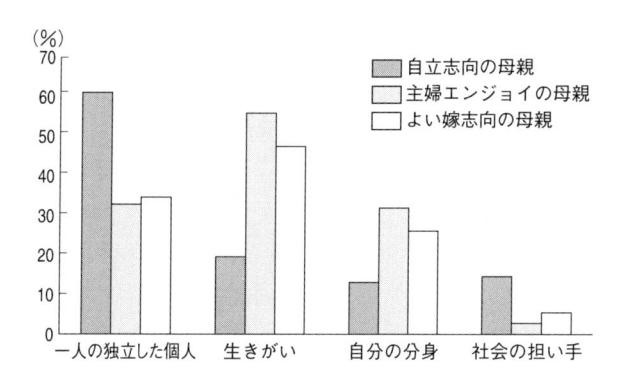

図 2-4-27 子どもをどうみるか——生きがいか別な人格か(山本 1997)

に注目し，加害者の個人特性と生育史に虐待の遠因を求める．しかし，児童虐待は，決して特に異常な個人や逸脱した家族のみに固有の問題ではなく，一見何の問題もないとみえる普通の家族や親にも起こりうる．親を取り巻く育児環境からくるストレスが，親を子どもの虐待へと追い込んでいるケースは決して少なくなく，それゆえ増加しつづけている．

阪神・淡路大震災直後の4ヵ月間に，104件もの虐待が母親自身からの電話相談に寄せられたという(川名 2000)．そのうちのあるケースは，会社にかり出された夫の不在中，避難所での水の確保，食事作り，子どもの世話などを一手に引き受けて頑張る母親が，心身疲労の蓄積と将来への不安も高まるなか，泣き止まない子どもの手をつねったり髪の毛を引っ張ったり抜くなどしてしまった，という訴えであった．そうした自分を母親は責め苦しんで，しかし自分ではどうしても止められず，助けを求めて電話相談に訴えてきたのである．

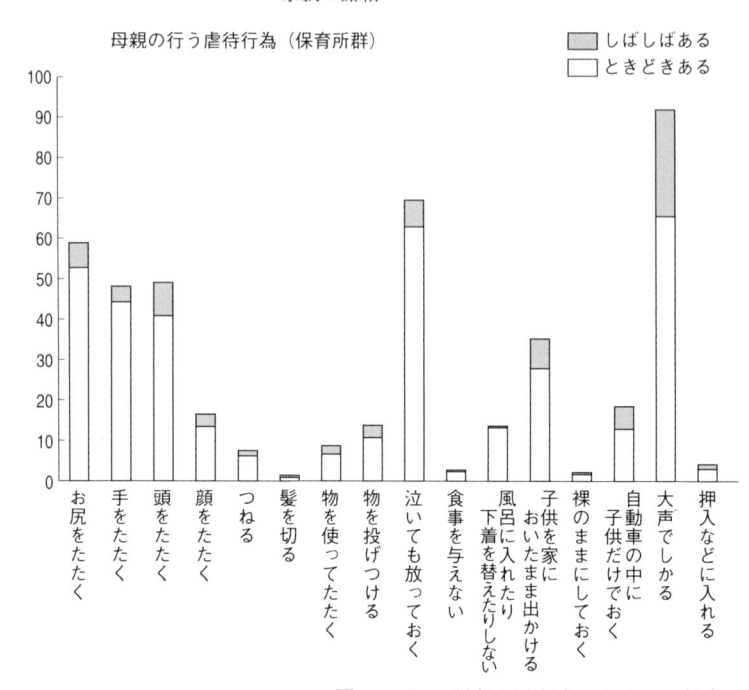

母親の行う虐待行為（保育所群）　□しばしばある　□ときどきある

図 2-4-28　母親が子どもにしている暴力・
注：「地域人口群」は東京都全域 500 人，「保育所群」は都内 3 ヵ所の保育所に子どもを

　貧困，失業，心や体の病気，家族間の葛藤，近隣との摩擦，職場の人間関係など強度のストレスにさらされ，それに孤軍奮闘を余儀なくされる状況は，個人が冷静・適切に対処する限度を越える危機である．このような時，極限に達したストレスのはけ口として，弱く反抗しないものに暴力が向けられてしまう．この種の危機は誰にも起こりうる．育児の責任を 1 人で負い自分をまったく顧みることができず育児不安に陥っている状況も，それが嵩ずれば，そのはけ口が子どもへの暴力となり虐待となる危険をはらんでいる．

母親の二面性——優しさ・受容と権力・暴力

　母と子は親の資源の授受をめぐって対立をはらむ関係であることは，母親の愛情や母子の絆が強調されるあまり，長らく見落とされてきた．しかし進化・比較動物学の視点と折しも母親における「自分」というテーマの浮上は，母と子とは愛情・結合と対立という，相反する二つの関係がからみあっていること

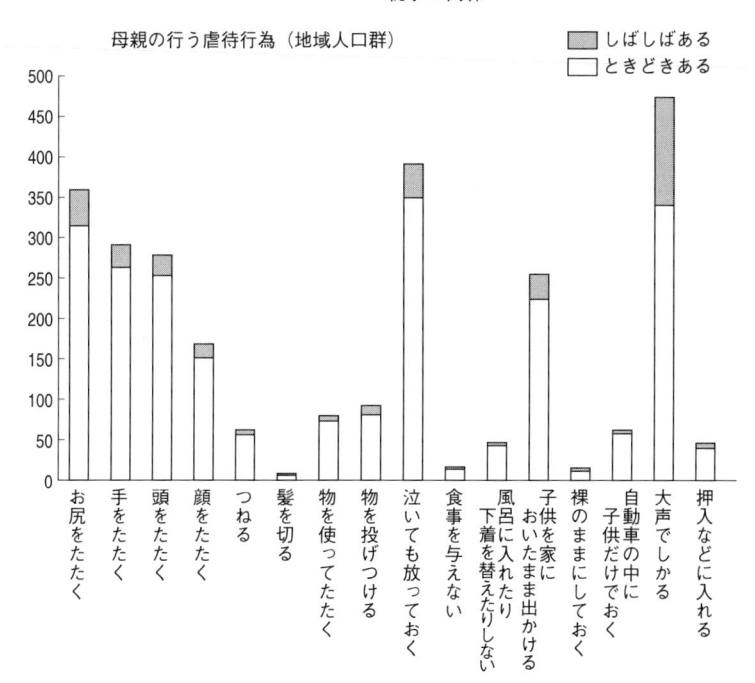

母親の行う虐待行為（地域人口群）　　　■ しばしばある　　□ ときどきある

[グラフ：お尻をたたく、手をたたく、頭をたたく、顔をたたく、つねる、髪を切る、物を使ってたたく、物を投げつける、泣いても放っておく、食事を与えない、風呂に入れたり下着を替えたりしない、子供を家においたまま出かける、裸のままにしておく、自動車の中に子供だけでおく、大声でしかる、押入などに入れる]

虐待行為（子どもの虐待防止センター 1999）
預けている母親 100 人に質問したもの．

に目を向けさせた．このことは，別な観点からも指摘されている．

　未熟無能で誕生する子に，親は万全の養護を与え無償の愛情を注ぐ．この限りでは，母親は愛情に満ちた受容的存在である．しかし，親は子どもをしつけ教育する役割をもつことから，自分の方針や目標を子どもに課し達成しようとする．この場合，しつけや教育をする側である母親は，しつけられる側の子どもより上位にあり，子は程度の差はあれ親の指示への服従が求められる．ここでは，親は子に対して権力者として立ちあらわれる（芹沢 2001）．

　かつて子どもの教育は国家のためであり，個々の親の望みやなしうることはたかがしれていた．それが戦後，国家のための教育は排され，替わって親が自分の子どもの教育に一杯のエネルギーを注ぐこととなった．しかも母親にしつけ・教育の責任は一任されて教育ママが誕生し，母親は子どものしつけや教育に失敗しないようにと躍起になる風潮が生じた．国家の子ではなくなった子どもは，親の占有物化し，親の子どもへのしつけ・教育は私事となった．こうし

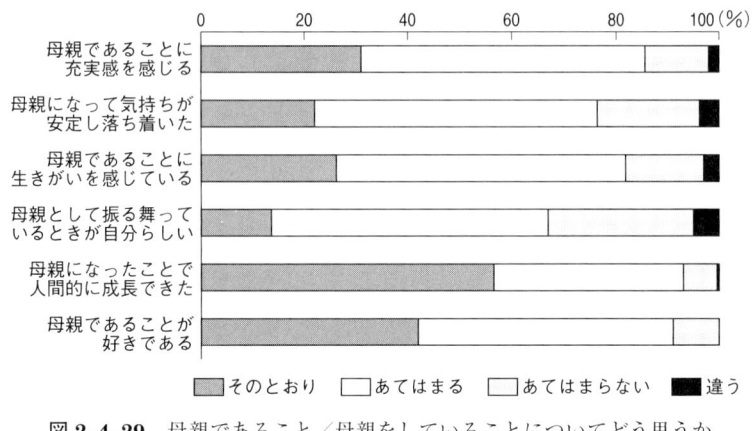

図 2-4-29　母親であること／母親をしていることについてどう思うか
（子ども虐待防止センター 1999）

た教育者としての親の立場は，子どもにとって丸ごと受け止める母の面ではなく，生殺与奪の権をもつ権力者となる，と芹沢はいう．

　虐待はしつけのかたちで始まり，しつけの延長で起こることが多い．「いうことをきかない」から(殴った)という陳述に，親の意志への絶対服従を求める権力者としての親，殴るのも愛情，しつけとみなす親の態度が垣間見える．母親と子と2人だけの密室状況で起こるしつけは，その逸脱は誰の目にもふれずエスカレートしやすい．これはしつけだ，愛情からだと思っているだけに歯止めがない．一般の母親たちも，虐待の一歩手前のような身体的心理的な仕打ちを子どもに結構頻繁にしている(図2-4-28)．

　虐待は3歳以下が最多である．ということは，子どもはまだ無力，親は絶対的な権力をもっているなかで，服従依存の子に暴力をふるい，虐待に走ってしまう．このように親がしつけ・教育者であることは，子に対する権力者であり暴力や虐待を惹起する契機を内包している．

　加えて，母親に「自分」「私」というテーマが浮上し，それが満たされないでいる．母親であること，母親をしていることだけを手放しで受容し満足しているものはむしろ少数で，それだけではもはやアイデンティティが得られ難くなっている(図2-4-29)．

　母親が求める「自分」は，母親だけが孤独に育児している父親不在のケース，出産を機に職業を辞めた専業母親などでは満たし難く，「自分」と子ども・育児

との対立の構図はいっそうあらわになり，母親の不安や焦燥は高まる．自分と子・子育てとの対立の構図が解消不能な時，言うことをきかない子，泣きわめく子，子のいたずらを目前にした母親は，鬱屈する自分のストレスともども自分の下にいる弱いものに暴力をふるってしまうことは十分ありうる．日ごろから虐待一歩手前のしつけをしている母親がそうなってしまうのは，むしろ簡単であろう．育児不安の極限は，虐待の温床となる危険をはらんでいる．

2.3 家族役割と職業役割——個人および家族発達上の課題

家族役割と職業役割の調整——家庭と職業の両立

　家族役割と既存の職業役割の調整は，結婚前後に解決を迫られる家族発達上の課題である．とはいえ，これは男性にとってはさして問題とならず，女性側だけの選択・決断の問題となっているのが現状である．それでも2人のうちは家事は外部化社会化でかなり解決されて，結婚後も職業継続は容易になった．近年の有配偶女性の労働人口の増加はこのことを示す．

　しかし子どもの誕生によって，家庭と職業の両立は新たな局面を迎える．抜きさしならぬ子どもの養育と家事量の増加，加えて根強い"3歳までは母の手で"規範の有形無形の圧力，これらは女性に職業との両立か退職かを迫る．結婚退職の減少に比べて出産退職は今もきわめて多く，それは日本の女性労働力をM字型としている．こうして子どもの誕生つまり親役割は，女性のライフコースを分ける一大契機である．

　職業と家庭の運営について，2人の間で合意に達したうえで結婚しているケースが少ないことは先にみた（図2-2-9）．すると，結婚後に当然生じる家族および女性の発達上の重大問題は未解決のまま，強い社会規範の圧力の下なし崩しに決まってしまう場合が少なくないであろう．子どもの誕生が近づくにつれて夫は社会的職業的責任感を強め，妻は育児や子どものことに関心を向ける，性別分業に沿った心理発達となる．

　育児不安の中核は，親役割と個人役割との対立・葛藤であった．この育児不安は無職の母親で強く，職業をもつ母親では育児不安が弱いうえ親役割への満足度も高いことをみた．このことは職業役割において「自分」へのこだわりを充たされていることが，育児にも子どもにもプラスに働き，逆に（職業役割を辞めて）「自分」を抑圧しての〈子ども優先〉の育児は母親の不安やストレスを高

めていることを示唆している．換言すれば，母親が自分の時間や心身の資源を子以外にも投資することが，適応的である可能性である．

これは，家庭としごとの両立に関連した女性個人の生き方の問題であるが，結婚し子どもをもった家族発達上のテーマでもある．さらに，育てられる子どもに対する影響という点からも，心理学が問題としてきたテーマである．

家族(母親)役割と職業(個人)役割——家庭と職業の両立

子どもがいて"お母さん"でありながら職業をもち働いている女性は，"働く母(親)"といわれる．同じく親であり職業をもって働いていても，"働く父"とはいわれない．お母さんであればそれで十分働いているのになおかつ働いている，との含意があり，お父さんの方は親役割を実際にしていないから職業で働くのは当たり前だからあえて"働く父"とはいわない，というわけであろうか．ここには女性が母親でありながら職業を続ける以上は，親役割も遂行するのは当然との含意もある．有配偶女性の職業進出が進んだことで，「男性はしごと女性は家庭」との性別分業は崩れた．しかし「男性も女性もしごとも家庭も」という"共同参画"にはならず，「男性はしごと女性はしごとも家庭も」という，新たな性別分業が成立した．職業と家庭との両立は，女性だけの課題となった．"働く母"なる語には，この新性別分業観が含意されている．

多重役割が母親本人の心理に与える影響——プラス／マイナス両方の影響

ところで，家族役割のほかに職業役割をもつ，つまり複数の役割をもっている状態は多重役割として，当人および周囲の人々の心理に与える影響が検討されてきた．新性別分業観のもとでは，家族役割と職業役割の多重役割遂行者は女性に限られ，"働く母"はまさにその典型である．

多重役割が当人の心理に及ぼす影響をめぐって，2つの対立する仮説がある．欠乏仮説と増大仮説である．第一の欠乏仮説は，人間の時間とエネルギーは有限であるから，役割の数の増加はそれぞれの役割に費やしうる時間／エネルギーの減少と役割間の葛藤をもたらし，その結果，心理的不満足感や幸福感の低下を招くと考える．これに対して増大仮説は，人間のエネルギーは限界があるというよりも伸長するものとみなす．多重役割の遂行は，それぞれの役割から刺激や栄養を得，全体的に地位の向上や安定，ネットワークの拡大をもたら

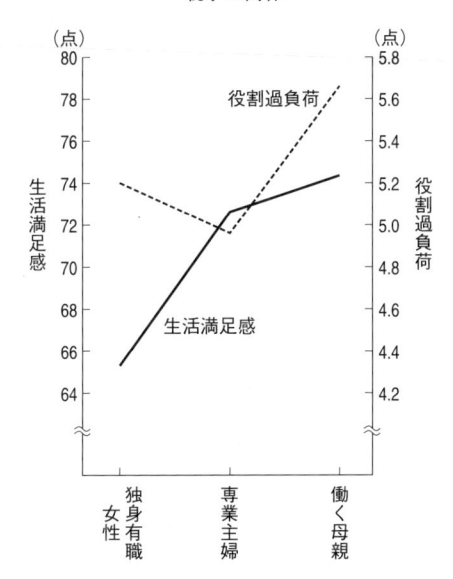

図 2-4-30　女性の多重役割と役割過負荷・生活満足感
（土肥ほか（1990）より小泉が作成 1998）

し，その結果，心理的満足感・幸福感を高めると考える．前者は，家族役割をもつ妻・母親が家庭役割に加えて職業役割をもつのは良くないということになり，素朴な一般論にも対応する．後者は，当事者である働く母・妻の実体験から出された仮説である．この対立する二つの仮説をめぐって実証的研究が展開されているが(小泉 1997)，今のところどちらも支持するもの・否定するものがあり，どちらか一つだけで説明することは難しい．

多重役割をもつ働く母親，単一役割の独身有職女性と専業主婦について，全般的な役割過負荷(多忙さ，疲労感など)と生活満足感(毎日の生活への満足度)を比較すると，多重役割者は単一役割者に比べて過負荷は大きいが生活満足度も高い．つまり，欠乏仮説も増大仮説もどちらもがあてはまる結果となっている(図 2-4-30．土肥ほか 1990)．

乳幼児をもつ父親・母親を対象に，しごとと家庭間のスピルオーバーの内容と量とを検討したところ，① 家庭からしごとへのネガティブ，② しごとと家庭間のポジティブ，③ しごとから家庭へのネガティブの3種が区別され，その強さは父母でそれぞれ図 2-4-31 のようであった(福丸 2000)．父母いずれで

```
                父親  母親
4.0
3.5                        3.55
3.0       3.23      3.02 2.95
2.5
2.0  2.00
     2.40
1.5
   家庭からしごとへのネガティブ   両役割間のポジティブ   しごとから家庭へのネガティブ
        ***              ***
   家庭のことが気になってしごとに  しごとでいい刺激をうけるので家庭  しごとで疲れてしまい夫(妻)役割
     集中できない          生活にも張り合いが出る       が思うように果たせない
   家庭サービスで疲れてしまいしご  しごとでの経験が家庭で活かされる  しごとが忙しくて家族とゆっくり
     とに十分に取り組めない     家庭生活がうまくいっているのでし   過ごす時間が少ない
   家事や育児のためにしごと量を抑    ごとにも張り合いが出る     しごとがきついので家にいるとき
     えなくてはならない      子育ての経験がしごとでも活かされる    もいらいらする
```

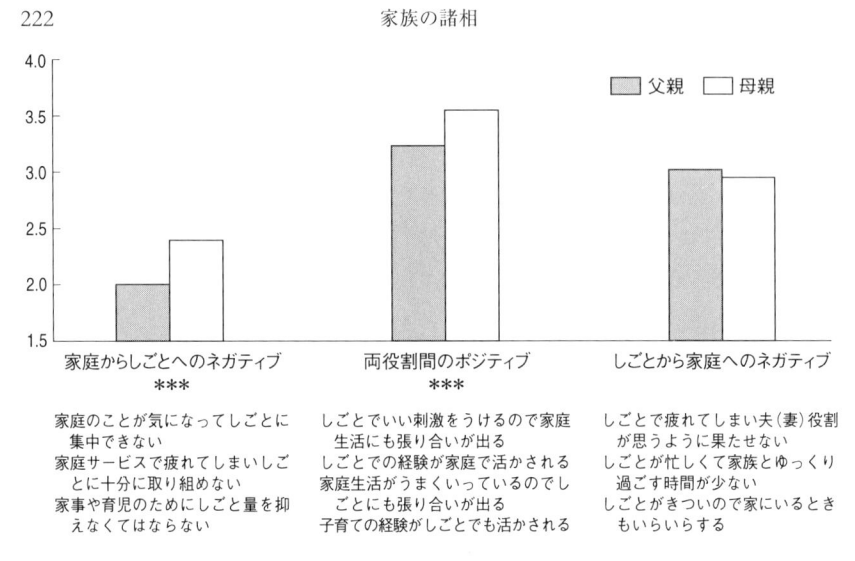

図 2-4-31　仕事役割と家族役割間のスピルオーバー（福丸 2000）
注：*** $p < .001$.

も，2つの役割間のポジティブな効果が他に比べてもっとも高い．特に母親のそれが父親以上に高いことが注目される．しかし，家庭からしごとへのネガティブな影響も，父親より母親で有意に高い．このことは，妻が有職でもその夫の家庭役割が増えるとは限らず，実質的に多重役割とはならないのに対して，母親は「しごとも家庭も」との多重役割が重くかかっていることを示唆している．女性研究者のキャリア形成においても，男性研究者が結婚・子どもの誕生はなんらキャリア形成に影響せず，むしろそれが支えとも励みともなって着々と業績を挙げていくのに対して，女性研究者では結婚・子育ては業績算出にはマイナスとなるという事情にも通じる（原 1999）．

全般的にみると，多重役割を担う母親は負担が大きく疲労感は強いが，他方生き生きしているという，正負両様の心理を抱いている．これを親役割についてみると，有職の多重役割の母親のほうが子どもや育児への満足度が高く，仕事とは別な子育てに心理的なゆとりをもってしている（図 2-4-32．山本 1997，永久 1995）．

専業の母親にとって育児は自分の単一の役割であるだけに，責任感や義務感が大きいためか心理的な余裕がなくなり，育児を楽しむことが難しいのであろ

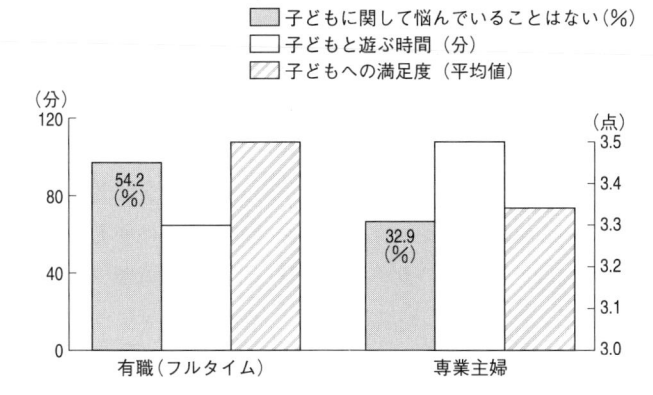

図 2-4-32　有職母親と無職母親の子育て満足度と悩み（山本 1997 より作成）

う．先に育児不安が，育児だけが唯一の役割である専業母親に強く，「自分」の役割をもてない不安や焦りを抱いている事情をみた．母親・妻としてではない「自分」個人の役割をもつ多重役割がむしろプラスとなり，親としての役割遂行——育児の時間は短くなるものの，前向きに育児を楽しむことになるのであろう．役割が少なければよいというものではなく，過度に多重でなければむしろプラスになる例である．

複数の役割を担うことは，有限の資源である時間や体力については多忙や疲労などマイナスの影響となる．しかし，子育てや子どもからしごととは別個な楽しさや満足が得られ，複数の別種の役割をもつことが相互に刺激となりプラスの影響となる．このように，2つの仮説はまったく対立的というよりも，異なる面にそれぞれ妥当な説明理論だといえよう．時間・体力のような有限性がはっきりしているものでは欠乏仮説が，他方，楽しさ，生き生き（する），生きがいといった対象によって異質なものが喚起される心理面では増大仮説が，それぞれあてはまるようだ．

女性は「しごとも家庭も」との新性別分業規範のマイナス作用

有配偶女性の就労が早くから進んだアメリカでは，多重役割研究が早くからされており研究の蓄積がある（小泉 1998）．そこでは，有職母親が無職の母親より抑うつ傾向が低く，精神的健康度が高いという増大仮説支持のデータが多

い．日本での研究はまだ少ないものの，結果は上述のように欠乏・増大両様の影響が見出されており，有職母親は必ずしも全面的にプラスだとは言えない印象が強い．この違いは，単に職業をもつか否かは同じでも，職業上の処遇，職種，労働条件などが日米で異なること，母親が職業をもつことに対する社会規範の違い，さらに日本の男性（夫）の家族役割への関与の少なさ，などが大きく作用しているであろう．有配偶女性の就労が増加したとはいえ，女性は「しごとも家庭も」との新性別期待のために，職業による過負荷がアメリカより大きいことは当然予想される．

　さらに無視できないのは，「しごとも家庭も」との規範が働く母親の心理にマイナスに作用する可能性である．馬場は自身の体験にも照らして，働く母たちが共通して「すまない」気持ちを抱いていると指摘する（馬場 1989）．自分が職業をもっているために，夫や子どもに対して十分な世話をしてやれないことに「すまない」と自責の念を抱くのは，女性は職業をもっても家庭のことはおろそかにすべきでないとの「しごとも家庭も」の規範を内在化してのことである．第2部3章で，日本人の生活時間の著しい男女差，さらに妻の有職・無職にかかわりない夫の家事・育児時間の少なさをみたが，それは女性だけに「しごとも家庭も」を求める日本の性別分業の反映であり，このことが働く母親たちに「すまない」との心理的罪障感を抱かせ，多重役割のマイナス影響を大きくしているであろう．

　もう一つ多重役割の影響を考える場合に重要なのは，役割の数よりも役割の種類によって影響が異なることである．職業の内容がどのようなものか——単純労働か熟練・専門職かという職の質，その経験量や自由裁量度，さらに時間や給与など労働条件によって，もう一つの役割への影響がプラスにもマイナスにもなる．この場合，女性に特有のこととして，昇進や給与さらに対人関係などにわたる性差別的環境が職務ストレッサーとなっている（金井 1994）．これら含めて職業の質や内容が満足できるものであれば，有能感を高めたり別種の役割が刺激や気分転換になるなど，むしろプラスにもなる．さらに家族役割では種類によって影響が異なり，親役割に比べて家事や老親介護は概してネガティブな影響となる傾向がある．したがっていくつの役割をもつかという数の問題以上に，役割の質の影響が重要だといえよう．

母親の就業が家族に与える影響——"働く母""母の手で"の是非

　働く母親が研究される中心的な問題意識は，母親の就業が家族——とりわけ子どもにどのような影響があるかにある．それは，母親が働いている間，子どもが他の人に育てられることの是非，換言すれば"母の手で"の正当性を実証することが働く母親研究の重要な関心の的であり，これまでみてきた働く母自身の心理への影響以上に早くから研究されてきた．（ここでも子どもへの影響が第一で，女性自身の心理は二の次であった．）

　"働く母"という呼称には，母になった以上親役割をする，それも専業ですべきものとの暗黙の含意があり，親・家族役割に加えて職業役割をもつ"働く母"はよろしくないとの暗黙の前提，予想がある．実際，この前提が確たる証拠なしに一人歩きし，なにかにつけて「やっぱり母親がいないと……」「小さいときから保育所で育てられてかわいそう……」「しごとをしてるお母さんの子どもは……」など，母親の就業が子どもの発達にマイナスだとの言説はしばしば見聞する．

　働く母についての研究は，このような一般の意見を背景に働く母について否定的な問題意識がなかったとはいえない．しかしこれとは反対に，母親が職業をもち自分個人の世界をもつことが子どもや育児に対して積極的な姿勢をもたせるとの経験知が，増大仮説の構想と研究を方向づけもした．

　発達心理学は，施設に育った子どもの発達障害や遅滞が，乳幼児期の母子間の (1) 親密で継続的で，(2) 両者が満足と幸福感に充たされた状況の欠如「母性剥奪」(maternal deprivation) にあるとし，このような関係の重要性を長いこと強調してきた．そのさい，この母性剥奪理論の (1) の部分——母子が親密で継続的であることのみが，子どもの健全な発達に必要不可欠だとのメッセージとして世に広まり，母親が子どもの養育に専念すべきとの世論，"3歳までは母の手で"を支える根拠となってきた．ここには，母性剥奪理論の (1) の部分的強調があり，(2) の無視がある．

　このような発達心理学理論の部分的強調による一般の問題意識を背景に，母親の就業が家族とりわけ子どもに与える影響に関する一連の研究が内外で行われてきている．

働く母の子どもの発達はなんら問題がない，むしろ優れていることも

　5000人の子どもを生後4ヵ月から小学校入学後までの6回，定期検診で心身の発達状況を追跡した大阪リポート（服部・原田　1991）は，子どもの心身発達がどの面についても母親の就労の有無や就業形態による差のないことを明らかにしている．これより小規模サンプルだが，身辺自立，身体移動能力，道具の使用，コミュニケーション能力などの社会的生活能力について4歳から7歳までをより詳細に調べた研究（尾形　1995）でも，母親の就業による差はまったくみられていない．むしろ全体的には，有職の母親の子ども（男児）が専業母親の子どもに比べて，社会生活能力が優れている傾向が認められている．

　より広範な心理発達について長期的な追跡を行っているアメリカでも，早くにこのことが実証されている．1歳から3歳までは年に2回，その後7歳まで毎年，計9回，気質と社会性，認知機能，問題行動，学業成績について検査し，それぞれの時点での家族関係，家庭環境，母親の就労の有無と形態について調査した．そのデータの分析から，母親の就労の有無は，乳幼児期から学童期にいたるまでの心理諸機能のいずれについても，なんらの差をもっていなかった．ここで興味深いのは，5歳と7歳の時点で子どもに本を読んでやる，学校の話をするなど教育的な働きかけが有職母親のほうに多いこと，さらに6歳時では父親の育児参加が有職母親家庭で多かったことである．つまり有職母親の子どもは親から教育的な働きかけを多く受けているのである．この効果はこの調査期間中にはみられていないが，おそらくもっと後になってあらわれる可能性が考えられる．

　子どもの独立心の発達が，母親の職業経歴によって影響されることも検証されている（末盛　2002）．この研究で興味深いのは，母親が現在就業しているか否かによる差ではなく，就業継続経歴が有意な規定因であることである（図2-4-33）．継続就業している母親の子どもは，結婚や出産で退職して現在無職か一度退職した後再就職した母親の子どもに比べて，男女児いずれでも独立心が高い．母親が子どもの幼少時からずっと職業をもっていたことは，子どもが早くから自力で行動する機会が多かったことによるのであろう．また結婚・出産後も一貫して職業をもちつづけた母親は自立・独立を重視する態度が強く，そうした親の姿勢が子どもにさまざまなかたちで伝達されることになる可能性も考えられる．またもう1人の親――父親も，継続就業している妻に多くを依存

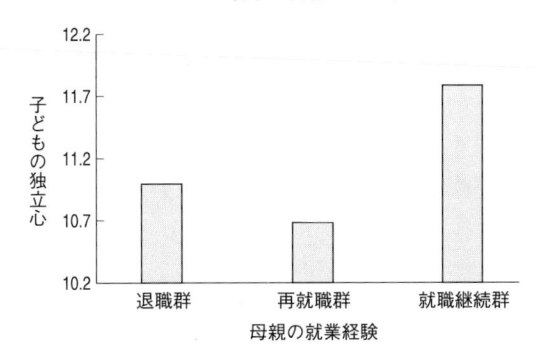

図2-4-33 母親の就業経験歴と子どもの独立心（末盛 2002）

せず独立的に行動することが，子どものモデルとして作用していることも考えられる．

このように，有職の母親の子どもの発達は無職（専業）母親の子どもとの間にまったく差はなく，むしろ優れた点さえ認められている．「母親が働いていると子どもに悪影響がある」との一般の言説には，実証的な根拠はまったくないのである．当然のことながら子どもとの接触時間は，有職母親では専業母親より短い．しかしその短さを補ってあまりある質のよいかかわりがあることが，子どもの発達になんらマイナスの影響をなくしていると考えられる．

働く母に育てられた子どもたちが，自分の育ちを顧みて綴った記録がある（働く母の会 1994）．今から40年あまり前，保育所もほとんどなく女性は結婚・出産退職が大勢だった時代，子どもをもちながら働きつづけたいと夫婦が協力し，共同保育所をつくるなどして育児としごとを両立してきた人々の子どもたちが，『私たちはこうして大きくなった』と幼少期のことを回想し，母親がしごとをもっていること，よそのうちと違って母親が留守の時をどう過ごし，その時どう感じていたか，また成人した今，母親の生き方をどうみているかを，率直に綴っている．それをみると，子どもたちは世間が言うように自分たちをかわいそうだとは思っていない．ほとんどの子どもたちが母親も父親も力を合わせて働き，多忙ななかで子どもに精一杯のことをしてくれた姿を肯定的に回想し，自分の将来のモデルとなったとも記している．

母親就業の影響を媒介する要因
——母親就業をマイナスにする条件／しない条件

母親の就業は子どもの発達になんら問題がない，専業の母親の子どもとかわりがないとの研究結果に，具体的見聞から疑問を呈する向きもあろう——そうはいっても，母親が職業をもっていると子どもに目が届かない，しつけができていない，はては非行に走りやすいのではないか，などと．しかし，こうした見方は短絡的である．一見母親の就業の影響とみられるものが，母親の就業そのものの影響ではなく，母親が就業中の子どもの養育条件の問題である場合が少なくないからである．

子どもや育児に対する母親の心理は状況いかんによって影響され，それしだいでプラス(増大仮説)にもマイナス(欠乏仮説)にもなる．端的な例が育児不安で，夫(父親)の育児参加や母親の就業は育児不安の低下をもたらすこと(牧野・中西 1985，柏木・若松 1994)はすでにみたとおりである．母親就業の場合，その影響はさらに重要で，それがひいては子どもへの影響につながる．つまり，母親の労働と子どもとの間に介在する諸要因いかんによって，子どもへの影響が左右される．

ゴットフライド＆ゴットフライド（1996）は母親が職業役割に満足しているか否かに注目し，職業役割に満足していることが子どもとの安定した関係の形成や良好な子育てを可能にし，それが子どもの発達を促す〈母親の役割満足度 → 母子相互作用 → 子どもの発達〉というプロセス媒介モデルを提起し検証している．働く母親の職業満足度は職の質，給与，時間，自由裁量度によって規定されることはもちろんであるが，〈しごとの融通がきくこと〉が重要である．子どもの病気や事故に代表される突発性緊急性を要する親役割に対処できることが，職業役割の満足度を左右しているというデータは納得がいく．

母親の就業と子どもの発達との間の媒介要因として，このほかにもいくつかの要因が明らかにされている．そのなかでとりわけ重要なのは，夫の態度・行動である．夫が妻の就業を認め支持している，さらに父親が育児に参加している場合には，母親就業の悪影響はみられない．逆に，夫が育児は母親の役割との考えに固執し子育ては妻(働く母親)任せでいる場合は，子どもの世話やしつけが不十分となり，長期的にみると発達を阻害することにもなりやすい．働く母親の家庭では専業母親の家庭よりも概して父親の育児参加が高いが，このこ

とが母親の職業役割への満足感の背景にもなっているであろう．母親の就業が夫から承認・支持されず，また子育て参加もない場合，母親の家族と職業の多重役割は時間・体力のみならず心理的にも過重な負担となる．このような状況では，子どもの世話も心理的配慮も乏しくなりがちとなり，ただでさえ時間は短いうえ，質の高い教育的な働きかけは期待できなくなる．このような状況は，まさに欠乏仮説に該当する結果をもたらす．

　もう一つ重要な媒介要因は，母親就労中の子どもの養育条件——親に替わる養育の安定性である．ベビーシッター，近所の人，祖母など，個人であれ，保育所や乳児院など施設であれ，子どもに愛情と適切な養護を与えてくれる信頼できる養育者と場が安定して確保されていることが，母親就業の影響を媒介するきわめて重要な要因であった．信頼できる人的施設的な支援が得られている，しかもそれが頻繁に替わることなく安定して保障されていること，そのことは直接，子どもの発達にプラスに働くと同時に，母親に安心感をもたらし，ひいては子どもの心理的安定につながる．このように，親替わりの養育の質と安定性が，子どもの発達に直接間接に影響しているのである．

　もちろん子どもの側の要因もある．子どもが幼少期であるほど，また障害や発達上の問題をもつ場合には，細心の注意や特別な療育が必要で親役割の負担はより大きく，職業役割との多重役割は過重となりやすい．そのような場合には，母親を支援する専門的体制が必要だが，普通の子どもの場合でも重要であった夫（父親）の態度・行動や親に替わる養育の安定性はいっそう重要となる．

　このように母親の就業の影響は多様な要因によって左右され，媒介要因が適切に調整されていれば母親就業はなんら悪影響がないばかりか，子どもの発達にプラスに作用するのである．

保育・養育の質の研究へ——養育は「誰が」から養育の質「どのような」へ

　このように働く母親と子どもの発達について分析的研究は，母親の就業そのものが問題なのではなく，母親に替わる養育環境の諸条件いかんが問題であることを明らかにした．世間一般で「母親が仕事をもつと子どもの発達によくない」といわれるのは，こうした媒介メカニズムを見落としているからで，すべてを母親の就業そのものの責任であり影響だと短絡的に断じ，それが母性愛神話や"母の手で"を補強し「女性を家に引き留める心理学」として機能してき

た．

　問題は，働く母親の不在や制約が子どもの養育の欠如とならないような条件整備が重要だということで，母親の就労に関する研究結果は，二つのことを提起した．一つは，母親就業は母個人の問題ではなく家族全体の問題，家族発達の問題であることである．とりわけ夫・父親の態度や行動が子どもの発達を媒介する重要要因である事実は，これまでほとんど等閑視されてきた父親に研究を焦点づける一つの契機となった．

　もう一つは，養育・保育の質と安定性の問題である．職業をもつ母親による養育が専業の母親つまり"母の手で"の養育と，子どもの発達になんら差をもたらさないとの結果は，"母の手で"の絶対性を否定し，養育を誰がするかという問いから，人であれ施設であれどのような養育・保育かという養育・保育の質の検討へと問題を展開させた．

　そもそも"母の手で"——産みの母親が子育てに専任であたることは，母性剝奪理論に照らしても破綻を見せている．すでにみたように，専業の母親（＝"母の手で"実践者）に育児不安や親役割不満が高い．これは，母性剝奪理論が指摘する前述の (2) 両者（母親と子ども）が満足と幸福感に充たされた状況の欠如にほかならない．これまで母性剝奪理論は，(1) の親密で継続的のみが強調されてきた．しかし，看過されてきた (2) 育てるもの育てられるもの双方が満足感と幸福感をもてる条件はなにか，さらに子どもの発達に資する保育・養育の質とはなにかが，今改めて問われている．

　親子関係の研究は，究極的にはどのような養育・保育が子どもの発達にプラスに働くかを検することを目指してきた．その膨大な研究の蓄積は，保育の質を考えるうえで改めて見直される．母子相互作用が形成され機能する過程，子どもへの応答性，子どもの気質・個性の意味，言語的刺激の豊かさ，環境内の刺激の多様性と適度の豊富さ，探索の自由度，などである．

　一方，乳幼児保育機関における保育の質に焦点づけた研究が 1990 年代の初頭から欧米でさかんに行われ，乳児院や保育園など施設の設備や制度，保育担当者の保育内容，子ども観・発達観，親との関係，労働条件など多様な面について，子どもの健やかな発達をいかに保障するかの観点から検討が展開されている．日本でも，子どもと保育者との関係の形成過程，子どもが集団保育の場に心の拠り所を形成する過程などについて，発達心理学と保育学との協力研究

が蓄積されつつあり(金田ほか 1990)，子どもの発達に資する保育の方法や内容を提案する，まさに保育の質の実証的実践的研究となっている(金田ほか 2000).

保育の質が正面から取り上げられるようになった背景には，働く母親の増加のほか家庭養育の限界や問題が浮上してきたことがある．核家族化，きょうだいの減少，父親不在などは，家族がかつてもっていた教育機能を減退させ，加えて都市化や雇用労働の増加は地域の教育力も減退させた．こうした状況が，親や家族による養育を補完するものとして保育機関の必要性をクローズアップさせた．

しかし，保育機関の必要性は単に家庭養育の補完にとどまらない．母親の有職無職にかかわらず母親や家庭でだけ育てられることは，むしろ子どもの発達にとって限界や問題をはらんでいる．虐待の一歩手前にもなりかねない育児不安，将来展望のもてない焦り，「自分」を活かすことのできない不満，あるいは自分の責任と子育てに懸命になるあまりの子どもへの過剰な保護・介入，子どもの意志や個性の無視など，養育を担う母親にさまざまな問題がある．このような状況は，母親・子ども双方の発達と幸福には逆行する．子どもと親双方の発達を保障するうえでも，親以外の手と家庭以外の場が求められる(柏木 2001，網野 2002)からである．

社会・家族政策と家族——職業役割と家族役割をどう担うことを志向するか

育てるもの育てられるもの双方に満足感と幸福感がもて，子どもの発達に資する質の高い保育の安定的供給は，個人や家族の心がけや努力だけでは解決しえない．子どもの養育と発達は，家族・親だけの問題ではなく社会の責任であり国の課題だとする価値観，それを具現する社会システムとがなければ不可能である．年金，医療，扶養，育児，介護など社会・家族政策は，職業役割と家族役割を誰がどう担うかの視点から注目される．

家族・社会政策が人々の生活ひいては出生や育児，介護，職業などの行動や心理に多大の影響をもつことについては，専門家による詳細な分析と論考がある(塩田 2000, 社会保障研究所 1994, 副田・樽川 2000)．これまで日本の発達心理学は，この問題にまことに無関心であった．研究は客観的脱価値であるべきことを標榜し研究のための研究となっていたからである．しかし，社会学

表 2-4-12 国家政策における「母と子ども」の関係（中山 2001）

理念型	母と子どもの関係に対する考え方・理念	略記号	本論文で検討した諸法律・関係団体・個人等（太文字＝国家政策）
第1型	母を第一義的に，子どもを第二義に考える	「母＞子ども」	（なし）
第2型	母を第二義的に，子どもを第一義に考える	「母＜子ども」	・母子健康センター設置要綱（1967～）* ・児童福祉法 ・母子保健法 ・全国母子健康センター連合会の設立趣意書
第3型	母と子どもを一体と考える	「母子」	・母子健康センター設置要綱*（1958～1967） ・母子保健法 ・1964年当時厚生省児童局母子衛生課
第4型	母と子どもを等価と考える	「母＝子」	・母子健康センター設置要綱*（1958～1967）
第5型	母と子どもを各々独立させて考える	「母」「子」	・母性保健基本法案(同促進連合会) ・全国母子健康センター連合会理事　森山豊
第6型	その他	－	・旧保健所法(国民体力向上の傘下に母子を) ・新保健所法(公衆衛生の傘下に母子と老人をおく) ・町村保健センター整備要綱(国民健康作りの傘下に地域住民をおく) ・全国母子健康センター連合会理事　久保秀久

注：*印の母子健康センター設置要綱（1958～1967）は，第3型か第4型に分類される．どちらか一方を決め手とする文言が見当たらない．また1967年からの設置要綱は母子保健法の内容を踏まえ第2型に分類した．

者や社会政策研究者がつとに指摘している政策が人々の生活，心，育ちを規定し支配してきた事実を直視すれば，発達心理学は政策を視野に入れねばならないことは明らかである．

　性と生殖つまり出産に関する国の施策「母子健康センター事業」が，どのような子ども観・母親観によって施行されてきたかが丹念な資料分析によって明らかにされている(表2-4-12．中山 2001)．そこには，「子どもを第一義的に，母を第二義的に考える」つまり子ども中心の理念，あるいは母子一体の理念が強くみとめられる．

　その後，この理念には母子保健法で「母性の尊重」が追加され，女性を「母と母性」の枠組みでとらえる視点，子どもと母親を一体とみなす理念，さらに

子どもの養育は母，母性という性別役割分業観が，日本の国家政策に一貫して底流となってきたことを，中山は確認している．

その後，国際的な潮流のなかで成立した女性差別撤廃条約と子どもの権利条約は，日本の政策にも変化をもたらし，加えて「(出生率)1.57 ショック」に始まる少子化現象はエンゼルプランと銘うつ子育て支援策を次々と出してきている．しかし政策の細目や運用の実態は，変化する社会と家族のなかで子どもの健全な発達を保障する施策として十分に機能しているとはいえない．女性の職業志向を直視し正当に評価して母親偏重の子育ての実態をどう是正するか——子どもの養育は社会の責任と考えるか，家庭の責任でありその補完と考えるかについての徹底的な考察を欠き，施策は場あたり的であり中途半端なものにとどまっている．

さらに，性別分業観も依然として払拭されていない．両性の平等への国際的潮流を受けて政府は男女共同参画社会基本法を制定し，あらゆる領域での男女参画を理念として広く喧伝している．育児・介護休暇も，両性の権利とはなっている．しかし母性重視の文言は公式文書から消えたものの，職業と家庭の両立の施策は「女性はしごとも家庭も」の新性別分業の域を出ていない．無職専業主婦を優遇する年金制度はそのままであり，女性が職業をもつことはむしろ不利になる状況にある．男性の育児休暇取得はないに等しく，制度的裏付けなしに実効は期待薄である．

スウェーデンをはじめとする北欧諸国において，男女に等しく職業役割と家族役割の両立する家族政策が展開され，同時に子どもの養育は家族のみならず社会の責任として乳幼児施設と養育費などが制度化され，それは子どもの権利の保障として機能している(津谷 1997，舩橋 1998)．そこでは子どもは個々の親のものではなく社会の子どもであるとの認識，子どもの養育は生物学的親だけに依存すべきではなく，誰であれ子どもを愛し育うるとの信念，男性であれ女性であれ社会的職業的役割と家族役割は権利であり責任であるとの認識，などが根底にある．こうした考えが，個人の生き方にまた政策のなかに根づき，男性も女性もしごとと家事・育児を担い，子どもは親と多様な保育施設で健やかに育っている．一時低下していた出生率が，こうした政策によって回復したことはつとに知られている．職業と家庭の両立が，女性だけの問題ではなく男性にとっても達成されていることが，その重要な背景であろう．

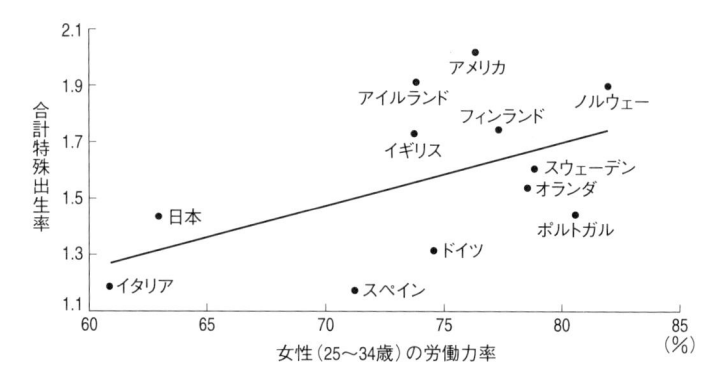

図 2-4-34 出生率と女性の社会的地位（総理府 2000）
資料：労働力率は，ILO：*Yearbook of Labour Statistics 1999*.
合計特殊出生率は，UN：*Demographic Yearbook 1997*，日本は厚生省『人口動態統計』．

日本では，働く女性の増加が子どもを産むことを控えさせ，出生率が低下したかのように論じられることがある．しかし，このスウェーデンの例に照らせばそれは当たらない．女性の社会的地位（有職・経済力）と出生率との関係を見ると，両者は正相関しており，女性の職業進出はむしろ出生率を上げる方向に働いている（図 2-4-34）．

3. 父親と母親

3.1 心理学における長い父親不在と父親発見

心理学における親子研究は親子関係を扱うとしながら，これまでほとんど母親の育児や母子関係に終始してきた．これは，心理学における父親不在と対する母親偏重，そして子どもの発達への影響をもっぱら母親について扱ってきた発達心理学の視点の偏りをまさに反映している．そこでは，母子関係に焦点づけた理論と子どもの養育の担い手は母親だという現実とが相乗的に働きあって，「親＝母親」という研究が主流を占めることになってきた．加えて日本の母性尊重思想は，子どもの問題の責任はもっぱら母親が問われ父親は免責される風潮をつくり——それは子捨てや子殺しを母親に排他的に帰属させる新聞記事に端的にみてとれる（田間 2001）——研究での父親不在，母親偏重を助長した．

こうして，父親についての心理学的研究は長いこと不毛であった．しかしここ20年来，発達研究における父親不在状況はようやく変化しつつある．1975年，アメリカの心理学者ラムが，「子どもの発達に貢献している（のに）忘れられてきたもう一人の親」として，父親に注意を喚起すべきだとアッピールした論文を発表した（Lamb 1975）．この父親発見の契機はアメリカにおける家族の変動，とりわけ離婚増による単親家庭の増加である．単親家庭では，それまで両親がいて母親が育児の担い手であった状況は崩れざるをえない．父子家庭となったとき父親（男性）で育児は可能か，それで子どもの発達に支障はないか，また母子家庭では父親不在が子どもの発達に悪影響はないか，といった具体的な問題が現実に浮上してきた．現実の変化は離婚だけではない．母親就労の急激な増加によって，夫はしごと妻は家庭で2人ほどの子どもを育てるという家族の典型であった性別分業家庭は崩れ，父親が親役割を担う現実を生じさせ，父親とはなにかを改めて問うことへとつながった．こうした社会変動にともなう家族の現実からの要請がラムのアッピールの背景にあり，これを皮切りに父親研究がさかんに行われるようになった．

欧米ほど多くはないが，日本でも父親研究は少しずつ増えつつある．しかし，今も親子研究の主流は母子である．それは，既婚有子女性の労働の増加にもか

かわらず，依然として育児の担い手は圧倒的に母親という現実と，母親重視の社会規範の強さ，さらにそれを踏襲する研究者の姿勢による(柏木 1993)．

最近，心理学外で父親への広い関心があり，評論家による父親論もさかんである．母親偏重の社会への批判から家庭での父性復権を主張する林(1996)，夏目漱石，森鷗外，有島武郎ほか6人の文学作品のなかで描かれた父親像から父とはなにかを論考した吉本(1998)，幸田露伴，森鷗外，金子光晴，シートン，カフカなど内外の著名人たちの父親ぶりを描いた木原(1999)などで，これらをみると父親の存在が「忘れられてきた」といわれるが，いつの世も実にまめやかに親として子に接していた人々がおり，しかもその父親ぶりはそれぞれ個性的で実に多様な父親像があることがわかる．このことは，心理学がようやく検討しつつある父親の機能や男性の役割を予告的に示している．

3.2 子どもの発達と父親の役割——子どもの発達への貢献者としての父親

父親不在パラダイムによる研究——子どもの発達への影響

ラムによる"父親発見"によって爆発的に増加したそれ以前にも，父親研究はほそぼそとではあるが登場していた．それは，父親不在家庭の子どもの発達を問題とした一連の研究である(柏木 1978，古市 1978，鈴木 1990)．

その代表的な D. リンの研究(Lynn 1959)は，ノルウェーの船員家庭の男児が一般家庭の男児と比べて男の子らしさに欠け，ひいては仲間集団での人気のなさ，さらに社会的不適応の傾向を実証的に明らかにした．この結果は，長期にわたる父親不在のために母親だけで養育されることによるとされ，男児の発達に父親の役割が大きいことを示すとされた．

同様の父親不在パラダイムによって，青年期の男子の知的発達を扱った研究(Carlsmith 1964)でも，18歳までの生育歴中に父親不在期間が長いほどまたそれが幼少期であるほど，青年の学業成績と知的関心が言語・文学系に傾いている(図2-4-35)．

一般に知的関心は，男子は理数系，女子は言語・文学系にそれぞれ強い傾向があるが，父親不在の男子では知的関心や成績が通常とは違ってむしろ女子的な方向になるというのである．

小学生男子についても，①5歳以前に父親不在，②5歳以後に父親不在，③父親在だが接触少ない，④父親在で接触多い，の4群の学業成績を比較したと

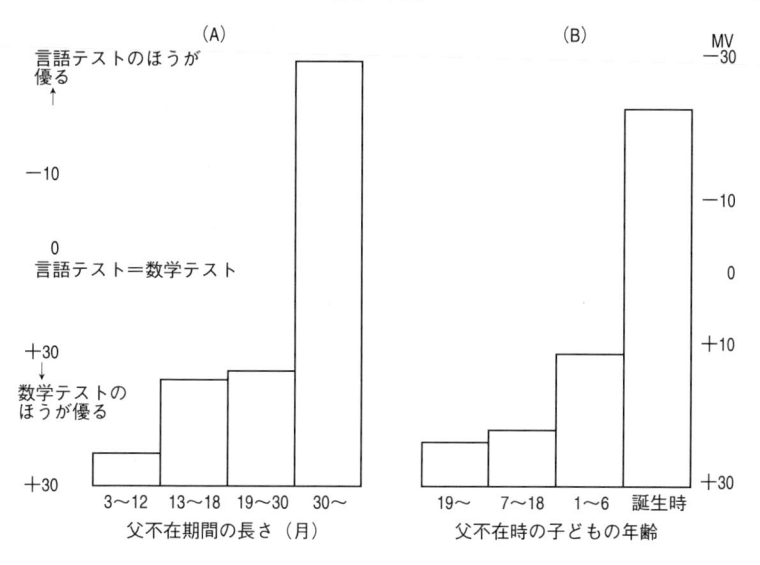

図 2-4-35 父親不在の長さと時期による学業成績と関心 (Carlsmith 1964)

ころ，④ 父親がいて接触の多い群の子どもの成績がもっとも優れ，不在群とりわけ 5 歳以前に父親不在の群の成績が劣ることを見出している (Blanchard & Biller 1971)．これは，父親が単にいるだけでなく子どもと実質的な接触・交流があることが，子どもの発達に影響することを示したものとして注目されよう．

こうした父親不在パラダイムによって，性役割発達，対人・社会的発達，知的発達のほか，道徳性の発達や非行など幅広い領域に父親の在不在による差が報告された (Hoffman 1975, Santrock 1975)．蓄積された研究結果から，H. ビラーは，父親が子どもの発達に及ぼす影響を重視し，父親不在の問題を母性剝奪に倣って父性剝奪 (paternal depraivation) としている (Biller 1974)．

ところで，これらの研究は，性格であれ知的面であれ"望ましい"発達が阻害されるという点で父親の影響を示したことで一致しており，やはり「お父さんがいないと……」という素朴な懸念を裏付けるかにみえ，さらに「男の子には男親が……」とか「男の子は母親ではだめだ」と結論できるかにみえる．実際，これら初期の研究に基づいて，父親不在は男児の性役割の獲得を不全とすると，今もいわれている．

しかし，その結論は単純すぎる．第一に，父親不在家庭は単に父親がいない

点だけが一般家庭と異なるのではない．まず経済条件が異なり，父親が継続的に不在の家庭は両親家庭に比べて収入が低い．さらに比較した両群は属する社会階層も違っているから，父親の在不在以上に子どもの発達環境の質が異なる．さらにサンプル上の問題もある．船員家庭やハーバード入学学生という特殊な層での結果から，父親不在の影響だと一般化するのは乱暴であろう．

さらに性格であれ知的関心や能力であれ男の子らしい特徴として取り上げているものは，男の子らしさという社会的規範が有形無形に子どもを方向づけ／特徴づけており，父親の影響だけに帰することはできない．さらに"男の子らしさ"が即，男子の人気や社会的適応につながるとのリンの結果は，性別化がそれなりの有用性をもっていた状況下でのことであり，ジェンダーフリーな今日にはそのまま通用しないであろう．

このように，父親不在パラダイムによる古典的研究は方法論的にも理論的にも問題があり，結果は必ずしも説得的ではない．しかし，子どもの発達に母親だけでなく父親が果たす役割，特にモデルとしての父親に注意を喚起し，実証的父親研究の道を拓いた先駆として評価できる．

青年期の娘の発達と父親——娘の自尊心と性同一性確立

日本では，父親の影響が女子青年の人格社会的発達との関連で活発に問題にされている．父親の日常のしつけや子どもとの共行動が母親よりも少ないことはどの国でも共通だが，日本では特に著しい．子どもが父親から社会生活についての指導を受けたとするものは，日本は11ヵ国中低位にある(総務庁青少年対策本部 1999)．にもかかわらず，父親は娘の高い自尊心や性同一性の確立を左右しているという報告が多数ある(伊藤 1995; 2000)．

概して父親は子どもの性によってしつけを変える性別しつけが，母親よりも強い．それは，男性が女性より伝統的性役割観をもっている(鈴木 1997)からであろう．そのような父親が，娘の自律性を尊重していると娘が認識している場合，娘の自尊心は高く安定した性同一性を獲得している(伊藤 2001)．一般には父親は伝統指向の強いものだが，自分の父親は「自分を一人前と認めてくれている」との認識が，娘自身の自信と自尊心につながる，さらに自立的で職業をもちつづける態度を形成する(伊藤 1995)のである．

これらの事実は，接触は少なくとも父親が子どもをどう評価しどう遇するか

が，子どもに与える影響という点で無視できないことを示している．とりわけ娘の人格的社会的発達に影響が大きいことは，娘の人生を方向づける役割を父親が果たしているともいえる．このことは，長らく女性の画家は稀であった時代，父親が娘の才能を評価し積極的に育成することが女性画家誕生の契機となった事実(若桑 1985)とも符合する．いずれの場合も，娘を伝統的な女性役割に閉じ込めずに，その才能や志を父親が認め育成している．この種の研究が日本でさかんなのは，女性(娘)が自尊心をもって自立的に生きることが依然として困難であり，性による役割分担や職業選択の差がある現実を反映するものであろう．

母子家庭の場合──母子寮研究

日本では父親不在パラダイムによる研究はほとんどなく，それに類するものとして母子家庭と一般家庭の子どもの発達を比較した研究をあげることができよう．

1970年代後半に行われた母子家庭と一般家庭の母親の育児行動と子どもの発達の比較調査が，ほとんど最初のものである(東・柏木 1977; 1978; 1979; 1980)．母子家庭の場合，しつけ方略は，一般の母親に比べて子どもへの圧力が小さく，気持ちに訴えて説得する方略が多いこと，育児への不安や自信のなさは一般の母親よりも低く，育児を積極的肯定的に受容する態度がむしろ強いことなどが認められている．一方，子どもの発達については，就学前においては全体として一般家庭の子どもと有意な差はみられず，知的発達に父親不在の影響ありとの従来の研究結果を否定し，とかく「父親がいないと……」との社会の偏見や当事者たちの懸念を払拭するものであった．この研究のサンプルは設備面でも人的面でも整った母子寮であることから，この結果をただちに一般化することには難があろう．しかし，偏見をもたれがちな母子家庭の母親と子どもの発達について，偏見を否定する実証的結果を提出し，当事者にも寮の経営者にも一定の安心をもたらしたことは評価できよう．

この研究以後，これに準ずる研究は行われていない．最近は住宅事情，経済的条件さらに価値観の変化によって，母子生活支援施設(旧母子寮)よりも個々に世帯をもつことが多くなったこともあって，母子生活支援施設そのものが減少している．しかし父親不在の家庭はなんらかの社会的支援を必要としている

が，どのような支援が有用か，父親不在や母親就労をマイナスにしない人的措置や社会的支援はどのようなものかを考えるうえで，この種の研究は重要であろう．ちなみに，研究対象であった母子寮では男性指導員が配置され，母親の就労中の子どもの勉学やしつけ，遊び全般にわたる指導や世話をする工夫がされていた．この人的な配慮が，母親の心理の安定や子どもの発達にプラスに影響していた可能性，さらに実の父親機能を補完・代替しうる可能性が考えられる．このことは，実質的な父親不在や母親だけの子育ての問題を補完する子育て・家庭支援のあり方を考えるうえでも示唆に富む．

シングルマザー・ひとり親家庭という発達環境

母子家庭は，戦前戦後は戦死をはじめ夫(父親)の死亡によるものが大半を占めていたが，近年の離婚率の上昇および非婚出産の増加は，母子家庭を量的に増加させると同時に，質的に異なる性格のものとしてきている(厚生省児童家庭局 1988)．そのこともあって，母子家庭として母親と子どもとをセットで扱うのでなく，女性だけで子どもを育てているシングルマザーとして扱われることが多い(堀田 2002)．

母親だけで子どもを養育する女性——シングルマザーについて，シングルマザーとなった理由，現在の生活と将来の展望などが日本とアメリカで比較調査されている(中田ほか 1997)．いろいろな点で日米差はあるが，日本のサンプルで注目されるのは，シングルマザーになった理由によって生活や心理が異なることである．死別による場合は，父親の力はもはや得られないことを前提にある程度「自立的」な経済的精神的生活をしているし，未婚でシングルマザーとなった場合も，子の父との関係はいちおう整理したうえで出産し母と子の暮らしを立てている．これに対して別居・離婚による場合は，子の父との関係が現在の生活にも尾を引き，養育権をめぐる争いや暴力などが父親不在そのものよりもその母と子にマイナスに作用し，生活を前向きに受容することを難しくしている．

シングルマザーの生活と心理の安定には，教育水準と専門的技術や資格など母親自身の資源の豊富さと，友人・知人，保育者など人的支援が重要なことも明らかにされている．このことは女性の自立能力と社会的支援が，父親欠損を克服して積極的な生活を築くことを可能にする条件であることを示している．

欧米におけるシングルマザーの研究は，最近，単純な（父親）「欠損モデル」——実の両親が揃っていることが子どもの心理発達にとって必要だとの考え方を脱して，より広範で分析的な方向に展開している．そこで注目されることは，第一にシングルマザーの子どもの発達への影響を問う場合，経済的格差を考慮すべきことを示す結果が出されていることである．これまで父親不在によるマイナスの影響とされてきた男児の知的道徳的発達上の問題は，経済的格差の反映であり（Wadsby & Svedin 1996, Entwisle & Alexander 1996），母親の教育歴や子どもへの期待などの差による（Ricciuti, 1999）というのである．

　これらのことは，母子家庭やシングルマザーの子どもの発達を父親不在そのものの影響と断ずる前に，父親不在がもたらした経済や生活の変化さらに母親の心理的問題などに焦点を当てるべきことを示唆している．先の母子家庭研究でも，就学以降の発達は個人差が大きく発達の伸びが落ちる子と適応していく子との差が広がっているが，この原因は一般家庭に比べて低い経済的条件のために学齢期の勉学に有利な機会や資源の不足が大きく影響する可能性，経済的条件や社会的偏見のもとで母も子も学業達成への期待が低下する可能性など，子どもの発達環境上の差の問題として考えるべきことを示唆している．

　一般都民，相談員や寮経営者，保育・教育の専門家，ひとり親を対象に，母子・父子世帯を含むひとり親家族問題を調査した研究（庄司ほか 1993）は，ひとり親家族が経済，住宅，保育・教育など生活上の多くの困難を抱えており，それは父子世帯より母子世帯でより厳しい実態を明らかにしている．さらにひとり親であることへの偏見も，母子世帯とりわけ離婚や未婚による母子世帯により厳しいことを明らかにしている．そうした社会の眼や言動が，もう1人の親の不在そのもの以上にひとり親家族の困難や苦悩をいっそう増幅し，子どもの発達を不安定にしているであろう．社会の眼は家族が多様化しつつあるなかでいぜんとして血のつながった両親がいることが「完全」とみなし，そうでない家族は欠損で問題だと否定的にみる家族観によっており，そのような狭量な家族観こそが問題であることを示唆している．

　もう一つ注目すべきことは，離婚による母子世帯のなかでも他の大人と同居している拡大母子世帯では，子どもの逸脱行動が少ないという報告である（Dornbusch et al. 1985）．ひとり親家庭では両親家庭に比して子どものしつけや監視が欠けがちだ（堀田 2002）が，生活を共にする身近な他者が社会化の

機能を補完し有効に機能している可能性を示唆する点で，先の母子寮における男性指導員が果たしている役割と呼応する．これらは，子どもの養育が血縁による親ならではとの考えや父親不在欠損モデルを超えて，社会化機能が親によらず他のおとなによって可能であり代替しうること，そして子どもの発達環境の整備を親だけに限定せず広く社会的支援の問題とすべきことを示している．

発達環境の整備と社会的支援は，母子家庭やひとり親家庭だけの問題ではなく，父親はいても母親だけが孤独に育児している一般家庭についても通用する．父親不在に関する諸研究が，父親不在そのものが原因である以上に，子どもの発達環境の整備という点で家族の機能が不全であることがむしろ問題であることを，明らかにしているからである．

実質的父親不在／擬似母子家庭の場合——単身赴任と企業戦士家庭

父親が現実にいない母子家庭・シングルマザーの家庭とは別に，妻子を帯同せずに父親が単身で赴任する家庭の問題がある．単身赴任の理由の第一が「子どもの教育」であり，親の世話や家の管理などがそれにつぐ(田中 1991，岩男ほか 1991)のは，子や老親の養育をはじめ家のことは母・妻のしごと，つまり女性の役割とする考えの端的なあらわれであり，このことが他国には稀な単身赴任を日本に多くしている．

単身赴任が家族の生活と心理に及ぼす影響については，社会学・心理学分野で調査が行われている(田中 1994)が，結果はさまざまである．子どもの学業や親子関係に悪影響を見出しているもの(依田 1989)，妻の精神的充足感が低下するというもの(依田 1989)もある一方，子どもの年齢，性別，期間などによって影響は異なるという結果も多く(田中 1994)，単身赴任による父親不在の影響はさまざまな要因によって左右されることが示唆されている．結果が明確でない理由の一つは，単身赴任の影響を検証する方法とりわけ比較方法上の問題で，非単身赴任群との比較，単身赴任前後の比較いずれでも，父親不在以外の多様な要因が関与してくることである．方法論上の問題が解決されて，単身赴任という日本に特有の現象の分析から日本の家族の抱える問題が明らかにされることが期待される．

同居してはいるものの，多くの時間と心身資源を職業に投入し家族との交流や家族役割への関与を欠いた父親——実質的・心理的父親不在も，日本ではき

親子の関係　243

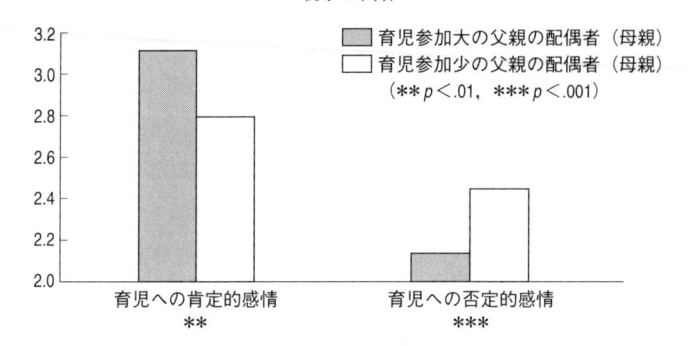

図 2-4-36　父親の育児参加によって母親の育児／子どもへの感情は左右される
（柏木・若松 1994）

わめて一般的である．この"父親不在・擬似母子家庭"は，育児は女性のしごととする性別分業観と"母の手で"を至上のものとする母性神話とがいきついた姿で，「企業戦士と(その結果としての)母子家庭」という構図は日本の家族の特徴をいいえている．企業戦士という働き方は，妻が家族役割を引き受けていて後顧の憂いないことで成り立っている．この職業専一は，男性の職業上の能率や達成を支え企業側にとっても好都合な体制である．

しかし，家族の心理発達の点から見た時，深刻な問題を生じている．夫と妻間の結婚の満足度をはじめとする心理的亀裂と乖離はその一つであったが，親役割についても，父親が子育てに関与せず母親がしごとを辞めて育児専業，つまり性別分業の場合，育児不安は強く生活感情は否定的である．

乳幼児をもつ父母約 400 組を対象に子どもや育児への感情と父親の育児参与度を調べ，両者の関係をみたところ，父親の育児参加が低い場合，母親の子どもや育児への否定的感情は強く，逆に父親が育児に参加している場合には母親は子どもや育児への否定的感情は低下するうえ，肯定的な感情が強まることが見出されている(図 2-4-36)．

父親が物理的には存在していても実質的な父親不在は，母親の心理を否定的なものとし，子どもと「幸福感に満ちて満足した関係」をもつことを困難にし，まさに母性剥奪的な状況となる．それは，ひいては子どもの発達にもマイナスの影響をもたらす可能性が大きい．実際，夫(父親)が不在がちな妻では，子どもの発達を阻害するような育児に走る場合が少なくない．育児専業ゆえのあり

あまる時間も心身エネルギー，さらに「できるだけのことをしてやる」を愛情とする過保護・過介入,「よかれ」との親の希望や期待の子どもへの押し付けというやさしい暴力（斎藤 1992）などは，子ども自身の探索と試行錯誤による育ちを封じる．はては，育児以外の生きがいをもてない状況におかれた専業母親にとって，子どもの教育が母親自身の達成感の代償となる場合も少なくない．

このように，父親の実質的・心理的不在は母親の心理ひいては子どもの発達を阻害し，子どもの養育という家族機能を不全としている．死亡や離婚によって父親が物理的に不在となった母子家庭やシングルマザーの場合には，積極的前向きに生活を立て直すことや社会的支援の活用によって父親不在は克服しうる．しかし，なまじ父親がいるのに社会化の担い手として機能不全であることは，母親にとっても子どもにとっても心理的欠損としてマイナスに作用する．安香（1987）は，かつて青少年の非行はひとり親家庭や経済的貧困層で多かったのが，近年は両親ともいる一般中流家庭の青少年が増加してきている事実に言及して，"父親不在"という親の欠損という形式的面よりも，家族機能とりわけ子どもの養育・社会化機能の不全の問題とすべきと主張し，父親不在パラダイムを超えた研究の必要性を提唱している．

父親の育児／子どもへの行動

父親不在パラダイムによる研究は，子どもの発達に父親が影響している可能性，とりわけ物理的不在ばかりか実質的不在のマイナスの影響を示唆している．では，いったい父親のなにが，またどのようなメカニズムによって子どもにその影響が及んでいるのであろうか．物理的であれ実質的であれ父親不在家庭の子どもの発達が父親在家庭の子どもと異なるのは，父親が母親とは異なるなんらかの働きかけを子どもにしているからではなかろうか．それはいったいどのようなものかとの疑問から，父親の子どもとの関係や子どもへの行動が研究されることとなった．この類の研究では，父親は母親とは違うとの暗黙の前提に立って，父母はどう違うのかの解明に焦点があてられる．

3.3 父親は母親とどう違うか——父親ならではの機能は？

"父親発見者"ラムの研究は，その典型である．父親は，子どもとの遊びや世話などにおいて母親よりも頻度が低い．しかし母親とは質的に異なる関係と働

親子の関係　　245

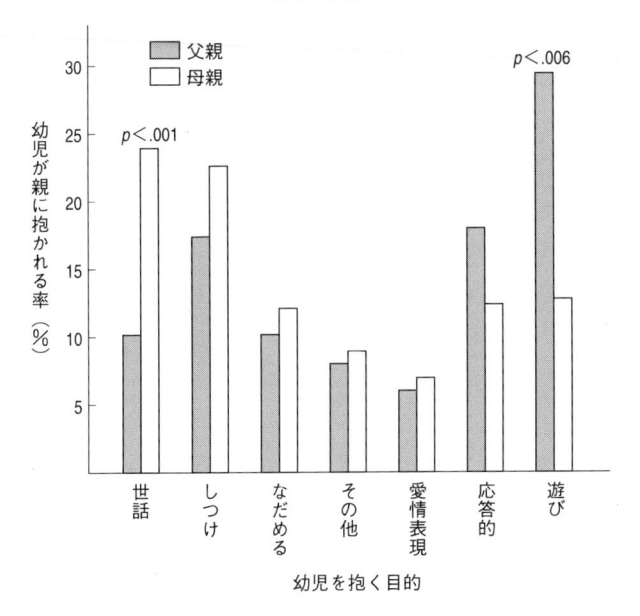

図 2-4-37　月齢12〜13ヵ月児を抱く理由——父親と母親（ラム 1986）

きかけをしていることを，生後12〜13ヵ月児を抱く理由から明らかにしている（図2-4-37．ラム 1986）．

　母親は授乳や衣服の交換などの世話が圧倒的に多いのに対して，父親は遊びや応答的な対応が多い．さらに，父親の遊びは体を使った遊びや，ありふれた仕方でなく変わった仕方の遊びも特徴である．この種の結果は，初期の父親研究が一致して報告しており（ペダーセン 1986，ラム 1981），母親は子の生死に密にかかわる世話をすることで，他方，父親は多様な遊びでと，それぞれ別個な仕方で子どもの成長・発達に関与していて，父親と母親の機能は異なる．そして母親とは異なる機能をもつゆえに，父親が実質的に不在であることが子どもの発達にマイナスに影響するのだとされた．とりわけ父親の多様な遊びが，子どもの好奇心を刺激し環境の探索を促進し，ひいては知的発達にプラスに作用すると結論された．この解釈は，父親不在が子どもの知的発達にマイナスだとの知見を裏付けるかに見え，子どもの発達とりわけ知的発達への強い関心から父親の役割を重視させることとなった．

　日本では，父母の子どもへの行動を比較したものは少ない．明白な父母差が

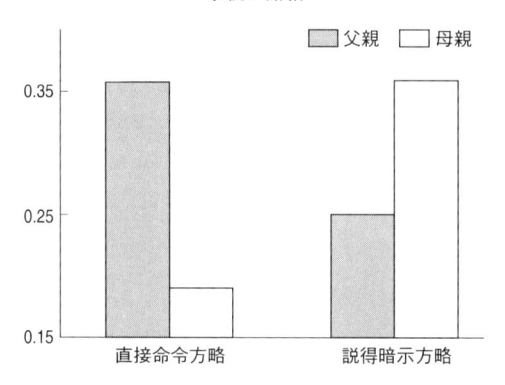

図 2-4-38 父親と母親のしつけ方略（目良 1997）

報告されているのは幼児へのしつけ方略で，母親がルールや論理，感情に訴えた説得・暗示の方略が多いのに対して，父親は直接，はっきりと命令することが多い（図 2-4-38．目良 1997）．

このような父母の比較研究結果から浮かび上がってくるのは，母親は世話，父親は遊び，あるいは母親は優しく父親は厳しい，俗に「厳父慈母」といわれる対照である．ここからも，それぞれ母親，父親ならではの機能があると考えられ，さらに母親と父親の違いは女性，男性固有のものであるかのような結論を引き出されることにもなった．

父親・男性ならではか？ 育児は女性の本能か？
——役割・立場による特徴と代替可能性

このように，初期の父親研究が母親とは異なる父親行動の発見に終始した結果，父親不在が子どもの不適応や非行と関係するのはこの厳しさの欠如として理解され，「やっぱり男親でなければ……」との結論に傾くことになった．しかし，ここには一つ重要な問題がある．日本はいうに及ばず欧米でも，育児や子どもとのかかわりは母親のほうが多く，その量的差は父親研究が発見した父・母間の質的な差以上に大きい．この差を無視して，父親がしている行動を「父親ならでは」とか，男親さらに男性ならではとするのは，短絡的である．

この点を鋭くついた画期的な研究がある．T. フィールドは 2 種の父親群を設定して母親と比較した．一種は母親が子どもの養育をしていて 2 次的に育児

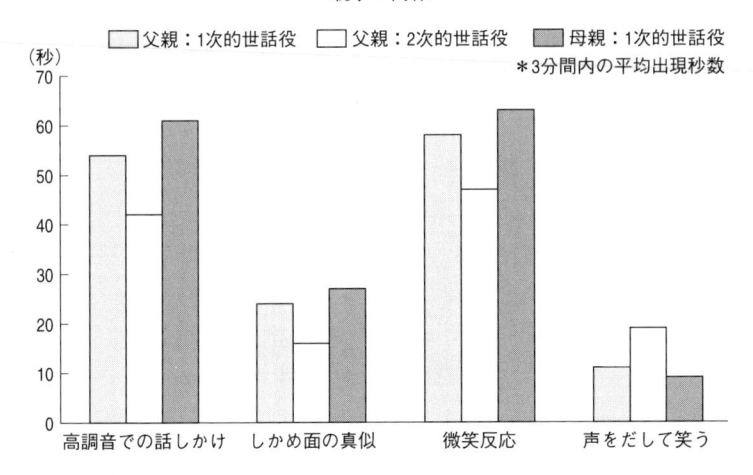

図 2-4-39 1次的父親, 2次的父親, 母親の子どもに対する行動
（Field 1978 よりグラフ化）

にかかわっている父親，もう一種は父親が主たる養育担当者である1次的父親である．これまでの父母比較では，母親が育児の主たる責任者であるかどうかということと，責任者が女性か男性かということとが分離されていなかったから，そこで見出された差は男親か女親かによるのか，育児をどのくらい責任を負って大量にかかわっているか否かによるのか，どちらもが混在しているために突き止めることができない．しかしそのことを無視して，やはり母親は父親とは違うとか，男親でなければというふうに短絡的に結論していたきらいがあった．2種の父親と育児責任を1次的に負っている通常の母親とを，子どもへの行動について比較したところ，結果は男親か女親かの違い以上に，育児にどのような立場で関与しているかによることを示すものであった（図 2-4-39，Field 1978）.

2次的父親（通常の父親）と母親との内には子どもへの行動に差があり，あやしたり笑いかけ高音で話しかけるなど子どもに寄り添った行動は母親のほうが多い．しかし同じ父親でも1次的養育者となると，その行動は母親の特徴に近いものとなり，母親との差は小さくなっている．この結果は，子どもへの適切な行動は養育に直接1次的責任を負う経験のなかで育まれることを示す．換言すれば，子の養育行動は産む性ならではのものでも女性の本能でもなく，経験によって子どもを育てるにふさわしい行動が育成されより適切なものに変化す

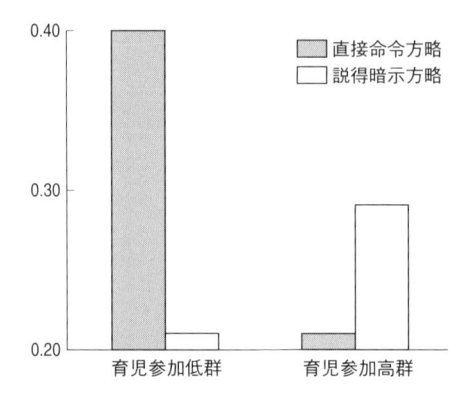

図 2-4-40 育児参加の多い父親と少ない父親のしつけ方略
（目良 2002, 未発表）

ることを示唆する．何であれ人はある地位や役割を担うことによって，その立場と役割に必要かつ有用な資質が養われ，かつみずからも積極的に獲得する．このことは，役割理論がつとに指摘することである．育児に関する行動も例外ではない．性によらず子育て責任を負う立場と役割経験とがそれにふさわしい行動を育て，それによってつつがなく子どもを養育しうる．

共働きの新聞記者夫婦にふたごが誕生した，あるいは離婚して乳幼児が手許に残された，そのように否応なく子育てに深くかかわることになった父親たちが，不馴れな育児に奮闘し，やがて通常の母親顔まけの有能な親となり子育てから多くを学んだ様相を綴っている(墨 1995，土堤内 2000)．それらの記録は，フィールドが発見したことの現実の具体的証左である．

同様なことがしつけ方略についても見出されている．厳父慈母という差は固定的にあるのではない．育児にどの程度参加しているかによって，父親のしつけ方略は異なる．先にみたように父親と母親とを単純に比較すると，父母差がある．しかし，育児にほとんどかかわらないいわば 2 次的父親と積極的に育児にかかわっている父親とに分けて，しつけ方略を比較したところ，育児にほとんど参加しない父親では理由もいわずに命令する方略が多いが，積極的に参加している父親ではその種の方略は減じ，母親と同様に説得・暗示の方略を多用するようになっている(図 2-4-40．目良 2002，未発表)．

従来，父親はきっぱりと厳しいのが特徴であり，それが母親とは違う男親な

らではとされてきたが，それは父親が日常，育児にはそれほど参加しないためにそうでありえたともいえよう．

授乳やオムツ交換など育児のスキルから，子どもへの接し方からしつけなど広く子どもの養育にかかわる行動は，誰しもその責任を負い具体的な経験を積むなかで獲得される学習の産物である．他の動物では種ごとに子育ての様式が一定であるのに対して，人類には歴史や異なる社会文化のなかに多様な子育てがある事実も，育児という営みが本能ではなく人間の高い知能と学習能力によることの証左だといえよう．

mothering と fathering から parenting へ，さらに次世代育成力として

長らく育児行動は mothering といわれてきたが，育児行動が性によるものではないことを示す事実と，積極的に有能に育児する父親の増加というアメリカ社会の現実の変化は，mothering に加えて fathering なる用語を生んだ．それもやがて，性によって区別する必要なしとして parenting とされ，primary caretaker (giver), secondary caretaker (giver) (Geiger 1996)，さらに親に限らず誰しも子を愛し適切な養育をしうる事実が考慮されて，これまでの性別や血縁の親に限定せず，子どもを愛し慈しみ適切な養育をする心と資質をさす養護性（nurturance）が提起された（Fogel & Melson 1986）．養護性は，生育過程における親の養育行動の観察や子どもと遊んだり世話する体験のなかで育まれることが明らかにされている（花沢・松浦 1986，Fogel & Melson 1986，小嶋・河合 1988）．さらに近年の少子化や家族の変化を背景に，子どもの養育を個人に期待するだけではすまず，社会の仕組みとして考えるべきだとの考えから次世代育成力（原・館 1991）との提案もされている．

子どもとの一体感は母親ならではの心理か？——母性愛は本能か？

子どもへの行動は母親と父親の差ではなく，育児責任上の立場と経験による事実に加えて，母性愛といわれる子どもへの感情も母親ならではとは考えられないことが明らかにされている．

かねて母親の子どもへの愛情や子どもとの一体感について，父親はかなわない，やはり身をわけた女性ならではのもの，とみなされてきた．とりわけ日本の母子関係が同室就寝や献身的な世話，さらに気持ちに訴える以心伝心のしつ

表 2-4-13　父親および母親における子ども・育児への感情（柏木・若松　1994）

	父　親		母　親
〈子ども・育児への肯定的感情〉 　例：子どもはかわいい 　　　育児は楽しい	2.91		2.98
〈子ども・育児への否定的感情〉 　例：何となくいらいらする 　　　やりたいことができなくて焦る	1.88	<	2.24***
〈子どもは分身感〉 　例：子どもは自分の体の一部のような感じだ	2.58	>	2.41**

注：** $p < .01$, *** $p < .001$.

けなどの特徴から，母親の子どもへの愛情は欧米以上に強く母子一体であることが注目されてもきた（Caudill & Weistien 1972, 東・柏木・ヘス 1981）．しかし，近年，母親に広くみられる育児不安は，子どもへの愛情がひたすら強いのでも無私なものでもないことをあらわにした．無私どころか，母親には「私」というテーマが無視しがたく強いことが示唆されてもいる．

　ところで，これまで母親の子どもとの関係や感情は，父親と比較して母子一体とか，母性愛は強いなどといわれてきた．父親と母親についての子どもや育児への感情をきちんと比較検討してみると，母親は子どもへの愛情と否定的感情の葛藤にあること，父親では否定的感情は弱いうえ，子どもとの一体感は母親以上に強い事実が明らかにされた（表 2-4-13．柏木・若松 1994）．

　この事実は，これまで母親の無私の愛とか子どもとの強い一体感とされてきたものが幻想であることを示す．かつて子どもの養育は女性の唯一の役割であり，子どもを愛し世話すべきだとされる強い「母性愛という制度」（田間 2001）のもと，他の社会的職業的道が閉ざされていた状況下では，母親の「私」や「個」は抑圧されてきた．それが今，噴出し，子どもへの愛情や育児への肯定的感情をもちつつも同時に子どもや育児に対して否定的感情を抱いているのである．他方，父親は否定的感情に悩まされず，ひたすら子どもは可愛く育児は大事と肯定的な感情を抱き，さらに子どもは自分の分身だとの一体感さえ強く抱いているのである．

　この事実は従来の「日本の母親は子どもと一心同体だ，一体感が強い」との言説に反する．なぜであろうか？　これは，父親が母親と異なり育児に直接参

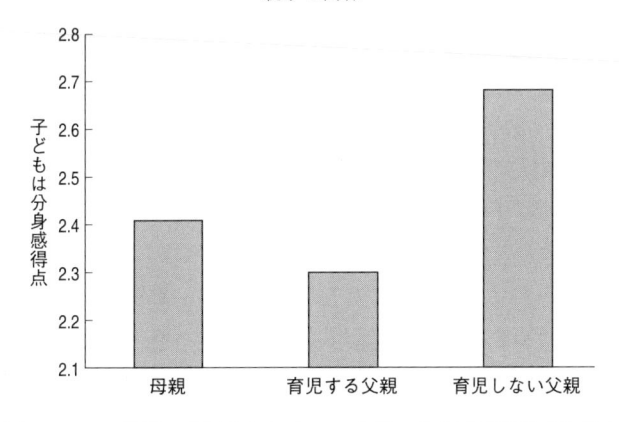

図 2-4-41　父親の育児参加によって父親の分身感がどう変わるか
（柏木・若松 1994）

加することが少ない，つまり2次的養育者の立場にいるからだと考えられる．

そこで，父親の育児参加の度合いを調べ，参加度の高低群別に子どもとの一体感・分身感をみると，予想通り育児に参加しない父親において育児参加の多い父親より有意に強いのである(図2-4-41)．

このデータは，子どもへの感情は母親ならではのものではなく，子どもとの接触，育児体験のなかで養われ育まれることを示している．では，なぜ母親において肯定的感情と否定的感情とが葛藤しているのか，子どもとの一体感が父親より（意外にも）低いのだろうか．それは，父親と母親との生活の違い・対照に目を向ければ容易に理解できる．母親は，育児の第一責任者として育児と子どもにすっかり拘束されている．対する父親にとって，育児は2次的立場でかかわるのが大半で，育児や家庭以外に自分の生活と活動の場があり，子どもは帰宅後や休日の愉しみ相手であり，子どもや育児に否定的感情を抱くことはなくて済む．自分の生活が子どもと育児に大きく占められ，自分自身の活動の場をまったくもてないでいる母親にとって，子どもはかわいく愛情の対象であるが，同時に，自分の生活ややりたいことを阻む存在でもある．ここでは，子どもは母親の「私」「個」と対立し拮抗する存在，自分と対立する「他者」であり，自分の一部とか一体という甘い感情をもち難いのは当然であろう．

育児休暇をとって1次的役割を引き受けた父親たちは，育児ノイローゼに類

する次のような不安や焦燥感を体験記で披瀝している（朝日新聞社 2000）．「一時的とはいえ，『会社員』という社会的認知を失い，世間から断絶されたように感じていた——」「閉ざされた空間で子と親という一対一の対人関係では，逃げ場がなく，その狭い空間が全世界のように感じられます——」「妻も育休中，理不尽に機嫌が悪く，それが原因でけんかが続いていた．——それと同じ症状がすっかり私にまわってきた」．

どの父親たちも「はじめはしごとを休んでずっと子どもといられるなんて，（母親にとっては）幸せなことだと思っていた」のが，自分が育休をとり1次的育児担当者の立場になって母親の育児ノイローゼと同様の気持ちを味わっている．ここに吐露されている父親の心理は，男性であれ女性であれ子どもや育児への感情が育児へのコミットメントによって規定される——育児することが子どもや育児への感情をつくることの具体的な例証であり，子どもへの愛情は母親固有のものであるとの母性本能説への反証でもある．また，男親は厳父ではなく慈父にもなりうることを示している．

今，諸処で父親の役割の重要性が指摘されているが，それはかつての厳父慈母というかたちの，強い父性の復権であるとは限らない．母親もしごとをもつ家族が過半数を超えた今，日常の育児にもかかわり子どもと親密な関係をもつ慈父としての自分を発見しその心と力を発揮することが，男性には求められている（妙木 1997）．前述の父親と母親の比較研究は，それが可能であることを証明している．

父性意識の形成——なぜ父親は（母親より）子どもの誕生を歓迎するのか

子どもへの感情もスキルも性によって異なるとか産む性独自のものではなく，育児経験のなかで養成され，育児や家庭以外に「私」「個」の生活をもてているか否かが子どもへの感情を左右することに注目したい．このことは，子どもの誕生前からみられる．

妻が妊娠すると夫は，一家を支えていくのは自分だとの責任感の強まりと，自分はいい親になれる，自分は親に向いているなど，親としての自信が母親以上に強い（小野寺ほか 1998）．この夫の心理は，自分は経済的責任を負い育児・家事は妻（母親）がするとの前提，つまり子どもの誕生を機に性別分業の関係への移行にそって形成される．そこでは，夫にとっては子どもとの関係は時

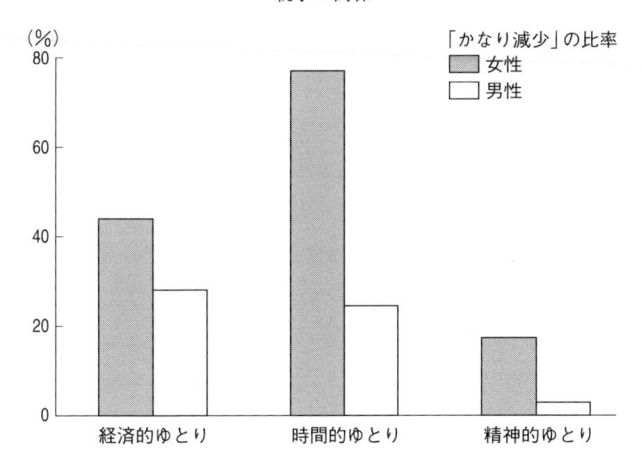

図 2-4-42 子どもの誕生の前後での資源の変化 (大久保 1994)

間的にも限られ直接の育児責任はなく,父親として子どもにするのは遊び相手であり,それは自分の楽しみになるだろうと予想する.その限りで子どもの誕生を楽しみに待ち,いい親になれると自信をもつのはごく自然であろう.

　主要なライフイベントについて,それが自分にとってプラスかマイナスかを判断させたところ,子どもの誕生はその他あまたのできごとのなかでも最高の値をみせ,人生で大きなイベントとされている.しかも男性は,子どもの誕生は他のできごとを圧してダントツにプラスのものと受け止めているが,女性では男性ほど評価得点は高くなく,2位の孫の誕生とそれほど違いがない.「なぜ女性は男性ほど子どもの誕生を嬉しく思わないか」との問いを大久保は提起し,できごとにともなうプラス効果とマイナス効果との綱引きの結果から説明する.すなわち結婚や子どもの誕生などのできごとは,女性により多くの負荷——家事労働や育児の負担,家族の反対など精神的負担を与えるが,これに比べて男性ではそうした負荷が小さいためプラスの効果がクローズアップする.とりわけ子どもの誕生すなわち親という社会的地位への移動によって,増える資源と減る資源のバランスシートが男女で異なるからだと考える.そこで,大久保は子どもをもつことによって経済,時間,精神的ゆとり,夫婦のコミュニケーション,友人・社会的つながり,男・女らしさなどについての変化を,男女間で比較検討している(図 2-4-42.大久保 1994).

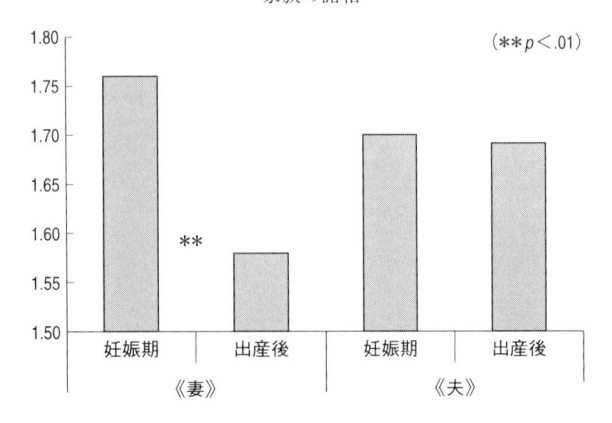

図 2-4-43　妊娠期と出産後の夫婦関係満足度平均点（堀口 2000）

　その結果は，変化は総じて男性よりも女性で大きく，しかも資源の減少がより大きく，とりわけ時間的ゆとりと経済的ゆとりの減少が著しい．子どもの誕生が女性にもたらす自己資源の減少というマイナス効果のゆえに，「女性は男性ほど子どもの誕生を嬉しく思わない」のだと，大久保は結論している．先に母親が子どもや子育てに肯定・否定の両義的感情の葛藤を味わっているのに，父親は肯定的感情だけであることをみたが，男性と女性は子どもの誕生前から自分の置かれる状況を予測し異なる感情を抱いているのである．そしてその予想は子どもの誕生後，ほぼ的中するのであろう．子どもの誕生後の夫婦関係満足感は，夫では以前と変わらないのに対して，妻では有意に低下するのである（図 2-4-43．堀口 2000）．

　このことは，アメリカでは子どもが産まれると夫婦ともに満足感が低下するのと異なり，子どもの誕生による自己資源減が妻でより大きい日本の現実を反映するものであろう．

3.4　男性の発達としての育児

　すでにみたように，性別分業がもたらす妻の不満や夫と妻間の心理的乖離は夫の育児家事参加によって改善されるが，夫の育児家事参加の意味はそれだけではない．子どもとの関係の変化，さらに男性自身の発達を豊かなものとする．

ケアラーとしての男性

　育児休業をとった父親たちは，育児ノイローゼを体験しながらしごとと育児それぞれのしんどさを理解し，妻との共感的世界をもつようになる．育児は企業社会とは異なった価値観と行動とを親に要求する．企業では目標は決まっており計画や努力で達成され，効率が重視される．育児では一見無駄と思われることや回り道は常であり，子どもの個性や動きをみてそれに自分を合わせることが要求される．さらに育児体験は自分のなかに子どもの部分を活性化させ，父親を人間として豊かにする．

　国際比較調査は，一貫して日本の父親・夫の家庭生活への関与の少なさを報告しているが，それは労働時間という物理的制約に帰することはできない．日独米の父親調査で，米独の多くの父親が「しごとより子どもの養育の方が大切だ」としていたのに，これを肯定する日本の父親は3%にすぎなかった(総務庁青少年対策本部 1987)．今日では多少変化したかもしれないが，父親の子どもとの交流は量(時間)的にも一緒にする行動の種類にしても日本が最低であることは，依然として変化していない(総務庁青少年対策本部 1995，日本女子社会教育会 1995)．この背景には，育児・教育や家事は女性のしごとという考えがあり，「父親の出番は子どもが青年期になってから」と考えているからである(総務庁青少年対策本部，1995)．

　子育て期の若い男性たちの多くが「よき父親」像をめざしながらも，しごとと子育ての両立困難を感じ，結局，性別役割分業の前提である夫(父親)＝稼ぎ手という男性アイデンティティを受容している様相を矢沢らが明らかにしている(矢澤ほか 2002)．しごとと育児とにどうかかわるかの意識，3類型の分布は，二重基準型つまり「父親は育児としごとに同じようにかかわり」「母親は育児優先」という平等と性別分業との2基準が混在しているタイプが40%，ついで平等両立型が37%，伝統役割型は16%であった(矢澤ほか 2002)．

　また自己アイデンティティとして重視しているのは「父親としての自分」が98%と最高で，稼ぎ手としての自分（93%）や夫として（94%），友人関係（94%）を凌駕しており，この限りでは父親役割を自己の重要部分と認識し，父親も育児をとのケアラーとしての意識は強いかにみえる．

　しかしその現実の生活をみると，出勤時間は午前7時前，帰宅時間は午後10時過ぎが2割を超え，平均でも出勤時間は7時54分，帰宅は午後8時46分

表 2-4-14　子どもとかかわる時間——タイプ別 (%)（矢澤ほか 2002）

	伝統型	二重基準型	平等型
平日：子どもとかかわる時間が1時間以内	73	50	41
休日：子どもとかかわる時間が4時間以上	66	81	88

表 2-4-15　育児・家事参加協力についての父親自身の評価と妻の評価ギャップ（大日向 1994）

父親自身の評価		妻の満足度	
十分やっている	9.2%	十分満足	6.9%
必ずしも十分ではないが，精神的にせいいっぱい協力している	55.2%	どちらかといえば満足	60.9%
必ずしも十分ではないが，仕事が忙しくてこれ以上無理である	43.8%	どちらかといえば不満	22.9%
参加協力する気持ちがあるが，実際にどうしたらよいかわからない	9.4%	非常に不満	2.7%
育児・家事は母親(妻)の役割と考えているので，参加や協力の必要はないと思っている	4.4%		
妻が良くやっているので，自分は参加や協力をしなくてもよいと思っている	12.0%		
育児や家事に関心がなく，参加や協力の仕方もわからない	0.4%		
その他	2.5%	N.A	1.1%

で，日常子どもと接する時間はかなり限られている．これを先のタイプ別にみると，とりわけ伝統役割型や二重基準型つまり育児は母親が優先してすべきと考えている層では子どもとの時間は短く，平日育児をしているとはいえない現状である(表 2-4-14．矢澤ほか 2002)．父親はケアラーとしての意識は結構強く育児すべきと考えてはいるものの，現実はそうなっていない，できないでいる．この仕事と育児との葛藤を，伝統型や二重基準型の父親はあまり悩んではおらず，父親役割重視との意識はいわばたてまえで，行動はそれと乖離している．そして結局，父親と子どもとのかかわりは薄く，育児は母親に任せることになっている．「夫は稼ぎ手・妻が無償のケア役割」とのジェンダー意識が，このタイプの父親には強固にあることも，矢沢らは明らかにしている．

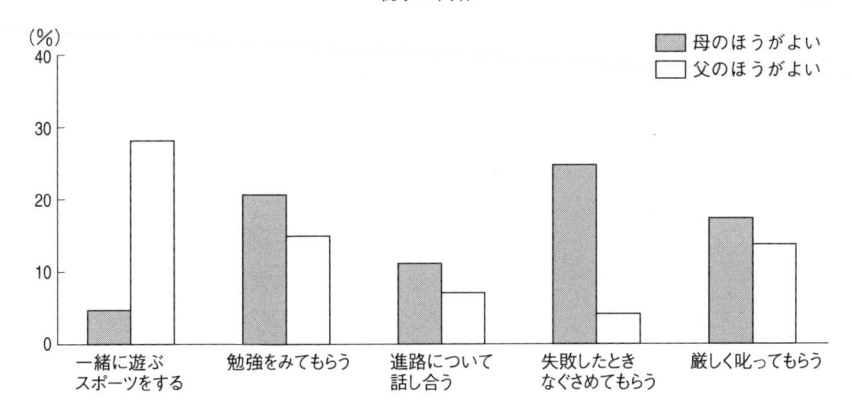

図 2-4-44　子どもからみた父親の出番・母親の出番（子母父回答世帯平均比率）
（原 1987）

このような状況を父親は「十分やっている」（9.2%）とはもちろんみていないが、「必ずしも十分ではないが、精神的にせいいっぱい協力している」（55.2%），「仕事が忙しくてこれ以上無理である」（43.8%）と、現状をやむなしと受け入れている．しかし、この現状に満足している妻は 6.9% にすぎず、どちらかといえば不満に思っているものが多く（22.9%），大半は満足しないがやむなしと諦めている（表 2-4-15．大日向 1994）．

子どもからみた父親

このような父親の現状は、子どもの視点からみると別な問題が浮かび上がってくる．子どものことはなんといっても母親といわれるが、勉強や話し相手、世話などを誰にして欲しいかを子どもに尋ねたところ、勉強であれ帰宅後の世話であれ「母親でなければ」とは思っておらず、むしろ父親でも母親でもよいと考えている（日本女子社会教育会 1995）．通常考えられているように、母親が一番とも母親でなければとも子どもは思っていない（図 2-4-44．原 1987）．

遊びやスポーツでは父が、慰めてもらうには母がと、それぞれ他方より多く選ばれ一部に役割期待の分化がみられるものの、「父母どちらでもよい」「両方ともしてほしい」という願望が多数を占めている．子どもは父親の出番を早くから求めているのである．

青年が相談相手や共行動相手として誰を選ぶかの日米青年の比較調査による

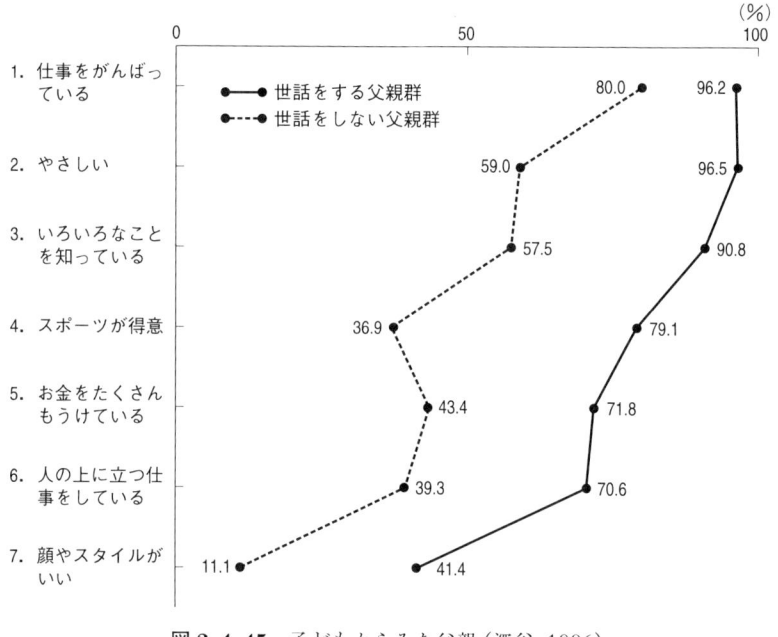

図 2-4-45 子どもからみた父親（深谷 1996）

項目	世話をする父親群	世話をしない父親群
1. 仕事をがんばっている	96.2	80.0
2. やさしい	96.5	59.0
3. いろいろなことを知っている	90.8	57.5
4. スポーツが得意	79.1	36.9
5. お金をたくさんもうけている	71.8	43.4
6. 人の上に立つ仕事をしている	70.6	39.3
7. 顔やスタイルがいい	41.4	11.1

と，アメリカの青年はことがらによって父親，母親，同性や異性の友人，きょうだいなど多くの対象を分化させて選択しているが，日本では選択対象は限定されており，親とりわけ父親の選択は少ないものであった(柏木ほか 1997)．さらに青年が困難や苦痛に出会った時，誰のことを思い浮かべるか，誰のことを考えて支えになるかを尋ねたところ，母親や異性・同性の友人が多くあげられるのに対して，父親をあげたものはきわめて少なかった(柏木 1999，未発表)．幼少時に父親からの交流が少なく，家庭で直接観察する機会もない父親に対して，青年になった子どもは支えになるとは判断し難く，結果的にあてにされない存在となってしまうのであろう．

小学生に，父親が子どもの遊びや家族との会話，授業参観などどのくらい参加しているかを尋ねて，父親の家族役割をしている程度を測定し，子どもによる父親の評価との関係をみたところ，家族役割をしている父親はしていない父親に比べて，あらゆる面について子どもの評価は高い(図 2-4-45．深谷 1996)．

さらに「お父さんのようになりたいか」を尋ねたところ，家族役割をしてい

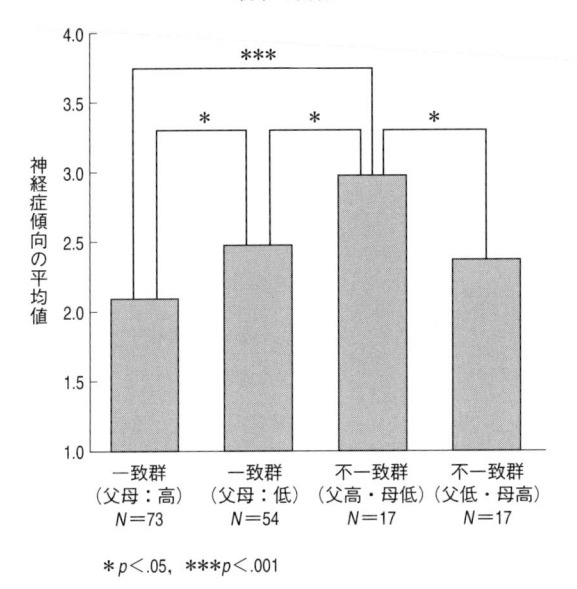

図 2-4-46 父親母親による父親の家庭関与の高さ(父母間の一致度)別の中学生の神経症傾向(平山 2001)

る父親が，男児からは自分もそうなりたい，女児からは(そういう人と)結婚したいと，高い評価が得られている．

これらのデータは，「出番はあとでよい」「子どものことは母親のしごと」「子どもの養育よりしごとのほうが大切」などとしている間に，父親は家庭での存在感を失い，妻や子どもから疎まれていく事情を示唆している．

父親不在の影響は思春期ではいっそう深刻であることが，最近，報告されている(平山 2001)．父親が家事のほか，子どもと勉強やしごとのことについての会話，悩みの相談，旅行やスポーツなどの共行動などをどのくらいしているかを父親本人と母親に評定させ，中学生の子どもの精神的健康度(神経症傾向，怒り，非協調性など)との関連をみたところ，父親の家庭関与の少ない子どもの精神的健康度は父親の家庭関与の高い群に比べて男女とも低い．また，父親は関与していると高く評定しているのに母親からの評価は低い夫婦が不一致の場合，子どもへの負の影響はもっとも大きい(図 2-4-46)．

父親の家庭関与の子どもへの影響もさることながら，自分は十分していると

父親は自負していても母親はそう評価していない，また父母間の評価のずれがより深刻な影響をもつ事実は注目すべきであろう．父親が妻や子からの期待にうとい，また自分を客観視しているかどうか，家族(親)役割についての価値観と行動において妻との間のギャップがないかなど，父親も研究者も父親を家族システムの一員としてとらえる必要性を示唆しているからである．

育児による父親の発達

はじめての子どもの出産に立ち会い，その後育児に深く関与したボブ・グリーンは，それ以前の自分とは「まったく別の人間になったみたいだ」と記し，子どもと自分の1年間に起こった成長発達を記録している(グリーン 1987)．

男手一つでは育てられないといわれながら乳幼児2人を育てあげた土堤内は，子どもの目線と興味を共有することによる発見，子どもと共に学ぶ機会による(1人ではとうていなしえなかったであろう)楽器演奏や水泳，スキーの熟達など，子どもと子育てから多くを学び育てられたと感謝して記している(土堤山 2000)．ここには，山口らが母と子について見出した「共同発達」(山口 1997, 蘭 1989)が父と子の間に展開している．土堤内は自分の子どもたちが成長し手を離れた後，地域の子ども活動に積極的にかかわっているが，それは子どもの育ちにかかわることが自分にとっての価値や面白さを熟知してのことである．その体験は職業人としても決してマイナスではなく，人間観を多角的なものとし子育てと両立すべく働き方を工夫する柔軟性をもちうることにこそなれ，しごとの成果が落ちることにはなっていない．否応なしの子育て体験が男性の人生を豊かなものとし，生き方を変えることになった貴重な実践例である．

はじめての子どもが重い障害をもっていることを知らされ，その子どもの存在を丸ごと受容しなければ自分自身の生涯も無意味だと考え，父親として子どもの養育に積極的にかかわることになった大江は，父親としての体験と子どもとの共生が自分の生き方を変え，しごとである文学作品を大きく転換させることになったことを，感慨深く記している(大江 1983, 大江 1985)．「障害のある息子による活性化を通じて，人間の見方，あるいはこの世界についての考え方に影響を受けて来なかったはずはありません」として，

　「作家としての僕の仕事の，この二十年来のありようをつうじて，このところ僕は障害児を中心に暮らしている家庭の，その父親を作品の語り手とする

書き方で，自分の小説のすべてを書いて来たし，他に自分として真に書きたいと思う小説はなかった．現にないのでもある，と感じています．そしてそれは二十数年前の，自分の作家としての出発時には，もちろんおもってもみなかった，作家としての生涯の進みゆきなのでした．（中略）しかも，僕はそのような小説こそが，現に自分が作家として生きるについて，もっとも切実に必要な仕事だと感じとってもいるのです．つまりは作家としての現在の僕の形成に，障害児である息子との共生ということが，主題のかため方，書き方の選び方についてまで，本質的な影響をあたえてきた，というほかにはないと思うのです．

それがたまたま作家である父親の僕にとって，ということのみではないようにも，僕は感じています．」（大江 1985, pp. 127-128）

自分にとって受け入れ難いもの，異質なもの，期待に反するものを受容することは，親となることのゴールであり，また出発でもある．子どもの障害や死に出会うことはその最極であるが，通常の子どもでも育児することは親の価値観を揺さぶり，予定も期待も努力もままならず行動と価値観の変革を迫られる体験である．それだけにそれにかかわることは，しごとや勉強など他の活動では得られない成人発達の場である．先に母親が人格的社会的諸面にわたって大きく成長発達を認めているが，父親ではそれが低いことをみた（表 2-4-8. 柏木・若松 1994）．

母親の大半が子育てで変化したとしているのに，父親では4人に1人が変化しないとし，母親の変化は人格的社会的諸面にわたる成熟であるのに，父親では「責任感」が中心であるという報告もある（牧野・中原 1990）．

このように，父親が母親に比して親としての成長・発達が低いのは，ひとえに子育ての苦楽を直接体験することの少なさによるであろう．親となっての変化を子どもとのかかわりの高い父親と低い父親別に比較したところ，かかわりの高い父親は親となっての変化を有意に強く認識している（図 2-4-47. 大前ほか 1989）．

妻の出産に立ち会った夫（父親）（76例）は，そうでない夫（父親）と比べて子どもの誕生後もオムツ交換や入浴など多くの世話を積極的にしており，父母がともども子どもとの遊びや世話に協力している（千賀ほか 1990）．当時はまだ少なかった出産立ち会いをすること自体，男性も育児をとの積極的姿勢あって

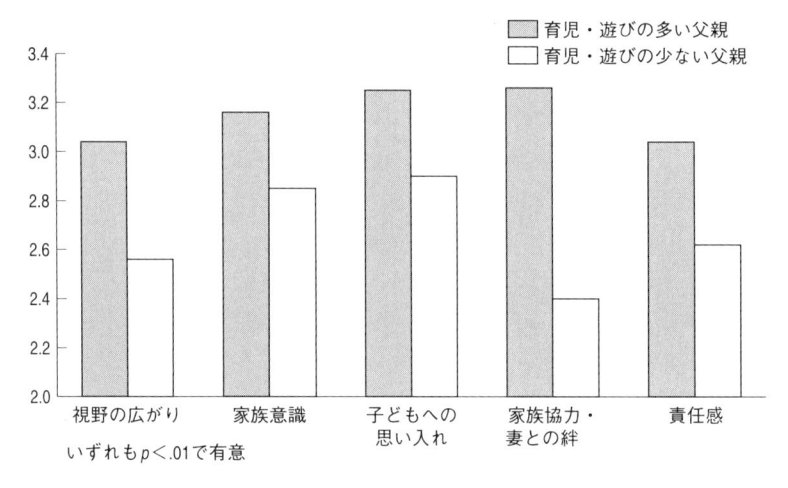

```
3.4 ┌                                    ■ 育児・遊びの多い父親
                                        □ 育児・遊びの少ない父親
3.2
3.0
2.8
2.6
2.4
2.2
2.0
     視野の広がり  家族意識   子どもへの  家族協力・   責任感
  いずれもp<.01で有意         思い入れ  妻との絆
```

図 2-4-47　親となっての変化──育児・遊びの多い父親と少ない父親の比較
（大前ほか 1989）

のことであろうが，それを契機に子どもの世話にかかわったことは父親自身の発達に大きな影響をもたらしたであろう．それは大前らの結果を考えれば容易に想像される．

　矢沢らは，性別分業意識の強さから結局育児は二の次となっている父親・男性に，ケアラーとしての男性アイデンティティの重要性を提起しているが，このことは男性の発達の問題とつながる（柏木 1993，渡邊 1998，斉藤 1999）．

　ごく最近，アメリカでさまざまな階層，学歴，職業の父親 40 人と丹念な面接を行い，父親であること／父親として子育てしたことが妻との関係，自身の発達，職業体験などにどのような影響や意味をもったかがまとめられている（Palkovitz 2002）．父親たちは共感，感情の豊かさ，柔軟な思考，将来展望，さらにコミュニティへの関与など，人間としての成長をこもごも語り，子育てはコストもあるがそれを上回って得るところ大と答えて，著者はそれらを総覧して，父親として子どもの育ちにかかわることは，男性にとって職業では得られない成人発達の機会と結論している．

　性別分業が最適性をもっていた状況下では，男女はそれぞれその役割にふさわしい資質をそなえ発達させることが必要かつ有用であった．しかし社会の変化は性別分業の最適性を喪失させ，いわゆる男らしさ・女らしさというジェン

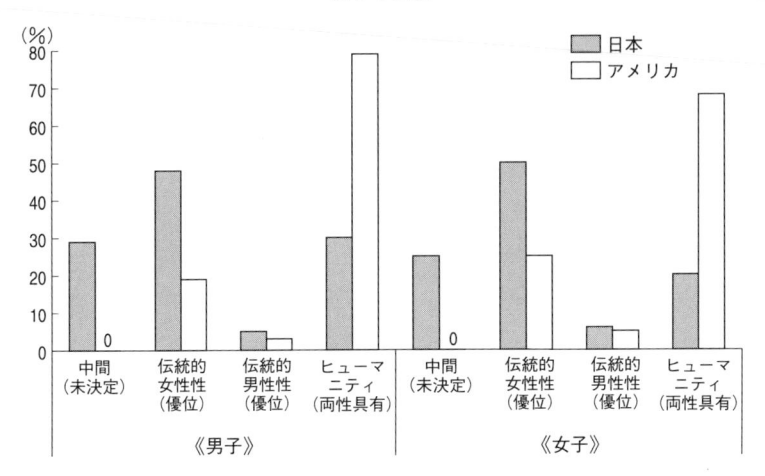

図 2-4-48　性役割タイプの日米比較（渡邊 1998）
注：データは，菅・土肥（1995）による．

ダー規範にそった発達ではすまず，男女とも男性性・女性性を兼ねそなえた資質が求められている．実際，青年では女性での女性性は低く男性と差がなく，むしろ男性性が高くそこには男女差はない（飯野 1997）．モノセクシュアル時代（高野・新井 1997）であり，心理的資質においてボーダーレス，両性具有（アンドロジニー）の傾向を強めつつある．アメリカでは 1970 年代には男女とも 30～40% が男性性・女性性とも高いアンドロジニーであったのが，最近ではそれが大幅に増え男女とも 70% を占めている．そしてアンドロジニーの自尊はきわめて高く，男性性・女性性双方をそなえていることが自尊——精神的健康の根となっている（Spence et al. 1975, Berman & Pedersen 1987）．

日本では，男女いずれもアンドロジニータイプは全体的にアメリカより少ないが，女性ではこの 20 年間に倍近く増えているのに対して，男性の変化は小さい（図 2-4-48．渡邊 1998）．これは，男性のジェンダー観が伝統的特徴を強く保持していることと対応している．女性が脱性別化への変化で先行しているのは，ライフコースと産業構造の変化を直接より敏感に感知し体験する立場にあり，その結果，変化に応じて自分の生き方や資質の変化を迫られるからであろう．これに対して，男性での保守性——変化し難さは，男性が基本的には職業役割中心の生活にとどまることが社会的にも個人的にもまだメリットがあるからではなかろうか．しかし，社会の変化と自分の生活や幸福を将来展望した時，

変化の必要性・必然性が明らかである．実際，そうした認識に立って，男性性・男らしさの囚われの問題性が指摘され，男性の生き方の変革が提唱されている(伊藤 1993，中村 2001，伊藤ほか 2002，渡辺 1989)．この男性学の主張は，変動する社会に最適性をもつ男性の発達とは何かの再考を促している．

父親の進化——適応戦略としての父親

すでにみたように，人類の家族および父親は「食は家族の生みの親であり性は家族のよき伴侶」(山極 1998)として成立した．進化心理学は，すべての生物は自分の生存の保障と自分の遺伝子を最大に残すよう行動戦略を立てるとの視点から，家族の形成や親行動・子育てを繁殖という適応のための戦略とみなす(長谷川・長谷川 2000)．その視点からみると，父親の登場は繁殖を有利にすすめる有効な戦略として進化したと理解できる．

人類は，そのきわめて困難な子育ての繁殖成功度を高めるべく，さまざまな工夫・戦略をとってきた．道具の開発・使用もその一部であるが，育児への父親の関与はより有効な繁殖戦略である．妊娠・出産・授乳など子への投資や子育て負担が男よりも大きい女は，子の父親である男にその負担を分けもたせることによって子への投資や子育ての負担を低減・解消し，結果的に繁殖成功度を高めることになるからである．つまり父親の育児関与は，人類の子育て困難を克服し繁殖成功度を高める適応戦略なのである．

父親が進化の産物であることは，比較動物行動学の知見からも明らかである．オスによる子の日常的な世話の発生には，いくつかの条件がある(西田 1999，小原 1998，正高 2002)．第一は，誰が父かが特定できる種であること，つまり単雄単雌か単雄複雌の種であることである．この場合，オスの育児は自分の遺伝子を確実に残すことに寄与する，つまり繁殖成功度を高める適応的戦略である．しかし，これは必要条件だが十分条件ではない．第二の条件としてメスだけでは子育てが困難で，他の個体の援助を要する種であることである．

父親が育児する種の代表マーモセット(キヌザル科)は，新生児は大きくしかも双児で生まれるのが普通で，メスだけでは運搬も給餌も困難でオスの参加によって子の生存と成長が保障される．メスとオスの共同育児は，子の生存率を高める適応戦略なのである．このように，メスだけでは十分に子育てできない条件——子(ひな)の数，体重，成熟状況，生態学的状況の餌獲得困難など，育

児条件の厳しさが，オスによる親役割を必要とし父親を登場させた．育児への父親の参入が繁殖成功度を高める適応戦略として進化してきたことは，人間でも同様であった．人類の男は一定の女と継続的な関係をもち，その女とその子に食物を分配し共食することで，家族を成立させた．これは，その女を通して自分の遺伝子を確実に残すための戦略である．さらに，比類なく未熟無能で誕生し，しかも成熟に長期を要しそれは身体的自立から知的社会的道徳的広範な領域にわたる養育を要するという特殊性が，子育て負担を時間的にも内容的にも大きくした．子の養育は1人では対応しきれず複数を要し，父親の登場を促し，繁殖の成功度を高めることに寄与することとなった．父親による育児は，母親を援助することではなく，男が自分の種を残す戦略として進化したのである．

多様性と変化可能性

　動物の母性行動が脳の母性行動発現機構に大きく規定されているのに対して，人間の親行動は生育環境のなかで培われる複雑なもので，遺伝，脳など身体条件など生物学的な制約からもっとも自由な種である(山内 2001)．父親は繁殖の適応戦略として成立したが，親行動のかたち――母性・父性は生育環境の変化と特質に応じた最適性を求めて変化してきた，つまり進化と歴史のスクリーニングを経て形成されてきたものである．人類における子育ての多様性，男と女が相互の行動や役割を状況に応じて可塑的に代替しうること，さらに親以外の人が未成熟の子への養護行動をとることなどは，人類がさまざまな侵害刺激に満ちあふれた生活環境のなかで，生物学的な性の制約・支配を克服して繁殖を促進させるよう，親行動や役割をつくりあげてきた結果とみなせよう(糸魚川 1993)．

　これは人間に独自のことであり，人類における育児は生物学的規定によるものではなく文化的行動である．父親も文化の一端であり，文化の可塑性という特質のゆえに父親の機能が質的にも量的にも状況に応じて変化する．歴史上また社会によってさまざまな父親像が存在する(本田 1998，前田 1998，坪内 1998)のは，このあかしである．父親は文化的社会的存在であるゆえに，「父親とはなにか」との問いに対して普遍的な回答を与えることはできない．多様であることこそ，人間の父親の特徴というべきであろう．

母親だけによる育児困難・育児不安を低減する父親の育児関与
──適応戦略としての父親の育児

　このように，人類の父親の育児は繁殖成功への適応戦略として成立し機能する．このような認識に立った時，現在の日本の家族と子育てはどのような状況なのであろうか．ある条件下で一定の有効性をもって成立した性別分業が極度にまで達し，しかも状況が変化したなかで家庭における父親不在と母親ひとりの育児が現出し，その母親に育児不安という現象が広がった．これは，そもそも複数の人の"手"による養育を要する人間の子育てが，母親の"手"だけになった結果，育児困難が生じそれが解決不能となっている負の徴候にほかならない．父親不在を解消し父親が育児関与し共同の育児とするという適応戦略が求められているのにその方向に転換しきれず，依然として「男はしごと，育児は母親」戦略に固執しているための機能不全状況だといえよう．

　就学前幼児をもつ家庭で，父親の育児参加が高い時，（その配偶者である）母親の育児への否定感情が低減するばかりか，肯定的感情を高めている（柏木・若松 1994）．逆に父親（夫）の育児参加が低い家庭では，夫婦げんかの頻度が高く，口を聞かない状態が3日以上続く，子どもの前で相手を叩く，子どもを残して家出するなど，子どもに悪影響をもつような状態になることも見出されている（徳田・水野 2001，水野・徳田 2001）．

　父親の育児参加つまり父母共同の育児が母親の子どもや育児への否定感情を弱め，肯定的な感情のなかで子育てを行うことを可能にする事実は，進化心理学が指摘する人類における父親による育児の適応的機能を示唆している．

「男女共同参画」ということ──共働と共同育児

　他国に比して父親の育児・家庭参加がきわめて低く（日本女子社会教育会 1995，総務庁青少年対策本部 1999），家事・育児時間のジェンダー差がもっとも顕著な（矢野 1995，田中 2001）日本で，父親の育児参加度の高い群はむしろ例外的存在であろう．その背景には根強い母性愛規範があり，それが「母の手で」を陰に陽に支持し，育児は夫婦共同の仕事，他人による育児への許容性や社会的責任への認識を阻んでいる．

　最近，「男女共同参画社会」が国の施策の基本とされ，あらゆる領域に男女が共同で参画することが目標として喧伝されている．教育や労働などでは男女の

格差は法的な規制もあってかなり縮小しているが，家庭生活・家族役割について共同参画はもっとも進んでいない．前述の夫婦間の役割分担，生活時間などにみられたように男女平等は遅れ，家庭でもっとも男女差別があると女性たちは世論調査で回答している．

　未熟で誕生し長期の保護を要する人類の特徴のゆえに，共同育児が人類の適応戦略であるのだが，その必要性は今日いっそう強まっている．それは出産・育児の意味がかつてとは大きく変質したからである．女性にとって子を産み育てることは，単に生理的身体的な負担にとどまらず，心理的にいっそう大きな負担となった．出産・育児の価値・意味は認めつつも，同時に出産とりわけ育児は女性が抱いている他の活動や生活への関心を封じ，女性自身の心理的社会的発達や well-being と拮抗する．育児不安といわれるものの実体はここにある．このような不安や不満を抱きながら子育てしている状況は，まさに育児困難にほかならず，きわめて今日的な育児困難状況である．

　子どもの誕生が，かつてのように"授かる"ものではなく人間の意志によって決定されるものとなった．他方，女性の人生と幸福が出産・育児以外のものにも開かれるようになった．こうした状況下で，育児(繁殖)と女性の自己成長とが拮抗する状況が，先進諸国に人類史上はじめて生じた．これは今日的な育児困難状況である．この困難が解消されるか否かが女性の子を産む決定を左右し，それは出生率つまり種としての繁殖成功度を規定する．こうした視点から日本の少子化をみると，母親の育児困難がいっこうに解決されていない，それは女性の自己成長が保障されていない，父親の育児参加・共同育児という戦略が十分にとられていないことによる，と理解できよう．

家族政策と出生率

　先進諸国のなかでも，出産・育児を女性だけの負担とせず子育ての共同化・社会化を政策として確立した国では，出生率は日本のように低下していない．もともと欧米では「子育ては夫婦共同のしごと」との認識は早くから共有されているが，そのことを男女労働者に共通の育児休暇や育児手当ての制度として保障し，男女ともしごとと家族役割双方での平等を推進している国々がある．出生率は，そうした家族政策，女性の社会進出・経済力と密接に関連している(阿藤 1996，都村 2002)．

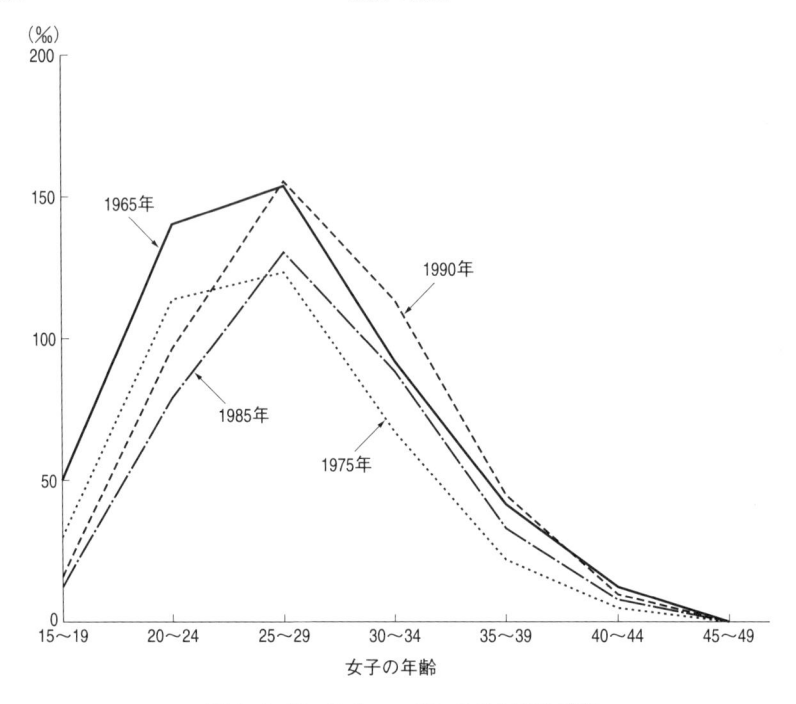

図 2-4-49　スウェーデンの出生率の推移
資料：Council of Europe, *Recent Demographic Developments in Europe*, 1991.

　その典型がスウェーデンで，積極的な男女平等の家族政策施行後，出生率は確実に上昇している(津谷 1996)(図2-4-49)．
　そこでは出産・育児による労働や社会活動からの排除をなくし男女双方に労働と家族役割双方を保障する一環として，父親の育児参加を積極的に推進する策が盛り込まれている．この政策と出生率との正相関関係は，父親の育児参加，夫婦の共同育児が育児困難を解消し，結果として繁殖成功度を高めた実験例ともいえよう．
　翻って日本の少子化施策をみると，労働と育児双方が男女に平等に保障されているとはいい難い．出産・育児休暇中の給付は，他国が20年余前から実施し年々増加しているのに比して，日本ではきわめて低くしかもずっと変化していない．これが育児休暇取得を低くしている大きな要因である．しかも，育児休暇取得は女性に偏り，男性取得者はわずか0.4％である．育児休暇を取得しな

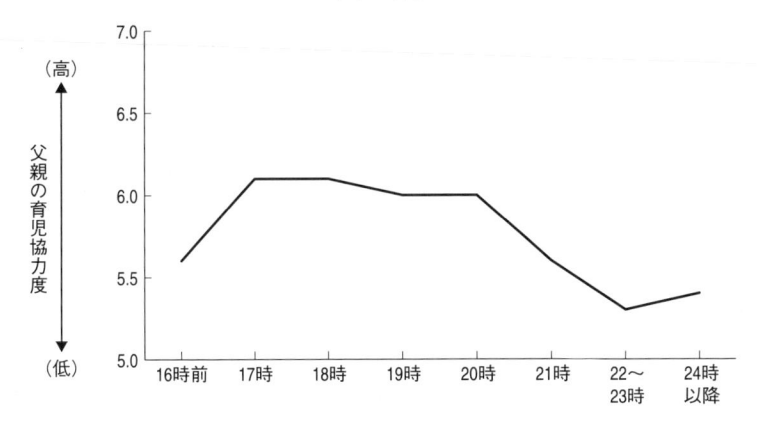

図 2-4-50　父親の育児協力度と帰宅時間（松田 2002）

かった者が取得を可能にするためには「職場の理解」の改善をあげていること（都村 2002）が示唆するように，ジェンダーによる役割分担についての社会通念と慣習がネックとなっている．

　これらをみると，今日の育児困難の解消に必要・有効な戦略である父親の育児は，日本では容易ではない感がある．人々のジェンダー観の是正も重要であるが，労働時間の短縮なしに父親の育児参加は不可能であろう．父親の育児参加度を子の年齢，数，母親の年収，父親の帰宅時間などの要因について分析すると，帰宅時間が 17〜20 時台までの人の育児参加はほぼ一定の水準を保つのに対して，帰宅が 21 時以後になると父親の育児参加は急激に低下する（松田 2002，図 2-4-50）．

　この結果は，夫の家族役割分担，父親の子どもや家族との交流を保障するには，男性個人の意識や努力の問題では限界があり，労働時間の短縮が実効のある対策であり，企業側の姿勢——生産第一か労働者の家族役割の尊重かの姿勢が問われる．

　少子化は，種の保存という進化の原則に照らせば明らかに不適応現象である．しかし，女性の出産率上昇つまり繁殖の成功を導くには，女性の個の生存・well-being が保障されていることが前提であり，その育児困難が解消されることが不可欠である．個体の生存・well-being と種の保存・繁殖は，いずれも適応そのものだからである（長谷川・長谷川 2000）．この 2 つながらの適応を実

現するには，子育てへの父親参加，さらに親に替わる社会的な子育ての仕組み，子育て援助のシステムなどの創出が求められる．その必要性は，共同育児が人類の繁殖成功度を高めるという比較行動学や進化の視点から明らかである．

　子の養育(者)を母親(母性)父親(父性)など血縁の親に限定せず，誰であれ未熟なものへの愛情と養護を注ぎうる人々による営みを創出すべきとする「次世代育成力」の理念(原・館 1991)とその意味は，進化の視点からも説得力をもつ．育児困難の解決のために，また進む家族の多様化のなかで，そうした子育てのシステムの創出は緊急の課題である．どのような子育ての仕組みを工夫し発展させうるか，日本人の知恵が試されているといえよう．

4. 親にとっての子ども——子どもの価値再考

4.1 子どもという価値

　子どもが愛すべき尊重すべき存在であることは，誰にも自明なことであろう．その子どもの価値を暗黙の前提として，その発達や親の役割などが問題にされ研究されてきた．ところが，これまで不問にしてきた子どもというものがもつ価値が，今改めて再考すべきテーマになってきている．日本では，子どもは何ものにも優る宝という子宝思想が古くから人々に共有されており，一方長らく子どもはおとなの縮図であり取るに足らないものとされ 18 世紀になってようやく「子ども」が発見された西欧とは異なるだけに，子どもの価値を問うなど不要なこと，さらに不敬なことと受け取られかねない．しかしその日本でこそ，一般の人々にとっても研究者にとっても子どもの価値は再考すべき問題となってきている．

相対的な子どもの価値

　「子どもはあなたにとってどのような満足を与えてくれるか」との質問に対する 24 ヵ国の人々の回答（図 2-4-51）を見ると，子どもの価値は決して普遍的に同一ではないことが歴然である．
　われわれが疑うことなく子どもの価値と考えているものは豊かな先進工業国のものであり，発展途上国では子どもは親に経済的実用的な価値をもたらす存在である．このことは，子どもの価値は自明・普遍的なものではなく，きわめて相対的なものであり，工業化や社会経済的発展度に規定されていることを示している．具体的にいえば，機械化・情報化が未発展で手作業や肉体労働に依存している状況では，子どもの小さな手もそれなりの労働力として役立ち，貧しい家計に貢献しうる．ここでは子どもは，親から労働と経済という価値を期待される存在である．さらに親は子に家の継承と老後の扶養を期待する点でも，子は実用的価値を担っている．これに対して先進諸国では，子が労働者となるには長期にわたる教育を要し，親にとって子は経済的価値をもつどころかむしろ経済的負担ですらある．また子に継承すべき家も財もなく，長期化した老後

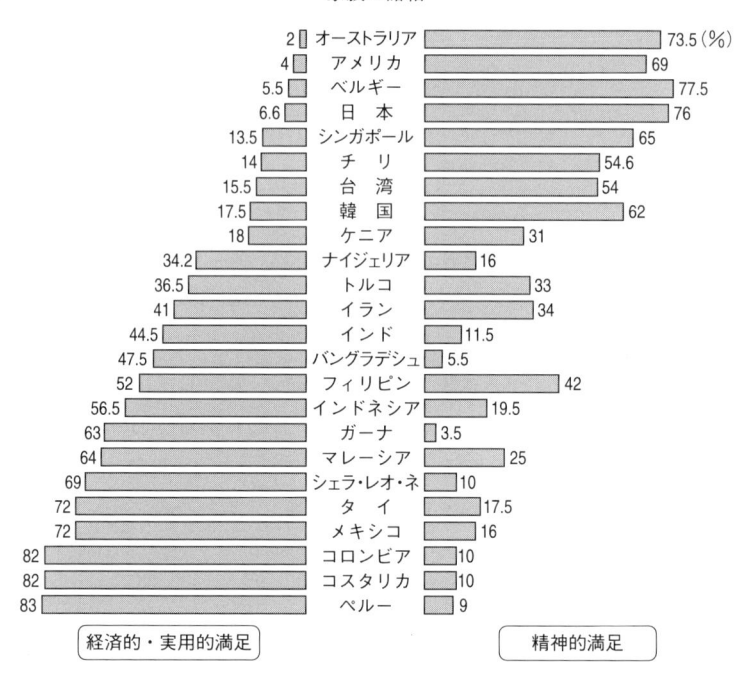

図 2-4-51 子どもが与えてくれる満足——経済的・実用的満足と精神的満足

国	経済的・実用的満足 (%)	精神的満足 (%)
オーストラリア	2	73.5
アメリカ	4	69
ベルギー	5.5	77.5
日本	6.6	76
シンガポール	13.5	65
チリ	14	54.6
台湾	15.5	54
韓国	17.5	62
ケニア	18	31
ナイジェリア	34.2	16
トルコ	36.5	33
イラン	41	34
インド	44.5	11.5
バングラデシュ	47.5	5.5
フィリピン	52	42
インドネシア	56.5	19.5
ガーナ	63	3.5
マレーシア	64	25
シェラ・レオ・ネ	69	10
タイ	72	17.5
メキシコ	72	16
コロンビア	82	10
コスタリカ	82	10
ペルー	83	9

（世界銀行 1984）

の扶養も子に期待薄となり，その点でも実用的価値は消失している．代わって子どもに求められるのは，子どもの存在がもたらす明るさ，愛らしさ，子どもを育てる愉しみや生きがいなど精神的・心理的価値となる．先進諸国では，結婚は国や家のためではなく愛に基づく男女の結合となり，家庭はかつてのように生産の場ではなく愛情の場となった．そこで夫婦間の愛情に加えて，2人が共に愛情を注ぐ対象として子どもは大切な存在となったのである．子どもに愛らしさや育てる楽しさなど心理的価値を求めるのは，こうした家族の変化——愛情の場としての家族のゆえである．日本の人々が子どもに期待しているのは，図2-4-52のようなまさに精神的・心理的な価値で，子どもから経済的利得を得ようなどとはほとんど考えていない．

経済的実用的価値から心理的価値へ

高度に工業化が進展した日本では，技術も知識ももたない若年労働はほとん

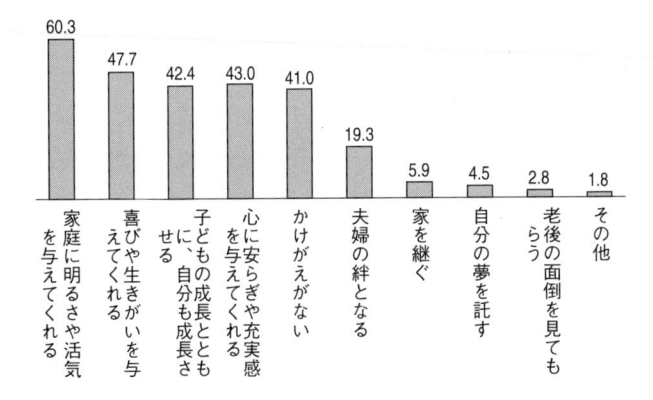

図 2-4-52　子どもはどのような存在か（%）（総理府 1993）

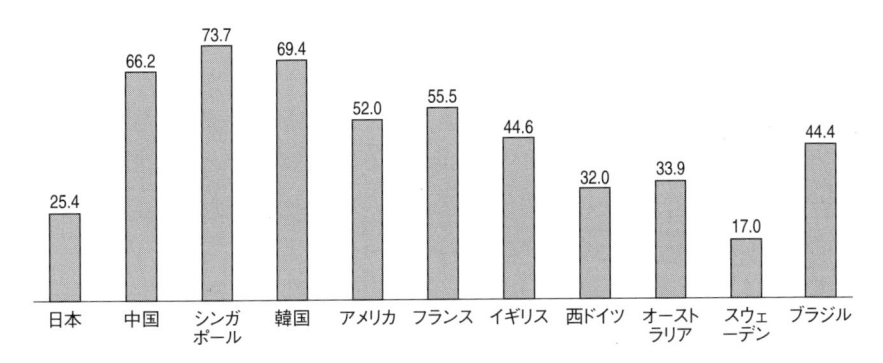

棒グラフのラベル（左から）：
- 家庭に明るさや活気を与えてくれる　60.3
- 喜びや生きがいを与えてくれる　47.7
- 子どもの成長とともに、自分も成長させる　42.4
- 心に安らぎや充実感を与えてくれる　43.0
- かけがえがない　41.0
- 夫婦の絆となる　19.3
- 家を継ぐ　5.9
- 自分の夢を託す　4.5
- 老後の面倒を見てもらう　2.8
- その他　1.8

図 2-4-53　老親扶養についての価値観の変化――どんなことをしてでも親を養う（%）
（総務庁 1988 より）

棒グラフ（左から）：
- 日本　25.4
- 中国　66.2
- シンガポール　73.7
- 韓国　69.4
- アメリカ　52.0
- フランス　55.5
- イギリス　44.6
- 西ドイツ　32.0
- オーストラリア　33.9
- スウェーデン　17.0
- ブラジル　44.4

注：調査対象は，各国とも 18 歳から 24 歳までの青年男女．

ど消滅し，子の労働や稼ぎを当てにすることは不可能となった．それどころか，工業化社会に必須の技能や知識をつけるべく，子どもに高等教育を施すことが親に求められている．これは日本に限らず先進諸国に共通のことである．

　一方，人間の親子関係に独自な親の扶養――年老いた親に子が世話をして幼少期に親から受けた投資が親に還流される仕組み――も，しだいに消滅の方向にある．老親の扶養は古くから広く見られる慣習で，日本は孝養心の篤い国といわれてきたが，これについての意見はここ十数年間に急激に変化している（図

2–4–53．図 2–4–4 参照)．

　かつてはそれは当然のこととされよしとされてきた老親扶養が，最近では施設・制度の不備のためのやむないことと考えられ，親扶養はよくないとの意見さえでてきている．こうした変化を日本人の美徳が失われた，最近の若者は親不孝だなどと慨嘆する向きもあるが，それはあたらない．人の心も行動も不変・普遍ではなく，状況の変化に応じて変化するものであり，子どもの親への心理や行動も例外ではないのである．他国に比べて短期間にしかも極度に進んだ長寿命化と少子化が，長期化した親の老後を少数の子によって支えることを，経済的にも心身の能力上でも不可能と予見しての変化である．

　こうした子どもの価値の変化――もはや子どもから経済的資源の還流は期待できなくなり，親にとっての子どもの価値はもっぱら心理的なものとなったことは，親の生き方を変化させる．かつては配偶者の死後は子どもと同居するのが当然視されていたが，最近の独居老人の増加や高齢者施設の増加は，親における子どもの価値の変化の反映でもある．

　このように自明とされ不問とされてきた子どもの価値は，社会的状況によって大きく規定されるものであり，社会的変動著しい日本で子どもの価値の変化やゆらぎがあり，それが親子関係や親の子どもへの態度や行動を変化させ問題を生じさせている．

　親における子どもの価値が社会的歴史的に変化した事情を端的に物語るのは，子ども保険の変遷である (Zelizer 1994)．今日，子どもが生まれるとほとんどの親は学資保険に加入する．しかし 19 世紀後半，欧米で創設された子ども保険は，死亡保険つまり子どもが死んだ時の子どもの賃金保障であった．これは，子どもが働いて家計にいれる賃金を親がいかに当てにしていたかを，如実に示している．この子どもの経済的価値はとっくに消失し，今や経済的にはマイナスの存在となっている．

4.2　少子化の意味――子どもの価値のプラスとマイナス

　日本では子どもといえば，少子化が最大の関心事，解決すべき問題だとされている．労働力不足，年金制度の破綻などが憂慮されてのことで，ここではかつて富国強兵策のために産めよ殖やせよの出産奨励策が行われたのと同様に，国や社会は子どもに経済的実用的な価値を期待している．個人レベルでは，親

が子に経済的実用的な価値を期待することがなくなったのとはまったく裏腹な発想である．そして少子化を止めようと，子育て支援をはじめさまざまな施策が試みられている．しかし少子化はいっこうにとまらないどころか，人口予測を年々修正せざるをえない勢いで進んでいる．

これは一体なぜであろうか．一つは，いかに国や社会が子どもは大事だと出産を奨励しようと，労働力や年金の安泰のためという経済的価値のゆえの子ども大事の発想は，夫婦や子を産む女性にはまったく説得力をもたないからである．個々の夫婦や女性は，そのような理由で子どもをもつ選択などしはしないのだ．

人々は，子どもが家庭に明るさや活気をもたらし，夫婦の絆とも生きがいともなるといった精神的価値を大きく認めている．それは少子化が進む今日も決して小さくなっておらず，だれもが肯定する子どもの価値である．にもかかわらず出産は躊躇され，少子化は進行している．異口同音にいわれる子どもの精神的価値は，決してうそではない．しかしその価値ゆえに子どもをもつかといえばそうではなく，それはいわばたてまえであり，実際に子どもをもつかどうかはたてまえで決めはしない．決め手となっている"本音"は，もっと複雑である．

子どもはどのような存在か，どのような満足感を与えてくれるかといった質問への回答は，確かに「子どもの価値」を反映している．これまでの「子どもの価値」(value of child) 研究は，おおむねこの種の質問によってきた．しかしこの観念的回答は，個々の家族や女性が子どもをもつ決断には必ずしも結びつかない．子どもにどのような価値を見出しているかの本音は，そうした概括的質問ではなく，実際に子を産んだ女性がどのような理由で決断したかにみることができる．そこでは，子どもは経済的であれ精神的であれ従来考えられてきたプラスの価値をもつ存在としてだけではなく，同時に，親にとって経済的精神的にマイナスの価値をもつこともクローズアップされる．子どもの価値は，プラス／マイナス両様の価値が比較検討される複雑なものとなり，相対化してきている．

子どもの命の質の変化——"授かる"から"つくる"へ

少子化がしきりに問題視されるが，実はそれよりも重大で史上初の状況が子

どもの誕生をめぐって生じている．それは子どもの命の質にかかわり，親にとっての子どもの価値に決定的な変化をもたらすこととなった．

　歴史人口学は今日問題とされている少子——平均的にみて夫婦に2人の子どもという状況は，決して今に始まったことではなくすでに経験済みであることを明らかにしている．その意味で，少子は驚くにあたらない．史上初の画期的なことは，少子という現象が人(親，女性)の意志によってつくり出された人為的な現象である点にある．

　長らく結婚は子孫を残すことが最重要な目的であり，子によって家の継承，労働力の確保，さらに親の老後も保障された．子どもを産むことは，喜ばしいことであり多産であった．しかし多産ではあったが，子沢山の家族ではなかった——誕生した子の命ははかなく，育つことなく死んでしまう子は少なくなく，結果として夫婦に残されて育てあげた子どもは今日の少子にほぼ匹敵する少ないものであった．次々と生まれてくる子どもは"授かる"ものとして受け入れられた，と同時に，次々と死んでしまうことも授けてくださったものが取りさられることとして，半ば諦めと従順の気持ちで受け入れられていた(アリエス1999)．

　この状況は，今日一変した．子どもは結婚の目的ではなくなり，子どもをもつか否かは夫婦や女性の選択事項となった．このことは子どもの命が人間の手の内に入ったことを意味し，親にとっての子どもの意味・価値を変化させ，さらに親の子どもへの態度や行動をも変化させることとなった．

　このような変化の前提は，子どもの命が進歩した科学(医学)によって完璧に守られ乳幼児死亡率が低下したことにある．産めばほぼ確実に育つとの保障，確信あればこそ，子どもを少なく産むことが可能となった．今日の少子は，かつての多産—多死—その結果としての少子とは，数の上では同じでも，子どもが"授かる"ものであったのが"つくる"ものとなった，いわば子どもの命の質の変貌という点で決定的に異なる．産めば育つとの確信が，少産でよい，さらに少産がいいとの認識となり，少産にするつまり避妊が公然のものとして先進諸国では今や定着している．これは，「人口革命」というにふさわしい劇的な変化である．

　かつての多産の時代にも，極貧の生活からもう少しましな生活をと家族の数を減らそうとし，あるいは女性が妊娠・出産という命がけの恐怖を避けようと，

出産抑制の試みがなされてはいた．季節や宗教的祭日などによる期間禁欲，性交中断や授乳延長による受胎回避などによる避妊は，西欧でも日本でも18世紀ころにはみられている（ルブラン 2001，アリエス 1999，新村 1996，沢山 1998）．しかしそれは手段として不確実であると同時に，「いまわしいが必要」「自然をあざむく方法」「罪深く危険な方法」などやむをえないこととして黙認されてのことであった．それが今日，受胎調節は公認され「避妊家族」とさえいわれるほど，〈少産─少子〉戦略は定着した．先進諸国においては子どもを一人前に育てるには長期の教育期間と経済的投資を要することから，多子は避けられ〈少なく産んでよく育てる〉ことが必要有効な戦略だとの認識が受容されて，避妊の公認つまり"授かる"ものから"つくる"ものへの転換がもたらされた．そこには医学の進歩を基盤に，確実な受胎調節の知識と技術の普及がある．このような状況が，子どもの価値が，子どもをつくる決断理由というきわめて限定的具体的なものに反映されることとしたのである．

　折しも，1994年世界人口会議と翌95年の世界女性会議において，それまで長らく国の政策の一環として国家に管理されてきた人口の問題に，大きなパラダイム転換が起こった．子どもを産む・産まないという問題は国の管理や決定事項ではなく，産む性が決定すべき個人の問題であるとの認識が承認され，性と生殖にかかわる健康と権利（Reproductive Health & Rights）が提起されほぼ合意が得られた．人口革命とほぼ時を同じくして起こった人口問題のパラダイム転換，つまり子どもを産む・つくることが女性の決断事項となったことは，人口問題が子どもの価値をどう考えるかという女性の心の問題となったことを意味する．こうして人口の問題は，はじめて人口心理学ともいうべき心理学の課題となった（柏木 2001）．

女性はなぜ子を産むか／産まないか──子どもの価値の質的な変貌と相対化
　子どもが自然に"授かる"ものではなく"つくる"ものとなったこと，つまり選択の対象となったことは，子どもの価値を冷静に比較検討することを促す．子どもの誕生が人知の及ばぬものであった時には，子どもや子育てのマイナス面を考えても仕方がないこと，プラスの価値を認めて子どもや子育てと向き合うのが生きる知恵であったろう．しかし人の選択・決定事項となった時，何であれマイナス面もプラス面と同等に検討されることになるのは自然のなりゆき

表 2-4-16　子どもを産む決断に関する3種の価値と2種の条件（柏木・永久 1999）

価値	条件
〈情緒的価値〉 　年をとったとき子どもがいないと淋しい 　子どもがいると生活に変化が生まれる 　家庭がにぎやかになる 　子どもをもつことで夫婦の絆が強まる 〈社会的価値〉 　子どもを生み育ててこそ一人前の女性 　結婚したら子どもをもつのが普通だから 　次の世代をつくるのは、人としてのつとめ 　姓やお墓を継ぐものが必要 〈個人的価値〉 　子どもを育ててみたかった 　子どもが好きだった 　子育ては生きがいになる 　子育てで自分が成長する 　女性として，妊娠・出産を経験したかった	〈条件依存〉 　経済的なゆとりができた 　自分の生活（趣味・旅行など）に区 　切りがついた 　夫婦関係が安定した 　2人だけの生活は十分楽しんだ 　自分の仕事が軌道にのった 〈子育て支援〉 　よい保育園があったので 　子育てを手伝ってくれる人がいた 　から 　親が楽しみにしていた

である．さらに子どもの価値については，そのプラス・マイナス面のみならず，子ども以外のものの価値とも比較検討されることになる．そこで子どもを産むか産まないかの判断・決定は，どのような価値を重視するかが決め手となる．このことは，必然的に子どもの価値の絶対性の希薄化，逆に相対化をいっそう進めることとなる．

〈社会的価値〉から〈自分にとっての価値〉へ

3世代(30, 40, 60歳各300人)の子どもを産んだ女性(母親)を対象に，第1子を産むことを決めた時，どのようなことを考慮し重視したかの評定を求めた．因子分析の結果，プラスの価値3種とマイナスの価値を反映する2種の条件とが同定された(表2-4-16．柏木・永久 1999)．

女性が子産みの決断にあたって，プラスの価値と同時にマイナスの価値も考慮する事情がここからうかがえよう．

3種の価値は，誰にとっての価値かの点でそれぞれ異なる．〈情緒的価値〉は家庭がにぎやかになる，夫婦の絆が強まるなど家庭や夫婦にとっての価値が中核である．それに対して〈社会的価値〉は，子どもをもつのは当然，次世代を

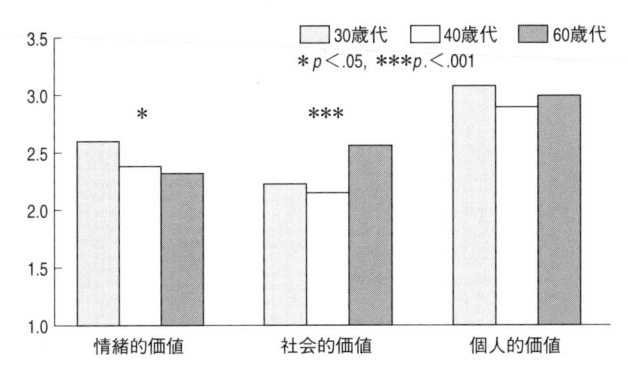

図 2-4-54　3種の価値得点の比較——3世代（柏木・永久　2000）

つくるのはつとめだからなど，社会にとっての価値である．これら2つの価値に対して〈個人的価値〉は，育ててみたい，生きがいになる，妊娠・出産を経験したいなど，子どもをもつことが社会や家庭といった他ではなく自分自身にとっての意味・価値となる場合である（図 2-4-54．柏木・永久　2000）．

　これら3種の価値得点を比較すると，どの世代でも〈個人的価値〉が最高で，子どもを産むことが自分にとって意味あることが最重要な考慮事項となっている．これは，母親（女性）が家や社会のため以上に自分にとっての子どもの価値を重視して産む決定をしていることを示し，生殖に関する権利が基本的には行使されているといえよう．しかし，他の2種の価値では世代差があり，〈情緒的価値〉は若い30歳世代でより重視され，一方，〈社会的価値〉は60歳世代で有意に重視されている．30歳群は，他の2群が子を産み終えた世代であるのに対して，今後も子どもを産む可能性があり現在子育てまっさかりであることが，子どもが家庭や夫婦にもたらす価値〈情緒的価値〉を強く感じさせているのであろう．他方，〈社会的価値〉が若い世代では年長世代の女性が重視するほどの意味をもたなくなっているのは，子どもをもつことを社会的責任とする考えが希薄となってきていることを示唆する．概括すれば，女性における子どもの価値は社会のためから自分のため，自分の問題へと変化しているといえよう．

　マイナスの価値に関係する2種の条件因子は，プラスの価値に比べればどの群でも低いものの，〈条件依存〉〈子育て支援〉いずれも若い世代群とりわけ30歳群で有意に高い（図 2-4-55．柏木・永久　2000）．

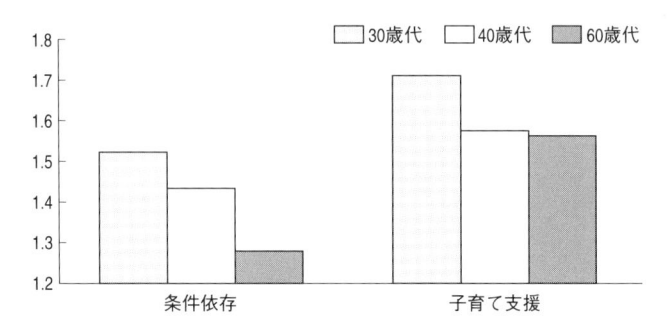

図 2-4-55 〈条件依存〉〈子育て支援〉得点の比較（柏木・永久 2000）

　子どもを産む決断をするさいに，経済的条件や自分の生活やしごとなどが阻害されないかが，若い世代ほど考慮されるのである．これは子どもを産むのは結婚したら当然，自然とする〈社会的価値〉重視とは裏腹の態度で，条件によって子どもを産むか否かを決定する，子どもは"つくる"時代ならではの態度であり，選択としての子産みとなったことを端的に示すものといえよう．

　〈子育て支援〉つまり育児を支援してくれる人や施設の有無が，若い世代ほど子どもをもつか否かの決断時に重視されることは，子どもを産んだ後の育児が最近の女性にとっていかに大きな問題であるかを示す．さらに，子育てを自分以外の誰かが支援してくれることを求めていることを示す．いずれも子どもを産むことが即育児役割に直結し，それが自分一人では困難なことを予見してのことである．ここには，子どもを産み育てることが自分にとってマイナスとなる可能性，子ども以外の価値を妨害する可能性を予見し，それを何とか回避しようとの心理がうかがえる．

　若い世代ほど〈社会的価値〉は後退し，自分にとっての〈個人的価値〉を重視することをみた．その若い世代の女性が子をもつ決断をするさい，子ども以外の自分が重視するものの価値を子どもの価値と比較検討する．すると，子どもは自分が大事だと思う別な価値と対立するマイナスの価値をもっていることが注目され，マイナスの価値を少しでも低減する条件を探り，条件次第で決断することになるのは，自然のなりゆきであろう．このように，子どもの価値は若い世代になるほど相対化してきているのである．

　このことは若い30歳群と最年長の60歳群でもっとも重視する高い得点の項

表 2-4-17　30歳群と60歳群で顕著な「産む理由」（柏木・永久 1999）

60歳世代で顕著な理由	30歳世代で顕著な理由
結婚したら産むのが普通 生み育ててこそ一人前 次の世代を作る 生きがいになる 姓やお墓を継ぐため必要	2人だけの生活は十分楽しんだから 妊娠・出産を経験したいから 夫婦関係が安定したので 年をとったときいないと淋しい 生活に変化が生まれる 自分の生活に区切りがついたから 経済的なゆとりができたから しごとが軌道にのったので 手伝ってくれる人がいたので よい保育園があったから

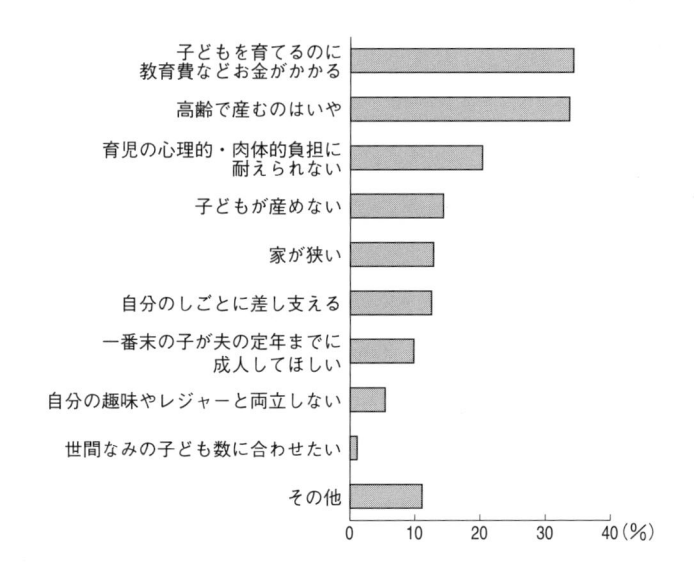

図 2-4-56　理想の子ども数をもたない理由（国立社会保障・人口問題研究所 1998）

目をみれば，歴然である(表 2-4-17．柏木・永久 1999)．

ところで，特殊合計出生率は年々低下して少子化は進んでいるが，理想とする子ども数は実際の子ども数よりも上回っているのが日本の特徴である．つまり，もっともちたいと思うが現実はそれより少なくしか産まないというのが，他国に比べて多い．その理由（図 2-4-56）から，理想の数の子どもをもつことに

よって経済や家，生活，しごとなどが阻害されることを予見していることがうかがえる．つまり〈条件依存〉という子どものもつマイナスの価値が，子どもの数を少なくさせているのである．

　少子化という数の変化の陰には，こうした子どもの価値と他の価値とをめぐる女性の心理的な問題がある．そこには，女性が子どもをもつことが子ども以外の他の価値との対立葛藤を余儀なくさせている日本の社会の問題が露呈されている．少子化を止めようとするさまざまな政策にもかかわらず，いっこうに少子化が止まらないのは，こうした日本社会の問題性の認識不足によるといえよう．

　〈子どもをもつこと〉について〈もつのが当然〉との意見は，1993年に比べて98年は全体では減少してきている．しかし女性では〈もたなくてもよい〉が過半数となったのに対して，男性では〈もつのが当然〉が過半数を占めており，子どもをもつことをめぐってジェンダーギャップがある(NHK放送文化研究所 2000)．女性が子どもをもつことに男性より消極的であるのは，子どもを産む・育てることが女性自身の生活や生き方と深くかかわり，時にマイナスともなるきわめて現実的な問題であるのに対して，男性にとって子どもは自分との対立なしの楽しみの対象であるという違いを反映している．女性が子どもの価値を相対化し，子どもを産むことにプラス／マイナス要因を慎重に比較検討するのは，こうした女性がおかれた立場から当然のことであろう．

4.3　母親における子どもの価値／子育ての意味の変貌

　理想としてはもっとと思っていたが一人っ子にした母親たちは，〈自分のことをする時間がなくなる〉〈自分の生活のリズムを崩したくない〉など，子育てと自分との対立・葛藤を理由としてあげる(柏木・永久 1999)．また一人っ子親は，4人以上子どもをもつ母親に比べて子育ての時間的・心理的負担を大きく感じている．さらに子育ての負担の内容は母親の学歴によって異なり，時間や心理的負担感は高学歴層で有意に強い(図2-4-57)．

　これらのデータは，育児が経済，時間，心理面で少なからぬ負担だと認識されており，それが子ども数を減らす大きな要因となっていることを示している．さらに注目すべきは，時間的心理的負担感が高学歴になるほど強まる事実である．先に，教育水準は人々の価値観や行動を変化させる重要な変数であり，母

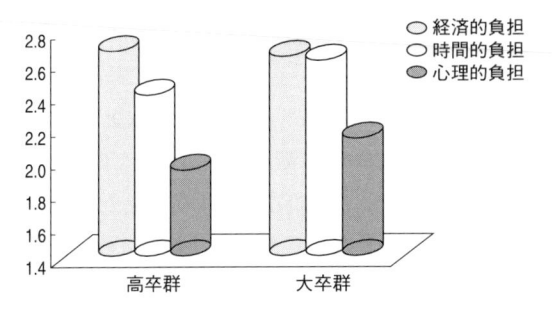

図 2-4-57 育児の負担感——高校卒と大学卒の比較
（永久・柏木 2000）

親の子どもに対するしつけや態度も高学歴化にともなって脱日本化し，欧米化していることをみた．子育ての負担感に学歴による差があるのもその一環であろう．高等教育は新しい関心や高度な知識・技能を身につけさせ，それら関心・知識・技能を発揮する達成や活動への意欲を生む．子育てとりわけしごとを辞めての子育てだけの生活は，そうした意欲や活動から遠ざけられ，いわば不完全燃焼の状況をもたらす．高学歴の母親ほど子育てに時間や心理面での負担を強く感じるのは，自分が燃焼させたいものが強くありながら，それが子育て（だけの生活）によって阻まれるからであろう．時間的負担，換言すれば「もっと時間が欲しい」という思いは，子どもとは別な時間と心理的空間をもちたいとの母親の欲求を意味する．

個体（自己）の生存と種の保存（繁殖）はともに進化上の適応

子育てとは親のもつ資源を子に投資する営みとみる親性投資の視点に立てば，母親は自分のもつ時間，心身の資源を子だけに投資するのではなく，自分自身の生存のために子への投資を打ち切ることも重要なことである．子育て中の母親が時間や心理的負担を感じているのは，子育て中といえども母親が子だけではなく別なものにも自己資源を投入したいと感じていることを意味する．子育ての意味と女性の人生がかつてとは大きく変化した今，そう考えざるをえない状況に女性はおかれていることを示唆する．個体がよりよく生存することは種の保存，繁殖の前提でもあり，そのいずれもが進化上の適応であることに照らせば，母親のよりよく生きたいとの願いをわがままだとするのは当たらず，む

しろ正当に認知されるべきものであろう．

　しごとを辞めて育児を専業としている母親の多くが働きたい，「自分」の生をもちたいと希求している．先に述べた，やむなくしごとを辞めて子育てに専念したものの，その空虚感と挫折感に苛まれ「あなた（子ども）がいたので私は……」との後悔とも恨みともいえる語りは，子ども以外のものへの自己投資欲求の強さとそれを阻む日本の社会の圧力のもたらす負の影響を物語っている．

　第2部4章の2でみた労働力と出生率との正相関データ（図2-4-34），女性も男性もともに職業と家族役割（家事・育児）の責任と権利とを保障する家族政策をもつスウェーデンにおける出生率上昇などは，働く意欲や能力を発揮する機会をもち個体のよりよい生存が保障された時，女性は子どもを産む，つまり繁殖につながる事情を示唆している．職業と出産とは背反するものではないのである．しかしそこには，育児と家事が男性・女性双方の権利であり責任でもあるとの法的保障，それを支える個人中心社会の価値観や企業文化が前提であることは忘れられてはならない．

「私」「自分」というテーマの登場——よりよい自己（個体）生存を求める女性

　かつてない長命と少子は，女性にとっての子育ての意味を時間的にも心理的にも縮小させ，子や夫に依存しない人生を覚悟させることとなった．高学歴化は新しい関心・知識・能力を女性にもたらし，それは家事・育児以外のものへの意欲を強め，学卒後の社会的職業的経験はそれが達成される充足感や社会での存在感を体験させた．こうして女性の間に，「私」「自分」「個」というテーマが無視し難くクローズアップされてきた．母親一任の育児は，こうした女性の「私」「自分」の実現と対立する．

　自分のもつ時間や心身のエネルギーなど有限の資源を何に投資するか——家族に使うか自分に使うか，その資源配分の仕方は母親・女性の生き方を端的に示す．生活時間調査にみられたように，有配偶有子女性では，男性に比べて家族への投資がきわめて大きい．その限りでは家族への投資は女性に大きな比重を占める特徴である．しかし個々の女性が自分と家族に資源をどう配分しているかは，その人の生き方を示すと同時に，生きがいや生活感情と密接に関係している．しかもそれは学歴によって微妙に異なっている（図2-4-58．永久・柏木 2002a）．

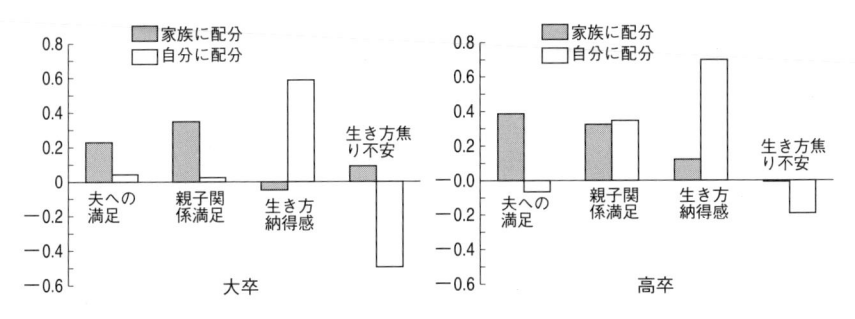

図 2-4-58　資源配分と生活感情（永久・柏木 2002a）

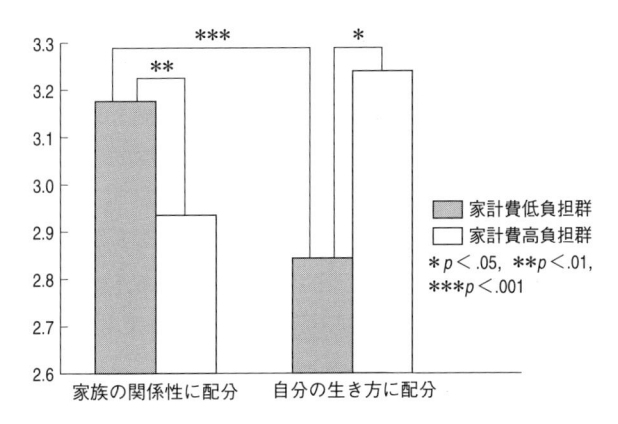

図 2-4-59　妻の収入（家計負担率）による自己資源配分の差（永久・柏木 2002b）

　「家族への投資」は親子関係や夫への満足感を高めるが，「自分への投資」は生きがいを強め肯定的な生活感情をもたらす．特に高学歴層では「自分への投資」が少ない場合，生き方への焦りや不安が高まる．これらのことは，学歴が高くなるに従って子育てを自己実現とはとらえられず，子育て以外に個人として自分の個性や能力を発揮することなしに充実感や生きがいを感じられなくなることを示唆する．女性が子や夫など家族に全自己資源を投資する献身・無私では，もはや女性の幸福感や生きがいはもてなくなってきた事情がここから汲み取れよう．
　ところで，どれだけ自分に投資できるかは，女性（妻）自身の収入と密接にかかわっている．妻が無収入の場合と家計中妻が 40% 以上負担している場合とで

は資源投資配分は異なり，家計貢献の大きさが自分への投資を可能としている（図2-4-59）．

第2部3章で妻の経済力と夫のコミュニケーション態度との関係をみたが，家計を夫だけでなく妻もかなりの負担をする経済力は，妻の生活スタイルひいては生きがいや幸福感なども変化させる契機となっているといえよう．

かつて子どもは"授かる"ものとして次々と生まれてくることで，投資対象は否応なく次の子に移行し，いつまでも1人の子だけに投資を続けることはなかった．また次々と生まれる子どもの世話は，今日とは比べものにならない膨大かつ主婦の有能な技術を要するものであり，それをすることは生きがいにもなり賞賛の対象でもあった．それが今や少産少子化の下，少数の子を"つくる"ものとなり，親の資源は次の子に移行させる必要はなくなり，発揮すべき特別な技能は家事には不要となった．そのような状況が女性に「私」をクローズアップさせ，自分の関心や能力を発揮し達成感を味わえる人生を希求させ，「私」への投資を強く求めることとしたのである．

子どもをどうみるか――自分の分身，自分との一体だとする一体感は長らく日本の女性の特徴だといわれてきたが，それは幻想であり男性・父親のほうがそう思っていることをみた（表2-4-13）．女性において子どもの意味・価値は，高学歴化と連動して確実に変化し，子どもとの一体感は希薄となり子どもといえども別な個人とみ，自分を母親・妻としてよりも一人の個人として見る女性が増加しつつある（図2-4-60．柏木・若松 1994．図2-4-61．Smith & Schooler 1997，鈴木 1987, 1991）．

このような女性・母親の変化は，子どもをもつことが選択事項となり子ども以外の事項において女性の心身のエネルギーの投資による達成が可能となった状況が必然的にもたらしたものである．子産みは当然自然のことではなく，さまざまな条件が比較検討された挙句の条件依存の決断となったことをみた．つまり子どもの価値の絶対性は喪失し，無条件のものではなくなり相対化した．何に自己資源を投資することによって自分の人生を肯定し生きがいをもちうるかを深慮したうえでの結論となれば，あえて子どもをもたない（childless by choice）人生も重要な選択肢の一つとなる．

欧米では，子どもがいることは必ずしもカップルの幸福感を高めない（釜野 2002）．子どもの存在は，カップルとりわけ女性の well-being と必ずしも相

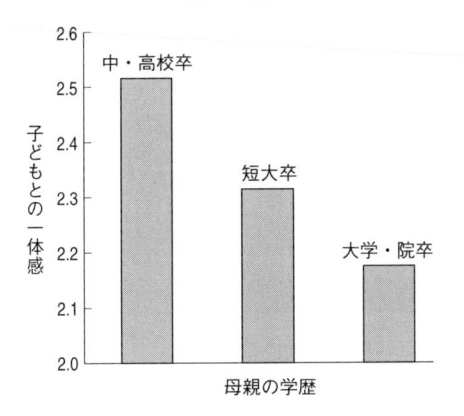

図 2-4-60 子どもとの一体感——学歴による比較（柏木・若松 1994）

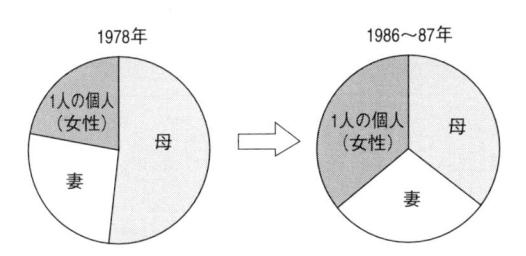

図 2-4-61 あなたにとってどの役割が重要ですか
（Smith & Schooler 1978, 鈴木 1987, 1991）

容れず，カップルにとってもかすがいとはならないことは十分ありうる．子どもは結婚の目的ではなくなり，カップルの伴侶性や夫・妻それぞれの幸福が優位におかれれば，子どもの意味・価値は後退し子どもの存在は時にくさびのようにカップルの幸福感を阻害することにもなろう．

子どもをもつのが自然・当然ではなくなってきている日本ではあるが，それでも欧米に比べれば子どもがいないカップルに対する社会の否定的圧力は強い．「必ずしも子どもをもつ必要がない」との考えに欧米諸国では賛成が多数を占めるが，日本では賛成は少数で，もっとも多くが反対している国である（図2-4-62）．

このような風土があるから，今や大勢の恋愛結婚夫婦でも子どもの誕生と同時に，夫と妻の伴侶性は二の次となり子ども中心の生活となる．この子ども中

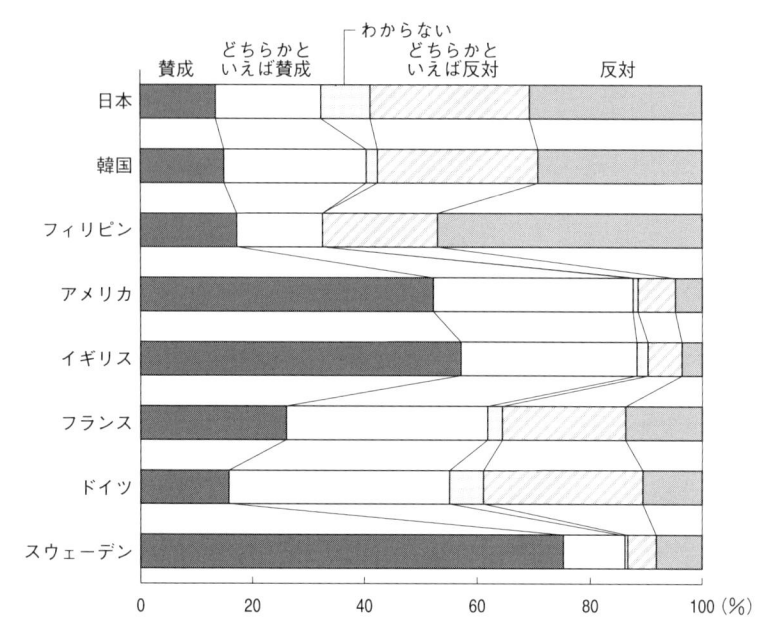

図 2-4-62 「必ずしも子どもをもつ必要がない」との考え方について(東京都 1993)

心家族では,子どもは依然として夫婦を結びつける絆となり,欧米のように幸福感を阻害するということにはならないのだろうか.しかし,子の誕生と同時に成立した性別分業で,子育て負担が一手にかかる女性には自己資源投資をめぐる葛藤が生じる.これが今後どう解決されるかは,子どもをもたないという選択や少産傾向を左右するものとして注目される.

子産みへのなみなみならぬ女性の関心――"体験欲" ともいうべき新しい動機,欲望

　子どもを産むのは "当然自然" から "条件依存" へと変化したが,その一方で〈妊娠出産を体験したい〉を理由に子どもを産む決断をする女性は増加し,30歳群では上位の理由となっている.かつて出産は結婚すれば選択の余地がなかったのが,選択となった今ならではの,妊娠出産体験への強い関心といえよう.『私たちは繁殖している』(内田 1996)は,著者自身妊娠出産という体験がいかなるものかを知りたいとの強い好奇心のゆえに子どもを産んだと,あとがきに記し,その体験を縷々描写したマンガである.この本が版を重ねているこ

とは，未婚の女性を含む若い読者層における体験欲の強さを示唆するものであろう．結婚しなくても妊娠出産は経験したい，子どもを産んでみたいとの声は，未婚の若い層からよく耳にする．子どもを欲するか否かにかかわらず妊娠出産を否応なく体験した時代にはなかった，子どもを産むことが選択事項となったなかで新たに生まれた新しい欲望として注目される．しかしこの体験欲がいかに強くとも，少子化につながる可能性が予想される．体験したいという欲望は，一度すればほぼ充たされるであろうから……．

4.4 子どもの価値にもジェンダーが

工業化の進展にともない，労働力としての子どもの価値や家財の継承者としての価値は消滅し，子どもは精神的心理的な価値をもつ存在となった．労働力や家の継承者としての価値が期待できた時代には，男児が待望されるから，東西を問わず長いこと男児は女児よりも価値が高かった．過去の人口統計をみると，日本でも西欧でも女児の死亡率が男児より高い時代が長く続いている．より価値のある男児が大事に育てられ手厚く遇され，女児には食べ物も少なくしか与えられず病気になっても医者や薬など十分な手当てはしない，その結果であった．天皇家や貴族など上流階層でも，男児と女児は家の繁栄をめざす「家」戦略のために，ある時は男子誕生がまた別な時には女児誕生が待望されたのである（森岡清美 2002）．

子どもの価値におけるジェンダー問題は，決して昔のことでも特別な階層のことでもない．つい2, 3年前まで，子どもの事故死に対して支払われる賠償金は，男児の方が女児よりも高額であった．労働による生涯予定賃金が男児は女児より高いことによるとして当然視され，労働にかかわる実用的経済的価値で幼少時から男女は区別されていたのである．それが最近，事態は一変した．子どもに経済的価値や労働力を期待できず，継承すべき家財もなくなった，女性も職業をもつといったことから，ジェンダーは問題にならなくなったかといえば，そうではない．今，親は男児よりも女児を期待し（図2-4-63），長子が女児ならそれでやめて一人っ子にするケースが増加している．

新たな実用的価値の浮上――女児選好の背景
なぜ女児が選好されるようになったのであろうか．今や子どもには精神的価

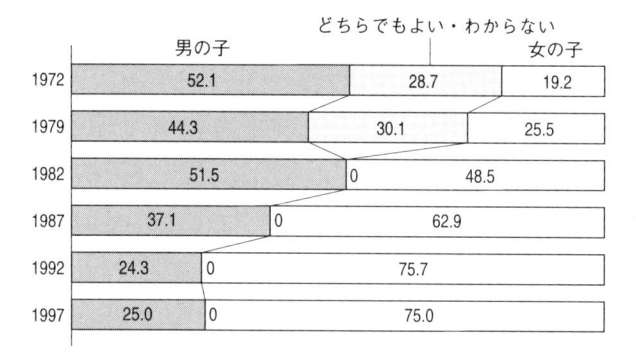

	男の子	どちらでもよい・わからない	女の子
1972	52.1	28.7	19.2
1979	44.3	30.1	25.5
1982	51.5	0	48.5
1987	37.1	0	62.9
1992	24.3	0	75.7
1997	25.0	0	75.0

図 2-4-63　男児と女児どちらを望むかの推移 (%)
(国立社会保障・人口問題研究所 1998)

値しか期待できない，ならば，教育費も多く要して気苦労も大きい男の子よりも女の子のほうがいい，物心の投資は少なくて済む，しかも女の子は可愛く楽しく精神的価値が大きいからだと考えられる．しかし，それだけではない．もはや期待しないとしてきた実用的価値がかたちを変えて娘に期待できる，との思惑もあってのことである．

　息子娘双方をもつ母親の子どもとの絆を調べたところ，娘との関係のほうがはるかに密で(高木・柏木 2000)，これは30年ほど前と比べると大きな変化である（Makoshi & Trommsdorff 2000）．29〜35歳の結婚した娘と母親との物質的精神的つながりを検討した研究(森永・寶山 2001)も，母親との精神的つながりが夫との関係に匹敵するほど強いことを見出している．そして母親と一緒に買い物やレジャーを楽しむ，母親に家族や自分のものを買ってもらう，母親の身の回りの世話や家事を手伝うなど，直接的物質的な関係が強い娘は，自己受容や自尊など自己確立が低いことも見出されている．このことは，女児の価値が高くなったことが，母娘双方の自立を妨げ自己受容など心理発達に必ずしもよい影響をもたらさない可能性を示唆している．

　母親に老後どのように暮らすか——1人ですごすかあるいは施設入居か，娘と同居あるいは近居かを調べ，他方，娘に家事や行儀など女の子らしさをしつける程度を調査したところ，娘への期待が強い母親は娘に対して性別しつけを顕著にしている傾向がある(図2-4-64．高木 1999)．

　女児の価値が高くなったのは，単に娘は投資が少なく精神的価値があるから

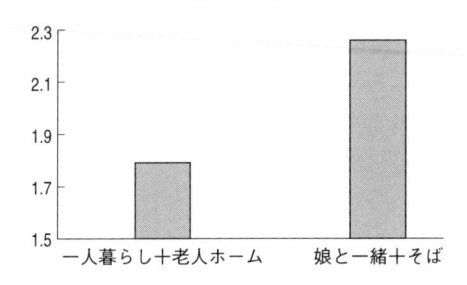

図 2-4-64　老後の娘への依存期待と性別しつけ(高木 1999)

だけではないのである．息子に家を継承させて老後扶養を期待することは，もはやできなくなった．しかし，子どもへの期待はまったくなくなったのではなく，身の周りの世話，買い物，話し相手などを子に期待している．それは息子でなく娘に対してなのである．長い老後が予想される今日ならではの新しい実用的価値が生まれたのである．そしてその価値を高めるべく，娘に女の子らしいしつけをしているとみなすことができよう．子どもの価値にもジェンダー問題があり，それは親のしたたかな深謀遠慮といっては過言であろうか？

母—娘間の互酬的関係

娘と母親は，娘の結婚後も別居しつつも密な交流がある．母親は娘世帯への金銭的援助から子(孫)への贈り物や祝い事行事の主催，さらに家事や育児の援助などをかなりしており，それは娘が母親にする贈り物や手伝いを概して上回る(春日井 1997)．こうした密ではあるがあいまいな互酬的関係は，子世代よりも富裕で壮健な中年親世代が出現し，しかもその親世代に長い老後が予想されるという，きわめて今日的状況のなかで生じている関係であろう．娘の若いうちつまり親世代がまだ壮健で富裕な時期には，親側から資源が娘に流れているが，いずれ親が年老いた時，娘からの世話というかたちで資源の還流を想定してのことなのかもしれない．それは，先の高木らの研究結果を考えあわせると十分考えられる．一卵性双生児現象といわれる母—娘の強い関係も，こうした背景と無縁ではなかろう．

全般的な趨勢としては，老後扶養を社会的制度や施設に依存すべきという意見に傾いているものの，身近な世話はこのように娘に期待している．これは，

子どもであれ病人であれ高齢者であれケアーは女性が，との性別分業観の延長線上にある．期間が限定されている育児とは異なり，期間も無限定であり娘も若くはなくなるなかでの親のケアーは，育児以上の心身の負担を要し，ここでも女性の「私」が疎外される大きな問題をはらむ．母と娘との長期にわたる互酬的関係は一見うるわしいものに見えるが，それぞれの生活と心理的自立とを阻む可能性も否定し難く，女性の発達の点からは複雑な問題を提起している．

他方，高齢女性が交流し援助しあっているのは，必ずしも娘だけではない．多様で広範な人間関係から自分のライフスタイルに合わせて子どもとの関係を操作し，子どもとは別な人的ネットワークを選択している(藤崎 1998)．夫の死後，1人で生活している女性は，近所の気のあう異年齢の人々と相互に助けあい，掃除や力しごとはヘルパーに頼むなど，ことがらに応じたネットワークを活用し，他方，子どもとは距離をおきながらも適宜訪ねあってくつろぎや気晴らしにするなど，多様なネットワークを柔軟に選択的に形成している人々もいる(水嶋 1998)．このさい，どのような生き方や子どもとの関係を指向するかがネットワークの選択の決め手となる．女性の個人化や子どもからの自立の動向——娘にひたすら期待しその価値を高めようとしつける母親が今後も増えつづけるのか，それとも別な親と子の関係となっていくのか，血縁を超えたネットワークがどう形成されるか，今後の動向が注目される．

4.5 〈つくる〉子どもへの親の教育的営為
　　——親の「よかれ」と「できるだけのことをしてやる」の問題

子どもが"授かる"ものではなくなり，親の意志により選択されて"つくる"ものとなったことは，親の子どもへの態度や行動をも変質させる．子どもの命がはかなく常に死の淵にさらされていた時代，親たちは子どもの死に対して今日の眼には無情とも冷酷とも受け取られるほど，諦めと無関心をもって受け入れていたと歴史人口学者たちは記している(鬼頭 2000，アリエス 1999，ルブラン 2001)．子どもの誕生も死も人間の意志や力の及ばない状況では，悲痛の極みである子どもの死も人知を超えたものの意志と力によるものとして親は受容せざるをえず，悲しみや嘆きの感情を抑制したのであろう．このことは裏を返せば，今日の親たちは子どもに対して自分の意志によってつくった子であれば，その死を容易に受容できないほどの強い思い入れと介入をするようになる

ことを意味する.

　長らく子どもは国家のための子どもであり，その教育は御国のためであった．それが子どもは国家の支配から脱して，わが子として自分の専有物となった．加えて，子どもは"授かる"ものではなく"つくる"ものとなり，子どもの私物化はいっそう助長された(斎藤 1998)．日本人は子どもは宝と考えるが，「子どもといえども一人の独立した人格」という子ども観は稀薄で，子どもは家のもの親のものとの暗黙の考えがある．このことは，つくった子どもを自分のもちものかのように私物化する傾向を促す土壌となる．つくらないという選択もありえたが，つくると決断して産んだからにはよかれと思うことを万全にしてやる，「できるだけのことをしてやる」，それが今日の親の愛情と教育的営為を特徴づけることとなった．親の強い思い入れと介入は，少なく産んでよく育てるとの少産少子精鋭戦略によっていっそう拍車がかかった．さらに，子どものしつけ・教育は母親に一任されたことから，失敗は許されないとの強い意気込みや，子育ての成功を母親の生きがいとする教育ママを生んだ．かくして，親による子どもへの過保護・過介入は進行している．

　いつの世も，親たちは子どもに「できるだけのことをしてやりたい」と思っていた．しかし，子どもが次々と生まれてくる多産多子の時代には，親が「できるだけのこと」はしれていて過剰になることはなかった．それが今は，あらかじめこれだけのことをしてやると決めて少なく産んでよく育てる少数精鋭となり，少子に対する時間・経済資源は潤沢となり，親の眼も手も口も行き届き過ぎるほどとなったのである．しかも親の「よかれ」は善意に発するとはいえ，子ども自身の個性も意欲も無視してのものとなりがちであり，時に親の理想や夢を托する「子ども不在」のものとなる．こうして，親の期待や介入は子に対しては「やさしい暴力」(斎藤 1992)となりうる．

　いうまでもなく親は子をしつけ教育する責任をもつ．しかしこのことが，親を子に対する管理者・支配者ともならせる危険性をはらみ，子どもに対する愛情という支配と暴力となる．このことが，子は"つくる"ものとなり親のもちもの化した今日，いっそうあらわとなった．今，親が子どもにするしつけや教育は多くの問題をはらみ，限界と欠陥をもつ．

　いうまでもなく子どもの発達に養育は不可欠である．しかし，それだけで子どもは育たない．発達の主体は子どもであり，ごく幼い時から子どもは一人ひ

とりそれぞれ個性をもち，自らの好奇心と力に基づいて自発的に環境を観察し探索し多くを発見し学習する．子どもは試行錯誤と失敗・成功をこもごも体験する活動によって，新しい知識も力も学びとって育つ．このような自発性能動性による活動をシャーロット・ビューラーは"機能のよろこび"と巧みに表現したが，子どもは自分ができる機能を最大限活用し発揮し，その体験そのものを喜び反復してはさらに次の機能を展開していく．子どもは自ら育つ力と意欲とをもつ能動的な存在である．これが今日，十分に認められていない．子どもの個性や意欲を顧みず自発的活動や反復を待てずに，「よかれ」と「できるだけのことをしてやる」親の教育的営為は，こうした子どもの育ちを阻む．

　これまで児童施策において，子どもは「愛護され」「育成され」「保護され」といった受動的存在として扱われてきたが，近年，子どもの意志や声の尊重と決定への参加など能動的な権利の保障が強調されている．このことは施策レベルの問題以前に，親の子どもへのあり方としてまず重視されるべきであろう．子どもが親の理想や夢の実現対象ではなく，それぞれの子どもが無条件に愛され，子どものもつ個性や好奇心，意欲が最大限生かされる場が保障されねばならない．

4.6　子育て支援の意味——誰が誰を／何を支援するのか？

子どもの育ちの保障

　少子化の進行と母親の育児不安の広がりのなかで，「子育て支援」がしきりに提唱され，さまざまな試みが官民で展開されている．しかしなぜ子育て支援なのかは，必ずしも十分理解されてはいない．

　かつて家庭と地域が担っていた教育力が今や減退しており，それに代わる機能を親以外の人々や施設で補償することも重要である．かつてはきょうだいも多く父親や母親が家庭にいる時間も長く，家族が共に生活し行動することでしつけや教育の実が挙がっていた．近隣との密で頻繁な交流があり，そこで育てられてもいた．こうした現代の子育てに失われたものは，補完されなければならない．

　しかし，さらに重要なことは子どもの育ちを保障することにある．子どもを"つくる"ものとなった親の教育的営為は，親の「よかれ」が先行し子どもの自発性や個性は閉ざされがちである．また「できるだけのことをしてやる」は，

子どもへの保護と介入を過剰なものとし子どもに暴力として作用さえする．ここには，子どもの育ちが不在である．子どもに「機能のよろこび」を存分に味わわせ，自ら育ち自分の存在や力を確認し，自分についての肯定的なイメージを形成していく場・機会を設けること——これが支援すべきことの第一である．つまり子どもの育ちの保障である．子育て支援ではなく，子育ち支援というべきであり，支援の対象は子どもである(柏木 2001)．

母親個人の発達を保障する——支援の対象は母親の発達

「子育て支援」という言葉から，支援の対象はとかく育児や育児している人，母親だと受け取られやすい．少なからぬ母親が育児不安を抱いている，その母親を支えることも確かに目標ではある．しかし，その場合も育児そのものを支援するのではない．

すでに繰り返し述べたように，母親は子どもや育児について不安なのではない．育児は大事と思い子どもはかわいいと思いつつも，育児だけの生活をしていることに社会から断絶され自分の存在や将来の生活への不安や焦燥を感じているのである．そうした不健康な心理から脱し不安や焦燥を低減するよう，母親を援助・支援すべきである．しかしそれは，育児を手伝うという支援によってではない．母親に（母でも妻でもなく）一人のおとなとして社会と交流し自分の関心と力とを発揮し達成できる機会が保障されなければ，母親の不安や焦燥は解消しない．

家族施策の目標として「すべての子どもが個人として尊重され健やかに生まれ育つとともに，親の自己実現『よりよく生きること』とも調和する社会を……」と謳われている．これが理念にとどまらず，具体的に保障することが求められている．先に"働く母"が，無職の母親よりも精神的に健康で，子どもや育児に対して肯定的な態度をもっていることをみた．高学歴化は育児・家事以外のことへの関心や知識，能力を育み，それが不完全燃焼であることが，しごとを辞めて育児専業の不安や否定的生活感情の元凶であることもみた．このような知見に照らせば，母親への支援は母親に1人のおとな個人としての社会的活動を促し保障することにあることは自明であろう．

発達とは，子どもの問題ではなくおとな以降も生涯にわたって続く営みであることは，発達心理学の常識である．母親なのだから（子育てを）一心不乱にと

か，育児は一時なのだからほかのことは我慢する，といったことが今もいわれる．しかし女性・母親がよりよく生存し発達することが保障されずに，健康な子育て——繁殖はありえない．

　思えば，戦後の経済復興期に男性(夫・父)の過酷な労働を支えるべく女性が家族役割を全面的に担う性別分業家族が成立し，育児は母親のしごととなった．そうして始まった「母の手で」が今日最適性を喪失したにもかかわらず，なお惰性のように続き，その結果，子どもの育ちも母親のおとなとしての育ちも不在となった．「子育て支援」は，それを回復し保障する運動だともいえよう．

〈親(だけ)が育てる〉から〈社会が育てる〉へ

　親による教育的営為が問題をはらみ限界と欠陥をもつことは，親以外の人や機関が子どもの育ちに積極的にかかわる必要性を示す．かつて家々は物理的にも心理的にも今ほど壁がなく，子どもは自分の親だけでなくよその家族や近所のおとなたちにも見守られしつけられてもいた．それが消失した一方で，他人に口を出させないわが子主義が広まっていった．折しも，母との一対一の関係が大事との愛着理論が提起され，その理論の拡大誇張が母親による育児を最善とする風潮をいっそう助長した．それは最適性を失いつつあった性別分業をバックアップし，育児は女性のしごととするのに大きな役割を果たした．こうしたことの結果，子どもは親以外の人々による養護を受けることも，また自分の家以外の場での経験によって学ぶ機会をも失ってしまった．

　子どもというものは，たった1人の人だけにしか馴染めない，また母親だけにしかなつかないようなひ弱で無能な存在ではない．近年の乳児研究は，乳児はごく初期から人や事物の違いを区別でき，かつ多様で変化のある人的物的刺激を求め楽しむ力をもつことを明らかにした．そして，多様性と変化のある環境のなかで子どもの活動や反応に敏感に応答的に対応することが，子どもの好奇心と探索をいっそう活性化し，ひいては発達を推進させることも明らかにされている．その意味でも母親だけによる育児は，子どもの育ちの環境として貧困だといえよう．

　母親だけの一対一関係で育つ場合に比べて，幼少時から保育園や親以外の人によっても育てられる複数育児は，長期的にも子どもの発達にプラスであることが欧米の縦断研究から報告されている(数井 2001)．子どもは多様な人々に

対して，それぞれ分化した愛着を形成する，そのことが刺激とも支えともなって子どもの発達にプラスに働くのであろう．日本では，この種の縦断研究はまだない．

しかし，乳児期から保育所で育つ子どもたちを詳細にみてきた網野は，子どもが母親による養育に劣らぬ温かく応答的な保育者によって心身健やかに育つことを確認している(網野・望月 1990，網野 1999)．そのうえで，母親だけの養育が母親にも子どもにも問題をはらむことを指摘し，(産みの親，血縁のある親でなく)「社会的親たち」がすべての子にとって必要だと，子育て支援の視点から強調している(網野 2002)．

人類に必須の共同育児——社会が育児を支援する

子どもは親が育てるもの，親が一番とする発想を転換することが必要である．親だけではもはや限界，問題さえをはらんでしまう子どもの発達を，親以外の人々の手によって活性化し軌道修正する，それが育児の社会的支援である．人類に多様な子育てがある事実が雄弁に語っているように，人は親でなくとも血縁によらずとも幼くか弱いものを守り育てる力をもち，子どもへの愛情や育てる力は体験のなかで養われ育つ．さらにこうしたことを示す研究結果は，社会的支援が可能であり重要であることの根拠である．人類の育児が比類なく困難なゆえに父親が登場し，複数のものによる共同育児によって子はつつがなく成長し，人類は繁殖し生存してきた．さまざまな動物の子育ての比較や飼育実験データに基づいて，霊長類は「子の養育にさいして共同育児を行なうことで，子孫の生存率を高める」と正高(2002)は指摘しているが，複数養育は人類の繁殖を高める適応戦略だといえよう．

極度に父親不在となり母親だけの孤独な日本の育児は，こうした人類の子育て要件に照らせば問題であることは自明である．単親家庭をはじめ，親だけでは育てることに限界をもつ多様な家族が現出している．ここでも，複数育児，共同協力育児を取り戻すことが今求められている．母親(だけの育児による)育児困難の解決のために，人類に適応的な共同子育てのシステムの創出——どのような子育ての仕組みを進化させうるか，日本人の知恵が今，試されているといえよう．

4.7 養育不全状況の諸相

体験欲によって誕生した子ども，"できちゃった"子ども

子どもを"つくる"ことになったことは，子どもを親の私物としその教育的営為に問題をもたらしたが，さらに"つくる"時代ならではの妊娠出産を経験したいとの体験欲によって誕生した子どもは，体験を満足させて親となったものによってどう育てられ遇されるのであろうか．子どもを産むことが女性にとって冷静に慎重に比較検討され，その結果決断されるのが大勢である．体験欲が先行しての出産では，子ども自体への関心は二の次，まして子育てについて検討や覚悟なしになりやすく，誕生してくる子どもに対して責任ある対応をとることは容易ではないであろう．あらかじめ検討したうえで子どもを産むと決断し，しかも子育ては大事と専念している母親でさえ，多くの不安や困難に悩んでいることを考えると，体験欲によって出産した親がどのような子育てをすることになるかについて楽観的ではいられない．

さらに問題なのは，意志と決断によって計画的に"つくる"時代でありながら，他方少なくない"できちゃった"出産である．昨今の結婚式の新婦の約3割が妊娠している，つまり"できちゃった"婚だという．"できちゃった"を契機に結婚する場合はまだよい．10代に多い"できちゃった"子の親の多くは，結婚できず子は闇に葬られるという．これは，性と生殖に関する権利が声高にいわれ，医学の進歩も著しい先進国，避妊家族時代といわれるなかでのこととは考えられない．しかし，これは日本の現実である．ピルが解禁になったものの，依然として男性主導の避妊法(他の先進諸国に類をみない78%が男性主導．United Nations 1999)，加えてノーと言えないジェンダー規範が，"できちゃった"の背景にはある．

養育放棄の危険性

おとなの問題はさておき，"できちゃった"結果，誕生した子どもはどのように育てられるのであろうか．妊娠を契機に結婚し，慈しまれつつがなく育てられるものも，もちろんいる．しかしなかには，"できちゃった"は即望まない妊娠にほかならず，子は親に歓迎されない存在となることも少なくないであろう．

望まない妊娠によって誕生した子どもの発達を長期にわたって追跡したチェ

コのプラハ研究（Matejcek et al. 1980）が，想起される．中絶を申請したが認められずに誕生した子ども110名と，階層，性，出生順位，同胞数，母親の年齢などを等しくそろえた同数の比較群とを，親の養育の仕方，子どもの心身の発達につき8歳時と14歳時に面接，テスト，教師や親による評定などによって追時的に調査した．結果は，出生児の体重・身長など生物学的条件や8歳時の知能指数では両群間に差がなかったものの，学業成績では望まない妊娠によって誕生した子ども群のほうが劣り，勤勉さや感情統制なども低い．さらに14歳になると，学業成績の差はいっそう大きく広がり有意な差が認められるほどになったほか，親や教師に対する従順さや学校生活での社会性においても劣っていたという．

　このように，望まれずに誕生した子どもの発達が，通常の子どもたちより学業においても社会的人格的発達においても劣るのは，親の子どもへの教育的態度や行動に原因があると考えられる．通常の子どもたちは，母親に対して積極的な関心をもち親のしつけ／教育の一貫性を有意に高く認めていることから，望まれずに誕生した子どもの親たちではしつけの一貫性や子どもへの関心が低い可能性が示唆されるからである．当時，チェコでは，妊娠3ヵ月以降あるいは過去6ヵ月間にすでに中絶をしている場合には中絶は許可されない法律があり，研究対象となったのは2度も申請が却下された母親から誕生した子どもたちであった．中絶を2度までも申請するほど望まなかった子どもに，誕生後の世話や教育への意欲は決して高くはないであろうから，子どもへの態度や育児が投げやりになり一貫性を欠いたものとなる可能性は十分予想される．

虐待の温床としての育児状況

　"できちゃった"子どもを望まない妊娠によって誕生した子どもとみれば，これと同様な事情も予想されよう．日本ではチェコよりも中絶が容易であるから，"できちゃった"子を中絶せずに出産するのは子どもへの関心が強い方で，誕生時には子を歓迎する気持ちになっているであろう．"できちゃった"婚の場合は多分そうであろう．しかし，なかには望まない妊娠であったことが，後々まで親の心理や行動に響くケースもあろう．平生はそうでなくとも，子どもや育児の困難に出会ったり，子育てのために「私」がすっかり抑圧されてしまったと感じたりする時，子どもを疎ましく思い子育てを放棄したくなる，はては子ど

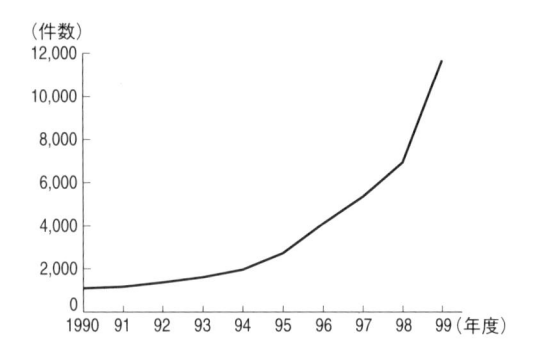

図 2-4-65 児童虐待相談の推移（厚生労働省 2001）

表 2-4-18 虐待についての親の見方・子への気持ち（藤井 1996）

原因は本人の行動		13 例
しつけ	7 例	
憎い・いらいら・かっとする	6 例	
顔をみたくない・かわいくない	3 例	
ミルク代がない	1 例	
自分の問題		3 例
本児がかわいそう・すまない		2 例

もに手をあげてしまう危険性も十分考えられる．

　親の過保護過介入が顕著な今日，それとは逆の子育て放棄さらに虐待の報告が増加している（図 2-4-65）．そのなかには，望まない妊娠で"できちゃった"子に対する虐待がかなり含まれていると推定される．

　S 県相談所で扱った虐待 43 例中，明らかに望まない妊娠の結果生まれた子ども 13 例について，家族・夫婦関係や虐待の理由や内容が分析されている（藤井 1996）．13 例中 11 例は結婚しているが，10 例は日ごろから喧嘩が絶えず，親族や近隣との交流もほとんどなく，冷えた家庭は孤立無援の状況にある．こうした家族状況下で，10 例は実母，1 例は実父，2 例は実父母が虐待者で，表 2-4-18 のような理由を虐待の原因だとしている．わずか 2 例が子への罪意識を示してはいるものの，大半は子どもへの愛情がないことを最多に，ついでしつけだと，虐待の原因を子に帰している．

虐待や家庭内暴力については，親自身が虐待や暴力，無視などを親から受けた経験が根にあり，親の暴力や虐待を愛情とみなしてしまい学習してしまう世代間伝達説（西沢 1994），暴力や虐待を見て育つ過程で人格の衝動統制機能による抑止力が養成された結果の強迫的虐待（斎藤 1996）が，代表的な理論である．この 13 例については，親についての詳しい生育歴資料がないため世代伝達の可能性は確認できない．しかし多くのケースで，頻繁な家出や転職，自殺未遂，興奮しやすさ，暴力やトラブル多発，アルコール依存傾向，浪費，嘘，激しい感情変化や情緒不安定，完全主義的傾向，自律神経失調症など強迫的傾向がみられており，親自身の性格形成に幼少時の養育上の問題がある可能性をうかがわせる．虐待にいたった母親の心の軌跡を明らかにした保坂は，幼少時の親の厳しいしつけ・支配の下で「いい子」を演じつづけ，あるがままの自分を受容された体験をもたなかった傷を，自分の子どもの愛し方を誤らせ虐待に走らせた背景として指摘している．

　しかし，すべてを親の過去に帰することはできないであろう．この 13 例中 9 例にはほかのきょうだいもいるが，大半（88%）はほかの子に対する虐待はない．むしろほかのきょうだいは差別して可愛がっているケースさえ 67% あり，虐待を親の性格や行動上の問題に帰してしまうことは難しい．望まない妊娠の結果誕生したことが，その子への愛情を持ち難くさせ，加えて夫婦間の冷えた関係，それに社会的支援を欠いた孤立という悪条件が，親を虐待へ走らせることになったことは否定できない（上野 1996）．

　虐待は，望まない妊娠の場合だけではない．どこの家庭，普通の母親にも起こりうる．このことを，保坂は「沈黙を破っ」て虐待にいたる心の軌跡を語った 4 例を示して指摘する（保坂 1999）．その 1 例――子を寝かしつけようと懸命にあやすがなかなか寝てくれない，自分も疲れており睡眠不足でイライラがつのり，気がついた時には子どもにふとんをかぶせ押さえつけていたという．日ごろから夫との間がうまくいかず，しごとと子育てで自分は精一杯，なのに夫は仕事に身が入らずにおり，自分や子どものことよりも実家にばかり気を使い，育児にはまったくかかわらない，近所や親などとも交流がない，こうした孤立無援の状況での密室の育児は，親の鬱積を子に向けかねない．寝つきの悪さと夜泣きは虐待の引き金となりやすい．

　育児用品会社のアンケートによると，育児中の母親の悩みのトップは「なか

なか寝てくれない」であり(リクルート 1995，図 2-4-25)，若い母親の過半数が「育児ノイローゼに共感できる」と回答している(大日向 1998)．夫の非協力，父親不在は珍しくなく，近隣との交流も乏しいのはごく一般的であり，多くの家庭と母親に虐待の温床ともいうべき状況が潜在している．

　虐待とは子どもの心身を傷つけることであるが，親であること，親のしつけというものには子を傷つけることになる危険性が潜んでいる．先のケースにもみられたように，虐待はしつけから出発している場合が少なくない．いうことをきかない → 厳しくする → 体罰も，とエスカレートしていく．子どものためとのしつけが虐待に高じてしまい，その挙げ句に後悔する，それはまさに「子どもの愛しかたがわからない」(斎藤 1992)親ゆえである．子をしつけ教育する立場にある親は，教育・しつけ，さらに愛情の名の下に子を支配管理することになりやすい．斎藤は，「虐待は子どもを愛したい，愛しつくしたいという親ほど危ないとさえいえる問題だ」と，どの家庭・親にも起こりうると警告している(斎藤 1999)．

4.8　生殖医療技術と子どもの価値——新たな選択肢と生命倫理問題

　〈結婚—性—生殖〉の連鎖を分断し子どもを"つくる"ものとした人口革命は，近年，さらに新しい局面を迎えている．1978 年，世界初の体外受精児誕生に始まる生殖革命は，不妊に悩むカップルに歓迎されて体外受精は続々と行われ，今や体外受精児は世界中で 100 万，日本でも数万にのぼる(石原 1998)．生殖治療技術はその後急速な進歩を遂げ，卵子・精子，子宮(借り腹)の組み合わせによってさまざまなパターンの親子が可能となった．

子どもをもつにいたる多様な選択肢と欲望の分化

　生殖革命は，子どもをもつか否かを決定する新しい選択肢を追加し，各種の決定を迫るものとなった(図 2-4-66)．

　かつては妊娠しなければ，子を諦めるか養子をもらうかの選択だけであったのが，先端生殖医療技術によって子をもつ多様な道が開けたのである．その結果，これまでにない種類の家族・親子が創出されて，人々の生命観や家族観に大きなインパクトを与え問題を提起している．それはなによりも，親とは誰かについてである．精子・卵子・子宮の組み合わせによって，精子・卵子の提供

親子の関係　　303

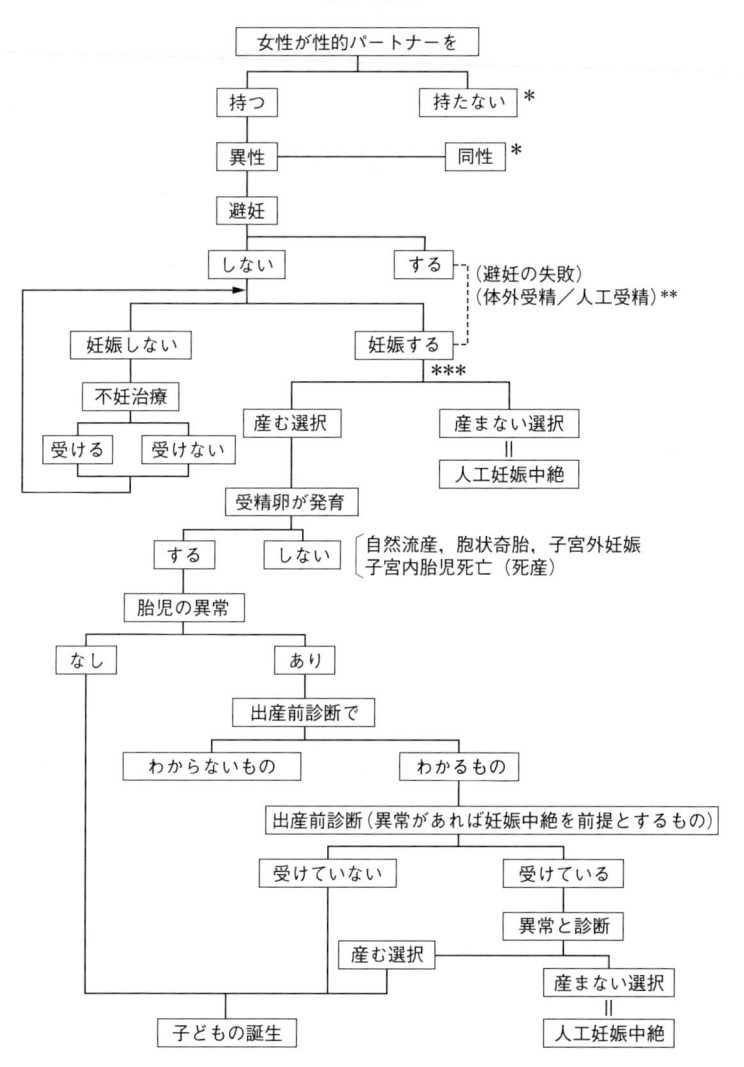

```
                    ┌──────────────────┐
                    │女性が性的パートナーを│
                    └──────────────────┘
                    ┌────┐    ┌──────┐
                    │持つ │    │持たない│ *
                    └────┘    └──────┘
                    ┌──┐      ┌──┐
                    │異性│──────│同性│ *
                    └──┘      └──┘
                    ┌──┐
                    │避妊│
                    └──┘
                ┌────┐   ┌──┐
                │しない│   │する│┄┄(避妊の失敗)
                └────┘   └──┘    (体外受精／人工受精)**
         ┌────────┐  ┌────┐
         │妊娠しない│  │妊娠する│
         └────────┘  └────┘
         ┌──────┐      ***
         │不妊治療│
         └──────┘
       ┌──┐ ┌────┐  ┌──────┐  ┌──────────┐
       │受ける│ │受けない│  │産む選択│  │産まない選択│
       └──┘ └────┘  └──────┘  │    ＝   │
                              │人工妊娠中絶│
                              └──────────┘
                    ┌──────────┐
                    │受精卵が発育│
                    └──────────┘
                  ┌──┐  ┌────┐
                  │する│  │しない│ 自然流産，胞状奇胎，子宮外妊娠
                  └──┘  └────┘  子宮内胎児死亡（死産）
                  ┌────────┐
                  │胎児の異常│
                  └────────┘
               ┌──┐    ┌──┐
               │なし│    │あり│
               └──┘    └──┘
                    ┌──────────┐
                    │出産前診断で│
                    └──────────┘
              ┌──────────┐  ┌────────┐
              │わからないもの│  │わかるもの│
              └──────────┘  └────────┘
           ┌──────────────────────────────────┐
           │出産前診断（異常があれば妊娠中絶を前提とするもの）│
           └──────────────────────────────────┘
              ┌────────┐   ┌──────┐
              │受けていない│   │受けている│
              └────────┘   └──────┘
                           ┌──────────┐
                           │異常と診断│
                           └──────────┘
              ┌──────┐       ┌──────────┐
              │産む選択│       │産まない選択│
              └──────┘       │    ＝    │
                           │人工妊娠中絶│
                           └──────────┘
              ┌──────────┐
              │子どもの誕生│
              └──────────┘
```

図 2-4-66　子どもをもつか否かを決めるまでの選択肢（丸本・山本 1997）
注：　*　精子提供者からの人工授精（AID）で，妊娠する可能性もある．
　　**　受精卵診断を目的とした体外受精や選別された精子による人工授精．
　　　　この場合，自然妊娠を避けなければならない．
　***　母体保護法は，女性が産む産まないの選択をすることを認めていない．

者である遺伝的な父・母，借り腹を提供して分娩する母（代理母といわれるがまさに産みの母），さらに育てる親，父・母など多様な親が生じた．従来は今や基本的には夫婦関係あるいは性行動を前提として成立していた親子関係が，夫なしでもまたバージンマザーさえ可能とするなど，生殖技術は性，生殖，家族，親子を完全に分離した．夫や結婚は結構だが子どもは欲しい，女性として妊娠出産を体験したいという欲求にも応えうる，まさに"つくる"の極を可能としたのである．

これによって以前にはなかった新しい欲望が喚起され，さらに分化した下位欲望が充足される状況が招来し，家族規範がゆるがせられている（森岡正博 2002）．図2-4-66中の選択肢の選び方によって，① どんな方法でもいいから子どもが欲しい，② 血のつながった子どもをもちたい，③ 自分の身体で妊娠出産したい，④ こんな子どもが欲しいがこんな子なら欲しくない，⑤ 誰かと同一の遺伝子をもった子どもが欲しい，などに分かれる．

このうち②③⑤，つまり〈血縁と遺伝子の継承を自分の体で〉は従来の一般的な子産みであるが，これが通常では妊娠しない場合カップルの精子・卵子を借り腹や体外受精によっても子をもつことが可能となった．さらに卵子提供，借り子宮，クローンなどは，① どんな方法でもいいから子を，との願望を充足させる可能性を高め，その結果，新たな"親子"を創出し家族を新しいものへと変容させることとした．さらに④ も，出生前診断によって先天的病気や障害が発見されると産まずに中絶する選択肢が開かれた．この選択的中絶については，倫理的問題が議論されつつも広がりをみせている．他方，精子バンクにより，髪や皮膚の色や知能程度や音楽の才能など好みのものをもつ子をつくることも広く行われ，子の選別は現実のものとなりつつある．

文化としての生殖医療

生殖医療のゆくえは，社会の家族規範とりわけ子どもをもつことをめぐる社会規範と密接に関係する．

子どもをもつことは選択となり，"つくる"ことになった．とはいえ，結婚したら子どもをもつものとの規範——「結婚した男女は子どもを産んで育てるべき」，「子どもを産み育てて一人前」，家族とは「父と母の両方の遺伝子を受け継いだ子どもを生物学的な母が妊娠し，出産し，生まれてきた子どもを父と母が

『家庭内で育てる』」といった規範は依然として根強く，その圧力は有形無形に人々の心理と行動に及ぶ．親たちをはじめとする周囲からの「赤ちゃんはまだ?」「なぜ子どもを産まないの?」の類いの問いは珍しくない．

　このように子どもへのこだわりの強い日本は，生殖医療を受容しやすい土壌でもある．強い血縁重視や自分の継承者としての子どもへの強いこだわりにアッピールするからである．なんとか血や遺伝子のつながった子をとの(先の②や⑤の)希望を叶えたい，さらにそれが無理ならどんな方法でもなんとしてでも①となりやすい．日本では生殖医療が即不妊治療として広まり，不妊のカップルに血縁の子をつくることに集中してきた．そこで，生殖医療は不妊の人々への福音だといわれもする．しかし，手放しで福音だと喜べない．治療を受ける当事者，当事者以上に生殖医療を勧める親たち，さらに生殖医療にかかわる医師たちは，意識するにせよしないにせよ子ども重視，血縁や家継承大事との家族観を受容し，結果的にその家族観を擁護しいっそう強化することになるからである(浅井　2000，柘植 1999)．

望まれる子／望まれない子——子の選別

　なにがなんでも子どもをとの強い願望がある一方で，子どもを選別する，まさに"つくる"子どもの極をいく事態も進行している．そのなかでも，精子バンクを利用し，親となるものの希望にそった心身の特徴を備えた精子による子産みはその典型である．これに対する，お金で子どもをつくる，優生学的利用といった批判はもっともであり，生命とは何かの問いに先端医療技術が提起した大問題であることは確かである．

　日本は世界でもっとも早く人工中絶を認めた国であり，今も中絶が容易である．いうまでもなく，中絶は単に産まない自由の保障の問題にとどまらず，中絶される子(胎児)についての倫理的問題を含む．キリスト教国では，産むものの権利以上に胎児の人権の視点から中絶をめぐる激しい対立や論争がある．日本はこの点できわめて異なる．日本では，胎児の人権という生命倫理上の問題はタブーのように論議されることなく，きわめて現実的なかたちで処理されてきた．先端医療は中絶以上に家族や親子について新しい価値や理念についての問題を提起しているが，これについても真摯な考察と活発な議論がなされているとはいい難い．

日本産婦人科学会(1983)は，精子の提供を受けなければ妊娠できない夫婦に限って体外受精を認め，不妊カップルへの福音として生殖医療を推進している．そこには，夫婦と血縁のある子が親子であり家族だとの価値観が強固にあり，生殖医療が可能とした血縁をもたない多様な親子は容認していない．今日，生殖医療によらずとも離婚・再婚によって血縁によらぬ親子は増え，養子を育てている家族もあり，家族や親子は否応なく多様化している．また血縁を超えた子育てが求められている状況のなかで，親とは誰か，子や子育てとは何かなど，親と子の関係について正面から向き合っての議論が人々の間でも十分ではないことは憂慮すべきである．

先端生殖医療が提起する生命倫理――誰の権利か？
　しかし，このような新しい生命や親子の誕生についての基本的思慮を欠いたあいまいながら偏った態度は，他方で，望まない子に対する非情な態度を容認することにつながっている．少子化が進行するなかで，未婚や婚外などで望まれずに妊娠し生まれてくる少なからぬ子どもたちは，中絶されることも多いが，「海を渡る赤ちゃん」となり国外に養子として引き取られるものは少なくなく，日本は先進国のなかで例外的に赤ちゃん輸出国だという(朝日新聞大阪社会部 1995)．望まれない子どもを国際養子として周旋する産婦人科もあり，中絶よりはましとはいえ，育てる親をおとなの都合で適当にあてがわれるかたちの子の遺棄といえ，子の生命の軽視は無視できない．
　中絶の自由をなかば認めた優生保護法(現母体保護法)は，胎児の人権はほとんど考慮も議論もなしに成立した．性と生殖に関する健康と権利は人権の一部としてほぼ合意を得ている．基本的人権保障は法的には戦後確立しているからである．しかし，それは，個人とか人権，自由と権利とは何かをめぐる十分な論議が，展開され蓄積されることなしに，いわばタナボタ的に手にしたものであった．
　こうした日本で，先端医療技術もそれが誰にとっての福音か，産む権利を認めるなら誕生する（ものいわぬ）子どもの権利は？　といった問題についての検討と合意が緊急の課題である．この問いへの国民的論議と合意，さらにそれを反映した法律や制度の整備が必要である．それなしになし崩し的に技術が導入されてしまうことで被害にあうのは，他ならぬ誕生してくる子どもたちである．

子どもが"授かる"ものではなくなって親の"つくる"ものとなっただけでも，子は親のもちもの化し親の支配と暴力にさらされつつある．先端生殖医療技術がおとなの産む権利重視の視点から用いられることになれば，その危険はいっそう高まるであろう．どのような仕方で誕生するにせよ，生を享けた子どもは安定した養育を受ける権利が保障されねばならないからである．

精子バンクによって誕生した子どもたちが，自分の出自を知りたいと「遺伝上の父」を探し求める動きがアメリカを中心に起こっている．生殖医療技術は子どもが欲しいというおとなの欲望には応えたかもしれないが，子どもたちの苦悩を生んだ罪は大きい．

子どもの価値を問い直す——産む権利と産まない権利

生殖医療を駆使すれば，子をもつことが不可能ということはほとんどなくなった．そのことは，なんとしてでも子をもちたいという欲望を増幅させ，子どもへのこだわりをより強くさせた．今日ほど生殖技術が発展しておらず，不妊の理由解明も治療も不可能だったころ，不妊カップルは養子を育てることや子どもをもたない生き方をより容易に選択できたのではなかろうか．それが今，困難となった．子をもつ可能性がいろいろあるのに，それをせずに子どもをもたない人生を選択することは，当事者にとってもまた周囲の人々にも容認し難くした．このように，生殖医療は子どもへのこだわりを強化し，子どもを産まない権利，子どもをもたない人生を選択する自由を圧迫することになりやすい．

不妊であること，子どもがいないことに，いったい誰が，なぜこだわるのか，誰のための子どもか，子どもに何を期待しどのような価値をおいているのか？先端生殖医療技術によって産む権利が保障され子どもをもつことに不可能はなくなった今，ただちにそれに走る前に，自分にとっての子どもの価値を改めて問い直すことが重要ではないだろうか？そのことなしには，生まれてくる子どもの幸福も養育にあたるものの幸福も覚束ないことは，現に子の養育にあたりながらも不安や焦燥，不満に悩む母親の姿から明らかだからである．産む権利の強調だけでなく，子どもをもたない人生，子どもを産まない権利・自由も同時に容認されることが，親子双方の人権の保障，幸福な人生のために必須である．

誰が親か？——親の定義

先端生殖医療は精子・卵子・子宮の組み合わせによって，（子どもだけではなく）多種類の親をも誕生させた．いったい誰が親なのか？　誰が親かの認定は生殖治療の種類によって複雑に異なるであろう．

世間では「産みの母」なるものは，父親の及びもつかない格別の存在とされている．しかし，借り腹を提供した女性は文字通り「産みの母」でありながら，出産した子は依頼主に渡し，以後音信は絶ってしまうのが通例で，「産みの母」は重視されるどころか子にさえも知らされず暗に処遇される．代理出産でも，精子・卵子が依頼主カップルのものである場合には，血縁と遺伝子のつながりの点で通常の親子と等しいから，産みの母ではなくてもカップルを子の親だと認定するのは当事者も周囲のものにも容易であろう．しかし，精子・卵子の一方あるいは両方がカップル外のものである場合には，血縁・遺伝子の濃さによって親であるとの自己認識や自分の子であるとの認知は，カップル間でも異なることになり複雑になる．

誰を親とするかを決めるうえで最重要なことは，自らの意志にかかわりなくおとなの意志と医療技術によって誕生してくるものいわぬ子どもの健やかな成長・発達，幸福が保障されねばならないことである．そのためには，子どもをもつことを強く求め，その子の最大の幸福を願い養育の責任をもつものこそ，血縁いかんを問わず「親」であり，それ以外のものは親たる権利を主張すべきではないであろう．ドイツでは生殖医療を受ける前に，子どもを欲する動機，養育する意志や条件などの事前カウンセリングによる確認を義務づけている．それは，子の権利・幸福を第一とするからで，おとなの産む権利を第一とするアメリカが生殖医療に法的規制がほとんどないのと対照的である．

子どもの「知る権利」を保障するオープンアダプション制度（開放的養子縁組）によって養親となったカップルの子どもへの心理と養育は，親とは何かについて示唆に富む．これまで日本では子どものいない夫婦が家の継承や老後のために，誕生直後入籍し名実ともの実子として育てる慣行が一般的で，それは欧米での子どもの福祉のための養子制度とは際立った違いがあった．日本でも最近ようやく子どもの福祉と子どもの「知る権利」を第一とし，事前カウンセリングによって夫婦の養子動機と養育責任を確認し，子どもに「真実告知」（養子であることを子どもに告げる）の承認を求めたうえで養子縁組するオープンアダ

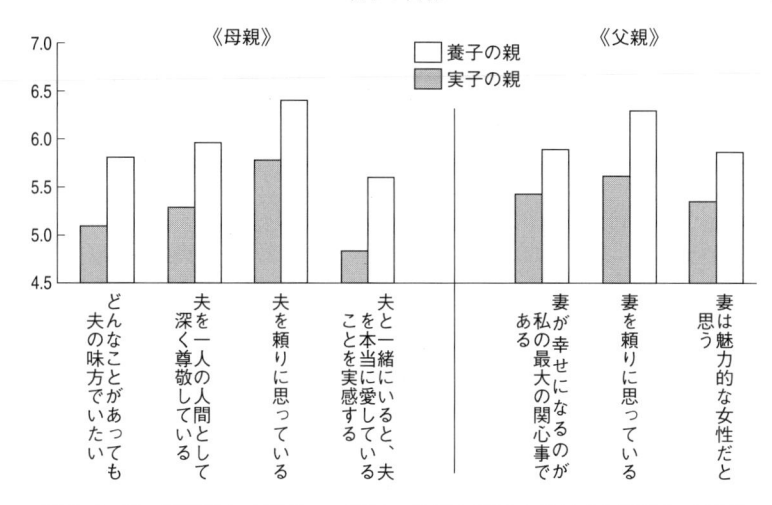

図 2-4-67　配偶者との関係──養子の父母と実子の父母（古澤ほか 1997）

プションが行われている．このような仕方で養親となった人々の子どもや子育てへの感情，親意識，夫婦関係は，通常の親に比べてより肯定的で良好であることが報告されている（図 2-4-18．古澤ほか 1997，Kosawa & Tomita 1999）．通常の母親たちが育児に負担や不安を抱き，親であることに消極的になりがちなのと対照的に，養親たちは親であること／子どもを育てることを積極的に受容し楽しんでいる．さらに，この夫婦は夫も妻も相手に対して強い愛情と信頼を抱きあっており，その点でも通常の夫婦と有意差がある（図 2-4-67）．

　この養親たちは不妊を知ったことを契機に，夫婦関係や生き方について共に悩み夫婦間で真剣に話し合い，結論として告知を条件とする養子制度で血縁によらぬ子どもを引き取り育てる決断をしている．子どもに恵まれなかったという不幸が，夫婦に問題を共有させ，真剣な話し合いの時を重ねた末に意見の一致をみ，苦楽をともにして子どもを育てている．彼らは子どもや子育ての意味についても改めて真摯に考えたであろう．このようなことが，通常の夫婦以上に 2 人の絆を強め愛情を確かなものとし，子どもが成長し独立していくことを期待しながら子育てを楽しむことを可能にしているのであろう．

　この養親たちの姿は，親とは誰か，子どもにとって必要な養育者は誰かについて多くの示唆を与えてくれる．愛情と養護を必要としている子と子どもを育てたいと願うおとなとが，相互に独立の人格として認めあって結びあう血縁を

超えた関係が，子どもの健やかな発達と育てるものの成長とをもたらしている．ここに，親であること・親をすることの重要な意味と機能を見出すことができる．

　母親だけに育児責任が集中して問題や弊害を生じている子育て状況に対する支援は，こうした血縁を超えた子どもを愛し育てる心と力，「社会的親」によって果たされうる．生物学的親の育児・教育のゆきづまり解決の鍵は，ここにあるといえよう．

あとがき

　これまで私は，主として子どもや青年の発達とそれに関連して親を研究してきましたが，ここ十数年来，家族の研究にのめり込んでいます．それにはいくつかの契機・背景があります．
　第一は，国連が設定した国際家族年(1994年)での経験に遡ります．当時日本でも国際家族年ポスターが作成され，国際家族シンポジウムも開催されました．そのシンポジウムでは，内外の研究者の間で家族についての研究成果の交換と議論が展開され，社会的諸変動のなかで家族は確実に変化することでは意見が一致しました．
　しかし，変わらないもの，将来もっと求められるものがあり，それは「あたたかさ」だ，ほっとくつろげ心身の活力が得られる「あたたかさ」だとの意見が出されました．この発言に対して別なパネリストから，「あたたかさ」は望ましく大事だろう，しかし「誰があたためるのか?」という問題が提起されたのです．部屋や風呂のように，タイマー付きスイッチで自動的に温度調節できないのが心理的なあたたかさ．それには誰かあたためる人がいる．それは誰が担うのか，誰が担っているのかとの問題提起で，これまで「あたためる」役割をほとんど女性が担ってきた家族の現状を踏まえたものでした．この発言から，家族成員の立場の違いによって家族から受けとるもの・与えるものが違う日本の現状が鮮明となり，国連の国際家族年の理念「家族のなかのデモクラシー・メンバーの対等」が，日本の家族では必ずしも成立していない状況が浮き彫りにされ，国際家族年にふさわしい議論となったのでした(ちなみに日本のポスターは，おじいさん，おばあさん，お父さん，お母さん，子どもが大きな輪となり，みんな仲良くということを暗示する図柄で，国連の理念とは随分異なるものでした)．
　最近の日本の家族現象をみて，「家族の輪/和を強調するだけではすまないのでは?」「そうでない方向へ変化しているのでは?」という問題意識を強くもつようになり，上の国際シンポジウムでも提起されたような家族に内在する問題を，心理学はこれまできちんと取り上げて来なかった，これを明らかにしたい，そう思ったことが，私の家族研究の一つのきっかけです．

もう一つの動機は，長らく子どもの発達について研究してきたなかで生まれました．日本の子どもの発達や母親のしつけ，母子関係を，他国と比べてそれぞれの特徴を明らかにすることを焦点にした比較文化的研究に，私はかなりの期間関わっていました．そこでは，日本の母親のしつけや子どもとの関係が，欧米の母親と対比的に扱われるのが通例です．その結果，たとえば日本の母親は子どもへの非言語的な働きかけが多い，一緒にいる時間が長い，感情に訴えるしつけが多いといった差が見出され，そこから，日本の母親は母子一体だとか心理的融合があるなどと説明されてきました．

　確かに日米の母親を集団として比べれば差がある．けれどもその結果をもとに「日本の母親はしかじか」と説明されるたびに，私は(日本の母親の端くれとして)「そんな風にいわれては困る，いろいろな母親がいる，この頃は変わってきているのに」と違和感を抱いたものでした．そして，他国との比較ではなく，日本の母親の特質と変化に焦点づけた分析的研究をと思ったのでした．

　また「日本の母親は」とよくいうけれど，もう一人の親，父親についてほとんど研究されておらず，父親のデータなしに母親の特徴を断定する研究上の「父親不在」への不満がありました．これは日本の家庭における「父親不在」の現実を反映してはいる，けれども父親を研究せずに母親の心理や行動を理解することはできないと考え，以来，母子関係ではなく父親・母親双方を取り上げ，さらに夫婦・家族の問題として研究することになりました．

　こうしてはじめた研究では，従来の親子関係研究とは大きく視点を変えることになりました．これまでは，母親はもっぱら子どもの発達に対する影響という視点から研究され，母親の内側に生じている子どもへの感情，さらには親における子どもの意味や価値は看過されてきました．子どもへの母親の愛情や価値はいうまでもないこと，それは当たり前だとして不問とされてきたと思います．親を，子どもへの影響者としてではなく，主体としての親が抱く子への感情や子育て行動を，正面から見据えて研究したいと思いました．母親のみならず家族についても，これまでもっぱら子どもの発達への影響要因として扱い，家族そのものの営みや，そこにある発達心理学的問題を正面から問題としてこなかった不満もありました．こうして，親(母)子関係研究の長い歴史のなかで，従来の子どもの発達における親から，母親・女性・親における子どもへと，視点を180度転換した親と家族についての発達心理学の研究へと展開させたいと

考えています.

　本書は表題を『家族心理学』としましたが,『家族学』ともいうべきかもしれません. 家族について, 心理学の実証的研究は日本ではようやく緒についたばかりで, まだ十分な蓄積はありません. それに対して, 早くから活発な研究を展開してきている家族社会学をはじめ, 歴史学, 人口学, 文化人類学などの知見に学ぶこと多々だからです. しかし考えてみれば, 家族はまさに interdisciplinary なところに位置する問題. 心理学だけで解明できるはずはなく, さまざまな研究領域の視点と方法, それによる知見に学ばなければ, 包括的な理解は到底不可能です. けれどもあえて『家族心理学』としたのは, 従来の家族心理学への不満ないしは抗議からです. 副題に示したような「社会変動・発達・ジェンダー」の視点が不在, そして国際家族年で提起された問題にも応えていない従来の家族心理学の限界を, なんとか克服したいと考えてのことです.

　本書は, 内外の家族研究を網羅的包括的に扱った概説書ではありません.「家族とは何か」, とりわけ「現今の日本の家族は?」「それが孕む問題は?」「その解決の可能性は?」といった問題意識に沿って, 家族についての心理学および関連諸領域の研究を総覧することによって, それらの問いに応えることをめざしてまとめたものです. 家族の問題に対するスタンスには, ① 現状批判的, ② 新保守主義, ③ 価値自由を標榜する研究者の立場があります (藤田 2000) が, 本書のスタンスは明らかに①, そこにジェンダーの視点を導入することによって家族のもつ問題を明らかにすることをめざしています. それも今, 日本の諸処で起こっている家族をめぐる具体的な現象——晩婚化, 離婚増, 育児不安, 母—娘の"一卵性"現象, "できちゃった"婚などのメカニズムの解明をと考えました. これは, 欧米の研究やそこから生まれた理論からでは, 日本の家族の解明は十分ではない, むしろ日本に生じている問題・現象そのものに反映されている「社会のなかの家族」の特質を解明することによって, 家族についての理論化が可能になるとの認識に基づいてのことです.

　本書では, 私自身および私の周囲で手がけた実証的諸研究と, それらの研究の周辺に位置し大いに参考となり準拠した社会学, 歴史学, 人口学の諸研究を中心に取り上げました. 平板な研究の紹介や記述になることを避け, 自分が本当に納得した問題と研究で書きたいと考えたからです. その意味で網羅的とはいえず, 私の問題意識と視点からまとめた「私の家族心理学」というべきかも

しれません.

　最近，新保守主義的論者は現今の家族諸現象を「危機」「崩壊」とみなし，かつての家族への回帰をあるべき家族として提唱します．けれども，人類の家族は生態的社会的環境にオープンなシステムであり，自己と子孫の保存を計るべく，高い知能・学習能力を駆使して多様な生態的環境や社会的変動に耐えうる「家族」のかたちと機能とを巧みに編みだし，それによって人類は存続しつづけてきたという進化的視点と人類学の知見に照らせば，家族の多様性も変化も当然のこと．現今の家族現象は決して「危機」でも「崩壊」でもなく，かつてない激しい社会変動のさなかにあって，家族が最適なかたちと機能を求めて探索し，試行錯誤中の過程とみなすべきでしょう．家族の変化は，即家族成員である男性(夫・父親)，女性(妻・母親)の変化，さらに子どもの発達にもおよび，家族の心理学は発達心理学と抜き難く結びついています．さらに，家族と個人の変化は単に現実の変化にとどまらず，その背景でもあり指針ともなる家族や男性・女性の生き方についての価値規範，文化の創出につながります．その意味で家族心理学は文化心理学の一端ともいえるでしょう．

　人間の発達が，生を受けた時代(歴史)，社会，文化のなかに埋め込まれており，それらに大きく規定されることは発達心理学の常識といってよく，多くの発達心理学書にはBronfennbrener (1983)のシステム論が引用されています．けれども，個別の発達研究をみると，近年の日本の激しい社会変動，かつてないその歴史的状況が，日本人の心理とその発達をいかに規定しているか，またどのような変化が生起しているかを正面から見据えた研究は乏しいのが現状です．他方，家族(臨床)心理学では，「夫婦サブシステムは本質的にクローズド・システムであり」(亀口 1992)と，家族を閉じたシステムととらえ，そのなかの家族成員間の相互規定関係を重視し，家族に生じる問題を，基本的には個人的要因や関係的要因との関連で検討する傾向が強くあります．そこでは夫婦であれ親子であれ，家族が一定の歴史的社会的状況に開いたシステムとして変化するという認識は乏しく，その意味で保守的です．

　こうした趨勢のなかで，私は家族をオープンシステムとしてとらえ，社会変動が家族，夫婦/親子の変化を促し家族メンバーの心理・行動にも及ぶ様相や，個人の変化が家族や社会を変化させ相互規定的に働きあう過程に力点をおきました．本書の副題は以上のような問題意識と視点を示したものです．

あとがき

　こうした問題意識で行って来た研究とモデルに準拠した講義や講演に対して，手応えある反響を頂いたことも本書の動機でした．とりわけ（専門家外の）一般の人々から寄せられた「自分の置かれている状況が分かった」「何が現在の生活の問題かに気づかされた」「生き方を考えなおすきっかけが得られた」「結婚の意味を再考させられた」などの感想は，家族を社会変動，ジェンダー，さらに進化の視点から研究することの妥当性・有用性を確信させ，本書をまとめる気持ちを強めました．

　このような動機と意図によってまとめた本書に対して，お読み下さった方々からご批判やご意見を頂くことを切に願っています．

　本書の完成には，多くの方々のお力を頂いた．研究の立案から考察，本書の構想と執筆の過程で，心理学のみならず社会学，歴史学，文化心理学，進化・生物心理学，社会政策，人口学などの先行研究や書物に教えられること多々であった．優れた研究に導かれたくさんの刺激や問題への解を頂いたことに深く感謝申し上げたい．また，本書の出版は，長らく東京大学出版会で心理学書編集担当であった伊藤一枝氏のお勧めに始まり，それを引き継ぎ編集のしごとを担当した後藤健介氏のお力に大きく負っている．長大な原稿を丹念に読み，構成や表現，図表の内容や形式について意見を下さったことが本書をより読みやすいものとなったのに大きく与っている．「ここは面白い！」「ここがユニークではずせない」などと，読者の側にたった率直なメモを下さって，自信とやる気をもたせて下さったことは忘れ難い．厚く御礼申し上げます．

　私のしごとにいつも絶大な援助を頂いている田矢幸江さんには，本書でも最終稿の完成，図表作成，文献の整理作成，校正など全ての過程で，細やかで着実なしごとで助けて頂いた．改めて感謝の気持ちを表したい．また最近，夫婦・結婚について共同の研究や論文作成をしてきた平山順子さん（郡山女子短期大学）には，ドラフトを丹念に読んで構成や説明・表現についての意見，重要文献や研究例の示唆を頂戴したことに深く感謝している．

　　　2003年3月20日

　　　　　　　　　　　　　　　　　　　　　　　　　　　柏木　惠子

引用文献

引用文献は章ごとに著者名 50 音順で配列してある（欧文文献は章ごと末尾に ABC 順で配列）．また各章で特に参考にした文献は 337 ページ以下「参考文献」を参照のこと．

第 1 部　1 章

阿藤誠　1996　親子関係からみた家族変容の行方: 核家族か個族化か．毎日新聞社人口問題調査会（編）第 23 回全国家族世論調査:「平等・共生」の新世紀へ．毎日新聞人口問題調査会．pp. 43-64.

生野照子　1995　SOS こころの病気．ルック．

上野千鶴子　1994　近代家族の成立と終焉．岩波書店．

牛島義友　1955　家族関係の心理．金子書房．

大西誠一郎（編著）　1971　親子関係の心理．金子書房．

大野祥子　2001　家族概念の多様性:「家族であること」の条件．鶴川女子短期大学研究紀要, **23**, pp. 51-62.

大野祥子　2002　家族概念の多様性について:「家族である」ことの条件とは？　日本発達心理学会第 13 回大会発表論文集．p. 78.

岡堂哲雄　1991　家族心理学講義．金子書房．

長田雅喜　1987　家族関係の社会心理学．福村出版．

亀口憲治　2000　家族臨床心理学: 子どもの問題を家族で解決する．東京大学出版会．

グブリアム, J. F. & ホルスタイン, J. A., 中河伸俊ほか（訳）　1997　家族とは何か: その言説と現実．新曜社．

厚生労働省　2000　国民生活基礎調査．

佐藤和夫　1996　「親密圏」としての家族の矛盾．女性学研究会（編）女性学研究: 女性がつくる家族, 4, 勁草書房．pp. 112-130.

総務庁　1995　国勢調査報告．

総務庁　2000　国勢調査報告．

総理府　2000　動物愛護に関する世論調査．

高橋種昭・小嶋謙四郎・古澤頼雄（編）　1975　家族の発達．同文書院．

詫摩武俊・依田明（編著）　1972　家族心理学．川島書店．

匠雅音　1997　核家族から単家族へ．丸善ライブラリー．

津留宏　1953　家族の心理．金子書房．

濱野佐代子　2001　人とコンパニオンアニマルの愛着: 人はコンパニオンアニマル（犬）をどのような存在と捉えているか．白百合女子大学大学院修士論文．未公刊．

ホワイト, J. M., 正岡寛司ほか（訳）　1996　家族発達のダイナミックス: 理論構築に向けて．ミネルヴァ書房．

目黒依子　1999　総論: 日本の家族の「近代性」: 変化の収斂と多様化の行方．目黒依子・渡辺秀樹（編）講座社会学 2, 家族．東京大学出版会．pp. 1-19.

森岡清美　1989　家族の変貌と先祖祭祀．星野命（編）変貌する家族: その現実と未来．講座家族心理 1, 金子書房．pp. 82-102.

森岡清美　2000　社会変動と家族の発達・個人の発達．日本発達心理学会第 11 回大会シンポジウム．

森岡清美・青井和夫（編）　1987　現代日本人のライフコース．日本学術振興会．

森岡清美・望月嵩　1997　新しい家族社会学．培風館．

文部省　1993　国民性調査.
山崎正和　1984　柔らかい個人主義の誕生. 中央公論社.
依田新(編)　1958　家族の心理. 培風館.
Markus, H. & Kitayama, S.　1991　Culture and the self: Implications for cognition memotion and motivation. *Psychological Review*, **98**, pp. 224–253.

第1部　2章

東　洋・柏木惠子・ヘス, R. D.　1981　母親の態度・行動と子どもの知的発達: 日米比較研究. 東京大学出版会.
アリエス, P. (著), 杉山光信・杉山恵美子(訳)　1980　〈子供〉の誕生: アンシャン・レジーム期の子供と家族生活. みすず書房.
アリエス, P. (著), 成瀬駒男・伊藤晃(訳)　1999　歴史家の歩み. 法政大学出版局.
安藤延男　1989　家族のルーツへの想い: 位牌による「わが家史」の試み. 星野命(編) 変貌する家族: その現実と未来. 講座家族心理学, 1, 金子書房. pp. 103–121.
飯野晴美　1997　「男らしさ」「女らしさ」の自己認知と性役割観. 明治学院大学論叢, **19**, pp. 49–61.
石島葉子・伊藤綾子　1990　「おとな」から見た子ども像. 白百合女子大学卒業論文. 未公刊.
上野千鶴子　1994　近代家族の成立と終焉. 岩波書店.
岡崎奈美子・柏木惠子　1993　女性における職業的発達とその環境要因に関する研究. 発達研究, **9**, pp. 61–72.
岡堂哲雄　1991　家族心理学講義. 金子書房.
落合恵美子　1989　近代家族とフェミニズム. 勁草書房.
小原嘉明　1998　父親の進化: 仕組んだ女と仕組まれた男. 講談社.
柏木惠子　1999　社会変動と家族の変容・発達. 東　洋・柏木惠子(編)流動する社会と家族 I: 社会と家族の心理学. ミネルヴァ書房. pp. 9–15.
柏木惠子　1988　幼児期における「自己」の発達: 行動の自己制御機能を中心に. 東京大学出版会.
柏木惠子　2000　ジェンダーの視点に立つ家族の心理学へ. 日本家族心理学会(編) ジェンダーの病: 気づかれぬ家族病理. 家族心理学年報, 18, 金子書房. pp. 2–22.
亀口憲治　1992　家族システムの心理学:〈境界膜〉の視点から家族を理解する. 北大路書房.
亀口憲治　2000　家族臨床心理学: 子どもの問題を家族で解決する. 東京大学出版会.
鬼頭宏　1983　日本二千年の人口史. PHP研究所.
鬼頭宏　2002　環境先進国・江戸. PHP研究所.
厚生労働省　2000　人口動態統計.
小嶋秀夫　1989　子育ての伝統を訪ねて. 新曜社.
女性史総合研究会(編)　1982　日本女性史. 東京大学出版会.
女性史総合研究会(編)　1990　日本女性生活史. 東京大学出版会.
ショルシュ, A. (著), 北本正章(訳)　1992　絵でよむ子どもの社会史: ヨーロッパとアメリカ・中世から近代へ. 新曜社.
ストーン, L. (著), 北本正章(訳)　1991　家族・性・結婚の社会史: 1500年〜1800年のイギリス. 勁草書房.
セガレーヌ, マルチーヌ(著), 片岡幸彦(監訳)　1983　妻と夫の社会史. 新評論.
セガレーヌ, マルチーヌ(著), 片岡陽子ほか(訳)　1987　家族の歴史人類学. 新評論.
関口裕子・鈴木国弘・大藤修・吉見周子・鎌田とし子　1989　日本家族史: 古代から現代へ. 梓出版社.
総務庁青少年対策本部　1995　子どもと家族に関する国際比較調査報告書.
ディーツ, R. M. (編), 伊藤はに子(訳)　2000　おばあちゃんからの手紙: クラーラ・シュー

マンから孫娘ユーリエへ. 春秋社.
東京都生活文化局　1993　女性問題に関する国際比較調査.
中釜洋子　2001　家族の発達. 下山晴彦・丹野義彦(編) 発達臨床心理学. 講座臨床心理学 5. 東京大学出版会. pp. 275-304.
西田利貞　1999　人間性はどこから来たか: サル学からのアプローチ. 京都大学学術出版会.
バッハ, アンナ・マグダレーナ(著), 山下肇(訳)　1985　バッハの思い出. ダヴィッド社.
原忠彦　1986　東ベンガル地方のイスラム教徒の家族. 原ひろ子(編) 家族の文化誌. 弘文堂. pp. 51-78.
原ひろ子(編)　1986　家族の文化誌: さまざまなカタチと変化. 弘文堂.
ハリスン, M.(著), 藤森和子(訳)　1996　こどもの歴史. 法政大学出版局.
平井信義(監修), 井戸ゆかり(著)　1995　「気がね」する子どもたち:「よい子」からのSOS. 萌文書房.
平木典子　1998　家族との心理臨床. 垣内出版.
広田寿子　1996　女三代の百年. 岩波書店.
深谷昌志　1996　変わりつつある父親像. 牧野カツコ・中野由美子・柏木惠子(編)　1996　子どもの発達と父親の役割. ミネルヴァ書房. pp. 14-30.
ヘイリー, J.(著), 佐藤悦子(訳)　1985　家族療法: 問題解決の戦略と実際. 川島書房.
ポルトマン, A.(著), 高木正孝(訳)　1961　人間はどこまで動物か. 岩波新書.
ミニューチン, S.(著), 山根常男(監訳)　1984　家族と家族療法. 誠信書房.
森岡清美　1989　家族の変貌と先祖祭祀. 星野命(編) 変貌する家族: その現実と未来. 講座家族心理 1, 金子書房. pp. 82-102.
山極寿一　1994　家族の起原: 父性の登場. 東京大学出版会.
山崎正和　1984　柔らかい個人主義の誕生. 中央公論社.
山本真鳥　1986　サモアの家族. 原ひろ子(編) 家族の文化誌. 弘文堂. pp. 117-136.
遊佐安一郎　1984　家族療法入門: システムズ・アプローチの理論と実際. 星和書店.
読売新聞社　1995　世論調査.
渡邊惠子　1998　女性・男性の発達. 柏木惠子(編) 結婚・家族の心理学. ミネルヴァ書房. pp. 233-292.
Carter, E. A. & McGoldrick, M. (Eds.), 1980 *The family life cycle: A framework therapy*. Gardner.
Kağitçibaşi, C. 1989 Family and socialization in cross-cultural perspective: A model of change, In Berry, J. W., Draguns, J. G. & Cole, M., *Nebraska Symposium on Motivation 1989 Cross-Cultural Perspectives*. pp. 135-200.
Rhodes, S. L. 1977 A developmental approach to the life cycle of the family. *Social Works*, **5**, pp. 301-310.
Spence, J. T., Helmreich, R., & Stapp, J. 1975 Ratings of self and peers on sex role attributes and their relation to self-esteem and conceptions of masculinity and femininity. *Journal of Personality Social Psychology*, **32**, pp. 29-39.

第2部　1章

秋葉英則(編)　1995　現代青年の行動様式と価値観. フォーラム・A.
阿藤誠　1991　人口少産化の背景とその展望. 日本労働研究雑誌, **33**(8), pp. 2-11.
阿藤誠　1994　未婚化・晩婚化の進展: その動向と背景. 家族社会学研究, **6**, pp. 5-17.
磯田朋子・清水新二　1991　家族の私事化に関する実証的研究. 家族社会学研究, **3**, pp. 16-27.
NHK放送文化研究所(編)　2000　現代日本人の意識構造. 日本放送出版会.
大沢真知子・駒村康平　1994　結婚の経済学. 社会保障研究所(編) 現代家族と社会保障. 東

京大学出版会．pp. 37–53．
落合良行・伊藤裕子・齋藤誠一　1993　青年の心理学．ベーシック現代心理学 4．有斐閣．
柏木惠子　2000　ジェンダーの視点に立つ家族の心理学へ．日本家族心理学会(編) ジェンダーの病: 気づかれぬ家族病理．家族心理学年報，**18**，金子書房．pp. 2–22．
経済企画庁　1994　国民生活選好度調査．
厚生省　1997　婚姻統計: 人口動態統計特殊報告．
厚生労働省　2000　人口動態統計．
国際連合　1999　世界人口年鑑．
国立社会保障・人口問題研究所　1999　独身青年層の結婚観と子ども観．第 1 回出生動向基本調査第 2 報告書．
小島宏　1990　晩婚化の傾向／シングルズの増加: なぜ結婚をためらうのか．家族社会学研究，**2**，pp. 10–23．
桜庭隆浩・松井豊・福富護・成田健一・上瀬由美子・宇井美代子・菊島充子　2001　女子高校生における『援助交際』の背景要因．教育心理学研究，**49(2)**，pp. 167–174．
佐藤友光子　1994　結婚タイミングの変化と偏差: 昭和期を生きた人々のライフコース・データをもとに．家族社会学研究，**6**，pp. 19–27．
鈴木乙史　1995　シンポジウム: 比較文化的視点に立つ青年研究．日本発達心理学会第 6 回大会発表論文．p. s35．
総務庁　2000　国勢調査．
総務庁青少年対策本部　1996　青少年と電話などに関する調査研究報告書．
総理府　1995　男女共同参画に関する世論調査．
総理府内閣総理大臣官房広報室　1994　基本的法制度に関する世論調査．
谷村志穂　1990　結婚しないかもしれない症候群．主婦の友社．
東京都幼・小・中・高性教育研究会　1999　青少年の性行動調査．(朝日新聞掲載)
中里至正・松井洋(編著)　1997　異質な日本の若者たち．ブレーン出版．
西平重喜　1987　世論調査による同時代史．ブレーン社．
平木典子　2000　隠された家族病理: ジェンダー差別．日本家族心理学会(編) ジェンダーの病: 気づかれぬ家族病理．家族心理学年報，**18**，金子書房．pp. 23–41．
廣嶋清志　1999　結婚と出生の社会人口学．目黒依子・渡辺秀樹(編) 家族．講座社会学 2，東京大学出版会．pp. 21–57．
毎日新聞社人口問題調査会　2000　日本の人口: 戦後 50 年の軌跡．全国家族計画世論調査，第 1 回〜第 25 回調査結果．
正岡寛司・藤見純子・嶋﨑尚子　1999　戦後日本におけるライフコースの持続と変化: 1914–58 年出生コホートの結婚と家族キャリア．目黒依子・渡辺秀樹(編) 家族．講座社会学 2．東京大学出版会．pp. 191–227．
目黒依子　1991　家族の個人化: 家族変動のパラダイム探究．家族社会学研究，**3**，pp. 8–15．
目黒依子　1999　総論: 日本の家族の「近代性」: 変化の収斂と多様化の行方．目黒依子・渡辺秀樹(編) 家族．講座社会学 2．東京大学出版会．pp. 1–19．
八代尚宏　1993　結婚の経済学．二見書房．
Becker, G. S.　1976　*The Economic approach to human behavior*. The University of Chicago Press.

第 2 部　2 章
青野篤子・森永康子・土肥伊都子　1999　ジェンダーの心理学:「男女の思い込み」を科学する．ミネルヴァ書房．
赤沢淳子　1998　恋愛後期における性別役割行動の研究．今治明徳短期大学研究紀要，**22**，pp. 47–63．

浅野素女　1995　フランス家族事情．岩波新書．
上野千鶴子　1995　「恋愛結婚」の誕生　東京大学公開講座 60，結婚．東京大学出版会．pp. 53–80．
大野久　1995　青年期の自己意識と生き方．落合良行・楠見孝（編）自己への問い直し．講座生涯発達心理学 4．金子書房．pp. 89–123．
大野久・三好（森本）昭子・内島香絵・若原まどか　2001　シンポジウム：青年期のアイデンティティと恋愛．日本教育心理学会第 43 回総会発表論文集．pp. 58–59．
小川直宏　1998　変化する結婚パターン：日本とアジアの諸国の静かなる革命．毎日新聞人口問題調査会（編）「家族」の未来："ジェンダー"を超えて．毎日新聞人口問題調査会．pp. 81–108．
倉部誠　2001　物語オランダ人．文春新書．
厚生省　1982　第 8 次出産力調査第 1 報告書．
厚生省人口問題研究所　1983　結婚に関する人口学的調査．
厚生省人口問題研究所　1992　結婚と出産に関する全国調査．第 10 回出生動向基本調査．
厚生省労働省　2000　人口動態統計．
近藤裕　1988　婚前の課題：配偶者選択と婚前カウンセリング．平木典子（編）夫と妻．講座家族心理学，2．金子書房．pp. 3–24．
佐伯順子　2000　恋愛の起源：明治の愛を読み解く．日本経済新聞社．
杉渓一言　1988　婚前カウンセリングのすすめ．日本家族心理学会（編）結婚の家族心理学．家族心理学年報，**6**，金子書房．pp. 99–125．
大坊郁夫　1988　異性間の関係崩壊についての認知的研究．日本社会心理学会第 9 回大会発表論文集．pp. 64–65．
竹村和久　1987　異性選択過程の研究 II．相互作用期間の予期が選択過程に及ぼす効果．日本社会心理学会第 28 回大会発表論文集．p. 38．
土肥伊都子　1995　性役割分担志向性・実行度および愛情・好意度に及ぼす性別とジェンダー・パーソナリティの影響．関西学院大学社会学部紀要，**73**，pp. 97–107．
飛田操　1997　失恋の心理．松井豊（編）悲嘆の心理．サイエンス社．pp. 205–218．
広原盛明・廣嶋清志・白紙利恵　1995　出生力回復のための大都市住宅政策に関する研究 (2)．住宅総合研究財団研究年報，**22**，pp. 321–329．
深沢道子・篠崎信之・越川房子　1991　嫉妬・羨望に関する基礎研究 (1) 大学生の恋愛嫉妬について．日本心理学会第 56 回大会発表論文集．p. 650．
藤原武弘・黒川正流・秋月左都士　1983　日本版 Loving-Liking 尺度の検討．広島大学総合科学部紀要，III，**7**，pp. 39–46．
掘毛一也　1994　恋愛関係の発展・崩壊と社会的スキル．実験社会心理学研究，**34**，pp. 116–128．
掘毛一也・今川民雄　1994　異性とつきあうスキル．菊池章夫・掘毛一也八（編）社会的スキルの心理学．川島書店．pp. 106–123．
松井豊　1990　青年の恋愛行動の構造．心理学評論，**33**，pp. 355–370．
松井豊　1993a　恋ごころの科学．サイエンス社．
松井豊　1993b　恋愛行動の段階と恋愛意識．心理学研究，**64**，pp. 335–342．
望月嵩　1987　配偶者選択．望月嵩・目黒依子・石原邦雄（編）現代家族．リーディングス日本の社会学 4，東京大学出版会．pp. 145–159．
山本真理子　1986　友情の構造．東京都立大学人文学報，**183**，pp. 77–101．
Lee, J. A.　1974　The style of loving. *Psychology Today*, October, pp. 43–51（松井 1993b より引用）．
Lee, J. A.　1977　A typology of styles of loving. *Personality and Social Psychology Bulletin*, **3**, pp. 173–182（松井 1993b より引用）．

Lewis, R. A. 1973 A longitudinal test of a developmental framework for premarital dyadic formation. *Journal of Marriage and the Family*, **35**, pp. 16–25.

第2部 3章

磯田朋子 1996 家族の個人化と私事化．野々山久也ほか（編著）いま家族に何が起こっているのか: 家族社会学のパラダイム転換をめぐって．ミネルヴァ書房．pp. 3–27.

井出祥子（編） 1997 女性語の世界．明治書院．

伊藤公雄 1996 男性学入門．作品社．

伊藤裕子・池田政子・川浦康至 1999 既婚者の疎外感に及ぼす夫婦関係と社会的活動の影響．心理学研究，**70**(**1**), pp. 17–23.

井上清美 2001 家族内部における孤独感と個人化傾向: 中年期夫婦に対する調査データから．家族社会学研究，**12**, pp. 237–246.

岩間暁子 1997 性別役割分業と女性の家事分担不公平感: 公平価値論・勢力論・衡平理論の実証的検討．家族社会学研究，**9**, pp. 67–76.

内田伸子 1997 会話行動に見られる性差．井出祥子（編）女性語の世界．明治書院．pp. 74–93.

宇都宮博 1996 夫婦の関係性ステイタスと高齢期夫婦の関係性発達の検討．日本教育心理学会第38回総会発表論文集．p. 51.

宇都宮博 1997 高齢期夫婦における関係性の相互発達の検討．日本発達心理学会第8回大会発表論文集．p. 313.

江原由美子，しま・ようこ・れいのるず，秋葉かつえ 1993 女とことばと日本語文化．れいのるず・かつえ（編）おんなと日本語．有信堂高文社．

江原由美子・好井裕明・山崎敬一 1984 性差別のエスノメソドロジー: 対面的コミュニケーション状況における権力装置．現代社会学 18, アカデミア出版会．pp. 143–176.

遠藤利彦 1992 愛着と表象: 愛着研究の最近の動向: 内的作業モデル概念とそれをめぐる実証的研究の概観．心理学評論，**35**, pp. 201–233.

大熊保彦 1996 ゴットマンの離婚予測指標 日本家族心理学会（編）21世紀の家族像．家族心理学年報，**14**, 金子書房．pp. 145–161.

大下由美・亀口憲治 1999 中学2年生の家族イメージの研究: 父，母，子の3者関係イメージ．家族心理学研究，**13**, pp. 1–13.

大西美代子 1996 成人の愛着表象と家族関係との関連．家庭教育研究所紀要，**18**, pp. 79–90.

大野祥子・菅野幸恵・柏木惠子 2002 家庭内の家事分担と家族の属性の関連．発達研究，**16**, pp. 53–68.

小倉千加子 2001 セクシュアリティの心理学．有斐閣．

長田久雄・工藤力 1989 高齢者の孤独感とその関連要因に関する心理学的研究．老年社会科学，**11**, pp. 202–217.

長田雅喜 1987 家族関係の社会心理学．福村出版．

落合良行 1989 青年期における孤独感の構造．風間書房．

柏木惠子 配偶者をどう呼ぶか．未発表．

柏木惠子・永久ひさ子 1999 女性における子どもの価値: 今，なぜ子を産むか．教育心理学研究，**47**(**2**), pp. 170–179.

柏木惠子・数井みゆき・大野祥子 1996 結婚・家族観に関する研究 (1)〜(3)．日本発達心理学会第7回大会発表論文集．pp. 240–242.

数井みゆき 1998 結婚・夫婦関係の心理学．柏木惠子（編）結婚・家族の心理学．ミネルヴァ書房．pp. 53–97.

数井みゆき 2001 乳幼児期の保育と愛着理論: 子どものより良い発達を求めて．母子研究，

21, pp. 62-79.
門野里栄子　1995　夫婦間の話し合いと夫婦関係満足度．家族社会学研究，**7**, pp. 57-67.
金井淑子　1997　女性学の挑戦：家父長制・ジェンダー・身体性へ．明石書店．
鎌田とし子　1999　社会構造の変動とジェンダー関係：ダブルインカム家族の「世帯単位主義」からの離陸．鎌田とし子・矢澤澄子・木本喜美子(編)　ジェンダー．講座社会学14．東京大学出版会．
亀口憲治　1992　家族システムの心理学．北大路書房．
川浦康至・池田政子・伊藤裕子・本田時雄　1996　既婚者のソーシャルネットワークとソーシャルサポート：女性を中心に．心理学研究，**67**, pp. 333-339.
草田寿子　1995　家族関係単純図式投影法の基礎的研究：家族関係査定法としての可能性．カウンセリング研究，**28**, pp. 21-27.
グループわいふ　1984　性：妻たちのメッセージ．径書房．
経済企画庁経済研究所　1998　1996年の無償労働の紙幣評価．
厚生省　1993　人口動態統計．
厚生省　1997　人口動態統計．
国際連合　1995　世界人口年鑑．
最高裁判所　1995　司法統計年報．
斎藤学　1995　「家族」という名の孤独．講談社．
斎藤茂男　1982　妻たちの思秋期．共同通信社．
斉藤浩子　1999　父親・男性の発達．東洋・柏木惠子(編)　流動する社会と家族 I．社会と家族の心理学．ミネルヴァ書房．pp. 197-226.
榊原富士子　2000　夫婦関係の終結のあり方：離婚をめぐる諸問題．善積京子(編)　結婚とパートナー関係：問い直される夫婦．ミネルヴァ書房．pp. 212-235.
佐藤悦子　1999　夫婦療法：二者関係の心理と病理．金剛出版．
白井利明　1997　時間的展望の生涯発達心理学．勁草書房．
末盛慶　1999　夫の家事遂行および情緒的サポートと妻の夫婦関係満足感．家族社会学研究，**11**, pp. 71-82.
菅原ますみ・小泉智恵・詫摩紀子・八木下暁子・菅原健介　1997　夫婦間の愛情関係に関する研究(1)～(3)．日本発達心理学会第8回大会発表論文集．pp. 57-59.
寿岳章子　1979　日本語と女．岩波書店．
スペンダー，D. (著)，れいのるず・秋葉・かつえ(訳)　1987　ことばは男が支配する．勁草書房．
生命保険文化センター　1995　夫婦の生活意識に関する調査：夫婦の相互理解を求めて．
総務庁統計局(監修)　財団法人日本統計協会(編)　2000　生活時間とライフスタイル．
総理府　1972　婦人に関する意識調査．
総理府　1997　男女共同参画社会に関する世論調査．
高橋道子　1991　家族のコミュニケーションをどうはかっているのか．岩男寿美子・斉藤浩子・福富護(編)　1991　単身赴任：職業と家族のはざまで．有斐閣．pp. 125-136.
高橋桃子　1995　夫婦間コミュニケーション：並行親面接での査定からコミュニケーションの機能を探る．白百合女子大学大学院修士論文．未公刊．
田中重人　2001　生活時間の男女差の国際比較：日本・欧米六カ国データの再分析．大阪大学大学院人間科学研究科，年報人間科学，**22**, pp. 17-31.
田中佑子　1994　単身赴任家族の研究．教育心理学研究，**42**, pp. 104-114.
田中佑子・中澤潤・中澤小百合　2000　単身赴任の長期化が母娘のストレスに与える影響：横断的研究・縦断的研究を通じて．心理学研究，**71**, pp. 370-373.
都筑学　1999　大学生の時間的展望．中央大学出版部．
寺戸由紀子　1996　最近の離婚〈その時代的・文化的背景〉：統計資料分析を中心として．日

本家族心理学会（編）21世紀の家族像．家族心理学年報，**14**，金子書房．pp. 117-128.
戸田弘二・松井豊　1985　大学生の愛着構造と異性交際．心理学研究，**56**，pp. 288-291.
飛田操　1997　失恋の心理．松井豊（編）悲嘆の心理．サイエンス社．pp. 205-218.
中野まり・亀口憲治　1992　思春期の子どもとその両親の家族イメージ．福岡教育大学紀要，**41**，pp. 283-290.
永久ひさ子　1995　専業主婦における子どもの位置と生活感情．母子研究，**16**，pp. 50-57.
永久ひさ子・姜蘭恵　1997　家族の個人化：妻を中心として（1）：日韓比較研究．日本発達心理学会第8回大会論文集．p. 115.
中村雅彦　1998　交換理論からみた恋愛．松井豊（編）恋愛の心理：データは恋愛をどこまで解明したか．現代のエスプリ．至文堂．pp. 174-183.
中村桃子　1996　言語規範としての「女ことば」．自然・人間・社会，**18**，pp. 33-60.
中村桃子　2001　ことばとジェンダー．勁草書房．
難波淳子　1999　中年期の日本人夫婦のコミュニケーションの特徴についての一考察：事例の分析を通して．岡山大学大学院文化科学研究科紀要，**8**，pp. 252-236.
西出隆紀　1993　家族アセスメントイベントリーの作成：家族システム機能の測定．家族心理学研究，**7**，pp. 53-66.
西村純子　2001　主婦という違和感／主婦という制度：現代中年女性のライフ・ストーリーから．家族社会学研究，**12**，pp. 223-235.
ニッセイ基礎研究所　1994　日本の家族はどう変わったか．日本放送出版協会．
日本性教育協会（編）　1986　結婚をめぐる日米比較調査報告書．
野末武義　2002　学生相談に現れる家族の問題．日本学術会議シンポジウム．変貌する家族：そのゆくえを探る．
ピース，アラン・ピース，バーバラ（著），藤井留美（訳）　話を聞かない男，地図が読めない女．主婦の友社．
平木典子　1988　離婚のメカニズムとカウンセリング．平木典子（編）夫と妻．講座家族心理学2，金子書房．pp. 117-134.
平山順子　1997　「ケア」するということ：母親・妻の感情と意識を中心に．白百合女子大学大学院修士論文．未公刊．
平山順子　1999　家族を「ケア」するということ：育児期女性の感情・意識を中心に．家族心理学研究，**13**(1)，pp. 29-47.
平山順子　2002　中年期夫婦の情緒的関係：妻からみた情緒的ケアの夫婦間対称性．家族心理学研究，**16**(2)，pp. 1-12.
平山順子・柏木惠子　2001　中年期夫婦のコミュニケーション態度：夫と妻は異なるのか？　発達心理学研究，**12**(3)，pp. 216-227.
平山順子・柏木惠子　2002　中年期夫婦の夫婦間関与：妻の生き方は尊重されているか？　日本家族心理学会第19回大会．
藤原武弘・石井真治・黒田耕誠・春日キスヨ　1986　21世紀に向けての女性に関する市民意識調査．広島市民生局．
松信ひろみ　1995　二人キャリア夫婦における役割関係：平等主義的家族への可能性．家族社会学研究，**7**，pp. 47-56.
円より子　1988　家族崩壊の現状．平木典子（編）夫と妻．講座家族心理学2．金子書房．pp. 202-219.
目黒依子　1987　個人化する家族．勁草書房．
茂木千明　1996　家族の健康性に関する一研究：大学生の子どもの観点から．家族心理学研究，**10**，pp. 47-62.
森川早苗　1996　フェミニストセラピーにおける夫婦関係．日本家族心理学会（編）21世紀の家族像．家族心理学年報，**14**，金子書房．pp. 100-116.

諸井克英　1989　対人関係への衡平理論の適用 (2): 同性親友との関係における衡平性と情動的状態. 実験社会心理学研究, **28**, pp. 131-141.
諸井克英　1990　夫婦における衡平性の認知と性役割観. 家族心理学研究, **4**(2), pp. 109-120.
諸井克英　1996　家庭内労働の分担における衡平性の知覚. 家族心理学研究, **10**(1), pp. 15-30.
諸井克英　1997　子どもの眼からみた家族内労働の分担の衡平性: 女子青年の場合. 家族心理学研究, **11**, pp. 69-81.
矢野眞和(編)　1995　生活時間の社会学: 社会の時間・個人の時間. 東京大学出版会.
矢吹理恵　1996　日米結婚における夫婦間の調整課題と調整過程. 白百合女子大学大学院修士論文. 未公刊.
善積京子　1997　〈近代家族〉を超える: 非法律婚カップルの声. 青木書店.
ライフデザイン研究所　1999　高齢男性の夫婦関係: 妻の目から見た夫の自立性.
レイコフ, R. T.(著), れいのるず・あきば・かつえ(訳)　1975　言語と性: 英語における女の地位. 有信堂高文社.
レーナー, H. G.(著), 園田雅代(訳)　1993　怒りのダンス: 人間関係のパターンを変えるには. 誠信書房.
Brennan, K. A. & Shaver, P. R.　1995　Dimensions of adult attachment, affect regulation, and romantic relationship functioning. *Personality and Social Psychology*, **21**(3), pp. 267-283.
Haynes, S. N., Chavez, R. E., & Samuel, V.　1984　Assesment of marital communication and deistress. *Behavioral Assessment*, **6**, pp. 315-321.
Hochschild, A. R.　1979　Emotion work, feeling rules, and social structure. *American Journal of Sociology*, **85**, pp. 551-575.
Hochschild, A. R.　1983　*The managed heart: Commercialization of human feelings*. Univerrsity of California Press. (Hochschild, A. R.(著), 石川准(訳)　2000　管理される心: 感情が商品になるとき. 世界思想社.)
Jacobson, N. S. & Moore, D.　1981　Spouses as observers of events in their relationship. *Journal of Consulting and Clinical Psychology*, **49**, pp. 269-277.
Levenson, R. W. & Gottman, J. M.　1983　Marital interaction: Physiological linkage and affective exchange. *Journal of Personality and Social Psychology*, **45**, pp. 587-597.
Mayseless, O. 1995 Attachment patterns and marital relationships. In Shulman, S. (Ed.) *Close relationships and socioemotional development*. Ablex. pp. 185-202.
Thibaut, J. W. & Kelly, H. H.　1959　*The social psychology of groups*. Wiley.

第2部　4章1

青柳まちこ　1987　子育ての人類学. 河出書房新社.
秋山弘子　1997　ジェンダーと文化: 男性と女性の社会的ネットワーク. 柏木惠子・北山忍・東洋(編) 文化心理学. 東京大学出版会. pp. 220-233.
東　洋　1994　日本人のしつけと教育: 発達の日米比較にもとづいて. 東京大学出版会.
東　洋・柏木惠子・ヘス, R. D.　1981　母親の態度. 行動と子どもの知的発達: 日米比較研究. 東京大学出版会.
麻生武　1992　身ぶりからことばへ: 赤ちゃんにみる私たちの起原. 新曜社.
飯島婦佐子　2001　発達段階. 本田時雄・齋藤耕二(編著) ライフコースの心理学. 金子書房. pp. 156-171.
石島葉子・伊藤綾子　1990　おとなからみた子ども像. 白百合女子大学卒業論文. 未公刊.
今井康夫　1990　アメリカ人と日本人: 教科書が語る強い個人とやさしい一員. 創流出版.

ヴァン・デン・ベルク(著), 足立叡・田中一彦(訳) 1977 疑わしき母性愛. 川島書店.
大熊保彦 2001 コンボイ. 本田時雄・齋藤耕二(編著) ライフコースの心理学. 金子書房. pp. 193-200.
落合良行・佐藤有耕 1996 親子関係の変化からみた心理的離乳への過程の分析. 教育心理学研究, **44**, pp. 11-22.
柏木惠子・東洋・古澤頼雄・鈴木乙史・清水弘司 1997 青年期の自己の発達と社会文化的文脈に関する日米発達研究. 平成6年度～平成7年度科学研究費(総合研究A). 研究成果報告書.
数井みゆき 2001 乳幼児期の保育と愛着理論: 子どものより良い発達を求めて. 母子研究, **21**, pp. 62-79.
春日井典子 1997 ライフコースと親子関係. 行路社.
鯨岡峻 1999 初期「子ども-養育者」関係研究におけるエピソード記述の諸問題. 心理学評論, **42(1)**, pp. 1-22.
古澤頼雄 1979 新生児の個体的反応性: 母子関係への影響との関連. 心理学評論, **22(1)**, pp. 5-27.
小嶋謙四郎 1988 母子関係と子どもの性格. 川島書店.
近藤清美 2000 母子関係. 児童心理学の進歩, **39**, 金子書房. pp. 150-173.
篠田有子・大久保孝治 1995 家族呼称の発達論的研究. 家庭教育研究所紀要, **17**, pp. 22-29.
菅原ますみ 1997 養育者の精神的健康と子どものパーソナリティの発達: 母親の抑うつに関して. 性格心理学研究, **5**, pp. 38-55.
菅原ますみ・北村俊則・戸田まり・島悟・佐藤達哉・向井隆代 1999 子どもの問題行動の発達: Externalizing な問題傾向に関する生後11年間の縦断研究から. 発達心理学研究, **(10)1**, pp. 32-45.
スターン, D.(著), 岡村佳子(訳) 1979 母子関係の出発: 誕生から180日. サイエンス社.
総務庁青少年対策本部 1999 第6回世界青年意識調査.
総理府青少年対策本部 1981 日本の子供と母親.
高木紀子・柏木惠子 2000 母親と娘の関係: 夫との関係を中心に. 発達研究, **15**, pp. 79-94.
陳省仁 1999 「寄養」から見た現代中国社会の家族と子育て. 東洋・柏木惠子(編) 流動する社会と家族 I: 社会と家族の心理学. ミネルヴァ書房. pp. 16-22.
中野茂 1997 マインドの理論から心情共感論へ: 乳児期に始まる心を分かち合う関係. 心理学評論, **40(1)**, pp. 78-94.
根ヶ山光一 1997 親子関係と自立. 柏木惠子・北山忍・東洋(編) 文化心理学. 東京大学出版会.
根ヶ山光一 1998 離乳と子の自立. 糸魚川直祐・南徹弘(編) サルとヒトのエソロジー. 培風館. pp. 134-147.
根ヶ山光一 1999 母親と子の結合と分離. 東洋・柏木惠子(編) 流動する社会と家族 I: 社会と家族の心理学. ミネルヴァ書房. pp. 23-45.
原ひろ子 1980 ヘアー・インディアンとその世界. 平凡社.
原ひろ子・我妻洋 1974 しつけ. 弘文堂.
藤永保・齋賀久敬・春日喬・内田伸子 1987 人間発達と初期環境. 有斐閣.
ポルトマン, A.(著), 高木正孝(訳) 1961 人間はどこまで動物か. 岩波新書.
マーラー, M. S., パイン, F., バーグマン, A.(著), 高橋雅士・織田正美・濱田紀(訳) 1981 乳幼児の心理的誕生. 黎明書房.
毎日新聞社人口問題調査会(編) 2000 日本の人口: 戦後50年の軌跡. 毎日新聞社全国家族計画世論調査第1回～第25回調査結果.

引用文献

正岡寛司・藤見純子・嶋﨑尚子　1999　戦後日本におけるライフコースの持続と変化: 1914-58年出生コホートの結婚と家族キャリア. 目黒依子・渡邊秀樹(編)　家族. 講座社会学2, 東京大学出版会. pp. 191-227.
正高信男　1997　繁殖戦略としての人類の育児文化. 特集: 人間のこころの進化. 科学, **67(4)**, pp. 305-312.
三宅和夫　1990　子どもの個性: 生後2年間を中心に. 東京大学出版会.
三宅和夫(編著)　1991　乳幼児の人格形成と母子関係. 東京大学出版会.
宮本みち子　2000　少子・未婚社会の親子: 現代における「大人になること」の意味と形の変化. 藤崎宏子(編)　親と子: 交差するライフコース. ミネルヴァ書房. pp. 183-210.
宮本みち子・岩上真珠・山田昌弘　1997　未婚化社会の親子関係: お金と愛情にみる家族のゆくえ. 有斐閣.
山田昌弘　1999　パラサイト・シングルの時代. 筑摩書房.
善積京子　1996　スウェーデン社会と家族変動. 野々山久也ほか(編著)　いま家族に何が起こっているか. ミネルヴァ書房. pp. 264-282.
依田明・清水弘司　1994　日中比較研究. 日本心理学会大会論文集.
ラター, M.(著), 北見芳雄・佐藤紀子・辻祥子(訳)　1985　母性剥奪理論の功罪. 続. 誠信書房.
ワーナー, E. E.(著), 山中速人(訳)　1989　カウアイ島の子供たちの成長記録. 日経サイエンス社.
渡邊惠子　1997　青年期から成人期にわたる父母との心理的関係. 母子研究, **18**, pp. 23-31.
Antonucci, T. & Akiyama, H.　1991　Convoys of social support: Generational issues. *Marriage & Family Review*, **16**, pp. 103-123.
Bower, T.G.R.　1966　The visual world of infants. *Scientific American*, **215**, pp. 80-92. (バウアー, T.G.R.(著), 岡本夏木ほか(訳)　1979　乳児の世界. ミネルヴァ書房.)
Bowlby, J.　1969　*Attachment: Attachment and loss series*, No. 1. Basic books. (黒田実郎ほか(訳)　1977　母子関係の理論1. 愛着行動. 岩崎学術出版社.)
Caudill, W. & H. Weinstein.　1969　Maternal care and infant behaviour in Japan and America. *Psychiatry*, **32**, pp. 12-42.
Fantz, R. L.　1961　The origin of form perception. *Scientific American*, **204**, pp. 66-72.
Harris, J. R.　1995　Where is the child's environment? A group socialization theory of development. *Psychological Review*, **102**, pp. 458-489.
Kagan, J.　1976　Emergent themes in human development. *American Scientist*, **64**, pp. 186-196.
Kanagawa, C., Cross, S. E. & Markus, H. R.　2001　"Who am I?" The cultural psychology of the conceptual self. *Personality and Social Psyhology Bullein*, **27**, pp. 90-103.
Lewis et al.　2000　Attachment over time. *Child Development*, **71(3)**, pp. 707-720.
Main, M., Cassidy, J. & Kaplan, N. 1985 Security in infancy, childhood and adulthood: A move to the level of representation. In I. Bretherton & E. Waters (Eds.) *Growing points in attachment theory and research. Monographs of the Society for Research In Child Develoment*, **50**, pp. 66-104.
Markus, H. & Kitayama, S.　1991　Culture and the self: Implications for cognition, emotion, and motivation. *Psychological Review*, **98**, pp. 224-253.
Schaffer, H. R.　2000　The early experience assumption: Past, present, and future. *International Journal of Behavioral Development*, **24**, pp. 5-14.
Super, C. H. & Harkness, S.　1982　The development of affect in infancy and early

childhood. In D. A. Wagner & H. W. Stevenson (Eds.) *Cultural perspectives on child development*. W. H. Freeman and Company.

Takahashi, K. 1990 Affective relationships and their lifelong development. In P. B. Baltes, et al. (Eds.) *Life-span development and behavior*, 10. Lawrence Erlbaum Associates. pp. 1–27.

Thomas, A., Birch, H. G., Chess, S., Hertzig, M. E. & Korn. S. 1963 *Behavioral individuality in early childhood*. New York Univerrsity Press.

Vogel, E. F. 1967 *Japan's new middle class: The salaryman and his family in a Tokyo suburb*. University of California Press.

Werner, E. E. & Smith, S. R. 1982 *Vulnerable but invincible: A longitudinal study of resilient children and youth*. McGraw Hill.

第2部 4章2

青野篤子 1990 心理学概論書におけるハーロー研究の取扱いについて．松山東雲短期大学研究論集, **21**, pp. 75–84.

東 洋・柏木惠子・R. D. ヘス 1981 母親の態度・行動と子どもの知的発達：日米比較研究．東京大学出版会．

網野武博 2002 児童福祉学：「子ども主体」への学際的アプローチ．中央法規出版．

出雲千秋 2001 母親における子どもの喪失体験：永遠の悲しみとその再生．白百合女子大学大学院修士論文．未公刊．

氏家達夫 1996 親になるプロセス．金子書房．

氏家達夫 1999 親になること，親であること："親"概念の再検討．東 洋・柏木惠子(編) 流動する社会と家族 I. 社会と家族の心理学．ミネルヴァ書房．pp. 137–162.

大日向雅美 1998 母性の研究．川島書店．

尾形和男 1995 父親の育児と幼児の社会生活能力：共働き家庭と専業主婦家庭の比較．教育心理学研究, **43**, pp. 335–342.

岡本祐子 1999 女性の生涯発達とアイデンティティ：個として発達・かかわりの中での成熟．北大路書房．

小野寺敦子・柏木惠子 1997 親意識の形成過程に関する縦断研究．発達研究, **12**, pp. 59–78.

小原嘉明 1998 父親の進化：仕組んだ女と仕組まれた男．講談社．

柏木惠子 1995 親子関係の研究．柏木惠子・高橋惠子(編) 発達心理学とフェミニズム．ミネルヴァ書房．pp. 18–52.

柏木惠子 2001 子育て支援を考える：変わる家族の時代に．岩波ブックレット．

柏木惠子 配偶者をどう呼ぶか．未発表．

柏木惠子・古澤頼雄・伊藤美奈子・唐澤真弓・大野祥子・菅野幸恵 2003 社会変動・家族・個人の発達に関する発達・文化心理学的研究：「関係性」・「個人化」の文化間および文化内比較．平成12年度～平成14年度科学研究費(基礎研究(B)(1))研究成果報告書．

柏木惠子・若松素子 1994 「親となる」ことによる人格発達：生涯発達の視点から親を研究する試み．発達心理学研究, **5**, **1**, pp. 72–83.

柏木惠子・蓮香園 2000 母子分離〈保育園に子どもを預ける〉についての母親の感情・認知．家族心理学研究, **14(1)**, pp. 61–74.

金井篤子 1994 働く女性のキャリア・ストレス・モデル：パス解析による転職・退職行動の規定要因分析．心理学研究, **65**, pp. 112–120.

金田利子・柴田幸一・諏訪きぬ(編著) 1990 母子関係と集団保育．明治図書．

金田利子・諏訪きぬ・土方弘子(編著) 2000 「保育の質」の探究：「保育者‐子ども関係」を基軸として．ミネルヴァ書房．

亀口憲治　1998　家族における父親役割の変遷と機能．家族療法研究，**15**(2)，pp. 71–79．
川名紀美　2000　子どもの虐待の今日的背景．藤崎宏子(編) 親と子：交錯するライフコース．ミネルヴァ書房．pp. 135–158．
経済企画庁　1994　国民生活白書．
小泉智恵　1997　仕事と家庭の多重役割が心理的側面に及ぼす影響．母子研究，**18**，pp. 42–59．
小泉智恵　1998　職業生活と家庭生活："働く母親"と"働く父親"．柏木惠子(編) 結婚・家族の心理学．ミネルヴァ書房．pp. 185–232．
古澤頼雄・富田庸子・鈴木乙史・横田和子・星野寛美　1997　養子・養親・生みの親関係に関する基礎的研究：開放的養子縁組（Open Adoption）によって子どもを迎えた父母．安田生命社会事業団研究助成論文集，**33**，pp. 134–143．
ゴットフライド，A. E. & ゴットフライド，A. W.（著），佐々木保行(監訳)　1996　母親の就労と子どもの発達：縦断的研究．ブレーン出版．
子ども虐待防止センター　1999　首都圏一般人口における児童虐待の調査報告書．
小山静子　1991　良妻賢母という規範．勁草書房．
斎藤学(編)　1994　児童虐待：危機介入編．金剛出版．
塩田咲子　2000　日本の社会政策とジェンダー：男女平等の経済基盤．日本評論社．
社会保障研究所(編)　1994　現代家族と社会保障：結婚・出生・育児．東京大学出版会．
新谷由里子・村松幹子・牧野暢男　1993　親の変化とその規定因に関する一研究．家庭教育研究所紀要，**15**，pp. 120–140．
末盛慶　2002　母親の就業は子どもに影響を及ぼすのか：職業経歴による差異．家族社会学研究，**13**，pp. 103–112．
芹沢俊介　2001　母という暴力．春秋社．
総務庁　1997　就業構造基本調査．
総理府　2000　男女共同参画白書．
副田義也・樽川典子(編)　2000　流動する社会と家族 II：現代家族と家族政策．ミネルヴァ書房．
田間泰子　2001　母性愛という制度：子殺しと中絶のポリティクス．勁草書房．
津谷典子　1997　スウェーデンの家族政策．阿藤誠・兼清弘之(編) 人口変動と家族　シリーズ・人口学研究 7，大明堂．pp. 139–169．
土肥伊都子・広沢俊宗・田中國夫　1990　多重な役割従事に関する研究：役割従事タイプ，達成感と男性性，女性性の効果．社会心理学研究，**5**，pp. 137–145．
中釜洋子　2002　母子平行面接の落とし穴と問題点．日本家族心理学会(編) 子育て臨床の理論と実際．家族心理学年報，**20**，金子書房．pp. 34–50．
永久ひさ子　1995　専業主婦における子どもの位置と生活感情．母子研究，**16**，pp. 50–57．
中山まき子　2001　身体をめぐる政策と個人：母子保健センター事業の研究．勁草書房．
根ヶ山光一　1997　親子関係と自立．柏木惠子・北山忍・東　洋(編) 文化心理学．東京大学出版会．pp. 160–179．
根ヶ山光一・鈴木晶夫(編著)　1995　子別れの心理学：新しい親子関係像の提唱．福村出版．
長谷川寿一・長谷川眞理子　2000　進化と人間行動．東京大学出版会．
働く母の会(編)　1994　私たちはこうして大きくなった．ユック社．
服部祥子・原田正文　1991　乳幼児の心身発達と環境：大阪リポートと精神医学の視点．名古屋大学出版会．
馬場房子　1989　共働きと家族関係．杉渓一言(編) 家族と社会．講座家族心理学 4．金子書房．pp. 96–117．
原ひろ子　1999　女性研究者のキャリア形成．勁草書房．

繁多進　1999　家庭内暴力．東　洋・柏木惠子(編)流動する社会と家族 I: 社会と家族の心理学．ミネルヴァ書房．pp. 227–251.

平山順子　1999　育児期における専業主婦の個人化欲求: 経済的資源へのアクセス志向性との関連を中心に．発達研究，**14**, pp. 62–77.

深谷昌志　1990　良妻賢母主義の教育(増補版)．黎明書房．

福丸由佳　2000　共働き世帯夫婦における多重役割と抑うつ度との関連．家族心理学研究，**14**(2), pp. 151–162.

舩橋惠子　1998　育児休業制度のジェンダー効果: 北欧諸国における男性の役割変化を中心に．家族社会学研究，**10**, pp. 55–70.

ベルスキー，J., ケリー，J.(著)，安次嶺佳子(訳)　1995　子供をもつと夫婦に何が起こるか．草思社．

毎日新聞社人口問題調査会(編)　1998　第 24 回全国家族計画世論調査．

牧野カツコ　1982　乳幼児をもつ母親の生活と〈育児不安〉．家庭教育研究所紀要，**3**, pp. 34–56.

牧野カツコ・中西雪夫　1985　乳幼児をもつ母親の育児不安: 父親の生活及び意識との関連．家庭教育研究所紀要，**6**, pp. 11–24.

牧野暢男・中原由里子　1990　子育てにともなう親の意識の形成と変容．家庭教育研究所紀要，**12**, pp. 11–19.

正岡寛司・藤見純子・嶋﨑尚子　1999　戦後日本におけるライフコースの持続と変化: 1914–58 年出生コホートの結婚と家族キャリア．目黒依子・渡辺秀樹(編)家族．講座社会学 2．東京大学出版会．pp. 191–227.

水野理恵　1998　乳児期の子どもの気質・母親の分離不安と後の育児ストレスとの関連: 第一子を対象にした乳幼児期の縦断研究．発達心理学研究，**9**, pp. 56–65.

御園生直美　2001　里親の親意識の形成過程．白百合女子大学大学院修士論文．未公刊．

牟田和恵　1996　戦略としての家族: 近代日本の国民国家形成と女性．新曜社．

無藤清子　1995　心理臨床におけるジェンダーの問題．柏木惠子・高橋惠子(編)発達心理学とフェミニズム．ミネルヴァ書房．pp. 200–222.

村上英治(監修)，後藤秀爾・辻井正次(著)　1994　"いのち"ふれあう刻(とき)を: 重度心身障害児との心理臨床．川島書店．

目良秋子・柏木惠子　1998　障害児をもつ親の人格発達: 価値観の再構築とその要因．発達研究，**13**, pp. 45–51.

矢吹理恵　2002　日米国際結婚家庭における夫婦の文化折衝: 文化化のプロセスと構築された文化の実相．白百合女子大学博士論文．未公刊．

山口雅史　1997　いつ、一人前の母親になるのか?: 母親のもつ母親発達観の研究．家族心理学研究，**11**(2), pp. 83–95.

山本真理子(編著)　1997　現代の若い母親たち: 夫・子ども・生活・仕事．新曜社．

横浜市教育委員会・預かり保育推進委員会　2001　文部科学省預かり保育調査研究最終報告書．

蘭香代子　1989　母親のモラトリアムの時代: 21 世紀の女性におくる Co-セルフの世界．北大路書房．

リクルート　1995　人気赤ちゃんグッズの本．

レーナー，H.(著)，高石恭子(訳)　2001　女性が母親になるとき: あなたの人生を子どもがどう変えるか．誠信書房．

Fairbanks, L. A.　1996　Individual differences in maternal style: causes and consequences for mohters and offspring. In Rosenblatt, J. S. & Snowdon, C. T (Eds.), *Parental care: Evolution, mechanismus, and adaptive significance*. Academic Press. pp. 579–611.

Hock. E., McBride, S. & Gnezda, M. T. 1989 Maternal separation anxiety: Mother-infant separation from the maternal perspective. *Child Development*, **60**, pp. 793–802.

Scarr, S. 1984 *Mother care / Other care*. Basic Books. (スカー, S., 柴田都志子(訳) 1987 働く母親と育児. コンパニオン出版.)

第 2 部　4 章 3

安香宏　1987　非行と家族. 滝本孝雄・鈴木乙史(編) 家族の人間関係 2 各論. 講座人間関係の心理 2. ブレーン出版. pp. 67–90.

朝日新聞社(編) 2000 「育休父さん」の成長日誌: 育児休業を取った 6 人の男たち.

東　洋・柏木惠子ほか　1977　母親及び父親の態度・行動と児童の心理的発達に関する研究: 母子福祉に関する基本的研究. 昭和 52 年度調査研究報告書 II. 社会福祉法人真生会社会福祉研究所.

東　洋・柏木惠子ほか　1978　昭和 53 年度調査研究報告書 II. 社会福祉法人真生会社会福祉研究所.

東　洋・柏木惠子ほか　1989　昭和 54 年度調査研究報告書 II. 社会福祉法人真生会社会福祉研究所.

東　洋・柏木惠子ほか　1980　子どもの発達と母子関係: 母子寮調査の結果を中心に. 社会福祉法人真生会社会福祉研究所. pp. 98–119.

東　洋・柏木惠子・ヘス, R. D.　1981　母親の態度・行動と子どもの知的発達: 日米比較研究. 東京大学出版会.

阿藤誠(編)　1996　先進諸国の人口問題: 少子化と家族政策. 東京大学出版会.

飯野晴美　1997　「男らしさ」「女らしさ」の自己認知と性役割観. 明治学院大学論叢, **19**, pp. 49–61.

糸魚川直祐　1993　人類における父親. 柏木惠子(編著) 父親の発達心理学: 父性の現在とその周辺. 川島書店. pp. 135–151.

伊藤公雄　1993　〈男らしさ〉のゆくえ: 男性文化の文化社会学. 新曜社.

伊藤公雄・樹村みのり・國信潤子　2002　女性学・男性学: ジェンダー論入門. 有斐閣.

伊藤裕子　1995　女子青年の職経歴選択と父母の養育態: 親への評価を媒介として. 青年心理学研究, **7**, pp. 15–29.

伊藤裕子　2001　青年期女子の性同一性の発達: 自尊感情, 身体満足度との関連から. 教育心理学研究, **49**(4), pp. 458–467.

伊藤裕子(編著)　2000　ジェンダーの発達心理学. ミネルヴァ書房.

岩男寿美子・斉藤浩子・福富護(編)　1991　単身赴任. 有斐閣.

大江健三郎　1983　新しい人よ眼ざめよ. 講談社.

大江健三郎　1985　家庭を活性化する子ども. 講座　現代・女の一生 4, 夫婦・家庭. 岩波書店. pp. 111–133.

大久保孝治　1994　子どもの誕生と社会保障: 個人的資源の増減をめぐって. 社会保障研究所(編) 現代家族と社会保障: 結婚. 出生・育児. 東京大学出版会. pp. 55–70.

大日向雅美　1994　父親の育児参加. 高橋種昭ほか(著) 父性の発達: 新しい家族づくり. 家政教育社. pp. 65–88.

大前聡子・田中美穂・樋口晶子・三村伸子　1989　父親の心理　東京女子大学卒業論文. 未発表.

小野寺敦子・青木紀久子・小山真弓　1998　父親になる意識の形成過程. 発達心理学研究, **9**(2), pp. 121–130.

小原嘉明　1998　父親の進化: 仕組んだ女と仕組まれた男. 講談社.

柏木惠子　1978　子どもの発達における父親の役割: 問題点と心理学的研究. 母子研究, **1**, pp. 93–110.

柏木惠子　1999　青年の心理的支え．未発表．
柏木惠子(編著)　1993　父親の発達心理学: 父性の現在とその周辺．川島書店．
柏木惠子・若松素子　1994　「親となる」ことによる人格発達: 生涯発達的視点から親を研究する試み．発達心理学研究，**5(1)**，pp. 72–83.
柏木惠子・東　洋・古澤頼雄・鈴木乙史・清水弘司　1997　青年期の自己の発達と社会文化的文脈に関する日米発達研究．平成6年度～平成7年度科学研究費(総合研究A)研究成果報告書．
木原武一　1999　父親の研究．新潮社．
グリーン，ボブ(著)，西野薫(訳)　1987　ボブ・グリーンの父親日記．中央公論社．
厚生省児童家庭局　1988　全国母子世帯等調査．
小嶋秀夫・河合優年　1988　幼児・児童における養護性発達に関する心理・生態学的研究．昭和62年度科学研究費補助金(一般研究C)研究成果報告書．
斉藤浩子　1999　父親・男性の発達．東　洋・柏木惠子(編) 流動する社会と家族 I．社会と家族の心理学．ミネルヴァ書房．pp. 197–226.
斎藤学　1992　子どもの愛し方がわからない親たち．講談社．
庄司洋子・大日向雅美・渡辺秀樹　1993　ひとり親家族に関する研究．東京女性財団．
菅俊夫・土肥伊都子　1995　日米大学生のジェンダーに関する比較研究: 個人主義・間人主義と男性性・女性性，結婚に関する態度との関連性．関西外国語大学研究論集，**61**，pp. 359–375.
鈴木乙史　1990　母子家庭の心理学的研究．母子研究，**10**，pp. 31–40.
鈴木淳子　1997　性役割: 比較文化の視点から．レクチャー社会心理学3．垣内出版．
墨威宏　1995　僕らのふたご戦争．共同通信社．
総務庁青少年対策本部(編)　1987　日本の父親と子供: アメリカ・西ドイツとの比較．子供と父親に関する国際比較調査報告書．
総務庁青少年対策本部(編)　1995　子供と家族に関する国際比較調査報告書．
総務庁青少年対策本部　1999　第6回世界青年意識調査．
妙木浩之　1997　父親崩壊．新書館．
高野清純・新井邦二郎(編著)　1997　モノセクシュアル時代の父親学．福村出版．
田中重人　2001　生活時間の男女差の国際比較: 日本・欧米六カ国データの再分析．大阪大学大学院人間科学研究科，年報人間科学，**22**，pp. 17–31.
田中佑子　1991　単身赴任の研究．中央経済社．
田中佑子　1994　単身赴任家族の研究: その動向と問題点．教育心理学研究，**42**，pp. 104–114.
田間泰子　2001　母性愛という制度: 子殺しと中絶のポリテックス．勁草書房．
千賀悠子・堀口貞夫・水野清子・望月武子・曽根秀子・佐藤禮子・中野恵美子　1990　周産期ケアと両親教育の展開に関する研究．夫立ち会い分娩の経験別に見た育児への関わりについて(3)．日本総合愛育研究所紀要，**27**，pp. 63–73.
坪内良博　1998　双系社会における父親．黒柳晴夫・山本正和・若尾祐司(編) 父親と家族: 父性を問う．早稲田大学出版部．pp. 256–278.
都村敦子　2002　家族政策の国際比較．国立社会保障・人口問題研究所(編) 少子社会の子育て支援．東京大学出版会．pp. 19–46.
津谷典子　1996　スウェーデンにおける出生率変化と家族政策．阿藤誠(編) 先進諸国の人口問題: 少子化と家族政策．東京大学出版会．pp. 49–82.
徳田克己・水野智美　2001　父親の家事協力・育児参加と夫婦げんかの関係 I．日本教育心理学会第43回総会論文集．p. 44.
土堤内昭雄　2000　シングル・ファーザーの眼: 育児と育自の十年史．非売品
中田照子・杉本貴代栄・森田明美　1997　日米のシングルマザーたち: 生活と福祉のフェミニ

スト調査報告. ミネルヴァ書房.
中村正　2001　ドメステック・バイオレンスと家族の病理. 作品社.
西田利貞　1999　人間性はどこから来たか: サル学からのアプローチ. 京都大学学術出版会.
日本女子社会教育会　1995　家庭教育に関する国際比較調査報告書.
長谷川寿一・長谷川眞理子　2000　進化と人間行動. 東京大学出版会.
花沢成一・松浦純　1986　男女青年における対児感情と乳児接触経験との関係. 日本教育心理学会第28回総会発表論文集, pp. 356-357.
林道義　1996　父性の復権. 中公新書.
原ひろ子(編)　1987　母親の就業と家庭生活の変動: 新しい父母像創造のための総合的調査研究. 弘文堂.
原ひろ子・舘かおる(編)　1991　母性から次世代育成力へ: 産み育てる社会のために. 新曜社.
平山聡子　2001　中学生の精神的健康とその父親の家庭関与との関連: 父母評定の一致度からの検討. 発達心理学研究, **12**, pp. 99-109.
深谷昌志　1996　変わりつつある父親像. 牧野カツコ・中野由美子・柏木惠子(編)　1996　子どもの発達と父親の役割. ミネルヴァ書房. pp. 14-30.
古市裕一　1978　父親不在と児童の人格発達. 心理学評論, **21**, pp. 73-89.
ペダーセン, F. A.(編), 依田明(監訳)　1986　父子関係の心理学. 新曜社.
堀江香織　2002　シングルマザー　児童心理学の進歩, 41, 第6章. 金子書房.
堀口美智子　2000　「親への移行期」における夫婦関係: 妊娠期夫婦と出産後夫婦の夫婦関係満足度の比較を中心に. 生活社会科学研究, **7**, pp. 81-95.
本田洋　1998　韓国の社会変動と家族: 父子関係を支える社会経済的基盤とその影響を中心に. 黒柳晴夫・山本正和・若尾祐司(編) 父親と家族: 父性を問う. 早稲田大学出版部. pp. 196-226.
前田俊子　1998　母系社会における男性と父親の役割: 西スマトラにおける一事例. 黒柳晴夫・山本正和・若尾祐司(編) 父親と家族: 父性を問う. 早稲田大学出版部. pp. 227-255.
牧野暢男・中原由里子　1990　子育てにともない親の意識の形成と変容. 家庭教育研究所紀要, **12**, pp. 11-19.
正高信男　2002　比較行動学から見た家族と現代. 家族社会学研究, **13**, pp. 11-20.
松田茂樹　2002　父親の育児参加促進策の方向性. 国立社会保障・人口問題研究所(編) 少子社会の子育て支援. 東京大学出版会. pp. 313-330.
水野智美・徳田克己　2001　父親の家事協力・育児参加と夫婦げんかの関係 II. 日本教育心理学会第43回総会論文集. p. 45.
目良秋子　1997　父親と母親のしつけ方略: 育児観・子ども観と父親の育児参加から. 発達研究, **12**, pp. 51-58.
目良秋子　2002　父親と母親の子育てによる人格発達研究. 未発表.
矢澤澄子・国広陽子・天童睦子　2002　父親のケア意識・職業意識とジェンダー秩序: 子育て期の男性のライフスタイルと市民生活調査から. 東京女子大学社会学会紀要, **30**, pp. 1-28.
矢野眞和(編著)　1995　生活時間の社会学: 社会の時間・個人の時間. 東京大学出版会.
山内兄人　2001　生物学からみた母性と父性. 根ヶ山光一(編著) 母性と父性の人間科学. ヒューマンサイエンスシリーズ4. コロナ社. pp. 1-30.
山極寿一　1998　家族の自然誌: 初期人類の父親像. 黒柳晴夫・山本正和・若尾祐司　1998　父親と家族: 父性を問う. 早稲田大学出版部. pp. 3-41.
山口雅史　1997　いつ一人前の母親になるのか?: 母親のもつ母親発達観の研究. 家族心理学研究, **11**(2), pp. 83-95.
吉本隆明　1998　父の像. 筑摩書房.
依田明　1989　単身赴任と家族. 杉渓一言(編) 講座　家族心理学4. 金子書房. pp. 22-35.

ラム, マイケル・E.（著）, 久米稔ほか（訳） 1981 父親の役割: 乳幼児発達とのかかわり. 家政教育社.

ラム, マイケル・E. 1986 2歳までのアタッチメント（愛着）の発達. F. A. ペダーセン（編）, 依田明（監訳）父親関係の心理学. 新曜社.（Lamb, M. E. 1980 The development of parent-infant attachments in the first two years of life. In F. A. Pedersen (Ed.) *The father-infant relationship.* Praeger.）

蘭香代子 1989 母親のモラトリアム時代: 21世紀の女性におくる Co-セルフの世界. 北大路書房.

若桑みどり 1985 女性画家列伝. 岩波新書.

渡邊惠子 1998 女性・男性の発達. 柏木惠子（編）結婚・家族の心理学. ミネルヴァ書房. pp. 233–292.

渡辺恒夫 1989 男性学の挑戦: Yの悲劇？ 新曜社.

Berman, P. W. & Pedersen, F. A. 1987 *Men's transitions to parenthood: Longitudinal studies of early family experience.* L.E.A.

Biller, H. B. 1974 *Paternal deprivation: Family, school, sexuality, and society.* Lexington Books.

Blanchard, R. W. & Biller, H. B. 1971 Father availability and academic performance among third grade boys. *Developmental Psychology*, **4**, pp. 301–305.

Carlsmith, L. 1964 Effect of early father absence on scholastic aptitude. *Harvard Educational Review*, 34, pp. 3–21.

Caudill, W. & Weistien, H. 1972 Mother-child interaction in the first year of life. *Child Development*, **43**, pp. 31–41.

Council of Europe 1991 Recent Demographic Developments in Europe.

Dornbusch, S. M., Carlsmith, J. M., Bushwall, S. J., Ritter, P. L., Leiderman, H., Hastrof, A. H. & Gross, R. T. 1985 Single parents, extended households, and the control of adolescents. *Child Development*, **56**, pp. 326–341.

Entwisle, D. R. & Alexander, K. L. 1996 Family type and children's growth in reading and math over the primary grades. *Journal of Marriage and the Family*, **58**, pp. 341–355.

Field, T. 1978 Interaction behaviors of primary versus secondary care-taker fathers. *Developmental Psychology*, **14**, pp. 183–184.

Fogel, A. D. & Melson, G. F. (Ed.) 1986 *The origins of nurturance.* L.E.A.

Geiger, B. 1996 Fathers as primary caregivers. *Contrbutions in Family Stydies*, **17**, Greenwood Press.

Hoffman, M. L. 1971 Father absence and conscience. *Developmental Psychology*, **4**, pp. 400–406.

Lamb, M. 1975 Fathers: Forgotten contributors to child development. *Human Development*, **18**, pp. 245–266.

Lynn, D. B. 1959 A note on sex differences in the development of masculine and feminine identification. *Psychological Review*, **66**, pp. 126–135.

Palkovitz, R. 2002 Involved fathering and men's adult development. Bornstein, M. H. (Ed.), *Handbook of parenting.* Second Edition. L.E.A.

Ricciuti, H. 1999 Single parenthood and school readiness in white, black and Hispanic 6-and 7-year-olds. *Journal of Family Psychology*, **13(3)**, pp. 450–465.

Santrock, J. 1975 Father absence perceived maternal behaviour and moral development in boys. *Child Development*, **46**, pp. 753–757.

Spence, J. T., Helmreich, R. & Stapp, J. 1975 Ratings of self and peers on sex role attributes and their relation to self-esteem and conceptions of masculinity and femininity. *Journal of Personality Social Psychology*, **32**, pp. 29–39.

Wadsby, M. & Svedin, C. G. 1996 Academic achievement in children of divorce. *Journal of School Psychology*, **34**, pp. 325–336.

第2部　4章4

浅井美智子　2000　生殖技術とゆれる親子の絆．藤崎宏子(編)　親と子: 交錯するライフコース．ミネルヴァ書房．pp. 39–82.

朝日新聞大阪社会部　1995　海を渡る赤ちゃん．朝日新聞社．

網野武博　1999　家庭養育と集団保育．チャイルドヘルス, 2, 11. 診断と治療社．pp. 45–49.

網野武博　2002　児童福祉学:「子ども主体」への学際的アプローチ．中央法規出版．

網野武博・望月武子ほか　1990　乳児保育がその後の発達に及ぼす影響．日本総合愛育研究所紀要, **26**, pp. 15–24.

アリエス, P.(著), 成瀬駒男・伊藤晃(訳)　1999　歴史家の歩み．法政大学出版局．

石原理　1998　生殖革命．ちくま新書．

上野加代子　1996　児童虐待の社会学．世界思想社．

内田春菊　1996　私たちは繁殖している 1, 2, 3. ぶんか社．

NHK放送文化研究所(編)　2000　現代日本人の意識構造．日本放送出版会．

大日向雅美　1998　母性の研究．川島書店．

柏木惠子　2001　子どもという価値: 少子化時代の女性の心理．中公新書．

柏木惠子・永久ひさ子　1999　女性における子どもの価値: 今, なぜ子を産むか．教育心理学研究, **47(2)**, pp. 170–179.

柏木惠子・永久ひさ子　2000　子どもの価値研究．(Kashiwagi, K. et al. 2000 Value of Child. IACCP 学会発表．)

柏木惠子・若松素子　1994　「親となる」ことによる人格発達: 生涯発達的視点から親を研究する試み．発達心理学研究, **5(1)**, pp. 72–83.

春日井典子　1997　ライフコースと親子関係．行路社．

数井みゆき　2001　乳幼児期の保育と愛着理論: 子どものより良い発達を求めて．母子研究, **21**, pp. 62–79.

釜野さおり　2002　子どものいることがカップル関係満足感に与える影響: スウェーデンの場合．家族社会学研究, **13**, pp. 87–102.

鬼頭宏　2000　人口から読む日本の歴史．講談社学芸文庫．

厚生労働省　2001　平成12年度児童相談所における児童虐待相談処理件数報告．

国立社会保障・人口問題研究所　1998　結婚と出産に関する全国調査．第11回出生動向基本調査第1報告書．

国立社会保障・人口問題研究所　1999　独身青年層の結婚観と子ども観．第11回出生動向基本調査第2報告書．

古澤頼雄・富田庸子・鈴木乙史・横田和子・星野寛美　1997　養子・養親・生みの親関係に関する基礎的研究: 開放的養子縁組(Open Adoption)によって子どもを迎えた父母．安田生命社会事業団研究助成論文集, **33**, pp. 134–143.

斎藤次郎　1998　「子ども」の消滅．雲母書房．

斎藤学　1992　子どもの愛し方がわからない親たち．講談社．

斎藤学　1996　強迫・衝動行為としての児童虐待．斎藤学(編)児童虐待．金剛書房．pp. 2–14.

斎藤学　1999　封印された叫び．講談社．

沢山美果子　1998　出産と身体の近世．勁草書房．

新村拓　1996　出産と生殖観の歴史．法政大学出版局．

鈴木淳子　1987　フェミニズム・スケールの作成と信頼性: 妥当性の検討. 社会心理学研究, **2**, pp. 45-54.
鈴木淳子　1991　平等主義的性役割態度: SESRA（英語版）の信頼性と妥当性の検討および日米女性の比較. 社会心理学研究, **6**, pp. 80-87.
世界銀行　1984　サンプル調査.
総務庁　1988　世界青年意識調査第4回結果報告書.
総理府　1993　青少年と家庭. 月刊世論調査.
高木紀子　1999　現代における母と青年期娘との関係. 白百合女子大学修士論文. 未公刊.
高木紀子・柏木惠子　2000　母親と娘の関係: 夫との関係を中心に. 発達研究, **15**, pp. 79-94.
柘植あづみ　1999　文化としての生殖技術. 松籟社.
東京都　1993　女性問題に関する国際比較調査.
永久ひさ子・柏木惠子　2000　母親の個人化と子どもの価値: 女性の高学歴化, 有職化の視点から. 家族心理学研究, **14(2)**, pp. 139-150.
永久ひさ子・柏木惠子　2002a　母親における子育ての意味の変化. 日本発達心理学会第13回大会発表論文集.
永久ひさ子・柏木惠子　2002b　中年期の母親における「個人としての生き方」への態度. 発達研究, **16**, pp. 69-85.
西沢哲　1994　子どもの虐待: 子どもと家族への治療的アプローチ. 誠信書房.
日本産婦人科学会　1983　体外受精・胚移植に関する見解.
藤井東治　1996　「望まない妊娠の結果生まれた児」への虐待をめぐる問題. 家族心理学研究, **10(2)**, pp. 105-117.
藤崎宏子　1998　高齢者・家族・社会的ネットワーク. 培風館.
保坂渉　1999　虐待: 沈黙を破った母親たち. 岩波書店.
正高信男　2002　比較行動学から見た家族と現代. 家族社会学研究, **13**, pp. 11-20.
丸本百合子・山本勝美　1997　産む／産まないを悩むとき: 母体保護法時代のいのち・からだ. 岩波ブックレット.
水嶋陽子　1998　高齢女性と選択的親子関係. 家族社会学研究, **10(2)**, pp. 83-94.
森岡正博　2002　生殖技術と近代家族. 家族社会学研究, **13**, pp. 21-29.
森岡清美　2002　華族社会の「家」戦略. 吉川弘文館.
森永康子・寶山敦子　2001　結婚した娘とその母親. 日本教育心理学会第43回総会. p. 107.
リクルート　1995　人気赤ちゃんグッズの本.
ルブラン, フランソワ（著）, 藤田苑子（訳）　2001　アンシアン・レジーム期の結婚生活. 慶應義塾大学出版会.
Kosawa, Y. & Tomita, Y.　1999　Marital relations and parental beliefs in open adaptive families. *Science Reports of Tokyo Woman's Christian University*. pp. 130-136.
Makoshi, N. & Trommsdorff　2000　*The value of children*. IACCP.
Matejcek, Z., Dytrych, Z. & Schuller, V.　1980　Follow-up study of children born from unwanted pregnancies. *International Journal of Behavioral Development*, **3**, pp. 243-251.
Smith, K. C., & Schooler, C.　1978　Women as mothers in Japan: The effects of social structure and culture on values and behavior. *Journal of marriage and the family*, **40**, p. 613-620.
United Nations　1999　*World contraceptive*. USE.
Zelizer, V. A.　1994　*Pricing the priceless child: The changing social value of children*. Princeton University Press.

参考文献

第2部以降の各章で特に参考にした文献を，各章ごとに執筆者名50音順で配列している．

第2部　1章
青木健一　1998　配偶者選択と家族．東京大学公開講座66，家族．東京大学出版会．pp. 161–182.
伊東秀章　1997　未婚化をもたらす諸要因．家族社会学研究，**9**，pp. 91–98.
伊藤秀章　1997　未婚化に影響する心理学的要因：計画行動理論を用いて．社会心理学研究，**12**，pp. 163–171.
大口勇次郎（編）　2001　女の社会史17～20世紀：「家」とジェンダーを考える．山川出版社．
大橋照枝　1993　未婚化の社会学．日本放送出版協会．
柏木博　1995　家事の政治学．青土社．
齋藤耕二・本田時雄（編著）　2001　ライフコースの心理学．金子書房．
鈴木裕久　1995　結婚の社会心理学．東京大学公開講座60，結婚．東京大学出版会．
東京都生活文化局　1996　中学・高校生の生活と意識に関する調査(中間報告).

第2部　2章
グラマー，K.（著），日高敏隆（監訳）　1997　愛の解剖学．紀伊國屋書店．（Grammer, K. 1993 Signale der Liebe: Die biologischen gesetze Partnerschaft. Hoffmann & Campe, Hamburg.）
大坊郁夫　1986　対人行動としてのコミュニケーション．対人行動学研究会（編）対人行動の心理学．第9章．誠信書房．pp. 193–224.
大坊郁夫　1990　対人関係における親密さの表現：コミュニケーションに見る発展と崩壊．心理学評論，**33**，pp. 322–352.
飛田操　1992　親密な関係の崩壊時の行動的特徴について．日本心理学会第56回大会発表論文集．p. 231.
フィッシャー，H. E.（著），吉田利子（訳）　1993　愛はなぜ終わるのか．草思社．（Fisher, H. E. 1992 *Anatomy of love*. Norton.）
藤原武弘　1992　結婚生活に伴う移行．山本多喜司・ワップナー，S.（編）人生移行の発達心理学．第12章．北大路書房．pp. 223–242.
松井豊　1998　恋愛の心理：データは恋愛をどこまで解明したか．現代のエスプリ，368．至文堂．
箕浦康子　1995　結婚：比較文化考．東京大学公開講座60，結婚．東京大学出版会．pp. 31–51.

第2部　3章
稲葉昭英　1995　性差，役割ストレーン，心理的ディストレス：性差と社会的ストレスの構造．家族社会学研究，**7**，pp. 93–104.
江原由美子　1995　装置としての性支配．勁草書房．
岡本祐子　1996　育児期における女性のアイデンティティ様態と家族関係に関する研究．日本家政学会誌，**47**(9)，pp. 849–860.
岡本祐子　1997　中年からのアイデンティティ発達の心理学：成人期・老年期の心の発達と共に生きることの意味．ナカニシヤ出版．

岡本祐子　1999　女性の生涯発達とアイデンティティ：個として発達・かかわりの中での成熟．北大路書房．
岡本祐子・松下美知子　1994　女性のためのライフサイクル心理学．福村出版．
柏木惠子　2001　子どもという価値：少子化時代の女性の心理．中公新書．
柏木惠子・平山順子　2003　結婚の"現実"と夫婦関係満足度との関連性：妻はなぜ不満か．心理学研究，**74**(2)，pp. 122–130．
春日キスヨ　1994　家族の条件：豊かさのなかの孤独．岩波書店．
利谷信義　1996　家族と法．有斐閣．
ギティンス，D.（著），金井淑子・石川玲子（訳）　1990　家族をめぐる疑問．新曜社．
直井道子（編著）　1989　家事の社会学．サイエンス社．
中川昌代（編著）　2000　働く女性（ひと）．文真堂．
長津美代子・細江容子・岡村清子　1996　夫婦関係研究のレヴューと課題．野々山久也ほか（編著）いま家族に何が起こっているのか．ミネルヴァ書房．pp. 159–186．
永久ひさ子・柏木惠子　2002　中年期の母親における「個人としての生き方」への態度．発達研究，**16**，pp. 69–85．
日本女子社会教育会（編）　1995　図説変わる結婚と家族．
野末武義　1991　発達過程の観点から見た家族システムの健康性．家族心理学研究，**5**(2)，pp. 159–172．
平山順子　1999　育児期における専業主婦の個人化欲求：経済的資源へのアクセス志向性との関連を中心に．発達研究，**14**，pp. 62–77．
諸井克英　1994　子育てにおける衡平性の認知．家族心理学研究，**8**，pp. 39–50．
諸井克英　1995　夫婦関係における帰属の役割：Finchamらの研究を中心として．家族心理学年報，**13**，pp. 114–133．
諸井克英　1999　夫婦のコミュニケーション．諸井克英・中村雅彦・和田実（編著）親しさが伝わるコミュニケーション：出会い・深まり・別れ．金子書房．pp. 150–188．
レーナー，H. G.（著），中釜洋子（訳）　1994　親密さのダンス：身近な人間関係を変える．誠信書房．
Levinger, G.　1976　A social psychological perspective on marital dissolution. *Journal of Social Issues*, **32**, pp. 21–47.
Myra, M. F.　1990　Beyond separate spheres: Feminism and family research. *Journal of Marriage and the Family*, **52**, pp. 866–884.

第2部　4章1

氏家達夫　1999　親になること・親であること．桐書房．
氏家達夫・高浜裕子　1994　3人の母親：その適応過程についての追跡的研究．発達心理学研究，**5**，pp. 123–136．
大西美代子　1996　成人の愛着表象と家族関係との関連：日本の文化的視点からの検証．家庭教育研究所紀要，**18**，pp. 79–90．
岡宏子ほか（編）　1985　親子関係の理論．岩崎学術出版．
柏木惠子　1989　根ヶ山論文へのコメント．心理学評論，**32**，pp. 42–44．
柏木惠子　1995　親の発達心理学：今，よい親となにか．岩波書店．
柏木惠子　2001　子どもという価値．中公新書．
柏木惠子・北山忍・東洋（編）　1997　文化心理学：理論と実証．東京大学出版会．
数井みゆき　2002　母子関係研究の成果と問題点．日本家族心理学会（編）子育て臨床の理論と実際．家族心理学年報，**20**，金子書房．pp. 51–62．
唐沢真弓　2001　日本人における自他の認識：自己批判バイアスと他者高揚バイアス．心理学研究，**72**，pp. 195–203．

滝口俊子　1988　母子相互関係と親離れ・子離れのプロセス．国谷誠朗（編）親と子: その発達と病理．講座家族心理学 3．金子書房．pp. 45-67．
土肥伊都子　1999　"働く母親": 多重役割の心理学．東　洋・柏木惠子（編）流動する社会と家族: 社会と家族の心理学．ミネルヴァ書房．pp. 113-136．
根ヶ山光一　1989　霊長類における母子関係の進化．心理学評論，**32**, pp. 21-41．
長谷川寿一　1997　コメント 3　文化心理学と進化心理学．柏木惠子・北山忍・東　洋（編）文化心理学: 理論と実証．東京大学出版会．pp. 76-84．
長谷川寿一　1998　動物の家族: 行動生態学からみた家族の形成とダイナミックス．東京大学公開講座 66, 家族．東京大学出版会．pp. 135-160．
長谷川寿一　2000　心の進化: 人間性のダーウィン的理解．松沢哲郎・長谷川寿一（編）心の進化: 人間性の起源をもとめて．岩波書店．pp. 2-10．
長谷川眞理子・長谷川寿一　2000　戦前日本における女子死亡の過剰．科学，**5**，**70**，5, pp. 388-396．
牧野カツコ・中野由美子・柏木惠子（編）子どもの発達と父親の役割．ミネルヴァ書房．
箕浦康子　1990　文化のなかの子ども．東京大学出版会．
諸井克英　1996　家庭内労働の分担における衡平性の知覚．家族心理学研究，**10(1)**, pp. 15-30．
Clutton-Brock, T. H.　1991　*The evolution of parental care: Monographs in behavior and ecology*. Princeton University Press.
Phillips, D., McCartney, K. & Scarr, S.　1987　Child care quality and children's social development. *Developmental Psychology*, **23**, pp. 537-543.
スティーブン，T. E.　2000　ヒトの家族関係のダイナミックス．松沢哲郎・長谷川寿一（編）心の進化: 人間性の起源をもとめて．岩波書店．pp. 86-95．
Trivers, R. L.　1974　Parent-offspring conflict. *American Zoologist*, **14**, pp. 249-264.

第 2 部　4 章 2

網野武博　1994　家族および社会における育児機能の心理社会的分析．社会保障研究所（編）現代家族と社会保障: 結婚・出生・育児．東京大学出版会．pp. 89-105．
大宮勇雄　1996　保育カリキュラムの「構造化」と子どもの生活経験: 欧米における「保育の質」研究の到達点(1)．福島大学教育学部論集(教育．心理部門)，**60**, pp. 91-110．
大宮勇雄　1997　「保育の質」への人間関係的アプローチ: 欧米における「保育の質」研究の到達点(2)．福島大学教育学部論集(教育・心理部門)，**63**, pp. 65-80．
岡本多喜子　2000　子どもの生活と子育て支援策．副田義也・樽川典子（編）流動する社会と家族 I: 現代家族と家族政策．ミネルヴァ書房．pp. 87-118．
岡本祐子　1997　中年からのアイデンティティ発達の心理学: 成人期・老年期の心の発達と共に生きることの意味．ナカニシヤ出版．
柏女霊峰　1994　子育て家庭支援施策の展望．pp. 293-308．
金井篤子　1993　働く女性のキャリアストレスに関する研究．社会心理学研究，**8(1)**, pp. 21-32．
亀口憲治　1997　家族心理学からみた児童虐待．日本家族心理学会（編）児童虐待．家族心理学年報，**15**．金子書房．pp. 2-14．
渋谷百合　2001　児童虐待政策の分類と現状: 欧米諸国の比較分析から．家庭教育研究所紀要，**23**, pp. 97-107．
下夷美幸　1994　家族政策の歴史的展開: 育児に対する政策対応の変遷．社会保障研究所（編）現代家族と社会保障: 結婚・出生・育児．東京大学出版会．pp. 251-272．
全国児童相談所長会（編）　1997　全国児童相談所における家庭内虐待調査結果報告書．東京都児童相談センター．

副田義也・樽川典子・藤村正之 2000 現代家族と家族政策. 副田義也・樽川典子(編)流動する社会と家族 I: 現代家族と家族政策. ミネルヴァ書房. pp. 1-29.
原ひろ子・館かおる(編) 1991 母性から次世代育成力へ: 産み育てる社会のために. 新曜社.
舩橋惠子 2000 スウェーデンにおける育児・介護休業制度. 諸外国における育児・介護休業制度: ドイツ・フランス・スウェーデン. 日本労働機構, シリーズ105. pp. 43-76.
山内逸郎 1998 新生児. 岩波新書.
若松素子・柏木惠子 1994 「親となること」による発達: 職業と学歴はどう関連しているか. 発達研究, **10**, pp. 83-98.

第2部 4章3

東 清和・鈴木淳子 1991 性役割態度研究の展望. 心理学研究, **62**, pp. 270-276.
糸魚川直祐 2001 霊長類としての人の母性・父性. 根ヶ山光一(編著)母性と父性の人間科学. ヒューマンサイエンスシリーズ4. コロナ社. pp. 31-46.
柏木惠子 1978 母子家庭の子どもの発達に関する基礎的研究. 母子研究, **1**, pp. 55-71.
柏木惠子 2001 発達心理学からみた母性・父性. 根ヶ山光一(編著)母性と父性の人間科学. ヒューマンサイエンスシリーズ4. コロナ社. pp. 135-159.
黒柳晴夫・山本正和・若尾祐司 1998 父親と家族: 父性を問う. 早稲田大学出版部.
国立社会保障・人口問題研究所(編) 2002 少子社会の子育て支援. 東京大学出版会.
小嶋秀夫(編) 1989 乳幼児の社会的世界. 有斐閣.
荘厳舜哉 1994 人間行動学. 福村出版.
荘厳舜哉 1997 文化と感情の心理生態学. 金子書房.
中村彰 1994 わたしの男性学:「人生相談」にみるイエ意識. 近代文芸社.
根ヶ山光一(編著) 2001 母性と父性の人間科学. (早稲田大学人間総合研究センター監修) ヒューマンサイエンスシリーズ4. コロナ社.
原ひろ子 1993 文化のなかの父親: 文化人類学的視点から. 柏木惠子(編著)父親の発達心理学: 父性の現在とその周辺. 川島書店. pp. 152-177.
平川祐弘・萩原孝雄(編) 1997 日本の母: 崩壊と再生. 新曜社.
藤崎眞知代 1981 父親研究の動向: 父子関係研究を中心として. お茶の水女子大学人間文化研究年報, pp. 15-27.
舩橋惠子 1998 現代父親役割の比較社会学的検討. 黒柳晴夫・山本正和・若尾祐司 1998 父親と家族: 父性を問う. 早稲田大学出版部. pp. 136-168.
堀江俊一 1998 台湾漢族の父親像. 黒柳晴夫・山本正和・若尾祐司(編)父親と家族: 父性を問う. 早稲田大学出版部. pp. 171-195.
正高信男 2002 父親力: 母子密着型子育てからの脱出. 中公新書.
松田惺 1993 父親の子どもの発達への影響. 柏木惠子(編著)父親の発達心理学: 父性の現在とその周辺. 川島書店. pp. 267-308.
宮坂靖子 2001 ポスト近代的ジェンダーと共同育児. 根ヶ山光一(編著)母性と父性の人間科学. ヒューマンサイエンスシリーズ4. コロナ社. pp. 106-134.
目良秋子 2001 父親と母親の子育てによる人格発達. 発達研究, **16**, pp. 87-98.
やまだようこ 1988 私をつつむ母なるもの. 有斐閣.
脇田晴子(編) 1985 母性を問う: 歴史的変遷 上下. 人文書院.
渡辺恒夫 1986 脱男性の時代: アンドロジナスをめざす文明学. 勁草書房.
渡辺恒夫 1989 トランス・ジェンダーの文化: 異世界へ越境する知. 勁草書房.
Lamb, M. E. 1976 *The role of father in child development*. Wiley.
Lynn, D. B. 1974 *The Father; His role in child development*. Brooks Cole.
MacKey, W. C. 1996 *American father: Biocultural and developmental aspects*. Plenum Pub. Corp.

第2部　4章4

浅井美智子　1996　生殖技術と家族．江原由美子(編)　生殖技術とジェンダー．勁草書房．pp. 255-284.
浅井美智子・柘植あづみ(編)　1995　つくられる生殖神話．サイエンスハウス．
阿藤誠・兼清弘之(編)　1997　人口変動と家族．シリーズ人口学研究7．大明堂
柏木惠子・永久ひさ子　1996　女性における「家族の絆」に関する心理学的研究：家族にしか果たせない機能とは何か．安田生命社会事業団研究助成論文集 **32**, pp. 111-118.
金城清子　1996　生殖革命と人権：産むことに自由はあるのか．中央公論社．
鈴木淳子　1997　性役割：比較文化の視点から．レクチャー社会心理学3．垣内出版．
速水融　1997　歴史人口学の世界．岩波セミナーブックス65．岩波書店．
ミラー，アリス(著)，山下公子(訳)　1983　魂の殺人：親は子どもに何をしたか．新曜社．
森岡正博　2001　引き裂かれた生命．森岡正博全集16 (仏教, 33-43号). kinokopress, com.
Gary, S. B.　1976　*The economic approach to human behavior*. The University of Chicago Press.

その他の参考文献

阿部謹也　1989　西洋中世の罪と罰．弘文堂．
阿部謹也　1991　西洋中世の男と女：聖性の呪縛の下で．筑摩書房．
井上輝子・江原由美子(編)　1999　女性のデータブック第3版．有斐閣．
岡田光世　2000　アメリカの家族．岩波新書．
藤田英典　2000　市民社会と教育．世織書房．
宗方比佐子・佐野幸子・金井篤子(編著)　1996　女性が学ぶ社会心理学．福村出版．
森岡清美　1984　家の変貌と先祖の祭．日本基督教団出版局．
森岡清美　1987　家族外生活者．望月嵩・目黒依子・石原邦雄(編)　現代家族．リーディングス日本の社会学4．pp. 67-83.
Bronfenbrenner, U. & Crouter, A. C.　1983　The evolution of environmental models in developmental research. P. H. Mussen (Ed.), *Handbook of child psychology*. Vol. 1. *History, theory, and methods*. Wiley. pp. 357-414.

索　引

あ　行

アイガ　→西サモアの家族
愛着研究(理論)　156, 157, 161, 181, 296
愛着の発達の文化差　179
アナール派(歴史学)　33, 35
アンドロジニー(化)　50, 51, 263
育児
　──休暇をとった父親　251, 255
　──参加　194, 226, 228, 243, 251, 254, 266, 268, 269
　──不安　204, 206, 208, 210, 219, 228, 250, 267
イスラムの家族　37
"一人前"　64, 66
「一人前の親」　189, 190
インセストタブー　→近親相姦回避
オープンアダプション(養子)制度　192, 308
親
　──としての成長・発達　192, 195
　──の定義　308
　──の発達　185
　──(老親)の扶養　165, 273, 274, 291
　──への依存　163
　──役割　132, 186, 189, 204
親子関係の文化比較　172
親子間の資源関係　164
親性投資　161, 209, 283

か　行

核家族(化)　13, 14, 17
拡大母子世帯　241
家事　47, 51, 67, 94, 143
　──の機械化，省力化　47
　──分担　143
家族
　──機能　11

　──固有の機能　12
　──サイクル　27, 28
　──システム論　29
　──社会学　9, 19
　──周期　27, 28
　──心理学　7, 9, 28, 103
　──政策　231, 267
　──同一性　7
　──とは何か　8, 21, 37
　──内ケア　117
　──内役割の衡平性　111
　──の定義　9, 11
　──のなかの孤独感　114, 115
　──の発達(課題)　41, 53
　──の変化と多様性　27
　──のゆらぎ　10
　──役割　219, 225, 231, 284
　──役割分担　118
　──療法　28, 29
　──臨床　28, 32, 188
　──臨床心理学　9
家庭　20
過労死　52
感情ワーク　122, 124
擬似母子家庭　242, 243
虐待　214, 216, 218, 300, 301, 302
教育力　13
共行動　127, 135, 186
共同育児　267, 270
近親相姦回避　26, 27
近代家族　36
ケアラーとしての男性　255, 262
経済的価値(子どもの)　272, 274
結婚
　──規範　76
　──退職　206
　──の経済学　66, 68, 69, 73, 74
　──のメリット　66, 67, 68, 69, 70,

74, 104
——満足度　94, 107, 108, 119, 121, 138, 140, 142
原家族　13, 106
幸福追求集団　10, 13
衡平性　111, 116, 119, 120, 121, 123, 153
国際結婚(夫婦)　137, 188
個人化志向　6, 141
個人主義(ミーイズム)　81
個人的価値(子どもの)　279
個人として生きる(志向)　18, 19
子育ち支援　295
子育て支援　279, 280, 294, 295, 296
子育ての多様性　172
言葉とジェンダー　133
子ども
——からみた父親　257
——の価値(研究)　271, 275, 307
——の価値のジェンダー　289, 291
——の権利　294
——の社会化　53
——の障害・死　197
「——の発見」　35
——の養育をめぐる価値観　188
——優先　198, 205, 219
婚家族　14
婚前カウンセリング　99, 100, 101
婚前の発達課題達成　94, 98
コンボイ理論　166

さ 行

最適性　40
「3歳までは母の手で」　171, 200
ジェンダー　10, 19, 29, 132, 133, 134, 269
——ステレオタイプ　96
「——する」　97, 98
次世代育成力　249, 270
自尊　51, 263
しつけ方略　173, 174, 175, 179, 214, 248
実質的父親不在　242, 243, 244

自分への投資　285
社会学的アプローチ　104
社会・家族政策　231
社会規範　11
社会言語学　133
社会構築主義　11
社会的親　310
社会的価値(子どもの)　278, 279, 280
社会的交換理論　104
社会変動　28, 36, 41
就寝パターン　174
出産退職　201, 206
出生率　233, 234, 267, 268
主婦役割　47
準世帯　15
生涯発達心理学　185
少子化　47, 269, 274, 281, 282, 286
情緒的価値(子どもの)　278, 279
情緒的ケア　122, 124, 125, 142, 144
職業経験　194
職業役割　219, 225, 228, 231, 233
女児選好　289
女性性　50, 51, 263
女性のライフコースの変化　48
進化(家族の)　40
シングルマザー　240, 241, 244
人口革命　48, 302
人口社会学　69
人口心理学　277
人口動態　19, 44
人口動態的アプローチ　104
新性別分業(女性はしごとも家庭も)　220, 223, 233
親密圏　10
心理学の父親不在　235
心理的価値(子どもの)　272
親和性　161
「性格の不一致」　151
生活時間(調査)　117
生殖医療(技術)　302, 304, 305, 306, 307, 308
生殖家族　14
精神的価値(子どもの)　275, 289

索　引

成人発達　55
性同一性確立　238
青年期の親子関係　182
性の自由化　69, 82
性の特殊化　24, 25
性別期待　49
性別(役割)分業　24, 49, 50, 77, 95, 98, 99, 117, 187, 233, 252, 254, 255, 262, 288, 296
性別役割　138
生命倫理　306
生理的早産　23
世帯　14, 15
　——の小規模化　15, 16
世代性という発達課題　196
専業主婦　111, 112, 113, 206, 221
専業母親　207, 223, 230
祖先の祭祀　44

た　行

対外的機能　12
体験欲(子産みの)　288, 298
対称性(夫婦関係の)　116
対内的機能　12
対立的親子観　162
多重役割　220, 222, 229
多様性(子育ての)　265
男女共同参画　266
単親家庭　235, 240, 241
単身赴任(家族)　136, 242
男性性　50, 51, 263
単独一方向モデル　159
単独世帯　17, 18, 19
父親　23
　——と母親の機能のちがい　245
　——の家庭関与　259
　——の進化　264
　——の発達　260
　——発見　235
　——不在(パラダイム)　236, 237, 238, 240, 241, 242, 246, 259
中期親子関係　166, 168
中高年層の離婚増　150

長期的な互酬性　168
『妻たちの思秋期』　111
妻の経済力　118, 121, 143, 286
妻の職業継続　142
定位家族　13
適応(戦略)　41, 172, 264, 265, 266, 283
"できちゃった"出産　298
「できるだけのことをしてやる」　293
伝統的性役割観　120
同棲　99, 145
独身のメリット　70

な　行

内的ワーキングモデル論　156
西サモアの家族　38
二足直立歩行　22, 23
妊娠中絶　305
年齢差(夫と妻の)　86, 88

は　行

配偶者選択過程　95, 97
排泄の自立　176
働く母　220, 225, 228, 230, 295
　——の子ども　226, 227
発達期待　178
発達心理学　8, 28, 103, 201, 208, 225
母親
　——自身の発達課題　211
　——の高学歴化　213, 214, 283
　——の自己評価　198
　——の「自分」「私」　212, 214, 216, 218, 219, 250, 284
　——の就業(就労)　225, 228, 235, 240
　——の二面性　216
母—娘間の互酬的関係　291
パラサイト　169, 183
　——シングル　183
晩婚化　62, 64, 66
繁殖成功度　172, 264, 268
比較動物学　24
非婚化　66
ひとり親家庭　→単親家庭
一人っ子　282

346　索　引

非法律婚　145, 147, 148, 153
平等主義的家族　143
平等的ジェンダー観　111
平等的性役割観　120
夫婦
　——カウンセリング　153
　——間コミュニケーション　126, 128, 129, 132, 134, 137, 143
　——間の衡平性　123
　——の発達プロセス　104
　——の非対称　153
　——別姓　78, 79
　——役割　186
複合的総合過程モデル　159
福祉志向集団　10, 13
複数養育　212, 297
父子家庭　235
父性意識　252
父性剥奪　237
普通世帯　15
分離不安　204
ヘアー・インディアン　39, 171, 172
ボーダーレス　50, 51
母子
　——一体の思想　210
　——家庭　150, 235, 239, 241, 244
　——間の分離　162
　——相互作用　157, 230
　——分離　204, 209

　——窪研究　239, 240, 242
ホスピタリズム　155, 156
母性愛　249, 250
母性神話　199, 200, 202, 203
母性剥奪理論　225, 230

ま　行

見合い結婚　85, 86
「身についた主婦性」　113
無償労働　136
娘の自尊心　238

や　行

有職主婦　111
有職母親　224, 226
養育の質　229
養育放棄　298, 300
養護性　249
養子・里子　190, 191

ら　行

ライフコース研究　74
ラポールトーク　134
離婚　149, 150, 151, 152, 154
リポートトーク　134
恋愛過程　89, 90
恋愛結婚　86, 88
労働力の女性化　47, 67

著者略歴

1932 年　千葉県に生まれる
1955 年　東京女子大学文理学部心理学科卒業
1960 年　東京大学大学院人文科学研究科博士課程修了
　　　　教育学博士（東京大学）
　　　　専攻　発達心理学
　　　　東京女子大学教授，白百合女子大学教授，文京学院大学教授を経て，
現　在　東京女子大学名誉教授

主要著書　『こどもの発達・学習・社会化』（有斐閣），『母親の態度・行動と子どもの知的発達』（共著，東京大学出版会），『こどもの「自己」の発達』（東京大学出版会），『幼児期における「自己」の発達』（東京大学出版会），『文化心理学』（共編，東京大学出版会），『社会と家族の心理学』（共著，ミネルヴァ書房），『子どもという価値』（中公新書），『子どもが育つ条件』（岩波新書），『日本の男性の心理学』（共編著，有斐閣），『家族の心はいま』（共著，東京大学出版会），『人口の心理学へ』（共編，ちとせプレス）ほか

家族心理学
社会変動・発達・ジェンダーの視点

2003 年 4 月 23 日	初　版
2018 年 3 月 5 日	第 4 刷

〔検印廃止〕

著　者　　柏木惠子（かしわぎけいこ）

発行所　　一般財団法人　東京大学出版会

代表者　　吉見俊哉

153-0041 東京都目黒区駒場 4-5-29
電話 03-6407-1069　Fax 03-6407-1991
振替 00160-6-59964

印刷所　　研究社印刷株式会社
製本所　　誠製本株式会社

© 2003　Keiko KASHIWAGI
ISBN 978-4-13-012040-1　Printed in Japan

〈JCOPY〉〈(社)出版者著作権管理機構　委託出版物〉
本書の無断複写は著作権法上での例外を除き禁じられています．
複写される場合は，そのつど事前に，(社)出版者著作権管理機構
（電話 03-3513-6969，FAX 03-3513-6979，e-mail: info@jcopy.or.jp）
の許諾を得てください．

書名	著者	判型・価格
家族の心はいま	柏木惠子・平木典子著	A5・3200円
家族を生きる	平木典子・柏木惠子著	46・1800円
「家族する」男性たち	大野祥子著	A5・3800円
発達科学入門3 青年期〜後期高齢期	高橋ほか編	A5・3400円
ウォームアップ心理統計	村井潤一郎・柏木惠子著	A5・2000円
個人療法と家族療法をつなぐ	中釜洋子著	A5・4000円
生涯発達のダイナミクス [POD版]	鈴木 忠著	46・3200円
生涯発達とライフサイクル	鈴木 忠・西平 直著	46・3200円
日本人のしつけと教育 [POD版]	東 洋著	46・2800円
子どもの「自己」の発達 [新装版]	柏木惠子著	46・3500円
都市の少子社会	金子 勇著	A5・3500円
日本の人口動向とこれからの社会	森田 朗監修	A5・4800円
日本の家族 1999–2009	稲葉・保田・田渕・田中編	A5・5400円
家族と社会の経済分析	山重慎二著	A5・3800円

ここに表示された価格は本体価格です．御購入の際には消費税が加算されますので御了承下さい．